JN174857

Emmanuel Todd
エマニュエル・トッド

家族システムの起源

L'origine des systèmes familiaux, tome I : L'Eurasie

I　ユーラシア　㊤

石崎晴己監訳
片桐友紀子・中野茂
東松秀雄・北垣潔訳

藤原書店

Emmanuel TODD
L'ORIGINE DES SYSTÈMES FAMILIAUX
Tome 1. L'EURASIE
Cartographie:Isabelle BRIANCHON
©Éditions Gallimard, Paris, 2011
This book is published in Japan by arrangement with Éditions Gallimard, through le Bureau des Copyrights Français, Tokyo.

日本語版への序文

研究者としての私の最初のテクストは、一九七四年に発表された、フランスの北部、パ＝ド＝カレ県のある村の世帯構造についての論文だった。当時、私は、自分が研究者としての生涯の果てに、家族システムの多様性と世界のさまざまな国や地域の近代化の軌道の多様性との間の関係、およびこうした家族システムの多様な類型の起源についての説明、この両者を統合する完備したモデルの構築をほぼ完成させるところに到達するだろうとは、想像だにしなかった。ほんのささやかな出発点から始めて、歴史のこのような包括性に到達したというのは、ひじょうに幸運なことであったと、自分でも思っている。しかし、私の研究者としての生涯の中で最も誇りとするところとは、実は、それが必要となったときに、方法論的な大転換を敢行することを得たということなのである。私は固定された家族システムとイデオロギー的・経済的上部構造の間の関連を確立したわけだが、研究者としての生涯の中途において、私はこうした構造主義的モデルから、家族類型そのものの出現・多様化・固定化のありようを理解するために、これとは全く異なる伝播論的モデルへと、転換したのである。私がこうした方法論的跳躍《ジャンプ》を行なうことができたのは、フランス有数の言語学者で、アジア諸言語の系統についての専門家である、友人のローラン・サガールのおかげである。彼のおかげで私は、自分の研究生活の第二部において、「社会構造」の諸レベルの間の構造的符合の諸問題を無視する、空間内での諸形態の伝播のモデルを提唱する、ということになったわけである。私の構造主義的精神での研究活動は、十数点の書物の中に分かれて顕現している。しかし伝播に関する私の研究はすべてひたすら本書『家族システムの起源』の中に存するのだ。このきわめて浩瀚な書物を著すのに、私は一〇年を要したが、実は本書は、四〇年に及ぶ知識の蓄積を体現しているのである。

私としては、研究者がある種の現象を説明するために採用していた構造主義的モデルから、他の現象を説明するために、伝播論的モデルに転換することができたという、その能力こそ、科学性の試金石に他ならない、と思う。「ハード」な諸科学においては、ことはこのように行なわれる。異なる研究対象には異なる論理モデルが適用されねばならないのである。物理学者や化学者は、一生涯同一の論理モデルを用い続けなければならないという原則から出発することなく、次々と異なる現象にアプローチしていく。それゆえ私は、生涯で事象の解釈のための二つの論理モデルを用いて研究することができたということを、誇りに思う次第である。

本書の日本語への翻訳作業は、本書の複雑さを鑑みるなら、きわめて迅速になされたと言うべきであるが、これは本書の外国語への翻訳としては最初のものである。しかし日本語訳が最初の翻訳であるということは、私には驚くこととは思われない。なぜなら日本は、本書の執筆に深い刻印を刻み込んでいるのである。全世界規模のモデルの提示を行なったのち、本書は世界を地理的にいくつかの領域に分けて論述していくわけだが、その際、通常の西洋中心方式に従ってまずヨーロッパから取り掛かるということをしない。東アジアから取り掛かるのである。それはまず第一に、歴史的効率性のためである。というのも、中国の歴史の連続性、年代記〔史書〕の存在、それに、中東文明の歴史はひじょうに長く、ヨーロッパ文明の歴史はひじょうに短いのに対して、中国文明の歴史の長さは中間的であるということ、こうしたことから、東アジアから始めるのが適正で便利であったわけである。しかし、読者は本書を読み始めるや否や、以下のことを確認することになるだろう。すなわち、なるほど地域別の章のうちの一番目は中国を扱っているものの、第二の章は日本を扱っており、本書の中で章を割いて論じられているのは、いずれも大陸規模の地域であるのに対して、日本は唯一、一国規模で一章が割かれている国であるという事実を、である。これが可能であったのは、日本における家族史のデータが、私の友人である速水教授〔速水《はやみ》融《あきら》・慶應義塾大学名誉教授〕が立ち上げた学派のお陰で、まことに充実しているからであった。しかしまた、私の著書はすべて日本語に翻訳されているがゆえに、私は本書を、フランスと日本という二重の読者層を念頭に置いて書いたのだと、私は心の底では思っているのである。本書の構成がそれを如実に示している。それゆえに私は、本書において、何よりも日本の家族システムの歴史を提示することができて幸せである。この日本の家族システムの歴史は、日本の歴史の研究に対する独特な型《タイプ》の貢献となるものに他ならない。

本書は、全く通常と異なる、ほとんど逆の、とさえ言えそうな、人類の歴史の姿を提示するものである。ユーラシアの周縁部に位置する、現在最も先進的である国々、とりわけ西欧圏が、家族構造としては最も古代的《アルカイック》なものを持っているということを、示しているからである。発展の最終局面におけるヨーロッパ人の成功の一部は、そうした古代的《アルカイック》な家族構造はかえって変化や進歩を促進し助長する体のものであり、彼らヨーロッパ人はそうした家族構造を保持してきた、ということに由来するのである。このような逆説は、日本と中国の関係の中にも見出される。日本は経済的に中国に比べてひじょうに進んでいるが、家族構造としてはより古代的《アルカイック》なものを持っているのである。本書はそれ自体で存在している。しかし、歴史の逆転した姿《ヴィジョン》を描き上げるための土台となるはずのものである。今後は、家族システムの歴史のこうした新たな見方を踏まえた人類の社会・政治・宗教史の解釈を書くことが必要となるのだ。

今回またしても私は、友人である私の翻訳者、石崎晴己に感謝の意を表さなければならない。先ごろ出会った際に彼は、本書の翻訳のことを、彼の翻訳者としての業績の最後の総仕上げのようなものと語っていた。私としては、かなり異なる見方をしていることを、言わなければならない。本書の膨大な量、彼の翻訳の能力、彼の力強さ、正確さ、耐久力、こうしたものを考えるなら、最後の仕事などとはとんでもない、今やわが友晴己《はるみ》はまさにひじょうにレベルの高いアスリートなのだと、私は見ているのである。

二〇一六年三月十五日　パリにて

エマニュエル・トッド

家族システムの起源　I　ユーラシア　上　目次

《上　巻》

第2章 概観——ユーラシアにおける双処居住、父方居住、母方居住 …………… 111

著者は、主要な家族類型のユーラシア空間の中での総合的分布を提示する。それら諸類型の分布地図の作成によって姿を現わす空間的分布のありさまは、まことに衝撃的である。

ユーラシアの民族サンプルの選定 112　類型の頻度 117　父方居住の優勢 119　残留性の親近性 121　双処居住システムと核家族システムは周縁部に 122　父方居住の中央部性と複合性 132　中間的母方居住 149

第3章 中国とその周縁部——中央アジアおよび北アジア …………… 157

ユーラシア空間の中での家族類型の、文字通りパズルのような分布のありさまを突きつけられた著者は、本章以降の各章において、分布地図の検討に加えて、さらに歴史的データの検討も行なっていく。父方居住共同体家族の分布がいくつかのブロックに分かれているため、ユーラシアを構成するいくつもの地域について、時間を遡るそれぞれに特別な研究を行なうことが必要となる。

第一同心円上の直系家族 162　同じ第一同心円上、ならびにその先　一時的父方同居を伴う核家族 166　ステップの遊牧民における家族と親族 166　シベリア北東部の双処居住制 169　台湾の先住民族の家族の異種混合性 173　母系制への導入　ナ人 178

歴史 181

第一の解釈 181　中国の男性長子相続制のおおよその年代推定 183　直系家族の出現の背景としての稠密な農業 189　末子相続は長子相続より前か後か 193　遊牧民システムのおおよその年代推定　対称原則の出現 196　父方居住共同体家族の創出 200　中国の父方居住共同体家族の年代推定 204　父方居住共同体家族の起源　中国と北方遊牧民の間の相互

装丁・作間順子
カバー画・久隅守景筆「納涼図屏風」より

略号一覧

N :　核家族　famille nucléaire
ct :　一時的同居を伴う　à corésidence temporaire
px :　近接居住を伴う　avec proximité
i :　統合　intégrée
cta :　追加的な一時的同居　à corésidence temporaire additionnelle

NE :　平等主義核家族　famille nucléaire égalitaire
NA :　絶対核家族　famille nucléaire absolue

S :　直系家族　famille souche
C :　共同体家族　famille communautaire

拡大の方向性
B :　双処居住　bilocale
P :　父方居住　patrilocale
M :　母方居住　matrilocale

ミャオ人の例　NctP ＝一時的父方同居を伴う核家族

15 の家族型

父方居住共同体家族(父共)	Communautaire patrilocal (CP)
母方居住共同体家族(母共)	Communautaire matrilocal (CM)
双処居住共同体家族(双共)	Communautaire bilocal (CB)
父方居住直系家族(父直)	Souche patrilocal (SP)
母方居住直系家族(母直)	Souche matrilocal (SM)
双処居住直系家族(双直)	Souche bilocal (SB)
父方居住統合核家族(父統核)	Nucléaire intégré patrilocal (NiP)
母方居住統合核家族(母統核)	Nucléaire intégré matrilocal (NiM)
双処居住統合核家族(双統核)	Nucléaire intégré bilocal (NiB)
一時的父方同居[もしくは近接居住]を伴う核家族(父同[もしくは近]核)	Nucléaire à corésidence temporaire [ou avec proximité] patrilocal (NctP[もしくはNpxP])
一時的母方同居[もしくは近接居住]を伴う核家族(母同[もしくは近]核)	Nucléaire à corésidence temporaire [ou avec proximité] matrilocal (NctM[もしくはNpxM])
一時的双処同居[もしくは近接居住]を伴う核家族(双同[もしくは近]核)	Nucléaire à corésidence temporaire [ou avec proximité] bilocal (NctB[もしくはNpxB])
平等主義核家族(平核)	Nucléaire égalitaire (NE)
絶対核家族(絶核)	Nucléaire absolu (NA)
追加的な一時的同居を伴う直系家族(追同直)	Souche à corésidence temporaire additionnelle(Scta)

家族システムの起源

Ⅰ　ユーラシア

上

アレクシスに捧ぐ

凡例

・原書における« »は、「 」とする。ただし、これ以外でも必要と思われる場合、「 」を用いることもある。

・原書におけるイタリックは、太字もしくは傍点とする。外国語（非フランス語）に使われるイタリックは、太字か、必要と思われる場合〈 〉とする。ただし、イタリックの外国語タームをそのまま示す場合は、太字にする。この他、特に適切な強調が必要な用語は〈 〉を使用する。例〈サイクルα〉〈レベル1の父系制〉〈またイトコ〉（これを〈 〉で括らないと、「また」という語が遊離してしまう）

・原書の（ ）は、そのまま（ ）とする。訳者による補足や割注は、〔 〕を使用する。原語を併記する場合は、（ ）内に示す。Ex. 救貧法（Poor Law）

・原註は、各巻末に提示。参照番号は（ ）内に示す。

・本文の訳註は各章末に、原註への訳註は当該原註の後に＊で提示する。「序説」については、原書に巻末註と頁末註があり、頁末註は参照番号に［ ］を使用し、左註にした。図の訳註は、〔 〕を使用する。

・本文中、民族名は一律に「……人」とした。日本語では往々にして「……族」が使用されるが、フランス語ではこのような区別はなく、訳出する際の「人」と「族」を分ける基準があるわけでもないからである。ただし、地図上の民族名の表記は、煩瑣を避けるために、「……人」を省略する。

・訳語について、特に注記しておくことは以下の三点。

・**bilatéral　bilatéralité**　双方・双方的、双方性　例：双方家族、双方集団、等。これは往々にして「双系」「双系制」などと訳されていたが、系統を祖先に遡る bilinéaire（双系の）と明確に区別するために、この訳語を採用する。詳しくは分冊「下」の「訳語解説」を参照のこと。

・**イトコ、オジ、オバ**　これらの語は、漢字で書くと、年齢的序列の問題が発生するので、片仮名で表記する。

・**兄弟　姉妹**　これらの語は本来複数を示す語であり、単数であるのが明らかな場合は、兄（弟）、（姉）妹、のようにする。

序説　人類の分裂から統一へ、もしくは核家族の謎

以下に示すのは、四〇年に及ぶ家族構造研究の成果と、二〇年以上も前から行なって来た家族類型の起源と分化についての調査の結果である。

まず始めにあったのは、近代化の軌道の多様性は、伝統的家族構造の多様性によって説明することができるということを、示そうとする意志であった。まことに単純な一つの確認に導かれて、私はこの仮説を文言化するに至っていた。すなわち、共産主義の地理的分布図は、その絶頂期において見せていた通りの形では、ある個別的な家族システムの地理的分布図と、驚くほど似通っていたのである。内因性の共産主義革命が起こった国（ロシア、中国、ユーゴスラヴィア、ヴェトナム）と、民主主義システムの枠内で共産党が多数の得票を見せる地域の大部分（イタリア中央部、フィンランド北部）では、伝統的農民層において、**共同体家族**という特殊な人類学的形態の存在を確認することができた。それは、その最大限の世帯発展様態において、父親とその既婚の息子たちを連合させた世帯を作るものである。共産主義イデオロギーの発達に必要な価値観[*1]は、革命扇動者たちより以前に存在していたということになる。

この直観から出発して、私は世界の主要国に特徴的な家族形態の簡略化された類型学を展開したが、それは現

在において成功を収めているイデオロギーの根源を、ずっと昔からの人類学的空間の中に探ろうとするものであった[1]。

イングランドの**絶対核家族**は、親子関係についてはきわめて自由主義的だが、平等の観念にはかなり無関心で、これはアングロ・サクソンの個人主義と政治的自由主義の発達に必要な基層であった。

パリ盆地の**平等主義核家族**は、その構造が子供たちの自由という価値と兄弟間の平等という価値によって構造化されているものだが、人々が一七八九年〔フランス大革命〕の諸原則を承認し、普遍的人間の観念を進んで受入れることになった素地をなしている。というのも、兄弟を平等と規定する家族構造は、人間と諸国民の同等性という先験的な観念を、無意識の中に根付かせるのである。

ドイツと日本で支配的な**直系家族**は、父親の権威という原則と兄弟間の不平等という原則に基づく一子による遺産相続のシステムであるが、近代化への移行期という状況において自民族中心主義的な権威主義的イデオロギーならびに運動の発達を促進することになった。

家族システムによる説明の仮説は、あらゆる事柄を説明する、とりわけ永遠に説明すると称するものではいささかもない。農民的過去から引き継いだ諸価値が、識字化、都市化、工業化が産み出した精神的混乱から生まれたイデオロギーの中に、一時的に具現化されるということを示唆しているにすぎない。その段階が過ぎれば、社会的・心性的安定化が訪れ、それによって暴力的形態におけるイデオロギーの衰退が到来することになる。

イスラム圏の家族類型は共同体型であるが、外婚制ではなく、いとこ同士の結婚を優遇するがゆえに内婚制であるが、イスラム圏は今日、伝統的な家族の解体という状況において、原理主義という、もう一つ別の移行期イデオロギー[*2]を産み出している。

家族というのは、きわめて強力な説明変数であるが、社会構造の不動の要素でない以上、すべてであるわけではない。家族は、その変動の速度が、社会的、教育的、経済的、ないし政治的生活の他の成分よりもゆっくりしているとしても、やはり変動はする。家族システムの多様性の仮説というものは、各家族システムの担い手たる民族が、まるで家族構造によって本質化されたかのように他の民族と切り離されているという具合に、人類が複数の部分に分割されているという表象を与えるものではない、というのが、〔この仮説を提示するに当たっての〕私の趣意であった。例えば私の研究は、隣接する専門分野で行なわれた他の研究に続いて、いくつかの家族システムの破壊——流入移民の家族システムのとりわけ受入れ社会による破壊——と個人の全面的な同化という、独特の不安を伴わずにはいない過程を、解明した（『移民の運命』）。とりわけ、家族類型とは、歴史における実に多くの事象を説明するものであるが、それ自体、一つの歴史を持ち、共通の起源を有するのである。

私は長い資料収集の遍歴を行ない、その間、工業化以前の百ほどの人間集団（大抵は農民だが、遊牧民やいま

〔1〕TODD E., *La troisième planète, structures familiales et systèmes idéologiques.*〔『第三惑星——家族構造とイデオロギー・システム』邦訳は『世界の幼少期』とともに、『世界の多様性』として刊行。藤原書店〕これの他に四編の著作において、私は、家族構造についての仮説を展開し、それを新たな問題に適用することができた。『世界の幼少期——家族構造と発展』において、私は家族構造のある種の要素（親の権威、女性のステータス）が、近代化の核心をなす識字化過程の速さに及ぼす影響を強調した。『新ヨーロッパ大全』では、実のところ他に類を見ない地理的分布図作成の作業を行なった結果、十六世紀以降のヨーロッパ史の宗教・経済・政治の大事件を、綿密に確定された家族システムの地理的分布図の中に組み込むことが可能になった。『移民の運命』では、伝統的な家族的諸価値が、一九九〇年代初頭においても、アメリカ、イングランド、ドイツ、フランスの住民の中で、移民流入に対する先験的な態度の型を決定しており、そのため場合に応じて、流入する移民を同化するか差別するかが決まって来るその様態を研究した。『経済幻想』では、二つの型の資本主義の間の対立が、農民的基底の遺産に他ならない人類学的諸価値の存続によって説明できることを示した。利潤と消費の短期的な流れに熱中するアングロ・サクソン的資本主義は、絶対核家族の動性の価値観の反映である。技術的投資、長期的なもの、そして生産に固執する日本とドイツの資本主義は、経済のグローバル化の状況において、直系家族の持つ連続性という価値観を再現している。

だ生き残っている狩猟採集民の場合もあった）の家族の組織形態の検討とカード化を行なったが、その結果、実に単純な外観を呈する結論に到達した。すなわち、人類全体に共通の起源的家族形態は、突き止め、かつ定義することができ、かつまた都市化と工業化による原住地からの離脱が起こる直前に観察し得た多様な人類学的類型〔家族類型〕の出現に至る分化の過程の一般的特徴は復元することができる、ということである。これらの家族類型の出現は、相次いで継起したか、もしくは同時に起こったのであるが。

本書『家族システムの起源』は、方法論の面では革命的な著作であると称するものではない。実のところ方法論的には、一九二〇年から一九四五年のアメリカ人類学を、そしてとくにロバート・ローウィ[*3]を新たな装いで踏襲しているにすぎない。しかしその中心的結果は、西欧世界と言われるものの虚栄に対する根底的な批判に行き着く。西欧圏は、マックス・ウェーバー以来、己の歴史的成功の鍵を、己の文化のあれこれの特殊性に探し求める習慣をいささか安易に身に付けて来たのである。私が到達した確信の一つは、旧世界の周縁部に位置するヨーロッパは、家族システムの面では、古い形態の保存庫であり、人類学的組織形態に関しては、われわれは起源的な形態にかなり近いところに留まり続けて来た、ということである。われわれ西欧人は、農業も都市も商業も牧畜も文字も算術も発明したわけではないのに、短い期間とはいえ、発展競走のトップランナーであったのは、技術的・経済的発展にとって麻痺的効果をもたらす家族システムの変遷というものを経験しないで済んだからなのである。

家族構造の専門家としての生涯の終わりに当たって、世界のすべての民族を単一の歴史の中に統合し、今から三〇年ほど前に自分自身が一時的に人間の集団と集団の間に打ち立てた境界線を廃棄するようなモデルを作り上げることができたということは、私にとって混じりけのない純粋な喜びである。単一の歴史の根源は、ピーター・ラスレットがかつてちらりと垣間見た、核家族の謎に他ならない[1]。

一九六〇年代初頭、イングランドの歴史家ピーター・ラスレット[*4]は、ノッティンガムシャーのクレイワース小教区の二つの住民リストに掲載されている世帯の人員構成を検討してみようと思い立った。それは、地元の牧師ウィリアム・サンプソンが一六七六年と一六八八年に作成したリストであった。一六七六年のリストは、きわめて単純な世帯が著しく優勢であることを示していた。すなわち、七六%の世帯は、子供がいるか、もしくは子供のいない夫婦家族〔夫婦とその子供からなる家族〕で、九%が、一人暮らしの個人もしくは家族的関係のない複数の個人からなる世帯、八%が、夫婦家族に、配偶者を失った親、兄か弟、姉か妹、甥もしくは姪が一人同居する世帯だった。二組の夫婦を同時に含む世帯は一つもなかったのである。ラスレットは、直ちにこの発見の重要性を感じとった。同じ屋根の下に三世代を連合させる複合的な、巨大な農民家族という古いイメージは、粉々に砕け散った。イングランドにおける核家族が非常に古いものであるという、逆の仮説が生まれたのである。[2]

〔2〕ピーター・ラスレットによって開発された方法（とくに、Laslett P., Walk R. 他、*Household and Family in Past Time*, p. 28-34を見よ）は、世帯集団の発展サイクルの類型学を定義するものではないが、人口調査によって何らかの時点において把握された限りでの、世帯（households）の分類法を定義している。夫婦家族が、分類の要をなす。夫婦家族は、子供を含むかどうか、子供がいる場合、両親を含むか片親のみを含むか、で分類されるわけである。最も単純な世帯から最も複合的な世帯まで、世帯は以下の五つの大きなカテゴリーで分類される。

1. Solitaries〔単独者〕（一人暮らしの個人）
2. No family〔非家族〕（複数の個人、ただし夫婦はいない）
3. Simple family households〔単純家族世帯〕（夫婦家族）
4. Extended family households〔拡大家族世帯〕（夫婦家族＋一人もしくは複数の親族）
5. Multiple family households〔複式家族世帯〕（複数の夫婦家族）

これらのカテゴリーには、さらに下位の分類があり得る。

同じ型の家族も、発展サイクルのどこに位置するかによって、異なる世帯形態を見せることになる。例えば直系家族は、一人の子供を跡取りとして選び出すものだが、最初は一つの夫婦家族のみを含む世帯（simple family household）の形態を取り、次いで、跡取りの子供の結婚ののちに、二組の夫婦を含む世帯（multiple family

この仮説は、他の住民リスト一〇件ほどの検討によって、多少の微細な異動はあったものの、確証された。それらのリストは、十六世紀末から十九世紀初頭までの期間にわたっていた。ケンブリッジ人口・社会構造史研究グループ〔Cambridge Group for the History of Population and Social Structure〕が作成したイングランドの小教区のサンプルにおいては、複式世帯、つまり複数の夫婦家族を含む世帯の比率は、きわめて低い。とはいえゼロではないが。すなわち、平均で三・五％なのである。複式世帯は、六四の地域共同体のうち一六では、五％以上、四では一〇％以上を記録しているが、複式世帯の数がゼロであるケースも、一四ある。最初に分析されたクレイワースの例は、統計上の偶然ではなかったことになる。ケンブリッジの歴史学者ラスレットの直観は、この点検作業によって検証されたわけである。ただ、複数の夫婦を含む世帯が全く見当たらないクレイワースのケースによって惹起された、新たな学問を創設するような啓示があまりにも強烈だったために、その後ラスレットは、イングランドと世界の多様性に対していささか目を塞がれることになってしまう。

彼は一時、過去の農民大家族というのは全くの神話であると宣言し、核家族をあらゆる時代、あらゆる場所に支配的な普遍的組織様式の地位にまで高めようとしたのである。[3]

もう一人のケンブリッジの歴史学者アラン・マクファーレン*5は、十七世紀のイングランド核家族の発見から、全く異なる結論を引き出した。一九七八年に出版された決定的著作『イングランド個人主義の起源』の中で彼は、この極めて古くから続く核家族は、イングランドの社会的個人主義の土台であり、最初の産業革命の本質的な説明要因であるはずだと主張している。しかし現実には、ヨーロッパには核家族が支配的な地域は数多く存在した。デンマークとオランダではイングランドとそっくりな形態の核家族が支配的だったが、その他にも、厳密な平等主義的遺産相続規則と結合した形で、パリ盆地全域、中部並びに南部スペイン、南イタリアでも核家族は支配的であった。分析のこの初期段階においては、ポーランド、ルーマニア、ベルギーの核家族類型も挙げておくことができる。のちには、それらが示す微妙な差異がきわめて有意的に見えてくるのではあるが。要するにマクファーレンは、自分の仮説〔個人主義と産業革命に関する〕をイングランド以外に適用することができなくなり、かなり急速に、研究に行き詰まってしまったのである。[4]

---

household）の形態を取り、最後に、両親のいずれか一方の死亡ののちには、一つの夫婦家族＋一人の親族の同居（extended family household）の形を取る。

［3］それにピーター・ラスレットは、自身が普遍主義的気質の持ち主で、イングランド人の中では最もラテン的な人物と言え、外向的で開けっ広げで、その熱狂のあまり、その後数十年間、世界中の家族についての研究に再び乗り出すことまでやってのけた。私はそれを証言することができる。私は一九七一年から一九七五年までの間、ケンブリッジで彼の学生の一人だった。そして彼の指導の下で博士論文を完成したのである。その内容は、十八世紀もしくは十八世紀初頭のアルトワ〔フランス北部〕、ブルターニュ〔フランス北東部〕、スウェーデン、トスカナ〔イタリア中部〕の農村における家族構造と地理的移動性の分析である。しかし、私はブルターニュ、スウェーデン、そしてとりわけトスカナで、多様な形態の複合世帯を特定した。つまり私は、他の多くの者とともに、ラスレットの「すべて核家族」という仮説の破壊に貢献したことになる。

ラスレットとは逆に、これから問題となるマクファーレンは、私の論文の二人の審査委員の一人だったが、その人となり、ものの考え方からして、民族にまつわるステロタイプを好む者のどんな気違いじみた期待をも満たしてくれるような人物であった。インドに生まれ、ネパールのグルン人を研究する人類学者で、次いでチューダならびにスチュアート朝期のイングランドの魔女の歴史を研究したマクファーレンは、私が彼と知り合った当時は、慎みのある、注意深い、内向的な人物であったが、彼にとって、世界の中の、いまだかつてヴィクトリア帝国に統合されたことのない部分は、何やらはっきりしない、言わば非現実の物であった。ヨーロッパ大陸の農民はすべて同じ類型、要するに非イングランド的類型に属すと、彼は考えていた。『イングランド個人主義の起源』で彼は、ロシアとポーランドを一緒くたにすることさえやってのけ、東ヨーロッパの大部分を己の知的関心の外に置いたのである。

［4］私の著作『第三惑星』は、経済というよりはむしろイデオロギーを説明しようとするものであるが、これをマクファーレンの仮説を全世界に一般化するものと読むこともできた。すなわち、ある特定の場所において、昔からの家族構造は、それ自身が持つ形状を近代化の過程というものに貸し与えた、というわけである。ただし、イングランドだけでなく、同様にフランス、ドイツ、ロシア、あるいは中国において、ということであるが。

イングランド人から未開人へ

イングランドないし西ヨーロッパに昔からの核家族形態が発見されたことは、いくつかの問題を解決したが、それと同じくらいの数の新しい問題を突きつけもした。たしかに、核家族地域における資本主義の出現を説明することは可能になった。なぜならこの家族類型は、農民の土地からの離脱に不可欠の社会的柔軟性と、技術的実験に必要な個人の動性を容認するからである。しかし旧世界の反対側の端、フィリピン群島のルソン島の北東部に居住する、副次的に農耕を行なうだけの残存性の狩猟採集民、アグタ人の許でも、核家族が見いだされることになるのである。一九八〇年代半ばにトーマス・ヘッドランドによって観察され、計測されたこの住民集団における世帯の構造は、十七世紀から十九世紀のイングランドの住民リストから演繹することのできるそれと、驚くほど似ているように見えた。核家族が七九%、一七%が、核家族に独身のメンバーが一人追加されたもの、四%が、二組の夫婦を含むもの、というわけである(2)。唯一重要な違いは、一人暮らしの個人の世帯が存在しない点だが、アグタ人において、追加的独身者を組み込んだ核世帯の比率が高いことは、これで説明がつく。クレイワースでは、一組の夫婦と一人もしくは複数の独身の親族を組み合わせた家族の比率は、八%にすぎず、先に引いたイングランド人の六四の小教区からなるサンプルでは、一一・六%だった。しかしながら、ヨーロッパの昔の住民リストの分析に携わったことのある者はだれしも、独身の個人を親族の夫婦の世帯に振り当てるか、「単身世帯」に振り当てるかは、ほとんど人口調査担当者の気分か個人的見解によって決るということを知っている。その調査担当者は、大抵の場合は聖職者なのである。

ここで世界のもう一つ別の果て、チリとアルゼンチンの南、フエゴ島に移動してみよう。その地に住んでいた、

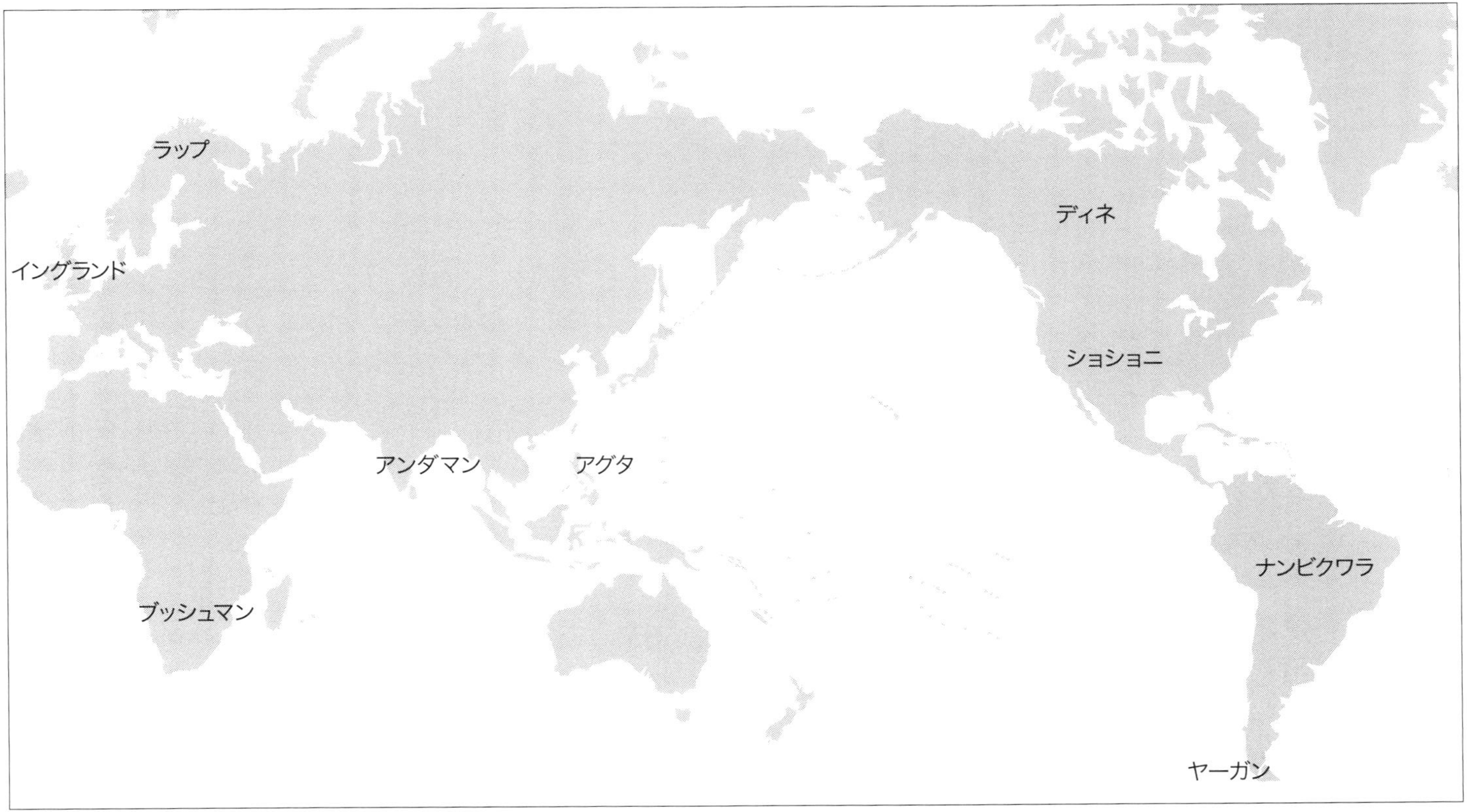

地図 0–1　核家族——序説で挙げられた民族

漁労と貝類の採集に従事するヤーガン人は、絶滅したが、その前に民族誌が残された。これがまさしく、別の型の核家族なのである。カヌーに乗り込んで生活するこの核家族は、食物資源の獲得にせよ、子供の教育にせよ、この家族だけで独立して行なう、社会の基本的単位をなしていた(3)。

アメリカ大陸の北部に移動してみると、ロッキー山脈内の大盆地のインディアン、とりわけショショニ人は、一九三〇年代にジュリアン・スチュワードによって民族誌が作成されている。「生物学的家族――つまり両親と子供からなる――が世帯を形作っていた(4)」。スチュワードは、配偶者を失った高齢の親族の同居があり得ること、若い夫婦が両親と一時的に同居することが頻繁に見られることを指摘していた。しかし彼は、最も未開と考えられるインディアン集団の一つに核家族の基本的性格が見られることを明らかにし、この経験的事実を、戦前のアメリカ人類学の問題系の中心に据えたのである。

夫婦の連帯、居住様式の選択、地理的移動性、アグタ、ヤーガン、ないしショショニという「未開人」の記述に用いられたこれらの用語は、マクファーレンの記述するイングランド人、あるいは今日「発達した」近代的な住民集団と考えられている他のどんな住民集団にも、まことにぴったりと当てはまる。

いくつかの未開人集団の家族上の近代性という逆説は、クロード・レヴィ゠ストロースも見逃しはしなかった。彼は一九五六年に、次のように書いていた。

「近代社会において一夫一婦婚、若い夫婦の独立居住、親子関係の温かさ――これらは未開人の見慣れない慣習や制度の複雑に入り組んだネットワーク越しに認知することが、必ずしも常に可能ではない要素である――を特徴としているあの家族類型は、それでも最も初歩的な文化水準に留まり続けた(か、舞い戻った)と思われる集団の中のいくつかにおいて、明瞭に存在が証明されているように思われる。インド洋の島々に居住するアンダマン人、南アメリカの南端のフエゴ島人、中央ブラジルのナンビクワラ人、南アフリカのブッシュマン——いくつかの例のみを引くに留めるが——のような集団は、半放浪的な小さなバンドを作って生活している。政治組織はほとんど、もしくは全くない。技術水準はきわめて低い。少なくともこれらの民族のいくつかにおいては、機織り、土器製作、恒常的住居の建造は知られていないからである。しかしながら、彼らにおいて社会構造の名に値する唯一のものは、家族であり、その家族は主に一夫一婦制である。現場で観察する研究者が夫婦のカップルを特定するのには、何の困難もない。夫婦は、感情的絆、経済的協力関係、そしてまた彼らの結婚から生まれた子供たちの教育によって、緊密に結び合わされているのである」[5]。

注目すべき確認である。ただ残念なことに、「近代＝未開」という同等関係は、構造主義的思考の論理世界の中では妥当な説明を見いだせない。

「構造思考」（構造を考える）の限界

構造主義的思考様式——人類学者の構造主義は、その一成分にすぎない——は、「社会構造」のさまざまな要素ないし水準の間の関連の必然性を中心的公理として立てる。家族、親族、宗教、経済、教育、政治は、互いに照応し合い、互いにはまり込み合っている。これらの要素は一緒になって「社会構造」を構成するのであり、こうした社会構造は、不動であるか、進歩によって前方へと引っ張られるか、場合によっては対立衝突によって荒廃することさえある、というわけである。

デュルケムに言わせると、何らかの宗教的な考え方、ないしある型の自殺は、ある程度の社会的複合性の水準と関連づけられるべきものである。マルクスに言わせると、政治的闘争は、何らかの社会的闘争を反映しており、その社会的闘争は、何らかの特殊的な経済的対立の結果に他ならない、ということになる。このような例は、いくらでも挙げることができよう[5]。

しかし大抵の場合、〔最高水準の学者・思想家のレベルではなく〕一般的水準における「構造的」心性は、かなり意識的な進化主義的成分を含み持つものである。すなわち、社会システムは、技術的ないし知的発展段階に応じて分布する、と考えるのだ。この観点からすると、十九世紀もしくは二十世紀初頭の主要な進化主義的モデルは、家族の歴史に言及するときには、きわめて特徴的であって、進歩の段階に応じてそれぞれ対応する親族システムなり家族類型がある、と考えた。

第二次世界大戦後になると、人類学者たちは、ナチスの人種主義の打撃から立ち直れず、次いで民主主義諸国の植民地主義にうんざりしてしまい、大変な努力をして、進化主義を厄介払いしようとすることになる。まことに唐突に、かつまことに公式に、地球上の諸民族を階層序列化するのを止めたのである。

彼らの善意は真摯なものであったが、それでも彼ら人類学者たちは、諸民族を同一水準に置くことに本当に成功したとは言えなかった。なぜなら、人類学は、「未開人」、つまりは非ヨーロッパ人の研究を専門的に行なう学問分野《ディシプリン》であると自らを定義することによって、発展の観念に乗り越えがたい公理としてのステータス[*6]を一挙に与えてしまうからである。人類学による一般化は、そのモデルにヨーロッパ人を組み込むことが決してできなかった。ヨーロッパ人は、明らかにその経済的成功によって、人類の総体を包含する法則の中に席を占めることを免れたのである。それこそが、フィールドで実現するモノグラフが方法論的にいかに厳密であろうとも、学としての人類学が挫折したと言わざるを得ない根本的理由であると思う。

しかしもしヨーロッパ人を先験的に「近代的」と見なすことを止め、どんな人間集団とも同様なものとして扱うとするなら、その場合は、彼らの核家族が、地上の最も「未開の」民族にも見られるということを、確認せざるを得なくなる。なぜ核家族は、〔近代イングランドのような〕複雑な社会システムと未開の共同体とに同時に対応し得るのかということを理解しようとすると、われわれは構造主義の公理から脱却しなければならなくなる。もっとも、経験的現実への服従という原則からすれば、われわれには選択の余地はないのだ。もし同じ要素が異なる構造、対立しさえする構造に組み込まれることがあるとするなら、社会というものはあらゆる点で首尾一貫しているわけではないということになる。社会生活の要素のなかには、他の要素からは独立して存在し得るものがあるのであり、そうした要素の変動を支配する法則は、特殊なものであるかも知れないのである。

〔5〕家族構造とイデオロギー・システムの間の関係についての私の当初の仮説は、それ自体、こうした「構造的」思考様式の極端な形態に他ならなかった。それは人類学的類型体系と政治的類型体系の間に照応関係を打ち立てるものであったからである。しかしながら、社会を「構造」として表象する大多数の表象とは逆に、『第三惑星』のモデルは、発達の水準には無関心である。そこにおいては、イデオロギーも家族類型も、遅れたとか、進んだとか、昔のとか、近代的なとかと見なされない。私のモデルの独創性は、家族は下部構造でありイデオロギーは上部構造であるという主張から出て来るのではいささかもなく、それが経験的検証に合格したモデルであるというところから出て来るのである。すなわち単に、共産主義は、工業とプロレタリアートの密度の濃い地域で勝利したのではなく、ロシア、中国、ユーゴスラヴィア、ヴェトナムという、伝統的農民家族の構造が共同体型のもの、つまり、親子関係については権威主義的であり、兄弟同士の関係については平等主義的である、そうした地域で勝利した、ということである。しかしそれは、部分的な合格にすぎなかった。私は、家族類型と生態的・経済的要因の間の合致の不在を説明することができるのは、偶然だけであると主張していた（「地球全体の規模において、生態的・経済的要因と家族類型の間に何らかの合致を検知することは不可能である。〔…〕二十世紀の歴史を決定したいくつものイデオロギー的同調の起源には、家族がある。しかしこの人類学的基底のさらに下には、偶然があり、それゆえに地球のイデオロギーの歴史は目標を持たない喧噪になったのである」）[*7]。説明の不在は、それ自体、私が社会の構造的表象とは別のところに、論理的な説明形式を構想することができなかったということの帰結にすぎない。

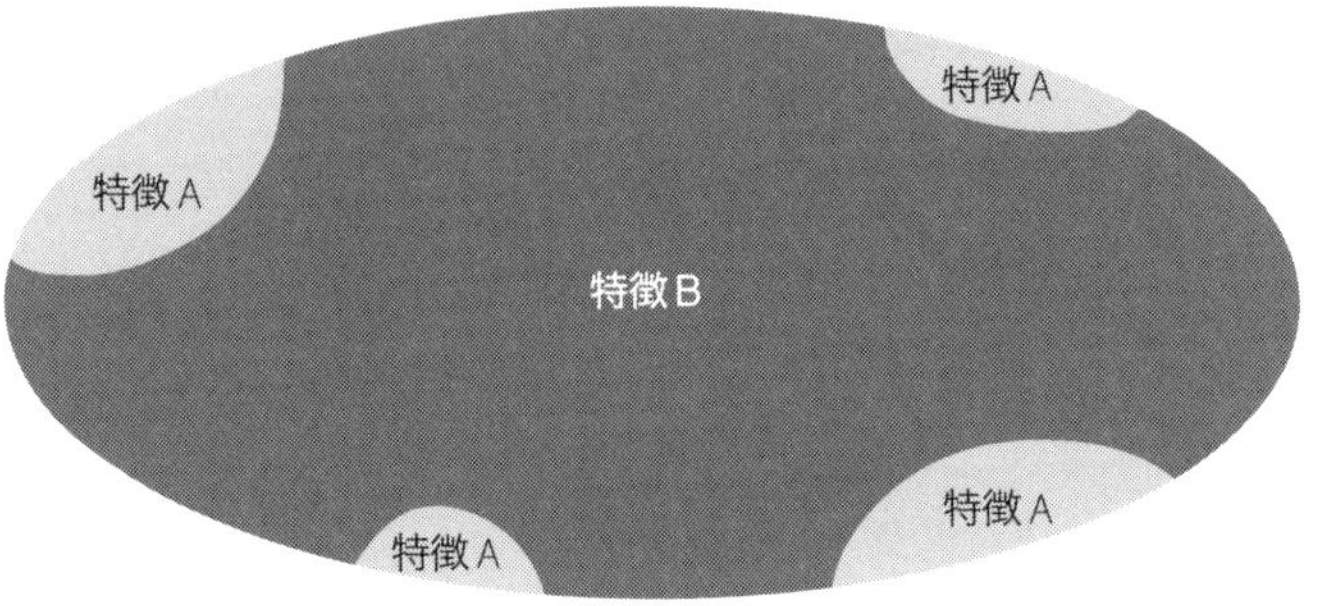

地図0–2　周縁地域の保守性——類型図式

周縁地域の保守性原則（ＰＣＺＰ）[6]

核家族が、イングランド人、ヤーガン人、アグタ人、ショショニ人、ブッシュマン、アンダマン人、ナンビクワラ人に同時に見られることの説明を可能にする論理形式が一つ存在する。「周縁地域の保守性原則」（ＰＣＺＰ　Principe du Conservatisme des Zones Périphériques）に他ならない。これはすでに一九一〇年から一九二五年の間に、方言の変動を示す地図の解釈に関して、言語学者たちが確立した原則である。[6]

周縁地域の保守性原則は、一九一二年には言語学において発見されていたが、これによって、ある一定の時点において把握された現象の地理的分布の歴史を演繹することが可能になる。[7]　地図上に表された二つの相互排他的な特徴ＡとＢがあるとき、Ｂが一続きの中心地域を占め、Ａがいくつもの孤立した周縁的地域を占めるのなら、特徴Ｂは何らかの革新が周縁部に広がったものである蓋然性が高い。特徴Ａが占める地域は、地図空間全体においてかつて支配的であった特徴の残留的分布を表している。説明の信憑性ないし「蓋然性」は、周縁的なＡの地域の数が多ければそれだけ増大する。

この方法の具体例を示すために、ジィエロンが提示し、ギローが受け継いだ一つの言語上の例を挙げてみよう。[8]　二十世紀初頭、ミツバチ〔abeille〕を示すラテン後の **apis** から直接派生した語は、フランス語圏の中の以下の四つの地域にしか見られなかった。すなわちミツバチをéというアルトワ地方、esというガーンジー島、apsというメドック地方、そしてaというフランス語系スイスである。これらの地域が空間全体のそれぞれ異なる端の部分に分布することは、それらが互いに無関係に地取りをしたということでは説明できない。かつてはフランス語圏全体が

［6］私としては、己の中から出て来たひらめきのお陰で無知蒙昧から抜け出すことができた、と言いたいところだが、私の蒙を啓いてくれたのは、実は長年の友、ローラン・サガール[*8]であると、白状しなければならない。言語学者であるサガールは、『第三惑星』の地図〔本書一五六頁補足地図を参照〕を眺めると、要点としては以下のようなことを言った。「他の部分は実に興味深い。しかし「偶然」〔頁末原註［5］内の引用を参照〕の部分で言っていることは、いい加減だ。**周縁地域の保守性原則**を承知している研究者なら、君の言う共同体型というやつ、ここに赤だかベージュで塗られているのは、一続きの中央部的塊をなしており、濃い緑の直系型や青や薄緑の核家族型は、周縁部に分散しているということを、すぐに見て取るはずだ。これからすると、何らかの時期に、ユーラシアのどこかの中心点で共同体型への転換という革新が起こり、それが周縁部へと広がって行ったが、まだ空間全体をすっかり覆い尽くしてはいない、ということであるのは明白だ」と。家族類型とは何を意味するかも知らず、地図の上に示された地域の色と配置にしか関心を向けない人物から、自分の研究主題の説明要因を、全くありふれた自明事といった調子で言い切られた時のショックは如何ばかりだったか、容易に想像できるだろう。彼の立論は論理的に反論の余地のないものだった。それから数年後の一九九二年に、彼と私は、ユーラシアの中心部で起こったこの大変動を明らかにする論文を共同執筆し、『ディオジェーヌ』誌に発表した。[*9]家族システムの共同体性は、明らかに父系原則の出現と強固に組み合わさっており、一八六二年〔ママ、正しくは一八六一年〕のバッハオーフェンの『母権論』の刊行以来、お馴染みのテーマとなっている。この共著の論文は、私がここに提示しようとしている研究の出発点となった。周縁地域の保守性原則は、単に論理的用具であるだけではない。それはもう一つ別の研究方法、歴史学と社会学のもう一つの考察次元、すなわち**伝播**というものへとわれわれを向かわせるのである。人間科学の近年の歴史の中で、**構造**というものの不幸な競争相手となっていたあの**伝播**へと。風習の、組織形態の伝播は、社会学的分析の抑圧された裏側に他ならなかった。フランスについては、デュルケムの伝統によって『模倣の法則』のタルド[*10]が沈黙に追い込まれた例を挙げることができる。人類学において構造主義的思考様式が勝利したことが、かなり大幅に、家族形態と親族システムの多様性を説明しようとする企ての挫折の原因となっているのである。

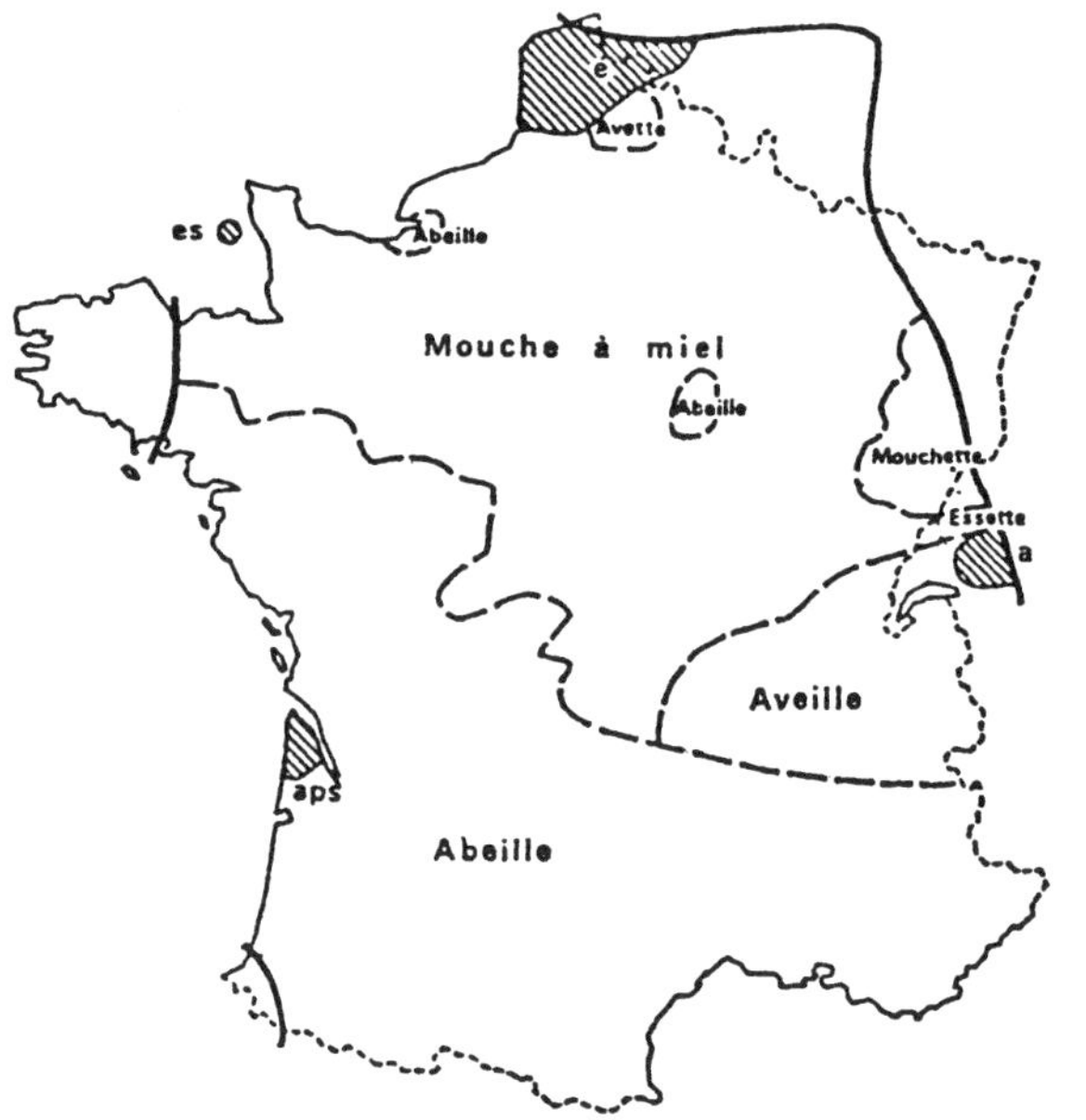

補足地図　ジイエロンによるフランス語方言にみるミツバチの呼び方（『世界像革命』藤原書店、2001年、194頁より）

この系統の派生語によって占められていたのだが、やがて、主にapisの指小辞apiculaから派生した他の語〔abeille, aveille, avette など〕が出現して、この系統の語を駆逐することになったと考えられるのである。以上の四つの地域は、かつては国土の全域を占めていた空間の残留物に他ならないのだ〔上の補足地図を参照〕。

　言語学以外で周縁地域の保守性の例を求めるなら、建築の分野の木骨造り〔次頁の補足写真を参照〕の家屋の例が、その最初のケースとなるだろう。露出した木の骨組みの間に壁があるこの様式が頻繁に見られるのは、とくにノルマンディ、ブルターニュ、アルザス、ならびにフランス南西部、そしてトロワ〔シャンパーニュ南部〕のようないくつかのばらばらの孤立地帯においてである。同じ建築技法がこのように多様な場所に現われるのは、互いに無関係なノルマンディ、ブルターニュ、ガスコーニュ、ないしアルザスの好みがそうなのだからだと考えるとしたら、バカげているだろう。今日われわれが〔これらの地方で〕観察することのできるものは、中世末には〔フランス全域に見られた〕一般的であった建築様式が、フランスという空間の周縁部に、統計的に有意的な形で生き残っている姿なのである。パリ盆地という中心的空間では、より以前により優れた石の壁がこれに取って代わったわけだが、パリ盆地の都市のネットワークは、フランス王権の発展と緊密に結びついていた、ということになる。この説明モデルでは、トロワのような孤立したケースは、何らかの理由でその場に残された残丘という恰好になる。木骨造りの家屋の例は、建築様式という文化的習慣を、経済的・教育的発展水準と切り離してくれるという点が、好都合なのだ。すでに十七世紀からは、ノルマンディとアルザスは、識字率がパリ盆地におけるよりも高いという特徴があったが、逆にブルターニュと南西部は、文化的発達の面では特に遅れていたように思われる。経済的もしくは社会的ないかなる従来型の相関関係も、いかなる「構造的同時生起」も、この分布を説明できないだろう。空間内での位置のみが説明変数なのだ。

〔このように他の分野での例ばかりを挙げて来たが〕とはいえ、周縁地域の保守性の原則は、人類学に無縁のものではない。それはおそらく、人類学という学問分野にとって、言語学と同じように古くから縁のあるものである。例えば、すでに一九二三年にはアメリカ人ウィッスラーによって、この原則は完璧な形で開陳されている。アメリカ大陸全域にわたる、土器製造、機織りの技術、儀礼の検討を含む、「間歇的分布」の詳細な検討を行なったのち、彼はこう述べている。

「分布の不連続性が周縁的形態をとるとしたら、(…)中央部の空虚は、諸特徴は中央部の諸文化の懐において最も変遷が進むということによってもたらされたということになる」(9)。

補足写真　木骨造
Sogenanntes Eglihaus, Lutikon 1-3 in Hombrechtikon（スイス）
photo by Roland zh, 2011/8/30

これ以上に明快な説明はあり得ないだろう。もしかしたら私は、周縁地域の保守性原則の方法論についてのこの説明を、一九二〇年代のアメリカの人類学から始めるべきだったのかもしれない。それは、伝播の過程をきわめて重要なものと見なしていた。

私が言語学から始めることにしたのは、周縁地域の保守性原則が第二次世界大戦直後に人類学から消えてしまったことの異様さを感じてもらうためなのである。人類学からは、伝播の過程の分析を可能にする方法論全体が文字通り粛正されていたのであり、それこそが、私がこの地図分析の技法を友人の言語学者から伝授して貰わねばならなかった理由なのである。[10]

この退行が起こった時期は、ある程度正確に決めることができる。周縁地域の保守性原則は、一九四〇年代末の構造主義大変革の直前には、まだ生きていた。それはレヴィ＝ストロースにとっては完全に馴染みのものであり、彼はおそらくそれを、フランスの言語学よりはむしろアメリカの人類学から受け継いだのである。この原則は、一九四七年に完成した『親族の基本構造』の中にも、決定的ではないまでも重要な原則として、何度も登場している。オーストラリアのケースは次のように議論されている。

「地理的分布を検討すれば、難なく第一の可能性が示唆されるだろう。半族もセクションも欠く民族がオーストラリア大陸の北部、西部、南部の六つの沿岸エリア、すなわち周縁エリアを占めていることからして、クラスを欠く体系がもっとも古代的な形式であることをいかにも結論したくなるだろう[11]」。

この本の中で全く同様に重要な東アジアは、同じような適用と逡巡を引き起こしている。

「というのも、中国を取り囲む一帯には、同じ婚姻規則と同じ親族システムが見いだされる。これは古代の生き残りを示唆する周縁的な位置を占めている。しかしこの理由から、グラネ[*11]はおそらく自分の想定した時間的順序に対する疑いを育み始めたようである」(12)。

フランス構造主義だけの責任とするのは、不当であろう。アメリカの人類学も、自主的なやり方で周縁地域の保守性原則と伝播のメカニズムの分析を葬っているのだ。一九四九年に刊行された『社会構造』の中で、ジョージ・マードックは、人類学的現象の空間的知覚を禁止している(13)。

これから見るように、周縁地域の保守性原則は、きわめて強力な分析用具である。とはいえ地図の解釈が良いかどうかは、必ずしも常に明白ではない。なぜならたいていの場合、参照対象の空間はどこからどこまでなのか、先験的に決っているわけではないからである。したがって中心というのも先験的に決まってはいない。参照対象たる空間は、陸地中心なのか海洋性なのかを判断するのも、ときに難しい。海は状況によっては、革新の流通と伝播の障害になり得るし、逆にその舞台ともなり得る。例えば北東ヨーロッパの長子相続規則の場合、ノルマンディとピカルディの沿岸部のコー地方、ヴィムー、ポンチューの一子相続地域は、平等主義のパリ盆地にとっての古代残存的周縁部と見なされるべきか、それとも英仏海峡‐北海‐バルト海からなる海という革新の中心に属するのであろうか、という問題が生じる。島嶼は流動する交換の流れに対する位置によって、古いもの《アルカイスム》の残存の巣窟となることもあれば、革新の極となることもある。山地山脈は、高度という点で紛れもない周縁部をなし、一般には解釈はより容易である。しかしそれでも慎重を期さなければならない。

それに、明確に特定できる中心の周りに何らかの特徴が拡散して分布している場合、革新の分布を特定するには、その配置を見るだけで十分であるにしても、この周縁部に分布する特徴が、古いシステムの単なる生き残りであると断定することは、必ずしもつねに可能ではない。革新が前進する際、古いシステムとの接触前線に生じた抵抗は、別の型の新しいシステムの出現を引き起こすことがある。そうした反動的なシステムもまた、主要な革新を示す中心地域の周りを取り囲む断片的な輪の形を取って現われるであろう。本書の中では、革新と反動からなる一対の組み合せが本質的に重要となる。父系変動[*12]が起こったと考えることによって、たしかに広大な一続きの地域を中央地域として定義するという結論がもたらされることとなった。しかしまた、父系変動はこの地域の周縁部に、多数の反動的な母系形態を産み出しもしたのである。これらの母系形態は人類学者たちが伝統的に抱き続けて来た驚嘆の対象であり、彼らはそれらに内在する固有の論理を発見しようとして、たくさんのエネルギーを浪費した。〔しかしそれらは内在する論理ではなく、反動という外在的な論理にしたがっているのである。〕反動はこの場合には、逆方向への転換の企てという形をとっている。

革新への拒絶は、伝統に忠実だと称しながら、その実、全く同様に革新効果を揮う別の形態が出現することに繋がる。伝統主義的と言われる人間集団が口にする次のような決まり文句は、知らぬ者とてない。「あなた方は、子供の社会的身分を定義する際に、父親しか考慮に入れないが、しかしいつの時にも、子供を定義する上で、重要だったのは母親の方だ。われわれは伝統に則って、母親が自分の社会的身分を子供に与えるのだ、と主張する」という決まり文句は。己が正統に則っていると考える住民集団は、こうして母系原則を作り出すことになる。実際は、伝統的システムは**未分化状態**ないし**双方性**〔本書一五頁、凡例「訳語について」を参照〕だったのであり、子供の身分の定義に関しては父親も母親も等しく重要であったのだということを、忘れてしまうのである。当初の革新と同様に新しい形態を産み出すこうした反動は、人間科学の歴史の中で、何度となく特定され定式化されて来た。ガブリエル・ド・タルドは、**対抗模倣**の現象、ジョルジュ・ドゥヴルー〔一九〇八―八五〕は**異文化の分離的否定受容**の現象という言い方を喚起している。(14)

人間科学の歴史――動植物の種の研究も含むきわめて広い意味での――を繙くなら、構造の論理と伝播の論理との対立は、すでに十九世紀半ばには存在していたことが明らかになる。方法論の観点からすれば、チャールズ・ダーウィンの『種の起源』は、構造的合同の原則に対する激烈な批判として読むことができる。生物の種の地理的分布は、単なる環境の、特に気候風土の作用によって説明することはできないということに気づいたダーウィンが、その理論によって実現したものは、革新と伝播という概念によって行なわれる分析の、おそらく最も有効で最も革命的な適用として今後も残り続けるだろう。新たな種は出現し、四方に普及し、やがては古い種に取って替わる。ダーウィンの検討手続きを見ると、地理的分布の解釈にある種ためらいのようなものが感じられる。時として、現実性の少ない伝播の軌道、特に山岳経由の軌道を仮定する、などということもやっているのだ。しかし『種の起原』の終わりに近付くと、周縁地域の保守性原則の先進的な定式化に到達するのである。

「同様に、空間において、一つの種ないし種グループが棲息する地域は一繋がりの連続したものであるというのは、一般的原則である。これに対する例外は、たしかにかなり多数あるが、先に私が証明しようとしたように、それらは以下のものによって説明される。すなわち、昔行なわれた移動がいくつもの異なる状況において実行されたこと、輸送手段に事故が起こったこと、中間地域において種の絶滅が起こったこと、である」[15]。

実を言うと、同一の特徴(ないし種)が何らかの空間の四隅に存在する場合、つねに伝播主義の解釈は試練にさらされる。その場合、研究者がとるべき選択は、三つに一つだ。当該の特徴を周縁的なもの、したがって古代的《アルカイック》なものと認めるか、唖然とするような伝播軌道をでっち上げて、説得力のない、時として錯乱じみたモデルの念入りな構築に入れ揚げるか、はたまた、伝播の観念で解釈することを諦めるか、である。諦めることもときには必要なことであるが。

習俗や価値観の地理的伝播が単純な地理的分布を産み出すことは滅多にない。それを解読することができれば、まるまる一つの歴史の全体を解明することにもなるのだ。この解読作業は多様なメカニズムを想定することになるが、文化の否定受容〔父系変動の受容が、母系制という反動の形をとるような〕というのは、中でも最も際立ったメカニズムに他ならない。いずれにせよ、周縁地域の保守性原則はしばしば、空間の中で時間が為し遂げたものを読み取ること、共時態を通時態に変換することを可能にしてくれるのであり、ここにおいては、核家族が同時的にイングランド人、アグタ人、ヤーガン人、ショショニ人の許に存在することをわれわれが理解するのを可能にしてくれるのである。

周縁的・古代的《アルカイック》形態としての核家族

われわれが予備的に作成したサンプルに含まれる狩猟採集民群を周縁的な存在と把握することは、あまり困難を惹起しないし、さまざまに異なるやり方で行なうことができる。

まず、東西二つの半球のうちの一つをじっと眺めるというのも悪くない。アグタ人は、旧世界の東の果てのそのまた先にある、フィリピン群島の最大の島、ルソン島に居住するのであるから、旧世界の中で周縁的であることが分かる。そうなるとショショニ人とヤーガン人は、二重の意味で周縁的ということになる。まず地球全体の規模から言って。何しろ地球全体の重心は、明らかにアジア、ヨーロッパ、アフリカからなる旧世界内に位置するのだから。しかしまた新世界そのものの中においても、周縁的と言えるのだ。アメリカの農業革新は、中央アメリカからアンデスに至る広大な地域に及んでいるのだから、この二つの民族はそれぞれ、その地域から北と南に遠く隔たった所に位置しているからである。

しかしまた、これら三つの非農耕民族は、理の当然として周縁的なものでしかあり得ないということを、認めなければならない。全く単純に、農業というものはそれ自体、狩猟と採集を残留的・周縁的な地域にしか存続させないような伝播の過程をたどって普及したのだ、という理由からである。もしこの三民族のケースだけを検討すればよいのであれば、われわれは、構造型の推論の基盤に立って、核家族は狩猟採集民の生活の必然的な相関素であると断定したくなったかも知れない。こうした結果は、一九六六年にシカゴで開催された「人間、この狩猟する存在」(Man the Hunter) と題するシンポジウムの結論と両立不可能なものではないだろう。このシンポジウムはいくつか重要な成果をもたらしたが、その一つは、ラドクリフ゠ブラウンがオーストラリアのデータを誤読して確信してしまった、原初の家族形態は父方居住の移動集団であるとのファンタスムを、人類学から厄介払いしたことである。この専門家同士の対決は、狩猟採集民においては核家族からなる流動的な集団が優勢であることを示唆することになった(16)。

われわれのサンプルに則して言うなら、高度に識字化され、きわめて効率的な農業を営む十七世紀のイングランド人のケースがあるために、われわれは核家族を構造という概念と切り離して考えざるをえなくなったのである。彼らの存在のせいで、発展水準と家族類型の間のいかなる相関関係も廃棄されてしまうのだ。先入見なしに世界地図に目を向けるなら、ブリテン諸島とフィリピン諸島が空間の中で、ユーラシアの西北と東南という対称的な位置関係にあるさまが見て取れる。イングランドも、ルソンと同様に、高度に周縁的である。そのために、イングランドが世界の歴史に組み込まれたのは、かなり遅かった。農業を獲得したのは、共通紀元前（AEC）[*13]四〇〇〇年［ママ］ころ、最初に文字に接触したのは、ローマによる征服のお陰で、紀元〇年の直前にすぎない。

農業は複数の場所で生まれたが、ヨーロッパへの農業の伝播の震源地となった中東での農業の発生は共通紀元前九〇〇〇年に遡る。それからおよそ六〇〇〇年後に、文字が出現する。メソポタミアでは、紀元前三三〇〇年ころ、エジプトでは紀元前三〇〇〇年ころである。父系革新が非核家族的家族形態の出現にとって不可欠なものであることは、これから見ることになるが、父系革新もまた、紀元前三〇〇〇年紀の半ばに中東においてその最初の（しかし唯一のではない）中心地を見出すことになる。ところがイングランドには、農業革新、次いで文字は、比較的遅い時期ではあっても到達はしたけれども、父系的概念という第三の革新と、それに結び付いた複合的な家族形態は、現実に到達することはなかった。それこそが、イングランドが一七〇〇年ころに、高度な技術水準と、未開人のものに近い家族形態との組み合せを出現させた理由である。

忘れられた快挙　両大戦間時代のアメリカ人類学

初版が一九一九年に発行された、ロバート・ローウィの『原始社会論』は、おそらく第三千年紀初頭の新参者にとっても相変わらず最良の人類学入門書であるだろうが、かつて一九三四年ころに、クロード・レヴィ＝ストロースにとっても最良の人類学入門だった[17]。同書において、夫婦とその子供のみからなる核家族の普遍的にして、言わば原初的な性格は、すでに主張されていることが見いだされる。同書ではこの家族は、**双方家族**の名で示されているが[18]。その二〇年後、ジョージ・ピーター・マードックは、この結論を『社会構造論』で引き継いで、こう述べている。

「核家族は、普遍的な社会的集合体である。現行の唯一の家族類型として、もしくは複合的家族形態の中の基礎的単位として、それはこれまでに知られたすべての社会の中で、高度に機能的な、明確に区別し得る集団をなしている。本書のために検討された二五〇の文化からなるサンプルの中においては、少なくとも例外は一つも出現していない。そのことは、以下のようなローウィの結論を確証することになる。『同棲関係が恒常的であろうと一時的であろうと、一夫多妻制であろうと、一妻多夫制であろうと、性的放縦状態であろうと、われわれの考える家族の集まりの中に含まれない成員が追加されるという事実によって、条件が複雑化しようと、大したことではない。他のあらゆる事実を凌駕する一つの事実、すなわち夫と妻と年少の子供たちが、共同体のその他の部分から分離する一つの単位をなすという事実である[19]』。

マードックは、レヴィ＝ストロースとともに、ローウィに代表される伝統を清算した人間であっただけに、核家族の原初的性格に対する彼の持続的な賛同には、驚く他はない。夫婦からなる細胞がこのように強調されるというのが、人類学の伝統であれ、社会学ないし歴史学の伝統であれ、ヨーロッパ的な伝統からアメリカ的な見方を区別する点である。同じ時期に旧大陸では、だれもがまだ、過去ないし原始性へと遡れば遡るほど、家族は複合性を増すというファンタスムの中でもがいていた。この頑強な習慣は、ローウィーの結論から半世紀も経ったのちに、ラスレットの発見によってようやく深刻な打撃を加えられたにすぎない。

このような系統的な対立を、どのように説明したらよいのか。ありきたりなことだが、このモデルを選ぶかあのモデルを選ぶかは、研究者が互いに異なる事例に対面していたということの結果である。アメリカでは、インディアンの家族構造は、ある程度の複合性を呈することがある場合でも、つねに親子という中核を基本的分子として出現させていた。ヨーロッパの人類学者たちは、原始に到達するために、イギリス、フランス、ドイツの影響圏に、つまりアフリカ、アジア、東ヨーロッパに、努力を集中した。ところがそれらすべての現場において、複合的な家族形態が支配的だったのである。ロシア、中国、北インドでは、父系の共同体家族、アフリカでは父系が多数派だが、母系の場合も多く、一夫多妻的成分を含む別の型の共同体家族、という具合である。これらの旧世界のシステムはいずれも、実際上、起源的な核家族とはだいぶ隔たったものだった。これから見る通り、アジアではそれぞれ独立した二つの変動が起こり、アフリカでは一つの変動が起こっていたのである。要するに、とりわけ十九世紀と二十世紀のヨーロッパ人の研究対象領域には、「進化した」複合的な家族形態が見出されたのだが、それらは、支配されるか植民地化されていたために、遅れた地域と見なされた地域で見出されたわけである。インディアンの居住する北アメリカは、民族誌が作成されたとき、まだ起源的基底により近いままに留まっており、それゆえ人類学者たちに遠い過去のより正確な姿を伝えることができた、ということになる。

現地バンドにおける核家族

多数の狩猟採集民集団について、核家族を基本的社会単位として特定するからといって、それは、現実に存在するのは男と女の個人のみであり、その男と女の出会いが夫婦を形作り、その夫婦が子供を生産し、その子供たちは成人に達すると親の後見から急速に解放される、そういうアトム〔原子〕状の自然的世界なのだという錯覚に陥ってはならない。原初的核家族は、つねにより広大な親族集団の中に包含されている。このもう一つの社会単位は、人類学者によって「バンド」とか「ホルド」とか「現地集団」と呼ばれるが、複数の核家族から構成され、構成要素たる核家族の数はさまざまに変動する。それは至るところに存在し、ヤーガン人やショショニ人のような、きわめて移動性の高い住民の中にさえも存在する。彼らは、長期間にわたって各核家族がそれぞればらばらに食料資源を探索する旅に出ることを許容するのである。状況によってはつねに不可欠な相互扶助というものが、こうした基礎的集団の存在理由なのである。

ジューン・ヘルムのカナダ北極湿地帯（drainage arctique）と言われる地域に居住するディネ・インディアン（もしくは北東アサパスカン）[*14]についての優れたモノグラフ研究は、こうした現地バンドの構造への具体的アプローチを可能にしてくれる。[(20)]彼らの居住地域は、ショショニ人のケースと同様に、インディアン圏の周縁部である。一九五〇年代の終わりに、現地の四つの集団が研究された。その四つの集団は、ハレと言われる「家族」四つからなるものが一つ、ハレ「家族」八つからなるものが一つ、スラヴェイと呼ばれる「世帯」九つからなるものが一つ、スラヴェイが混合したドグリプと呼ばれる「世帯」二〇からなるものが一つであった。家族と世帯の区別は、この場合は、核家族の一時的な拡大があり得るかどうかというだけで、重要な区別ではない。生存様式は、漁労と狩猟と毛皮の交易を組み合わせたものである。その都度、婚姻のカップルが基礎的単位となっている。ヘルムは、次のような単純にして注目すべき断定に至っている。

「共同体内の親族の絆を分析すると、これらディネの共同体の社会構造は、血縁ないし夫婦という原初的な親族の絆の連鎖の形を取っていることが分かる。この絆を通して、各個人は、共同体全体に一度ないし複数回、繋がりを持つことになるのである」。[(21)]

厳密な統計分析を行なうと、婚姻カップル同士の原初的絆は、双方的であることが明瞭になる。全体の五三％が、妻が実の兄弟か実の両親と繋がりを持つケースだからである。[(22)]〔婚姻カップル間の絆の中では〕兄弟姉妹の間の横の絆が全体の五七％を占めるため、こちらの方が優勢的である。親夫婦と子供夫婦を結びつける絆の方は、四三％となっている。[(23)]

もう一つ別の周縁的民族を見てみよう。今度はユーラシアの周縁部に居住する、スウェーデンのラップ人〔サーミ人〕で、彼らの典型的な現地バンドを分析した方法によれば、比較が可能になる。それによると、同じタイプの構造化が明らかになる。ラップ人の民族誌が書かれたのは、一九五〇年代初頭であるが、そのころ彼らはトナカイの遊牧的飼育で生活していた。トナカイは、個人によって所有されたが、管理は集団によって行なわれた。社会・経済的に言うなら、彼らは、同じ時期にヘルムによって分析されたカナダの狩猟採集インディアンよりは明らかに進んだタイプであった。ロバート・パーソンは、婚姻カップル同士の絆をきわめて単純明快に記述している。「バンドはそれぞれ、兄弟姉妹の集団を中心に組織されており、これがバンドの血統的構造の中核をなす」と。[24] 組織方式は双方的で、娘は息子と平等に遺産を相続する。リーダーは、先代リーダーの息子か婿のうちから選ばれる。社会組織の下位の段階に戻るなら、つねに核家族として記述されて来たラップ人の家族が見いだされることになる。要するに、双方集団の中に複数の核家族を連合させる同じモデルなのである。

ラドクリフ＝ブラウンによるアンダマン人の研究では、組織水準（家族の核家族性と、現地集団への包摂という）の二元性が明らかに見て取れる。調理を行なうに当たって、家族ごとに別の炉〔かまど〕があると同時に、集団全体の炉も存在するのである。[25]

現地バンドは、核家族なり独身の個人がいったん所属したらそれっきりというような、凝固した構造物ではない。息子ならびにその配偶者と子供を自動的に成員と定義する父方居住原則によって構造化されているわけでも、娘ならびにその夫と子供を成員として指名する母方居住原則によって構造化されているわけでもない、原初的現地バンドは、加入に関しては、選択と柔軟性を特徴とする。それこそがシステムの「未分化性」もしくは「双方性」の基本的な論理的帰結に他ならない。若い夫婦は、夫の家族の集団に加わることもできれば、妻の家族の集団に加わることもできる。選択の可能性があるということは、その見直しの可能性にも道を開く。選択の当然の帰結とは、柔軟性にほかならない。これこそが未分化の〔無差別化された〕システムの主要な様相の一つであり、父系であれ母系であれ、単系のシステムというものの硬直性と対照的な点なのである。

家族の核家族性、女性のステータスが高いこと、絆の柔軟性、個人と集団の移動性。ここにおいて起源的として提示される人類学的類型〔家族類型〕は、大して異国的《エキゾチック》なものとは見えない。最も深い過去の奥底を探ったらわれわれ西洋の現在に再会する、というのが、本書の中心的逆説なのである。逆に、かつてはヨーロッパの人類学から古代的《アルカイック》なものと見なされていた形態（不可分の大家族、直系家族）の方が、歴史の中で構築されたものとして立ち現われることになるだろうし、いかなる場合にも、原初性の残滓として立ち現われることはないだろう。一夫多妻制や一妻多夫制も、起源において支配的であった一夫一婦制からずっと後の発明物として現われることになろう。

個人主義の幻想……イングランドなどでの

とはいえ西ヨーロッパ人としては、習俗と構造からしてこれほどまでにわれわれに近いこの原初的な双方核家族から距離を置くよう、最後の努力をすることも必要ではないか。現地バンドにその一員として編入されている核家族は、近代都市社会の核家族、あるいはラスレットによって特定された、十七世紀イングランドの核家族とは、いささかも同じものではない、と言明すべきではないか、と言う者もいるだろう。私もそれを否定しない。違いはある。近代の家族、あるいは十七世紀イングランドの家族のケースでは、家庭集団はより単純で、より純粋に核家族的である。柔軟な親族核家族集団への加入は、大幅に消滅している。しかし、イングランドないし西ヨーロッパの核家族は、ラップ人、アグタ人、ヤーガン人、ディネ人、もしくはショショニ人の家族と同じものではないと、決めつける前に、近代西洋家族の集団への編入の問題を、検討してみようではないか。

たしかにわれわれは普通は、親族やとりわけ既婚の兄弟や姉妹との、いくら流動的とはいえ緊密な相互作用の中に生きてはいない。何らかの危機（戦争、失業、離婚）が起こるのでない限り、この原初的な扶助に連れ戻されることはない。日常の生活のペースでは、われわれは学校、社会保障、要するに国家に依存しているのである。しかしまさにそれこそが、包含的構造に他ならない。それは進化した形態、しかしいささかも抽象的なものを持つことのない形態で存在している。ここまで考察が進むと、親族集団が国家によって取って替わられたという、古典的な、しかし今でも完全に有効性を持つ社会・歴史的テーマに再び出会うことになる。とはいえこれはしばしば、個人というものの出現と解釈された。しかしそれは誤りである。過去の稠密な大家族の神話を一たび葬り去った以上、われわれは、未開人より以上に、未開人より優れたあり方で個人である、などと主張することはできなくなってしまったのだ。この第三千年紀の初めに当たって、国家によって建設され、維持されている道路、病院、学校がないとしたなら、われわれの個人の自由を想像できるだろうか。試しに、電気・電話のネットワークという集団的インフラストラクチャーのないところで、インターネットか携帯電話によって個人から個人へのコミュニケーションをやってみるがいい。

核家族はまた、十七世紀イングランドの人類学的構造の全体をなしていたわけではない。それが最も核家族的であったところ、例えば中部諸州において、それは村落共同体に組み込まれており、とりわけ大規模農業経営によって支えられていた。言わば、青春期からの親と子供の分離のお膳立てをしたのは、この大規模経営なのである。人類学的であると同時に経済的なこのシステムなしでは、イングランドの絶対核家族は全く存在しなかった。

この個人主義の幻想の検討を、私の出発点であったケンブリッジで終えることにしよう。マクファーレンの主著『イングランド個人主義の起源』は、その表紙に、のこぎりと銃を担ぎ、斧とほとんどサントロペ風とも言うべきパラソルを手にしたロビンソン・クルーソーを描いた銅版画を、誇らしげに掲げている。このダニエル・デフォーの小説の主人公は、すでに十八世紀から、たった一人の人間が身の回りを組織立て、生き残るという、個人主義的思考の図像となった。しかしいかなる時代にも、イングランドの現実の本質がばらばらの自律的な個人の並存というものの中に存したためしはない。とくにケンブリッジでは、そうであって、ここでのフェローは、所属するカレッジに見事に組み込まれており、その具体的な生活は、ロビンソン・クルーソーの生活より、現地バンドに囲まれた未開人の生活の方に、はるかに近いように見えるのである。

伝播の公理系　発達の不均等か力の不均等か

中東もしくは中国に位置する中心から発して、父系的な家族形態が周囲へと伝播したという仮説を立てるなら、ヨーロッパ人は人類学的には原始的な人間たちということになるだろう。そして人類の統一性が再び確立することになるだろう。しかしこの仮説は、天使のごとく優しさに満ちた歴史像を予め想定するものではない。伝播のメカニズムそれ自体、文化的、人口動態的、もしくは軍事的な力関係を組み込んだものなのである。

革新的な民族Bの家族構造の一つもしくは複数の特徴が、古い形態の担い手である民族Aの方へ伝播するということは、この二つの人間集団の間に発展と力の不均等があることを前提する。Bはその一つもしくは複数の規範を、身体的強制なり、象徴的強制なりによってAに押しつけるのでなければならない。実際、伝播の核心には、力の強さと威信があるのであり、おそらくそれのゆえに、脱植民地化のプロセスと同じ時代に生きる人類学者たちにとって、このメカニズムはひじょうに不愉快なものとなったのだ。彼らに言わせると、一つの社会のもう一つの社会への影響というものはどれであれ、最後には、承服しがたい優越性の表現として、それ自体悪しきものとなってしまう。しかし遺憾なことだが、支配というものは歴史的現象として存在しているのである。

被支配集団のあるいくつかの要素が支配集団によって模倣されるということは、考えられないことではない。今日、パリ郊外の〔下層民的な〕話し方はブルジョワ青年の話し方に影響を与えているし、ラップは中産階級の文化に根を下ろしている。ちょうど、抑圧された黒人の世界から出て来たジャズが、白人のアメリカを魅惑したのと同様である。逆にヨーロッパへのジャズの拡大は、アメリカが西洋全体に揮った文化的支配の現象と解釈することができた。

音楽学者諸氏の顰蹙を買うつもりはいささかもないが、それでもわれわれとしては、家族というものはひじょうに重要であり、社会の組織編成にとってひじょうに中心的なものであるので、芸術のようにときとして支配の原則を逸脱することがある、では済まされないということを認めなければならない。言わば公理的な形で、家族形態の分布を表す地図を検討するときには、意味のない模倣を探すのではなく、より発達したものから発達の度合の低いものへ、より強力なものから力の弱いものへの、非対称的な伝播を探さなければならないのである。

ある人間集団が、ある特定の時点において他の人間集団に影響を及ぼすのは、相対的な優位を保持しているからである。いくつもの地域の住民について研究する歴史家の念頭に最初に上る優越性の要素とは、農耕である。農耕それ自体も、粗放な形態から集約的形態へといくつもの序列がある。農耕の獲得は、巨大な人口の出現を可能にし、それはそれ自体で支配の要因となる。農耕に次いで、都市、青銅、鉄、文字が到来する。

一九六〇年代半ばから、人類学者たちのなかには、マーシャル・サーリンズのように、狩猟採集民を称揚する者が現われた。狩猟採集民は、より良い食品を摂り、健康状態は優れており、余暇が多い、というのだ(26)。農耕民族、場合によっては都市化され、金属を用い、文字が書ける民族であってさえ、その優越性を認めることは、自明のことではなくなった。労働、人口過剰、食料不足、社会内の分化という罠に掛った農耕民族は、文明の創造者ではなく、文明の犠牲者になってしまった、ということになる。しかしながら、形而上学的・倫理学的判断の領域に留まるのでないかぎり、「文明」の四つの基本要素（農耕、都市、冶金、文字）は、それぞれそれ自体に本質的に内在する拡大の潜在力を秘めていることは認めなければならない。これらの要素が、地球の大部分に広がったのは、ガブリエル・ド・タルドが『模倣の法則』の中で用いた意味で、つまり合理的な意味で、「理の当然」なのである。歴史の現実においては、農耕によって人口密度が増大し、都市と文字によって組織立てられ、技術的・軍事的に強力になった民族は、周辺の人間集団に影響力を揮い、取って替わることができた。その上、淘汰が起こらなかったところでは、これらの民族は、自分たちの成功の元となったもの（農耕、都市、冶金、ないし文字）ばかりでなく、どれもがより多くの効率性に結び付くと先験的に想定してはならないような他の革新も、被支配者たちに伝えることがあり得たのである。支配者がもたらした社会形態であるという威信だけで、それらの要素が受入れられてしまったことは説明できる。家族に関わる変動のケースは、しばしばそうしたものだった。その中には、社会に活力を与えるにほど遠く、逆に対抗的な歴史的シークエンスを始動させてしまったものもある。現実には、父系・共同体革新は、それが押し付けられたところで、最後には発展過程を毀損するに至った。なぜなら、その最終局面においては、女性のステータスの低下に至り、そのことは当該住民の教育潜在力を減少させたからである。それでもそれが出現したとき、この家族形態は、技術文化の領域で革新的な民族によってもたらされ、当時の近代性の象徴として、威信溢れるものでありえたのである。これこそ、ガブリエル・ド・タルドが論理外的模倣と呼んだものの領域である。

工業化以前の時代において、父系的家族形態に内在する技術的優越性を喚起することのできる領域が一つある。すなわち戦争。父系原則は、特殊な組織編成力を持っている。住民の軍事化を容易にするのだ。男たちの尊属への帰属関係が排他的である〔唯一父親の子とされる〕ところから、各個人は社会構造の中で一つの位置を、それも唯一の位置を与えられる。各個人が同時にもしくは交互に、父方親族と母方親族に帰属する未分化システムの特徴たる複数帰属が持つゆとりはなくなってしまう。未分化性ないし双方性の世界は、その本性からして曖昧で、可動的で、柔軟である。父系原則によって構造化された集団は、下位区分と階層序列が予め確立しており、あたかも戦争用に組織された恒常的軍隊のようなものである。父系の氏族《クラン》の血統図は、軍隊か官僚組織の組織図に似ている。また男性性と身体的力強さとの繋がりも忘れてはならない。父系原則は、攻撃、略奪、征服による拡大の内在的な潜在力を秘めているのである。アメリカ軍は、アフリカの角においてソマリアのクランに対面して退却し、今度はアフガニスタンでパシュトゥーン人のクランと対決することになったが、そこでこの父系原則の残酷な効率性をいやと言うほど体験した。要するに父系性の拡大の理由は、しばしば軍事的領域での優越性で説明がつくのである。

歴史時代規模での家族

伝播の説明要素（農耕、都市、冶金、文字）は、長い期間を想定した解釈を前提とするが、果てしなく遠い過去に遡る解釈というわけではない。家族類型の分化の起源を研究するとなると、時の闇の中に埋没せざるを得なくなる、ということではない。現在言えることは、農耕の発明は、中東において共通紀元前九〇〇〇年にわれわれを連れ戻すにすぎない。中東は、年代推定がほぼ確定し、安定している唯一の地域である。中国と中央アメリカについては、〔農耕の発明の〕年代推定はまだ、新たな発見がなされるのに応じて変動しているが、いずれにせよ、中東よりはだいぶ後の時期になるだろう。[27] 農耕の起源地[*15]としてのニューギニアの独立性は確実であるが、これもおそらく共通紀元前八〇〇〇年に遡る。[28] 西アフリカに位置する起源地の自立性については、いまでも専門家で議論が分かれている。この二つの地域においては、農耕は、文字を伴う文明としての要件を満たした文明の出現へと進むことがなかったが、それでも、厖大な人口の稠密化を可能にしている。さらにまたこれらの農耕の中心地に、漁労によって可能になった相対的な人口稠密化の地域をいくつか付け加えるべきであろう。それはとりわけ北アメリカの北西海岸に存在した。

ユーラシアでは、父系原則の出現は農耕の出現より大幅に後になる。文字の発明よりも後なのだから、厳密な慣用的意味で「歴史時代」と呼ぶことのできる時代が始まって以降のことになるのである。農耕の発明の極が複数あり、それに続いて起こった文化的出現〔文字の発明など〕の極も複数あったということは、この本書第I巻において、家族革新が起こった地域としては、複数の地域にわれわれが出会うことになるのを、早くも今から予告しているわけである。

核家族システムを特徴とする六つの周縁的人間集団（十七世紀のイングランド人、ヤーガン人、アグタ人、ショショニ人、ディネ人、ラップ人）の検討から引き出されたモデルは、証明されたものとみなすことはできない。付随的に、家族の組織編成が父系かつ複合的な三つの中心的集団、ロシア人、中国人、アラブ人を引き合いに出したとしても、同じことである。論理の土俵に立って言うなら、現段階において断定できることのすべては、これまでに検討されたいくつかの事実は以下のような仮説の総体と両立可能である、ということだけである。

1　起源的家族は、夫婦を基本的要素とする核家族型のものであった。

2　この核家族は、国家と労働によって促された社会的分化が出現するまでは、複数の核家族的単位からなる親族の現地バンドに包含されていた。

3　この親族集団は、女を介する絆と男を介する絆を未分化的なやり方で用いていたという意味で、双方的であった。

4　女性のステータスは高かったが、女性が集団の中で男性と同じ職務を持つわけではない。
5　直系家族、共同体家族その他の、複合的な家族構造は、これより後に出現した。その出現の順序は、今後正確に確定する必要があるだろう。

これらの仮説の効力をこれから系統的に証明していくつもりであるが、それは入手可能なすべてのデータを包含するものではない。そんなことは不可能である。しかし人間の居住する地表全体をカヴァーするきわめて広範なサンプルを、包含してはいる。本第Ⅰ巻は、ユーラシアを扱う。第Ⅱ巻は、アフリカ、アメリカ、オセアニアに存在する諸社会を扱うことになる。

研究は、さしあたり当初においては、つねに地理的な取り組み方で行なわれるだろう。世界システムの中に組み込まれる直前において観察された家族システムの空間内での位置というのが、その古さを測定するための基本的判断基準となる。この共時的分析は、次いで、確定することのできる歴史的事実と突き合わされることになる。進化の一般原則が存在するからと言って、その結果、歴史の単純な読み取りだけで済むわけではなく、時には、逆転進化が起こることもあった、特にエジプトとローマでそれが起こった、ということが分かるだろう。

とりわけ次のことも分かるだろう。すなわち、地理学的分析と歴史学的分析はどんなに相互補完的か、ということ、そしてこの二つが組み合わさると、ときとしてどんなに論理的驚嘆の感情を生み出すことになるか、ということが。地図の分析は、周縁的形態を古代的《アルカイック》なシステムの残滓として特定することを可能にする。しかしそれは、ユーラシアの中心地域を歴史の中で掘り下げて行くなら、遠い過去の中に、周縁部ですでに観察した諸形態、人類学者が到来した時点において相変わらず生きていたあれらの諸形態ときわめて近い形態が、見いだされるであろうという意味なのである。歴史の時間の最も深い奥底において、われわれは単に現在に再会することになるのだ。

婚姻システム、そして構造主義への訣別

父系化と家族システムの稠密化の詳しい検討は、大地域それぞれについて、婚姻モデルとその起こりえた進化の簡略な分析を含むことになるだろう。というのも、構造主義人類学を一つの退行として提示する解釈モデルを持つ本が、婚姻の問題に取り組まないのは、奇妙な話ということになってしまうだろうからだ。婚姻、特に母親の兄弟の娘との非対称的婚姻という限定された交換が、レヴィ＝ストロースの考察の核心をなしていた。[*16]

われわれとしては、家族の歴史の包括的な分析から出発して、婚姻の問題を全般にわたって扱わなければならないのであって、レヴィ＝ストロースのように、統計的にはマージナルな形態〔母方交叉イトコ婚〕の視点から出発して扱ってはならない。婚姻は、多様なあり方において、外婚的か内婚的のどちらかである。私の一般的方法論に従って、私は婚姻関係の研究を近い家族のレベルに留めるつもりである。大部分の場合について、近い親族だけでなく、遠く隔たった親族にも適用される禁忌を伴う、父系的もしくは母系的なクラン《氏族》外婚のような、広い範囲に及ぶ人類学的カテゴリーを用いることはしないようにするつもりだ。選好婚[*17]の概念は、本イトコよりさらに先の、〈またイトコ〉より遠いイトコ——これは一般的な親族分類においては、理論的に同等のものとされる——にも適用されるが、この場合もやはり遠いものは排除することにする。私としては、本イトコとの結婚——禁じられているか、容認されているか、選好されるか——の研究のみに留めることにしたい。本イトコというのは、結局のところ、以下のように、兄弟同士か、姉妹同士か、兄弟姉妹同士の子供たちのことであるから、こうしてわれわれは家族の基本的な水準に留まることになるわけである。

1　男性が父親の兄弟の娘と結婚する場合＝「父方平行イトコ」（今や国際的略号となっている英語での略号

では、FBD[29]との婚姻。

2　男性が母親の姉妹の娘と結婚する場合＝「母方平行イトコ」（MZD[30]）との婚姻。

3　男性が母親の兄弟の娘と結婚する場合＝「母方交叉イトコ」（MBD[31]、レヴィ＝ストロース的分析のお気に入り）との婚姻[*18]。

4　男性が父親の姉妹の娘と結婚する場合＝「父方交叉イトコ」（FZD[32]）との婚姻。

問題の複雑さがどのようなものかは、今すぐに先験的に定義しておくことができる。もし四つの型のイトコが、配偶者として禁じられているか、容認されているか、選好されるとするなら、それだけで3^4＝81の婚姻システムがあるということになる。こうしたすべての変種が可能であると見なすのは、良い取り組み方法とは言えない。現実に存在するものから出発すべきであって、考えうるものから出発すべきではなかろう。さもないと、概念の中に溺れて窒息することになりかねないのである。

今では婚姻について、レヴィ＝ストロースが『親族の基本構造』を書いた時には存在していなかった統計的研究がある程度入手可能になっている。私はかなり多くの場合、マードックの民族誌地図を用いることになるだろう。これはイトコ間の婚姻、ないし婚姻禁止の型によって、モデルを分類しているため、この点についてはひじょうに有効なのである。とはいえ彼がそのチームとともにカードに取ったデータは、必ずしも常に、統計的数量調査に基づいているわけではないし、実を言えば、たいていの場合それに基づいていない。

婚姻に関しては、家庭集団の形態について行なったように、本書の開始に当たって、予備的証明に基づく強力な仮説を提唱することはしない。先ほど見た通り、家族についてはかなり明快な地理的分布が見られるので、人間の居住圏の周縁部についての簡略な検討から出発して、家族は核家族で親族は双方的であったと、最初から断定することができた。ユーラシアの主要な婚姻類型の地理的分布は、このような単純な解決を許さない。イスラム化された地域では、四種類の本イトコとの選好婚（四方内婚）が支配的であるが、この地域の位置そのものが中心的であるところから、これは革新であり、相対的に遅い時期での出現であることが示唆される。しかしユーラシアの周縁部では、位置づけは複雑である。西の方、ヨーロッパでは、四種のイトコに関する禁忌が支配的である（四方外婚）。東の方では、四方外婚もあれば、二種の交叉イトコとの婚姻が許容されるか、選好される場合、MBD〔母親の兄弟の娘〕との婚姻のみが許容されるか、選好される場合、四種類のイトコのうち三種類との婚姻が許容されるか、選好される場合という具合に、さまざまな形態を観察することができる。シベリア北東部と日本では、四方婚〔内婚〕に対する容認があり、それがすでに、今日イスラムによって占められている中央部における四方婚の出現が遅い時期に起こったという、先ほど喚起した仮説を疑問に付す問題であると受け止められている。ただし、そのように受け止めるのは誤りであるが。

ただちに何らかのあり得ない仮説を提起するよりむしろ、私としては、父系制の出現と世帯の稠密化の過程の詳細な分析を利用して、それぞれの大地域における一つあるいは複数の婚姻モデルを研究することにしたい。そうなれば、家族システム――家庭集団の発展サイクル[*19]という厳密な意味における――の形成の年代が決定されることによって、婚姻関係の類型も視野に入れることが可能になるだろう。このような進め方をして行けば、一つもしくは複数の起源的婚姻システムについての何らかの仮説に到達するだろう。それらの仮説は、核家族的家庭集団と親族システムの双方性という当初の仮説にとって必要不可欠な補完物に他ならない。しかしユーラシアに関するデータの検討が認可してくれるのは、暫定的な結論にすぎないだろう。全般的な解釈を提唱するのは、アフリカ、アメリカ、オセアニアに関するデータの検討の後でなければ可能にならない。それは第Ⅱ巻の対象である。それゆえ知的前進の動きは、婚姻の研究にあっては、家庭集団の分析における動きとは逆になる。家庭集団については、私は出発点で一つの仮説を提示し、その仮説が世界のさまざまな地域の中で検査にかけられることになる。婚姻の場合は、まず各地域が詳しく検討されるのである。それによって、私はこの第Ⅰ巻の末尾で、暫定的な結論を定式化することになろう。第Ⅱ巻はまだ執筆されていないわけであるから、その段階でもし起源的婚姻システムの絶対的単一性を結論することができないとしても、多様な様態における穏健な外婚制を、当初においてかなり一般的なものであったと定義することは不可能ではないということを、示すことはできるだろう。父系制の出現が確定され、その年代が決定されるなら、婚姻モデルのいくつかの決定的進化を理解することも、可能になるだろう。[7]

訳註

＊1 **共産主義イデオロギー……に必要な価値観**　共同体家族は、父親の権威の下で兄弟関係は平等であるところから、権威と平等という価値観を育むが、この価値観は共産主義イデオロギーの価値観と共通する。逆に言うと、共産主義とは、共同体家族の価値観の近代イデオロギー的再編ないし復興に他ならない。

＊2 **移行期イデオロギー**　移行期とは、前近代の農民的社会が、識字化、都市化、工業化によって、近現代へと移行する局面のこと。この期間に、イデオロギーが生み出されるが、それは基本的に、当該社会の家族構造が育む諸価値（価値観）に則ったものとなる。例えば、共同体家族は、権威と平等という価値に基づく共産主義、直系家族は、権威と不平等の価値を体現する、ナチズムを典型とする自民族中心主義イデオロギーを生み出す。

＊3 **ロバート・ローウィ**　Robert Henry Lowie 1883-1957　オーストリア出身のアメリカの人類学者。アメリカ・インディアンの研究を行なった。

＊4 **ピーター・ラスレット**　Peter Laslette 1915-2001　イギリスにおける歴史人口学の先駆者。トリー・リグリーとともに一九六四年に〈ケンブリッジ人口・社会構造史研究グループ〉Cambridge Group for the History of Population and Social Structure を創設。トッドの博士論文指導教授。

＊5 **アラン・マクファーレン**　Alan Macfarlane. 1941-　ケンブリッジ大学人類学教授。代表作は『イングランド個人主義の起源』(1978)。日本についての著作もある（『平和の残酷な戦争』1997。邦訳は『イギリスと日本――マルサスの罠から近代への跳躍』新曜社）。ラスレットとともに、トッドの博士論文審査委員。

＊6　**発展の観念に乗り越え難い公理としてのステータスを……**　このくだり、やや舌足らずに見えるが、「発展とは、唯一ヨーロッパ人においてのみ可能なものであるという考え方を、乗り越え難い公理にしてしまう」ほどの意味であろう。この考え方は、ヘーゲルの「歴史哲学」がその最大限の表明に他ならないヨーロッパ中心主義的歴史観であると考えられる。トッドのこの指摘は、サイードのオリエンタリズム批判にも通ずるものと言えよう。

＊7　E. TODD, *La Troisième planette*, Éditions du Seuil, Paris, 1983, p. 222-223. *La Diversité du monde*, Seuil, Paris, p. 205-207.［『世界の多様性』二九一―二九二頁］ただし、訳文は多少変更してある。なお、『第三惑星』の結論のタイトルは「偶然」である。

＊8　**ローラン・サガール**　Laurent Sagart 1951-　フランスの言語学者。中国語の方言、古代中国語などの研究で知られ、国立東洋言語文化研究所（ＩＮＡＬＣＯ）、社会科学高等研究院（ＥＨＥＳＳ）で教え、一九九六年より国立科学研究センター（ＣＮＲＳ）内の東アジア言語研究センター（ＣＲＬＡＯ）の研究主任。

＊9　E. TODD, Laurent SAGARD, « Une hypothèse sur l'origine du système familial communautaire », in *Diogène*, no 160, octobre-décembre 1992.［「共同体家族システムの起源についての一仮説」］これは、石崎晴己編『世界像革命』（藤原書店）に、トッド、ローラン・サガール「新人類史序説――共同体家族システムの起源」として、石崎・東松

---

［7］私の研究の最終段階に到達したと思われる今、私としては、この研究を開始し、さらにそれを継続することを可能にして下さった方々、すなわち、エマニュエル・ル＝ロワ＝ラデュリ、ギィ・エルメ、アニル・シール、トニー・リグリー、ジャン＝クロード・シェネ、エルヴェ・ル・ブラーズ、ジャン＝クロード・ギユボー、ジョルジュ・リエベール、フランソワ・エラン、ジョエル・ゲイミュ、ユセフ・クルバージュに感謝を捧げるものである。

また、国立人口統計学研究所〔ＩＮＥＤ〕の資料部、特にマイテ・エリイ、マルチーヌ・ドヴィル＝ヴェロス、マリー＝クロード・ルナツイ、パトリック・ロザンに感謝の意を表する。

また、いささか遅きに失したが、今は亡き、フランソワ・フュレ、ジャン＝フランソワ・ルヴェル、ジャックリーヌ・ピアチエ、アンリ・マンドラス、ピエール・ショーニュ、ジェラール・カロにも感謝の意を表する。

本書の内容は、アラン・マクファーレン、ローラン・サガール、ディオニジ・アルベラ、エマニュエル・マテウディ、アラン・ガベ、エリック・ル・パンヴァン、そしてもちろん、ピーター・ラスレットに対する私の恩義を証言している。ピーター・ラスレットにこの『起源』を読んで戴けないのは、まことに残念である。

最後に私は、この決定的な四年間に変わることない支援を寄せてくれた父に感謝するものである。

秀雄訳で掲載されている。

＊10 **『模倣の法則』のタルド**　タルド（Gabriel Tarde 1843-1904）は、フランスの社会学者。『模倣の法則』（邦訳は、池田祥英・村澤真保呂訳、河出書房新社）は、その主著。タルドは、パリ社会学会会長、コレージュ・ド・フランスの近代哲学教授を務めたが、ライバルであったデュルケムに比べて、その後長く忘れられてしまった。しかし近年、ドゥルーズがその著書『千のプラトー』で、デュルケム派に対して彼を擁護したことで、見直されるようになっている。『千のプラトー』邦訳、河出書房新社、二四一―二五一頁に、「タルドへのオマージュ」と称する件がある。

＊11 **グラネ**　マルセル・グラネ（1884-1940）は、フランスの社会学者、人類学者、中国学者。中国学に人類学的方法論を導入した人物。レヴィ＝ストロースの『親族の基本構造』の第一九章は「グラネの理論」を論じている。

＊12 **父系変動**　本書の主要概念のひとつ。トッドによれば、これまで未分化的であった親族システムが、父系制に変わるということが起こり、これが全ユーラシアに拡大していく。この変動と接した地域では、これに対する反動として、やはり未分化であったシステムが、母系制に変わるということが起こる。

＊13 **共通紀元前**（ＡＥＣ　Avant l'Ere Commune）　キリスト紀元は、周知の通り、イエス・キリストの生誕を紀元とするものだが、現在ではほとんど全世界がこれを採用している。そこで、キリスト教という出自を示す語を廃し、世界に共通の紀元であることを明確に示そうとしたわけである。なお、周知の通り、紀元〇年は存在しない。あるのは紀元一年（すなわち元年）だけである。〇年が存在しないのは、当時、地中海＝キリスト教圏には、ゼロの観念が存在しなかったからである。

＊14 **アサパスカン** Athapaskan　レヴィ＝ストロースの『仮面の道』に〈アタパスカン〉として登場する種族だが、学術的にはアサバスカ語族 Athabaskan のことと思われる。pとbの違いは、音素の把握のレベルでの異動であろう。サとタは、もちろん th の読みの違いで、これを英語読みすべきかどうかは判然としない。なおディネ Dene とは、アサバスカ語を話す者たちの自称名、つまり「人々」の意味である。なお南アサバスカ語族に属するものには、有名なナヴァホとアパッチがおり、彼らもディネないしその変種を自称する。

＊15 **農耕の起源地**　この件、中尾佐吉の名著『栽培植物と農耕の起源』の所説を思い起こさせる。中尾は、それぞれ独立の農耕文化を発展させた農耕の起源地として、東南アジア（根菜農耕文化）、西アフリカ（サヴァンナ農耕文化）、メソポタミア（地中海農耕文化）、新大陸の四つを挙げ、東南アジアの農耕文化の起源が最も古いとした。アメリカの人類学者ジョージ・マードックも、類似の説を唱えているようである。

＊16 **レヴィ＝ストロースの考察の核心**　周知の通り、『親族の基本構造』の中で最も頻繁に検討対象となっているの

父方交叉イトコ婚

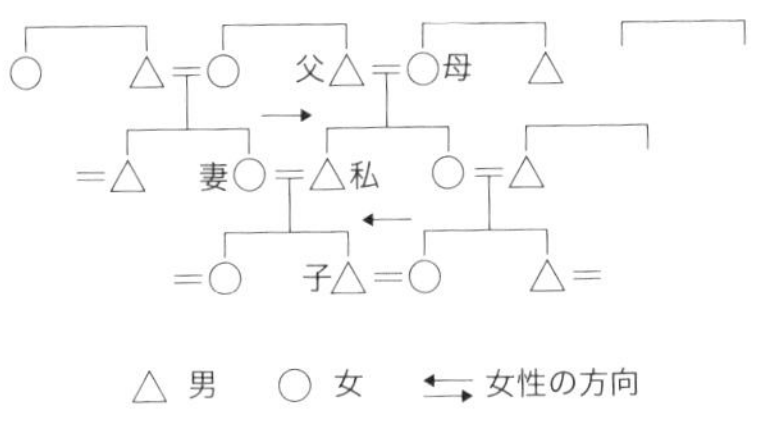

母方交叉イトコ婚

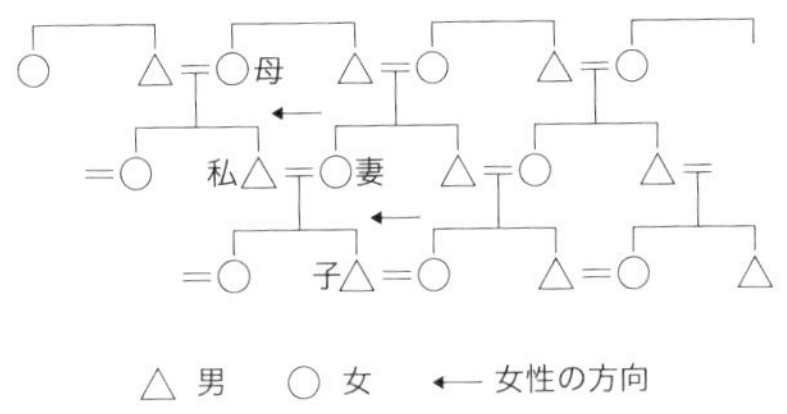

は、このタイプ（母方交叉イトコ婚）。これでは女性は常に同じ方向に移動することになる。なお、父方交叉イトコ婚では、女性の移動の方向は、世代ごとに替わる（上の概念図を参照）。ここからレヴィ＝ストロースは、婚姻とは女性の交換であるとの有名な定式を導き出した。

＊17 **選好婚**　これが用いられるのは、普通、イトコ婚についてである。アラブ圏では、父方平行イトコとの婚姻が望ましいとされるが、ただし必ずしもそれが実現するとは限らない。例えば最もイトコ婚の比率が高いパキスタンでも、五〇％程度と言われる。このような形態を**選好婚**と呼ぶ。なお、日本語で通常イトコと呼ばれるのは、父母の兄弟姉妹の子供（本イトコ）だが、フランス語では、この概念はもっと広く、親族の中の同世代の者は一律にイトコと呼ばれ得る。その場合、〈またイトコ〉＝第二段階のイトコ（cousin au deuxième degré）、〈またまたイトコ〉＝第三段階のイトコ（cousin au troisième degré）、等々と連鎖して行く。

＊18 **母方交叉イトコとの婚姻**　訳註16を見よ。なお、ここに列挙された四つの型のイトコ婚のうち、前二者には、paternel, maternel が用いられ、後二者には、matrilatéral, patrilatéral が用いられているが、訳語としては、煩瑣を避けて、双方に「父方」「母方」を当てた。

＊19 **発展サイクル**　一つの家族が成立してから、その最大限の世帯発展様態に達し、やがて解体・消滅するまでにたどる過程のこと。例えば直系家族の場合、まず一組の夫婦からなる世帯として成立し、やがて子供が生まれ、複数の子供が同居するようになるが、そのうち跡取りを残して、あとは家を出て独立することになる。この段階で、両親と跡取り息子夫婦という二組の夫婦の同居という直系家族の基本モデルが実現するが、跡取り息子の子供が生まれると、いわゆる「三世代同居」状態になり（最大限の発展様態）、例えば父親が死ねば、老いた母親と跡取り夫婦とその子供（たち）からなる世帯が出現する、等々。したがって、直系家族地帯においても、現実には、基本モデルを実現する世帯が圧倒的多数に上るわけではない。本書七〇頁にあるような、一三・一％という一見かなり低い率でも、直系家族地帯の証左となりうるわけである。

第1章

類型体系を求めて

これまで地球全体に適用できる家族形態の類型体系は存在しなかったが、これは、十九、二十世紀に人類学者と歴史学者の間の協力が欠如していたことで、説明がつく。理論化の努力は、二つの学問分野の間の伝統的境界に突き当って阻まれたのである。

ヨーロッパでは類型分析は、フレデリック・ル・プレイ[*1]が開発した三類型体系に支配されて来た。**不安定**家族（つまり核家族）、**直系**家族、**家父長**（もしくは財産不可分、もしくは合同《ジョイント》、もしくは共同体）家族という三つのカテゴリーは、完全に妥当性を有し、そのうえヨーロッパ以外にも適用することができる。ただし実際にはル・プレイの名が人類学者たちによって引かれることは一度もなかった。[(1)] 私は「序説」において、世界の周縁部のヤーガン、ショショニ、アグタの核家族と、中国やアラブ圏の父系共同体家族について触れたが、この他にも、西アフリカには、一夫多妻形態での共同体家族を見出すことができる。ル・プレイが大切にした直系家族のコンセプトそれ自体も、ヨーロッパ以外に利用可能である。日本や朝鮮[*2]の一夫一婦制の優勢な地域だとか、チベットの一妻多夫制に結合した形、カメルーンの丘陵地のバミレケ人やルワンダとブルンジの一夫多妻制に結び付いた形という風に。[(2)] ル・プレイの聖三位一体は、その誕生の地以外にも適用可能であるが、とはいえそのままでは十分でない。

人類学者たちは、全世界の類型リストの中に、数多くの家庭集団の発展サイクルを見出したが、ル・プレイはそれを問題として把握しなかった。しかし全世界を包括する分析を企てようとするなら、これを組み込まなければならない。これらの補足的な形態の中の最も重要なものを検討すると、まるで方法論のブーメランが戻って来たとでもいうように、ヨーロッパにおいても、ル・プレイの類型体系は不十分であることが分かって来るのである。彼の類型体系は、ある種の諸形態を把握したが、他の諸形態を見えなくしてしまった。それらの他の諸形態は、北アメリカ、東南アジア、スリランカ、マダガスカルで突き止められたのだが、そうして突き止められてみると、ニエーヴル県〔パリ盆地南端部、ブルゴーニュとの境界地域〕、ブルターニュ、ポワトゥー〔ポワチエ周辺〕、ベルギー、ポーランド、スウェーデンにおいても全く明白な形態として存在していたものだ、ということになって来るのである。

ル・プレイの聖三位一体

まず始めに、ル・プレイの三つの家族類型の大略を、それぞれに対応する家庭集団の発展サイクルを検討しつつ、見ることにしよう。われわれとしては、一組の夫婦から出発して、この夫婦が、モデルの実現に必要なすべての男女の子供を生産するものとする。つまり人口統計的な偶然性は顧慮しないわけである。

1　不安定（核）家族　夫婦が子供を作る。子供たちは結婚すると、独立した世帯を創設しなければならない。両親が死ぬと、遺産はすべての子供たちの間で分けられる。その際、強迫観念と言うほどではないにしても、平等性は大いに配慮される。世帯はしたがってつねに、一組の夫婦と、場合によってその子供とからなり、要するに核的である。二世代を超えて、三世代を連合させることはなく、二組の夫婦を組み合わせることは決してない。

2　直系家族　一つの夫婦が子供を作る。彼らが成年に達すると、彼らのうちの一人が唯一の跡取りとして指名される。たいていの場合は、**男性長子相続**原則によって、男子のなかの最年長者が跡取りとなる。しかし、**末子相続制**の場合は、末の男子が跡取りとなり、他に、自由に選ばれた男子あるいは女子が跡取りとなる場合もある。**絶対長子相続制**では、男子でも女子でも、ともかく最年長の者が跡取りとなる。跡取りは両親と同居しなければならず、跡取りに子供ができると、三世代を含む世帯が出現することになる。最初の夫婦が二人とも生き延びている間は、したがって同一世帯に二組の夫婦が見られることになる。

3　家父長（共同体）家族

一組の夫婦が子供を生産する。婚姻の時が来ても、すべての男子は両親の世帯に残り、己の妻をこの世帯に組み込む。一方、女子は、両親の世帯を出て、夫の世帯に合流しなければならない。父親が死ぬと、直ちに、あるいは一定の移行局面ののちに、兄弟は、平等主義的なやり方で遺産を分配し、別れることになる。この発展サイクルは、息子たちが子供を持った時に、三世代世帯を出現させることになり、三組以上の夫婦、例えば両親夫婦と、結婚した息子たちが形作る二組の夫婦を、同じ屋根の下に集めることもあり得るのである。

核家族から直系家族へ、さらにそれから共同体家族への移行は、複合性のレベルの上昇を喚起する。

専門用語の増殖で読者を混乱させせないようにするため、この段階において、ル・プレイが本来的に用いていた用語法のうち、「不安定家族」と「家父長家族」というタームは放棄し、本書の中ではこれ以降、その代わりに「核家族」と「共同体家族」を用いることにしよう。直系家族のコンセプトを保持すれば、この偉大なる先駆者への敬意の表明としては十分と思われる。

この三要素からなる類型体系は、実際、歴史学者の上に長続きする催眠効果を揮った。最近までそれは、ラスレット革命の圧力に抵抗し続けたのである。それでもイングランド核家族の古さの発見は、当初から問題の再検討を促していた。このイングランドの歴史学者〔ラスレット〕は、当初、直系家族の全般的非存在を証明しようと企て、直系家族に戦争を仕掛けたのである。もともと〔ジョン・〕ロックの専門家であった彼は、直系家族という人類学的類型〔家族類型〕とは、十七世紀の反動的政治学者、ロバート・フィルマーのファンタスムにすぎないと信じていた。フィルマーは、その著書『家父長制』の中で、国王の権力の正統性を父親の権力によって説明しようとしていたのである。[3] ことほど左様に反動思想は、ル・プレイを待つまでもなく、ずっと前から直系家族の中に社会的権威の必要な支柱を見ていたわけである。ところが〔ラスレットの〕核家族の普遍性という仮説にとってまことに遺憾なことながら、研究の進展の結果、直系家族的形態がドイツ語圏、スウェーデン、フランス南西部、カタルーニャから北ポルトガルに至るイベリア半島北部に発見されることになった。共同体家族的形態は、トスカナ、セルビア、ロシアで見つかった。早くも一九七二年には、アメリカ人のルッツ・バークナーが、革新的な方法論による論文の中で、直系家族が三世代世帯の形を取るのは、その発展サイクルの一定の段階においてにすぎず、昔の資料の中に、三世代を含むか、連続する二世代に属する二組の夫婦を包含する世帯の比率がきわめて大きいという事例を探し求めても、なかなか見つかるものではないということを、オーストリアの例から証明している。[4] それにもかかわらず、結婚年齢の専門家、ジョン・ハイナル――かつてヨーロッパの西側で成長し、その後、東ヨーロッパに移った――は、一九八三年に、核家族性と単一夫婦性はヨーロッパ西部の特徴であり、共同体家族的形態はヨーロッパ東部の特徴であるとする、単純化された馬鹿げた分類を提唱した。生まれる前から死んでいた死産児とも言うべきこの類型体系は、おそらく今でも、冷戦からする人類学への偉大なる貢献であり続けている。[5] この二項対立的な世界においては、NATOは、単一夫婦的かつ資本主義的、ワルシャワ条約は、家父長制的かつソ連的という風に姿を現わしていた。ドイツが東西に分割されていたため、主たる分布地がドイツ語圏を中心とするヨーロッパである直系家族が、それ自体一つの類型をなすということが、考えられなかったのである。

ラスレットは自分で、ル・プレイの三つのカテゴリーに地中海類型というのを付け加えて、新たな四区分の類型体系を試みたが、[6] この地中海類型なるものは存在しなかった。戦いは消耗戦となり、戦いが終わった時、ル・

プレイは、無傷などころか、有効性を認められ、さらに力と活力を帯びていた[7]。聖三位一体は、これまで以上に、明白で乗り越えがたく、神聖不可侵に見えたのである。

私も長い間、こうした集団的催眠状態に加わっており、私の分類の中にあるル・プレイ的基盤の構造を疑問に付したのは、ずっと後になってからだった。『第三惑星』の七区分の類型体系や『新ヨーロッパ大全』の四区分の類型体系[*3]は、ル・プレイの類型体系の展開・潤色に他ならない。一九七一年から一九七五年までの間、ピーター・ラスレットの下で家族構造の分析法を叩き込まれた私には、ル・プレイから脱却するには、ほぼ四半世紀が必要だったのである。その時のいきさつは、忘れようとしても忘れられるものではない。

その頃、若い研究者、エリック・ル・パンヴァンは、昔の名簿の分析の可能性を極限にまで押し進め、国勢調査を受けた個人に関する年齢を用いて、家庭集団の発展サイクルを復元するということを、やっていた。そしてある時、ブルターニュ内陸部のプルーヌヴェ・カンタンという村で、ル・プレイのカテゴリーにどうやっても組み込めない家族システムのあることを発見した。それは単一の主要な遺産相続者による相続がきわめて優勢な地域であった。ところが、複数の夫婦を含む世帯が見られ、しかもときとしてそれは、兄弟姉妹とその配偶者という具合に、単一の世代に属する夫婦なのである。その数は多くはなかったが、しかし有意的な規模には達していた[8]。同居の基調は母方居住で、娘と娘婿が両親と同居するケースが、息子と嫁のケースより多かった。両親と子どもたちの年齢差を見ると、安定的跡取りは年長者であることが、明快に示されていた。つまりこの布置は、最後に生まれた者が遺産相続をする、末子相続の規則を排除するものであった。私はル・パンヴァンと長時間電話で話をした。その中で彼は私をいたずらっぽく追いつめて、ある種のブルターニュ類型は直系型にも共同体型にも分類することができないことを納得させた。私は最後には、ル・プレイの神聖なる三類型を脱却する以外に、解決は不可能であることを認めたのである。

それにしても、ル・プレイが案出したコンセプトが、長い間成功を収め続けたのは何故なのか、その理由は尋ねてみる必要がある。三という数字、三位一体性、これ自体がすでに答えの一部をなしているだろう。とくに三という数字を神聖視するのに慣れたキリスト教圏では。しかし、核家族における単一性（夫婦一組）から、複合性が進み、直系家族（夫婦二組）という中間的水準に、次いで共同体家族（夫婦三組＋α）という最大レベルに至るというグラデーションを伴うこのシステムは、何らかの秩序の存在を思わせ、内在的な論理の存在を示唆している。ところで科学の本分とは、現実物の見た目の複雑さの下に隠れている数学的秩序の単純さを探究することではないのか？　ル・プレイの類型体系は、宗教的習慣と同じ程度に、科学的本能によっても護られているようなのである。これに最小努力の法則を付け加えてみるなら、一世紀半も昔のこのコンセプト体系の抵抗力の強さの説明の端緒が得られることになろう。

とはいえ、ラスレットの赫々たる成果以降続けられて来た研究が積み重ねた膨大な経験的知見を無視してかまわないとするのは、不当である。多くの地点において、ル・プレイ的形態の存在を検証するということは必要であった。そうすれば、こうした広範な検証の動きの縁辺で、何人かの研究者が、ル・パンヴァンのように、非ル・プレイ的形態を**見ることを受入れる**研究者が登場するようになるだろう。それにすでに一九八〇年には、アンドレ・ビュルギエールの根本的な結論を、われわれは手にしている。彼はル・プレイをめぐってヨーロッパで繰り広げられた論争を再検討した末、次のように書いているのである。

「逆に、近代だけを問題とした場合、疑う余地のないものと思われるのは、人口的緊張と雇用の悪化という情勢の中で、核家族モデルが、他の家族形態（共同体家族ないし直系家族）に対して地歩を譲って行くという傾向である」[9]。

家族の複合性から単純性へと進むあの古き良き進化論的モデルは、まさに遠くになりにけり、である。ビュルギエールは、ヨーロッパについて、核家族から複合家族へと進む進化を喚起しているのだ。彼が十六世紀から十九世紀のユーラシア周縁部に感じ取ったのは、家族の複合性の漸進の最終局面、要するに本書で私が共通紀元前第三千年紀の始めから地球全体について研究しようとしている、あの拡大の最終局面に他ならないのである。

しかし、地球規模の類型学を用いてヨーロッパと世界に関するデータの総体に分類を試みるより前に、ル・プレイのツールがいかにして構築されたか、その誕生を可能にした関心事と条件はいかなるものだったか、を理解する必要がある。

フランス革命と帝政ロシアの狭間に立つル・プレイ

ル・プレイの家族類型のうちの二つ、核家族と直系家族の対立とは、大革命の最中と以降にフランスを構造化したイデオロギーの衝突の投影にすぎない。

平等主義核家族（私の類型体系ではこう名付けられているが、これは、ル・プレイが不安定家族という名称で呼んでいたものに他ならない）は、急速に子供を親の後見から解放して独立させ、遺産に対する子供たちの平等を要求するがゆえに、自由と平等という革命の原則の具現のように見える。すなわち両親に対する子供たちの自由、兄弟姉妹相互間の平等である。

直系家族は、組織原理たる価値という点では、平等主義核家族の陰画的分身ということになる。それは権威と不平等の世界を定義する。財産を子供たちのうちのただ一人の者に相続させるというのは、不平等の原則を含意する。既婚の成人の子供とその両親が同居することは、権威の原則の優位を想定させる。ル・プレイは、自由と平等の革命、そして権威と不平等という反対の原理（君主制、貴族、カトリックの原理）と革命との対決を念頭においていたからこそ、自由と権威、平等と不平等という二つの論理的組み合せを見つけ出すことができ、それが彼の始めの二つの家族類型の定義へとつながったのである。研究者の問題設定は、この場合、イデオロギーの衝突から生まれたわけである。とはいえ、自由か権威か、平等か不平等かという家族絡みの価値は、革命的衝突や科学的形式化より前から存在していた。アンシヤン・レジームの資料を通して、パリ盆地の農民の生活を観察するなら、バスチーユの奪取〔フランス革命の発端〕よりはるか以前に、ルソーの『社会契約論』よりはるか以前に、子どもたちの自由と平等というとげとげしい原則が、家族構造を組織編成していたことを、確認せざるを得なくなる。

一五六〇年から一六八五年のエクーアンとヴィリエ＝ル＝ベル地域〔パリの北方〕についてのジェローム＝リュテール・ヴィレの研究は、婚姻契約と遺言を基礎資料として精妙に用いているが、平等に偏執的なこだわりを見せ、世代間を分離することに熱意をこめる、小土地所有の住民集団の姿を、今日に蘇らせてくれる。[10] 親が死ぬと、子どもたちはそれぞれ自分がすでに受領したものを、家族の遺産に返却する。遺産の分配がどんな細かな点までも平等であるようにするためである。より東の、当時は完全に農村であったボビニィ〔現在はパリの東北郊外〕小教区の住民名簿は、一六七二年に、世帯の九五％は、ラスレットのカテゴリーによれば核家族であったことを、明らかにしてくれる。その時点で、一組の夫婦に高齢の尊属が同居しているのは、二六世帯のうちたった一世帯だけであった。[11] 十七世紀には、パリ盆地の平等主義的個人主義は、イングランドの個人主義の強さに全く引けを取らなかったわけである。ただ英仏海峡の彼方では、両親は平等の規則に拘束されることなく、遺言によって遺産を分配することができたのだから、イングランド個人主義は平等主義的ではなかったわけである。

同じ頃フランスの南西部では、やはり直系家族が存在していた。革命期の大部分の間、王政復古を待望する君主制主義がこの一帯を支配していたわけだが、直系家族は、そのずっと以前からそこに存在していたのである。単一遺産相続人の慣習が君臨していたわけである。アルマニャック地方のエニャンでは、一七七七年に、子供のあるなしにかかわらず、核家族は、全世帯のわずか四六・七％を占めていたにすぎない。ボビニィの九五％やクレイワースの七六％からはほど遠い[12]。子供のあるなしにかかわりなく、一組の夫婦に他の親族が付け加わった家族は、二二・八％、子供のあるなしにかかわりなく、また他の親族のあるなしにかかわりなく、二組の夫婦を含む世帯は、全体の一三・一％に達していた。この数値は、直系家族の発展サイクルにかなり典型的なものであり、先に触れたバークナーの証明〔六五頁〕を検証している。というのも、連続する二つの世代に属する二組の夫婦の同居が現われるのは、ある種の局面においてにすぎないのであるから、これがきわめて高い比率で出現することは、そもそもあり得ないのである。孤立した個人の世帯は全体の六・一％、夫婦を含まない親族の集合は、一一・二％であった。

フランスの家族的・人類学的両極分解が、大革命以前から存在したのは明らかである。

その完全な論理的・歴史的シークエンスは、再構成することができる。パリ盆地の農民家族は、すでにアンシャン・レジーム下において、自由と平等の原則によって強固に組織編成されたものとして姿を現わしている。大衆識字化は、この地域において、十八世紀の半ば頃に臨界域を越え、住民のイデオロギー的活性化を可能にし、それが大革命を招来する。大革命は、自由と平等の政治原則を表舞台に登場させる。しかしそれは、直系家族の地域で、権威と不平等という家族的原則に突き当る。こちらの原則の方は、君主制とカトリックよりする反動を育んで行く。そこでフランスのイデオロギー生活は、自由・平等 対 権威・不平等という両極を中心として、編成組織されることになる。十九世紀の政治的・教理的騒擾局面の全期間にわたって、家族構造はほとんど変わらなかったのであり、ル・プレイは十九世紀半ば以降、これらの家族構造の中にこれらの概念を発見するのである。

しかしながら、このようなシークエンスの中には、ル・プレイの第三類型、共同体家族（家父長家族）の可能性を示唆するものは何もない。この家族の組織化原理は、ル・プレイの第三類型、自由・平等と権威・不平等という組み合せの上に張り出した恰好になっている。共同体家族は、父親の権威の下に妻帯の息子たちを維持するがゆえに、権威主義的であるが、それと同時に、父親が死ぬと、兄弟同士が遺産を分け合うがゆえに、平等主義的でもあるのである。ル・プレイは、この家族をフランスで発見することができなかったが、それは、彼の主張にもかかわらず、この家族はフランスには存在したためしがないという、単純明快な理由による。フランスのさまざまな地域における共同体的形態は、後に見るように、父系ではない[13]。

一八七〇年に刊行された概説入門書、『家族の組織編成』の中で、ル・プレイは、彼が父系共同体家族モデルに出会ったのはどこにおいてかを、明瞭に述べている。すなわち、ロシアにおいて、技師の資格でウラルの鉱山を視察した旅行の際に、である。

「北氷洋と白海の沿岸も、ウラルからカフカスまで広がる肥沃なステップも、今日に至るまで、大きな通商路からは外れている。ところどころに住民が散在するこの広大な地域は、太古の昔から、家畜の群れの活用に従事して来た。タタール人、バシキール人、カルムーク人などの、この地域の牧畜人種は、西からやって来たロシア人入植者を見習って、土地を開墾し始めている。そして天幕を捨てて、固定した住居に住むようになっている。しかしこのような変化も、まだ社会の新たな組織編成をもたらすには至っていない。定住民も遊牧民も、いずれも家父長家族に集結したままである。父親はすべての息子と、その妻たちと子供たちを、己の権威の下に留めおくのである[14]」。

ル・プレイの著作を見てみると、彼がロシア農民それ自体においても共同体的・父系的発展サイクルが優勢であることを承知していたことが、分かる。彼の弟子の何人かが著したモノグラフは、このような発展サイクルが、中東の大部分に拡大していることを、明らかにしている。

反動的な人間の特権と言うべきか、ル・プレイは、月並みな進化論に影響されないという点で傑出していた。とくに、十九世紀後半にほとんどだれもが抱いていた、家族構造は原始時代の稠密性から近代の個人主義へと進化したという観念に、染まることはなかったのである。彼はガリア人に「不安定」家族を想定し、人類の過去は核家族的であったとする仮説においても、すでにラスレットやマクファーレンよりさらに徹底的であった。イングランド個人主義の再発見を、ラスレットはルネサンスで、マクファーレンは中世まで遡ったところで止めているが、ル・プレイの方は、ローウィやレヴィ＝ストロースを待つまでもなく、確実なデータもない状況で、ガリア人の家族上の個人主義とアメリカ・インディアンのそれとの間の類似を示唆しているのである。(15)

「キリスト紀元前五世紀、ギリシャ人がガリア人について最初の歴史的概念を収集した頃、男たちはこのような事態の記憶をいささかも留めていなかった。ガリア人はもはや、今日ヨーロッパに現存する種の動物しか狩猟することはなかった。彼らの不安定家族と社会組織の総体は、いまなお同じ緯度の北アメリカの広大な森林に住むインディアン狩猟民のそれと、多くの点で類似している。

これらのインディアンの社会組織のありようは、もちろん生活手段を提供する主たる生業から派生している。これらの民は、多くの点で、牧畜民に対して完全な対照を呈するのである。牧畜民においては、若者は大量の家畜の群れとその所有が保証するその他の利点によって引き留められるが、彼らにあっては、そういうことはもはや見られない。若者は、早期の自由というものが引きつける力に、つねに身を委ねてしまう。というのも、早くから両親の許を去って、自分一人で獲物の追跡に従事するより気楽な生活を自ら作り出すからである。狩猟は、優れて個人的な労働であり、家族内で共同体の慣習を絶え間なく破壊する傾向がある。

狩猟民の許では、家族は最も単純な表現に還元されてしまう。すなわち、若い夫婦の結合によって作られ、子供の誕生によって一時的に増大し、次いで子供が早期に成人して独立することによって縮小し、最後は両親の死によって破壊され、後には何の痕跡も残さない。個人はただ親族の関係だけは保持するが、これは種族の保存のためには必要不可欠である。しかし、近隣のクランの侵入から縄張りを守るためには、クランの絆によって団結する[16]」。

ル・プレイは当初、家族形態と狩猟採集経済を結びつける構造的な見方を抱いていたが、やがて彼は、〔そうした見方を超えて〕己の毛嫌いする核家族というものを、ガリア人から十九世紀のシャンパーニュの農民の許に至るまで、探り出していくのであった。「ブリ台地〔パリの東南方〕の東から、シャンパーニュに広がる剥き出しの平原は、今日なお、こうした農村生活の組織のあり方のきわめて痛ましい見本を提供する[17]」。

ル・プレイが、長期的な現象の知覚において何らかの形での天才を有していたことは、否定できない。とはいえ彼の三家族類型学は、やはりブリコラージュ〔やっつけ仕事〕の結果であった。それが生まれたのは、彼自身の生涯の偶然で説明がつく。自由・平等の一対と権威・不平等の一対の間のイデオロギー的対決に分断されたフランスで政治意識に目覚めたこと、父親の権威と息子たちの平等という諸価値が内部で共存している、もう一つの家族システムが存在するロシアと、具体的な接触があったこと、という偶然である。しかし、ロシア家族の諸価値の組み合わさり方は、不協和的である。父親の権威が反動を優遇するとしても、息子たちの平等は革命につながるのである。ル・プレイは、この矛盾に気付かなかったため、平等という価値の働きかけを深層で受けているロシアの革命潜在力を、察知することができなかった。ほとんど彼と同時代人（一八一八―八三）のマルクスと同様に、彼もロシアを保守的な大国としか見ていなかったのである。ただし、マルクスのように革命的な立場からではなく、反動的な立場からであるが。

ル・プレイの父系共同体家族（家父長家族）の概念は、中国、ヴェトナム、セルビアに適用できるし、イトコ同士の結婚という規則を付け加えるなら、アラブ圏に、一夫多妻制と組み合わせるなら、西アフリカに適用できる。しかし、ある前提を含んでいるために、ある種の現実を把握することが不可能なのである。なぜ第二世代の複数の夫婦の組み合せとして、妻帯の兄弟の連合しか考えないのであろうか。なぜ姉妹の連合ではないのか、あるいは、性的対称《シンメトリー》のいかなる必要性にもこだわることなく、兄弟姉妹すべての連合ではいけないのか。ル・プレイは、自分が現地でその目で見たものしか概念化していない。しかしアメリカ・インディアンのいくつかの種族で、リムーザンで、ニエーヴル県で、共同体家族は、ル・プレイが対面することのなかった、非父系的形態をとりうるのである。

他の家族類型

キルヒホフによる共同体家族の三変種

一九三二年に、ドイツの民族学者でのちにアメリカに渡るパウル・キルヒホフは、私が共同体家族と呼ぶものを名指すのに、**Grossfamilie**〔大家族〕というタームを用いた。[18]彼はこの家族を、同居する第二世代の夫婦間のつながりが、兄弟の連合か、姉妹の連合か、兄弟姉妹の交ざった連合かで、三つの変種に分類している。[19]その互いに異なる変種を把握するために、彼は父方居住と母方居住の概念に依拠している。

父方居住システムでは、妻は夫の家族の中に移転してそこに居住することになる。もし複数の兄弟のいる家族の中に複数の妻が居住することになると、それは父方居住の大家族となる。ル・プレイの言うところの家父長家族、私の用語法によれば父系もしくは父方居住共同体家族である。

母方居住システムでは、男性の方が妻の家族へと移動する。複数の姉妹がいれば、母方居住共同体家族ができ上がるわけだが、ル・プレイはこの類型の可能性を全く想定しなかった。

もう一つ第三の可能性が存在する。一人の兄(弟)と一人の(姉)妹がそれぞれの配偶者を出身家族に来させることになると、これはキルヒホフが混合類型とみなしたものとなる。これは双処居住共同体家族と名付けることができる。双処居住の概念は、〔家族ではなく〕世帯だけ、もしくは世帯群に当てはまる。双処居住共同体世帯は、既婚の兄（弟）と既婚の（姉）妹を連合させる。複数の夫婦の同居に当たって、父方居住か母方居住の優先がないため、双処居住の住民集団においては、双処居住共同体世帯（兄（弟）と（姉）妹）、父方居住共同体世帯（兄弟）、母方居住共同体世帯（姉妹）が共存するという、より込み入った形をとることになるのである。もちろんこれらの複合世帯には、両親世代が存在していることを忘れてはならない。

キルヒホフは、第四の類型、「オジ方居住」というのを喚起している。彼はこれを、北アメリカ北西部海岸のトリンギット人の許で観察している。すなわち、母方のオジの跡継ぎに選ばれた男子が、両親の許を去って、母の兄（弟）の許に移動して彼と暮らし、最後は彼の娘の一人、つまり母方交叉イトコ（ＭＢＤ）と結婚する、というものである。彼以外の男子は、両親とともに残るが、結婚すると妻の家に移転する。オジの跡取りというケースを強調するなら、たしかにオジ方居住と言うことができるが、いずれのケースでも母方居住が優勢であることが観察されるので、この型は母方居住共同体家族の一変種と考えることができる。[20] そのようなわけで、私としてはこの段階ではオジ方居住を特殊な類型とするのは差し控えておく。

父方居住と父系性、母方居住と母系性

マードックは、『社会構造』の中で、キルヒホフの分類を取り上げて、その有効性を認め、「拡大家族」を、父方居住か、母方居住か、双処居住か、オジ方居住かで区別した。[21] 彼は、既婚の兄弟姉妹が同居することになる双処居住拡大家族は、実際上は滅多に均衡を保つことができず、母方居住が五〇％、父方居住が五〇％という分配を見せる住民集団はほとんど存在しない、という正しい指摘をしている。彼はこの型の中に、父方居住か母方居

住へと傾斜させる不安定性を看取している。

マードックの民族誌地図は、家族システムを父方居住、母方居住、双処居住の各変種に分類するために、言わば三分の三規則とも言うべき規則を用いている。システムが一処居住（父方居住か母方居住）として分類されるためには、少なくとも婚姻の三分の二が、夫の家族の許への入居（父方居住）か妻の家族の許への入居（母方居住）に至るのでなければならない。もし父方居住の婚姻の比率が三分の一から三分の二までの間に入るなら、それは母方居住的入居もまた三分の二から三分の一までの間に入ることを意味し、その場合は、婚姻は双処居住と言われる。データを総合するには、民族誌地図はまことに重要であり、総合向けの統計的まとまりの良さを有するこの定義を、受入れるしか手はないのである。しかし実際の経験からすると、母方居住もしくは父方居住の婚姻が六六％であるというのは、家族システムを一処居住の二つの形態のいずれかとして定義するための最小限にすぎない。なぜならこの比率は、親族の父系的もしくは母系的イデオロギーへの賛同を、必ずしも想定させず、大抵の場合は全く想定させないからである。

親族の未分化性（すなわち双方性）、父系性、母系性という概念は、双処居住、父方居住、母方居住という厳密に家庭的ないし家族的な概念よりははるかに広範な態度と実践の総体を参照しなければ、決められない。父系システムは、包括的で強力なイデオロギーを前提とするものであるが、そのイデオロギーは、母親よりも父親の方が生物学的に重要であるという見方や、男を介する財産の移転を特権化する遺産相続規則、クランのような政治的規模を備えた集団の存在、こういったものの中にとりわけ具現されている。母系性の概念も、部分的には反転した形態の下で、可能な適用のケースは同じくらいある。双方性はどうかと言えば、子供の受胎に父と母が果たす役割に関して均衡のとれた考え方を前提するものであるから、男女二つの性のいずれかが遺産相続から完全に排除されることを禁止し、誕生するや否や個人を自動的にどちらかの集団に配属するような単系的クランの組織編成を不可能にするのである。

経験的データによれば、双方的親族システムの中には、婚姻の際の入居の型に変動幅の大きな変動を容認するものもあり、そのため父方居住もしくは母方居住の率が明瞭に六六％を超えることもある。東南アジアは恰好の例で、インドネシアでは、明らかに双方的な親族システムが、母方居住の率が六六％前後で変動するのを許容している。マードックの分類法を有効なものとして受入れるものの、われわれとしては、父方居住や母方居住は、父系制もしくは母系制イデオロギーの存在を想定させるものではないということを、念頭に置いておかなければならない。父系・母系制についてもう一つ別のハードルを選ぶとするなら、これとは異なる基準を提唱せざるを得なくなるだろう。私としては、父方もしくは母方居住が七五％に達すると、何らかの潜在的イデオロギーが家族の選択を誘導していることは、ほぼ確実と言えると考えている。

アメリカの人類学者は、ル・プレイと同様に、類型体系を組み上げる上で、フィールドの性格に影響された。新世界では、双処居住拡大家族はしばしば見られ、とくに沿岸部のクワキウトル人やセイリッシュ人のような北西部の最も進んだ漁労民集団に見られる。[22] それは大抵の場合、父系への屈折と首長の指名における長子制的形態を含む。アマゾン川流域では、双処居住拡大家族に近いいくつかの形態が、むしろ母方居住への屈折を示している。[23]

完全に母方居住の拡大家族は、ホーピのような、アメリカ合衆国南西部のいくつものプエブロ系農耕民集団や、シャイアンのような遊牧狩猟民集団の中に、観察することができる。[24] このような母方居住の発展サイクルは、アメリカ以外にも存在する。この段階で網羅的リストを提示することはしないが、アジア周縁部でいくつもの例を喚起することができる。台湾のアミ人や、南ヴェトナムのラデ人がその例であるが、とはいえ彼らの発展サイクルは、完全に共同体的とは言えない。[25]

もしル・プレイの三要素類型体系から出発して、共同体家族に三つの型（父方居住、母方居住、双処居住）があることを認めるなら、そしてそれら三類型を、ル・プレイの核家族類型と直系家族類型に付け加えるのなら、コマは五つということになる。しかし、世界の人類学的多様性が、数字五に留まるという保証は何もない。五という数字は、優雅ではあるが、数字三のように魔術的ではない。

直系家族の三変種

アメリカの古典的人類学も、すでに見たように別の名前〔大家族、拡大家族〕で、共同体家族の概念は持っていた。しかし直系家族の概念はあまり用いることがなかった。もし用いていたなら、おそらくこの家族類型に、キルヒホフが共同体家族に適用したのと同じ区分け作業を施していただろう。しかし二十世紀の後半になるとようやく、日本の女性民族学者が、母方居住の直系家族システムの優れた記述をわれわれにもたらしてくれることになる。彼女はそれ以前に、日本における父方居住直系家族類型を分析していたが、これはちょうどそれの反転映像に他ならない。[26]〔父方居住直系家族である〕日本の〈イエ〉を反転した母方居住の形態が、メガラヤ地方（インド北東部）の二つの住民集団である、カシ人の〈イイン〉iingやガロ人の〈ノク〉nokということになる。

焼き畑農耕を営むガロ人にあっては、土地の個人所有が存在せず、必ずしも年長とは限らないが、娘が家の跡取りとして選ばれる。ここには母方居住と交叉イトコ婚の連合が見られる。男性は母方交叉イトコと結婚するのが義務だからである。ここから、この婚姻は、アメリカ北西部の太平洋岸のトリンギット人におけるのと同様、母方居住と同時にオジ方居住であると性格決定することが可能になる。

カシ人の方は、土地の所有というものを知っている。彼らの農耕は、固定農地と一時的開墾との組み合わせである。跡取りはつねに、最年少の妹で、この厳密な母方居住の末子相続システムは、実際に貧しい姉たちを生み出すことになる。母方もしくは父方の交叉イトコとの婚姻は可能だが、稀である。

母方居住の直系家族は、ギリシャの島嶼で頻繁に見られる。ただし複数世代の本物の同居を伴うことはない[27]。イベリア半島の北西端のガリシア海岸部は、もう一つの母方居住屈折の直系家族が分布する場所である[28]。ルクセンブルクでも一つのケースが見出されており、おそらく他にも確認を待つケースがあることだろう[29]。

直系家族はまた、より稀ではあるが、双処居住形態で存在することもある。その場合には、遺産の移転に当たって男子も女子も特権化することがない。西ヨーロッパは、男女を問わず、最年長の者に家を継がせる継承様式である絶対長子相続のケースを提示する。このシステムは、ピレネー山地西部、とくにバスク地方で観察することができる[30]。絶対長子相続はまた、日本の北東部のいくつかの村にも存在する[31]。

直系家族は、それゆえ共同体家族と全く同様に、父方居住、母方居住、双処居住の変種を認めることができるのである。この三つの様態の間の対比は絶対的ではあり得ない。なぜなら直系家族の存在理由とは、遺産の移転(貴族の称号、使用権、家屋、農業ないし手工業企業)であるから、大抵の場合は、良き性の相続人がいない時には、「悪しき」性の継承者が指名されることも、認められるのである。したがって一般的に、ヨーロッパないし日本の父方居住の直系家族地帯には、娘による継承のケースが多数見出されることになろう。とはいえ純然たる父方居住の直系家族システムも存在するのであって、例えば朝鮮のケースでは、息子がいない場合は、父方の家族の成員、例えば兄弟の息子つまり甥が、娘よりは優先され、養子となる。

この直系家族の三類型に、共同体家族の三変種と単一の核家族類型を加えるなら、われわれは七つの家族という数に達する。七という数値の象徴体系の力は、家族形態の目録をこの辺で止めておくという気にさせるかも知れない。しかしそれでは、経験的な現実よりも数学的真理の方が強力であるというピタゴラス的幻想[*4]に、無抵抗に従ってしまうことになるであろう。

一時的同居とフレイザーによる自然のサイクル（サイクルα）

これまでに記述されたすべての家族類型の共通点は、複数の夫婦の同居もしくは別居の規則を厳格に適用するということであった。若い夫婦は家を出て行くか両親の許に留まるか、であり、家族モデルは、核家族であるか複合家族であるか、いずれかであった。しかし多くの現地調査が、新たに形成された夫婦が両親と**一時的同居**をするケースの存在を開示している。新婚の夫婦は、一ないし数年、夫か妻の出身家族とともに過ごし、その後、自分たち自身の核家族を創設するわけである。出身家族から出る時点は、最初の子供の誕生か、弟ないし妹の結婚によって決まることがある。今度はこの弟か妹が、一時的同居の局面を過ごすことになるのである。しかし、たいていの場合、若い夫婦は、全く単に成人としての生活のすべてに立ち向かう用意ができたと感じた時に、家を出る。スチュワードは、ロッキー山地の大盆地《グレートベースン》のインディアンの家族類型の記述の中で、この形態を喚起しているが、この形態は、北アメリカ、中央アメリカ、南アメリカできわめて頻繁に見られる。ミャンマーから、タイ、カンボジア、マレーシアを経て、ジャワに、さらに南部ヴェトナムにまで至る東南アジアは、広大な一時的同居地帯となっており、南インドも一時的同居を実践している[32]。ル・プレイの先験的思い込みからひとたび解放されてしまえば、このような中間的様態がヨーロッパに見られることを受入れることができるようになる。すなわち、ベルギー、ポワトゥー、ブルターニュ、北部スウェーデン、カスティーリャ北部といった地域に[33]。

アメリカ、東南アジア、南インド、ヨーロッパという、この差し当たりの地理的列挙は、周縁部的分布を喚起しており、一時的同居が古代的《アルカイック》形態であることを示唆している。しかし単純化してはならない。父系的ユーラシアのマッスの中心部に住むモンゴル人やカザフ人にも、一時的同居を観察することができるからである。とはいえ、父系制の出現の極が、中東と中国という、くっきりと別れた二つの場所にあることが特定されるのなら、ステップの遊牧民は、それなりに周縁部的存在であったと見なすことが可能になる。

一時的同居は、可能な家庭発展サイクルの範囲を無限に拡大して行く。複数の夫婦が行くことも来ることもでき、同居することも別居することも、再会して長さの変動する期間をともに過ごすこともできるのなら、モデル化は、始めから不可能と言わないまでも、その複雑さそのものからして無用になってしまう。とはいえ一つの特殊なサイクルが定義される。それは単純で、論理的にして調和的であり、フレイザーの用語（natural course〔自然の成り行き〕[34]）を借りて、ほとんど自然、ということができる。彼はこのサイクルを、家族というものの古い形態で、普遍的とまでは言えないが、頻繁な形態と考えた。この家庭集団の発展サイクルを、〈サイクルα〉と呼ぶことにしよう。この場合でも他の場合でも、錯覚を招きやすい「自然」という語に閉じこもらないようにするためである。

〈サイクルα〉とは、以下のようなものである。夫婦が子供を作る。子どもたちのうちの一人が成年に達すると、結婚し、配偶者を自分の出身家族に来させることになる。若い夫婦は、最初の子供の誕生ののち、家を出て、自立した世帯を創設する。すると今度は、弟か妹が配偶者を出身家族に連れて来ることになる。こうして兄弟姉妹が次々と同じことをし、最後に生まれた子に至る。この子は、他の者に家を出るよう追い立てられることはないので、両親とともに家に残り、老年期の両親の面倒を見る。したがって〈サイクルα〉では、最後に生まれた者が特異な位置を占めることになるわけである。

もちろん若い夫婦には、一時的同居をする家族を、夫の家族にするか、妻の家族にするか、どちらでも自由に選べるのか、という選択の問題が課されることになる。そこで〈サイクルα〉は、理の当然として先験的に、共同体家族や直系家族と同様に、父方居住、母方居住、双処居住という変種に下位区分されることになる。このうち双処居住変種というのは、現実にはほとんど存在しないことを、のちに見ることになるだろう。

フレイザーは、あるシステムに見られる、父系的力学とは逆の一時的同居が可能であり、頻繁でさえあるケースを、記述している。そのシステムとは、今や人類学者によって、**bride service**〔花嫁奉仕〕もしくは〈義父への奉仕〉という名で目録に加えられているものである。[35] それは、男性がヤコブのように[*5]、妻の両親の家で数年を過ごして義父のために労働し、しかるのちに妻を連れて自分自身の両親の許に戻って来る、というものである。**Bride service** は、大抵は、夫が妻を購うための資力がない場合に提供される、現物での支払いと考えられている。この解釈はいささか偏狭に見える。〈義父への奉仕〉は、妻が自分の出身集団から離脱する前に、まず自分の夫に慣れるための中間的段階を設定するのである。もちろん〈義父への奉仕〉は、われわれの分類の企ての困難をさらに強める。しかし、母方居住で次に父方居住となる一時的同居という補足的カテゴリーを創出することは、差し控えておこう。私としては、システムが正規の運行状態にあるとき、最終的につねに夫婦を夫の家族の許に入居させることになるものは、単に父方居住と見なすことにする。当初の母方居住的同居が、一〇年、一五年と続くか、それがやがては最終的形態となるような夫婦の比率が高い場合には、そのシステムを双処居住と分類することにしよう。世帯についての人口調査が入手可能な場合は、統計的に支配的な同居形態が、ある特定の時点において父方居住か母方居住か双処居住かを把握することが可能になる。

フレイザーが〈サイクルα〉を把握したのは、最後に生まれた者の特殊な地位を特定したことによってである。末子相続はそれゆえ彼にとっては、家族の財の大部分を一人の子供だけに与えるシステムである直系家族の様態の一つなのではなく、最も若い者が高齢の両親の世話をするという事実を考慮した補償のメカニズムなのである。[36] フレイザーはこの類型を、未利用の広大な空間を所有する農耕者集団か、遊牧民にとくに適合したものと考えた。

農民集団の場合は、子どもたちは一人ずつ次々と家を出て必要な土地を開墾する。牧畜民の場合は、子供が世帯を立てるのに応じて家畜の群れが分け与えられるわけである。

とはいえ、〈サイクルα〉を、人口動態的・経済的論理のみに還元することはできないだろう。結婚後数年、両親の許で過ごすことは、大人として全面的に自立した生活に徐々に、言わばスムーズに移行して行くことを可能にする。移行局面は、初めての子供の誕生という、特異な、時として困難なモメントを含んでいる。最初に生まれた者と最後に生まれた者の地位は特別であるというのは、心理学者にとって、またフィールドの人類学者の多くにとって、言い古された常識である。長子に対する両親の関係は、しばしば緊張を孕んだ衝突含みのものであり、末子に対する関係は、より安易な、単純に愛情だけが優越するものである。詳細に分け入る心理分析の曲折に入り込むまでもなく、両親は最初に生まれた者に独特の希望と不安の複合を投射するということは、容易く認められる。長子は象徴的次元で特別な者として出現するわけだが、それは単に彼が家族の財を相続するからだけではなく、場合によっては生け贄として捧げられるからでもある。それは聖書の中だけの話ではない(37)。最後の子どもが生まれた時、両親の子孫に対する投影の欲求は、大幅に使い果たされて空になっている。長子は両親を再生産するために生まれ、ひじょうに一般的な、形而上学的な意味で、両親を継承する。末子は、特段の義務のない土地に降り立つ。より自由なまま放置される末子は、両親との間でより気楽な関係を発展させるのである。

その末子相続制原則を伴う〈サイクルα〉は、用語法の問題を提起する。今や「末子相続」という語が異なる二つの文脈に当てはまり得ることが、明らかになったからである。

1　この語は、子どもの一時的同居の継起の最後に来るものとしての、最後に生まれた者の特別な位置を指し示す。この継起は、強固な平等原則を排除するが、一人を除いた全員が遺産相続から排除されるということを、いささかも含意しない。一人の子どもから次の子どもへという横方向の動きは、ここでは水平の軸を喚起する。

2　末子相続はまた、直系家族の様態のうちの一つの性格を示すものでもあり得る。この様態においては、現に不平等主義的な制度の中で、最後に生まれた者が家族の財の大部分を取得する。この場合は、親から子への動きは縦の軸を定義する。

用語法を二つに分けて、直系家族の末子相続と〈サイクルα〉における「最後に生まれた者の役割」とを区別するというのは、魅力的な着想であろう。問題は、実際上はそれがどのシステムなのか、必ずしも常に決めることができるわけではない、という点である。ドイツや日本では、末子相続地帯は、どちらか言うと直系家族に対応するが、必ずというわけではない。ブルターニュでは、むしろ逆であって、同様に逆の例外を伴っている。フレイザーの見るところ、カシ人の末子相続制は〈サイクルα〉に組み込まれているが、中根の見るところでは、直系家族に組み込まれている。

諸価値の出現　両極分解による分化

ル・プレイの家族類型の基盤をなす諸価値との関連において、〈サイクルα〉を組織編成する基本的な諸価値を定義することはできるであろうか。

自由と平等という、最終的にフランス大革命の構造を形作るに至ったイデオロギー的諸価値は、その反転である権威と不平等と全く同様に、ル・プレイの家族類型の中にきわめて明白に姿を現わしている。彼の核家族は、本質的にフランスの核家族、より一般的にはラテン的核家族であって、遺産に対する兄弟姉妹の平等を含意する。子どもの自由を前提とし、子どもにとって結婚とは、家庭集団からの離脱に対応するものでなければならない。

直系家族は、反対に跡取りに対する強固な親の権威の維持と、兄弟姉妹の不平等を組織原理とする。兄弟姉妹のうちの一人だけが、家族の財を相続するのだからである。

〈サイクルα〉を検討するとき人を驚かすのは、これらの大きな価値が作用することがないという点である。たしかにこれは核家族だと言うことはできる。若い夫婦の最終目標は、やはり親の後見からの解放と自立した世帯の創設だからである。しかし一時的同居を伴う核家族は、若い夫婦の即時的自立を基本的価値とするわけではない。それは自由主義的でも権威主義的でもない。二つの世代の相互依存が容認されるが、それによって若い夫婦による独立性の最終的獲得が妨げられることはない、そういう中間的状態に該当するのである。それにその場合でも極端な行き過ぎはない。末子は両親の許に留まらなければならないが、その関係は権威主義的ではないからである。両親に服従するのではなく、両親の生き残りを保障するのが趣旨なのである。平等と不平等に対しても同じような定義不在ないし不確定がある。〔平等と不平等といった〕対比は、全く単純に分析の用具として機能しないのである。必要な財は、子どもが世帯を開くのに応じて持参資産として分配されるが、厳格な平等原則が適用されるわけではない。それに最後に生まれた者が特異な地位を持つということは、平等原則への無関心を示しているのである。

このように平等、不平等、自由、権威という価値の定義が不在であったために、私は『第三惑星』の中で、東南アジア（母方居住変種）と中央ならびにアンデス山脈アメリカ（父方居住変種）で支配的な、一時的同居と末子相続を伴う家族類型を、「アノミー的家族」と名付けることになってしまった[38]。

アノミー的というのは、文字通りには、「規則がない」という意味だが、デュルケムがその自殺の類型学の中で用いている用法のせいで、規則の消失、社会構造の正常な状態ではなくむしろその失調を喚起する。したがって「アノミー的家族」という表現を用いて、私は、昔はより「正常」であった類型の、病的屈折とは言わないまでも、悪質化を示唆したわけだが、これは間違いだった。なぜそうしたかと言うと、これらの地域における当時の顕著な政治現象が、クメール・ルージュのジェノサイドとペルーのセンデロ・ルミノソの盲目的な暴力であったからである。私はまた、タイやカンボジアの王族やインカ人において、異父母兄弟と異父母姉妹の結婚、場合によっては兄（弟）と（姉）妹の結婚を何件も特定していた。異父母兄弟姉妹の結婚は、時に貴族階級に見出されたが、民衆階層にさえも見出されたのである。外婚の至上命令が見たところ弱体であり、それに加えて、平等と不平等、権威と自由の明瞭な定義が不在であったために、私はこのシステムを、かつて存在したはずの規範の内爆という形で知覚するに至ったのである。しかし周縁地帯の保守性の原則というものに依拠するなら、より妥当な解釈に到達することが可能になる。〈サイクル α〉が地球規模の空間の中で周縁部的位置にあるということが、全く反対の分析の方へと導くのである。規則の不在はもはや内爆の結果ではなく、ずっと昔の状態として立ち現われて来る。平等と不平等の以前には、平等の問題に対する無関心があった。権威と自由の以前には、権威の問題に対する無関心があったのである。詳細な分析を行なうなら、兄弟姉妹の、あるいは異父母兄弟姉妹の結婚は、統計的にはきわめて少数であるということが、明らかになる。もしそれが内爆であったとしても、内爆であるという性格は、逆に、それが現にいま存在しているところに、歴史的には遅くなってから〔つまり近年になって〕出現したという事実がなければ、確証されないようなものなのである。

われわれは、ヘーゲルやマルクスをうっとりさせたかも知れない、全く古典的な論理的・歴史的・形而上学的文彩《フィギュール》に、舞い戻った。一つの概念とその反対物は、そもそもこの概念が不在であったところから、分化と両極分解によって浮上して来るのだ。ここでわれわれが捉えるのは、人間精神の一つのメカニズムであり、それは人類学では他にもいくつもの適用例が見られる。例えば、われわれの探究にとって基本的な、父系性と母系性の対立のケースである。最初のアプローチでは、どうしても、父系性と母系性の間にある論理的対抗関係を、システム同士の間に最大の距離を設定するものと受け止め、双方性は中間的な立場に位置づけられるとしてしまいがちである。ところが現実には、父系性と母系性は、同一の単系原理の二つの様態にすぎず、真の論理という点からは互いに近いものであり、後に見るように、大抵は空間的にも近いのである。伝播のメカニズムの的確な理解にしっかりと依拠していたローウィは、すでに父系と母系の親族システムは、遅い時期に出現したと結論していた。双方的（もしくは未分化の）親族システムは、重要性という点で父方の親族と母方の親族を区別しないのであるから、ローウィーによれば、時間的に先行していたということになる。

末子相続のない一時的同居

〈サイクルα〉の中に、パリ盆地の自由主義的・平等主義的な核家族や、〔フランス〕南西部の権威主義的・不平等主義的な直系家族を特徴付けるような概念上の差異化が不在であることが確認できるからと言って、一時的同居と末子相続を伴う核家族類型が「自然な」ものであるという、早まった結論に至ってはならない。ミャンマーの村落に関するものであれ、タイ、マレー、ジャワの村落に関するものであれ、この類型を記述するモノグラフを検討してみると、実際はきちんとした規範を持った、しっかり確立したシステムであることが感知される。子どもたちが次々と一時的同居をしては入れ替わること、最後に生まれた者を両親の保護管理者にするという原則、これはきちんと決められた仕組みを設定している。兄弟（もしくは姉妹）が次々に整然と家を出て行くのは、全体として捉えるなら、一つの世代の中での、横へのもしくは水平的な継承の動きという性格を帯びている。これは直系家族の特徴である、世代から世代への縦方向での継承に対立する。〈サイクルα〉の横の継承は、空間内での拡大のメカニズムを示唆しており、直系家族の縦の継承は、時間の中での持続のメカニズムを示唆している。

とはいえ一時的同居は、それ自体では、兄弟姉妹が年齢順に整然と継承して行き、最後には自動的に末子を両親の保護管理者に指名することに行き着く、ということを含意するわけではない。末子相続に至ることのない、無秩序な一時的同居の諸形態を実践するシステムも、観察することができるからである。それは、スチュワードが研究した多くのインディアンの狩猟採集民集団に見られるケースである。ただ一組だけの第二世代の夫婦が両親と一時的同居をするというのを、内在的な必然性と見なさなければならないという決まりはない。第二世代の複数の夫婦同士が、両親がいようといまいと一時的同居をするというのも、全く考えられるのである。複数の若い夫婦の一時的同居と、あまりにも高齢な両親の身体的排除を組み合わせるシステムを想像することも、いささかも禁じられていない。これはシベリアの北東の片隅のトナカイ牧畜民たるコリヤーク人やチュクチ人に観察できる方式である。[39] スリランカとフィリピンの農耕住民集団にあっては、末子相続の規則が形式化されていないのに、一時的同居の現象が観察されるということがある。[40] この二つのケースにおいて一時的同居が系統的なものではないのは、たしかだ。それは時として発生する、というだけの話である。いずれにせよ、きちんと規則化された〈サイクル α〉と言うことはできない。フレイザーが把握したものは、絶対的に自然なものではなく、すでに形式化された類型だったのである。

いま引用された末子相続なき一時的同居の例はいずれも、双処居住の家族システムに対応する。逆に言えば、完全な〈サイクル α〉においては、慣習がサイクルの到達点として提示するのは、ほとんどつねに娘の中で最年少の者もしくは息子の中で最年少の者である。したがって現実の中で本当に検出できるのは、父方居住か母方居住の変種のみであるということになる。これは、すでに家族生活の組織編成の中に、父系もしくは母系の構築要素が介入しているということを意味する。だからそれは「自然」ではない。とはいえ、最後に生まれた男子（もしくは最後に生まれた女子）を相続人として指名するという明確な規範を持たなくとも、双処居住の一時的同居を伴う家族システムが、実際上、無意識ないし統計的に、男子もしくは女子の最年少の子どもが、年長の者よりははるかに両親の面倒を見るということに帰着するのは、やはり事実なのである。

近接居住ないし囲い地内集住の核家族

一時的同居は、同居と別居の間の中間的カテゴリーを確定する。その際、時間というものが、微妙な差を生み出すことを可能にする次元となる。もう一つ別の次元である空間も、現実というものの二元対立的知覚を乗り越えることを可能にしてくれる。一時的同居を伴う核家族システムを観察すると、しばしば、いくつかの核家族が近接しており、同居しているとは言えないが、別居していると断定するのも理不尽という事態が明らかになるに至る。系統的もしくは偶然的な一時的居住の後では、若い夫婦が出身家族に近接して居を構えるということが頻繁に起こる。別居は全く相対的なのだ〔絶対的ではないのである〕。

家族同士は時として、料理や、子どもの教育や、採集や生産の活動の面で協力し合うが、そのやり方はきわめて多様であるから、モデル化するのが難しい。実のところ、一時的同居と近接居住との間の区別は、副次的なのだ。枢要なのは、若い夫婦が独立と依存の間の一種中間的な心的・実践的領域に身を置いている、ということなのである。家族と家族の近接性は、一段上の次元の単一性というものの形式化を引き起こさないままにしておくことが可能だが、時として一つの境界が、共同体の中で親族の核家族群をその他の家族群から分離することもある。小集落や囲い地の中に小さな家屋、天幕、あるいは掘建て小屋が集まって、一つの個別化されたまとまりとして存在している様子は、複数の核家族をまとめる一段上の次元の単一性が存在することを、あらわにしてみせる。狩猟採集民の現地バンドは、複数の親族核家族が組み合わさって、一段上の次元の単一性の中にまとまっているという様態の一つに他ならない。英語で書かれたモノグラフの中に見られる、**compound**〔囲いをめぐらした住宅群〕という語は、私は自由に「囲い地」と訳すのだが、こうした分析のレベルというものが現にあることを示している。

囲い地が存在するときには、同居というものを、そしてそれゆえ家族というものを、ただ一つのレベルだけを持つシステムと考えることは不可能となる。核家族とこれらの核家族の集まりという二つのレベルでの構造化というものを認めなければならない。それが自立と依存との共存を制度化しているわけである。

しかし囲い地が不在であるからと言って、上のレベルの集合が存在しないと断言することはできない。とくに複数の夫婦家族の近接性が、父系ないし母系原則によって組織編成されているときは、そうである。この原則は、囲い地を不要にする。一時的同居を実践し、若い夫婦の自立化の後にも父系的関係を継続する夫婦家族の集合は、例えば、南インド、ペルー、もしくは中央メキシコの特徴をなしている[41]。複数の夫婦家族が母系原則で集まって集落をなすのは、東南アジアにおいてより典型的である。「双方的」結合も完全に考えられるものであり、いくつかの例のみ挙げるなら、スリランカやフィリピンに見られる[42]。この最後の二つのケースにおいては、双方性のために、囲い地の存在というものが、集団の社会的可視性にとってより必要になってくるのである。

近接性がいずれかの単系原則で組織編成されているかどうかにかかわりなく、分析のレベルが二つ共存しているということによって、フィールドの人類学者は、しばしば一つの選択を迫られることになる。つねにそれを自覚しているとは限らないが、下のレベルへの選好を表明するか、上のレベルへの選好を表明するか、という選択である。そして、前者の場合は、家族を核家族として記述し、後者の場合は、家族を共同体家族として記述することになりがちである。時として、ともに二つのレベルの共存を認めないという点で共通する二人の人類学者が、同一のシステムを観察した場合、同一のシステムが、一方には夫婦家族として現われ、もう一方には拡大家族として現われるという、全く異なる記述が生み出されることになる。例えば、アンデスのインディオ、かつてインカ帝国の中核であったアイマラ人とケチュア人は、しばしば一時的同居と父方近接居住を伴う核家族と記述されていたが、突然、共同体家族に組織編成されたものとして立ち現われることになり得るのである。[43] 彼らは実際、共同体家族的ありようにきわめて近い。しかしそれにもかかわらず、彼らの家族システムは、若い夫婦の自立性があっさりと廃棄されている中国ないしロシアの父系共同体家族とは、大分違うものである。

メキシコの中部高原のとある共同体を扱ったモノグラフの中で、ヒューゴ・ヌティニは、複数の核家族の集住の極限的ケースを観察している。その集住はきわめて強固であったので、彼は拡大家族の概念を選択するに至った。つまり共同体家族ということだが、これは中央アメリカについて研究する人類学者たちにとっては、馴染みのないものである。[44] しかし彼は、集住した核家族の五七%が別々の家計を持っており（**con gasto aparte**）、共通家計（**gasto junto**）を持つ集住夫婦家族集団は、まだ自立性の身分に達しない若い夫婦を中に含んでいる、と記している。だからこれはやはり、若い夫婦の一時的同居なのだ。しかしヌティニが、核家族性ではなく、共同体家族性を強調したのも、無理はないのだ。なにしろ〔彼が調査したフィールドである〕サン・ベルナルディノ・コントラでは、家族システムは、中央アメリカでは例外的な、父方居住九二%という有意的なレベルで連合しており、本物の共同体家族制度の境界域に実際に達しているからである。[45]

また、タイやインドネシアや、ホーピ人のようなプエブロ・インディアンのいくつかの集団についてのモノグラフを渉猟して、母方居住共同体家族と、集落や囲い地の中に複数の核家族を統合している母方近接居住システムとを区別しようとして、多くの時間を費やすこともできるのである。

ヌール・ヤーマンは、シンハラ人の家族を、複数の夫婦が家屋もしくは庭という一段上の次元の単一性の中で近接しているさまを研究しつつ、きっぱりと核家族として記述した。エドマンド・リーチは、同じ文化について、夫婦家族という言い方をしているが、**compounds**〔囲い地〕の構成に分析を集中させている。[46] この二人の分析を続けて読んだとしても、二人が同じものについて論じているということが、すぐには理解できないだろう。家庭集団の分析では、ヤーマンの方がリーチよりはるかに優れている。家族システムの二元性の知覚に達しているからである。核家族を識別する要素は、ヤーマンによれば、調理場を所有しているということで、調理場は消費の単位をなす。ところが、一つの住居の中に複数の調理場が共存することもあるのである。しかしその場合、家屋や**compound**〔囲い地〕に関心を向ける者は、近接関係にある核家族というよりは、拡大家族を見ることになるだろう。

北アメリカの北西海岸部のインディアン諸民族は、腕の立つ漁民で、きわめて組織化されているが、大陸での文明の大きな極の一つを形成した。彼らの建てる木造の大きな家は、しばしば壮麗なトーテムで飾られた、堂々たる構えでひじょうに印象的だったが、六つの核家族を収容することができた。単位をなす夫婦の親族の絆は、双方的だったが、父系方向への屈折を伴うか、もしくはさらに明瞭に、母系方向への屈折を伴っていた。たいていの場合、これは全面的に発達した母系システムと言うことさえ可能だが、その出現の条件は、旧世界の母系システムのそれとは異なっていた。この点は、第二巻で見ることになる。この文化地帯の家庭集団の組織編成には、多数の微妙な差が識別できる。家族と世帯の記述を注意深く検討する者に識別できるそれらの差の一つは、大きな家の内部に、「炉」がただ一つあるだけか、複数あるかということである。この場合「炉」とは、暖房と食品の煮炊きの可能性を保証する「火」という、本来の意味で用いられる。高度に形式化された母系の社会組織を持つハイダ人においては、家の中央に炉がただ一つ観察される。しかしいくつもの夫婦家族が、別々に用いることが可能であるらしい。[47] より南に住むセイリッシュ人では、大家族の構成がはっきりと双方的であるが、夫婦家族は共通の家の中でそれぞれ炉を構えている。[48]

複数の核家族が一時的な名目で融合したのか、核家族が近接しているが融合はしていないのか。微妙な差がいくらでも増殖し、分析はきわめて複雑になる。さらにもし、融合なき近接性もそれ自体、一時的で、その期間も多様に変動するという点を付け加えるとしたら、分類を諦めて、妥当な類型体系の探究を放棄する気になったとしても、不名誉の誹りは免れるだろう。なにしろ、歴史研究者の方法論的困難も人類学者のそれと同様に甚大なのだから。

歴史研究者にとっても同じ困難が……

ラスレットが住民リストから出発して世帯の構造を分析するために練上げた方法に対して批判的な、何人かの歴史研究者は、同居という単純すぎる概念が不十分であることを、強調した。ラスレット自身は、急いで自分の用語法の中に第二の集住レベルを導入した。一つの家の中に複数の世帯が存在する事態を喚起する **houseful**〔家一杯〕の概念である。しかしそれは具体的な歴史資料には、適用が困難であった。[49] 奇妙なことに、この問題は、ケンブリッジにおける私のラスレットとの関係に、直ちに波及したのである。というのも、私は住民リストの分析と徴税台帳の分析を組み合わせようと頑として固執していたが、この方法をとったことによって、私は、ラスレットの基本資料は現実を単純化しているとの断定に行き着くことになったのである。少なくともホーリネス村とロングニース村では、聖職者が作成した家族リストは、徴税台帳では分けられていた家族単位のうちの多くを包含する中間的な複合的形態の存在を隠蔽していたのである。[50] このことは、徴税台帳が数を確定した家屋との系統的な突き合わせによって、露呈した。

家族類型の単純すぎるカテゴリー化に対する歴史研究者からの批判でとくに有効な二つは、フランスで発表されている。

早くも一九七九年に、ジェラール・ランクリュは、コルス〔コルシカ〕についての研究の中で、空間的近接性と時間的変動性の概念を含み持つ同居の具体的様態の精密な分析を行ない、人口調査を検討するだけでは、必ずしもつねに家族システムの的確な理解が可能になるわけではない、ということを示していた。コルスの家族システムは、実際は、核家族性の要素と父系共同体家族性の要素とを組み合わせているのである。[51] 十八世紀についても、二十世紀についても、住民リストだけでは十分ではないのだ。

二〇〇一年にディオニジ・アルベラは、イタリア、フランス、スイスにまたがるアルプス山地での個人の動きと世帯を越えた近接性とを詳細に分析し、その過程で、アルプス型直系家族の神話を破壊した。直系家族というのは山地と緊密に関連するという誤った常識は、経験的な現実の誠実な検討から派生したものではなく、むしろル・プレイの概念構築作業から派生したものであるらしい。[52] アルベラはル・プレイの聖三位一体の最も根底的な総体的批判を作り出した。それが還元的であり、現実を見えなくする効果をもたらすことを、明らかにしたのである。とはいえ彼の実践的結論は、あまりにも悲観論的であった。彼は師〔ル・プレイ〕の類型体系を拡大するのを諦め、妥当な有効性を備えた家族形態の分布地図を作成する可能性はないとしたのである。より大きな複合性を認め、同居の中間的諸形態を、時間の中もしくは空間の中に導入していくと、やがて方法論的自殺へと行き着いてしまう、などと彼は考えたのだが、そんなことになるはずはない。用いられる類型の数が無限に拡大することなどないのであって、適正な比率の範囲内でその数を増やすことはできるのであり、新たな分布地図の作成を企てることは可能なのである。

とりわけ、中間的諸形態というものが純然たる問題となるのは、構造主義的・固定主義的公理系の内部においてでしかない。家族形態の時間的変遷と地理的伝播について研究するときには、問題それ自体が解答になることがありうる。中間的諸形態の特定は、一つの類型からもう一つの類型へのありうる移行についての新たな仮説へと、道を開くからである。しかし、ひとたび複合性を認めてしまった以上は、適切に配合を決め、必要不可欠な形態だけを残すようにしなければならない。

三つの変種（双処居住、父方居住、母方居住）に分かれる**一時的同居を伴う核家族**というものは、本質的に重要である。それに対して、親族の核家族が現地集団の中に集まっているという近接居住の概念は、一時的同居を伴う核家族の三つの変種というものに付け加わる新たな類型の定義につながるとしてはならない。一時的同居は、その後に親族家族の近くに居を構えるということ〔近接居住〕があまりにもしばしば起こるのであるから、新たなカテゴリーの追加は、大抵の場合、二重化と混同を引き起こすだろう。とはいえ、近接居住の方が目につく事態である場合には、私の分類の中で、一時的同居（ctと記される）よりむしろ、近接居住（pxと記される）の方を記載することにする。いずれ機会を見て、例えば東南アジアの場合など、一時的同居と近接居住の区別は、ある程度の有用性を持ち得るということを、示すつもりである。しかし一時的同居を伴う核家族と近接居住を伴う核家族は、一つの類型の中の二つの微妙な違い《ニュアンス》をなすにすぎない。

それに対して、囲い地の中に**統合された核家族**は、一時的同居より以上のものを表象している。物質的限界による形式化は、より緊密な夫婦単位間の協力を含意する。したがって囲い地への統合（iと記される）は、まさに一時的同居を伴う核家族から共同体家族へと仲介する中間的カテゴリーを作り出すのである。この新たな形態はまた、双処居住、父方居住、母方居住という様態を考慮するなら、追加的な三つの類型を生み出すことになる。

二重性、凝縮　動態要因としての定住化

夫婦の近接居住についての以上の検討から、基本的な分析原則をいくつか引き出すことができる。すなわち、

二重性、別居、凝縮の原則である。

二重性　家族の現実については、同時に二つの分析のレベルが存在することを忘れてはならない。核家族（夫婦とその子ども）のレベルと、核家族が集落に集まり協力することのできる枠組となる上位のレベルである。本書「序説」の中で私は、未開集団の核家族は、ある程度安定的な上位の次元の単位、現地バンドにつねに統合されている、と示唆したものである。また、十七世紀イングランドや、同様に第三千年紀初頭のヨーロッパにおいて、核家族は外見上は〔核家族として〕「純粋」な形態を呈しているが、それはつねに代替の社会組織の中に統合されているのだ、ということも強調した。それは、工業化以前の農村部における大規模農業経営に依存する村落共同体であり、現在の社会の場合では、社会保障型のメカニズムを含み持った、さまざまの形をとる地域共同体ないし一国共同体である。いずれの場合にも、国家というものが要となるように見える。

別居と凝縮　しばらくの間、狩猟採集民の原初的社会形態、ということはすなわち人類の原初的社会形態は、双方的な親族の絆によって組織編成された現地バンドの中に組み込まれた、一時的同居を伴う核家族であった、としておこう。このシステムは、個人がそれに加わる際に選択の余地をたくさん残してくれる、かなり緩やかなものである。これなら、分化〔差異化〕によって、他の家族類型につながる先験的なモデルを容易に構築することができるだろう。というのも、このような原初の類型は、母細胞のように、すべての潜在性を内包しているからである。それは、人類学の古典的な次元のどれにおいても、「分化」していない。それは、複数の夫婦の別居が増大し、一時的同居が消滅することによって、核家族的方向へと特殊化することができる。逆に、双方的か父方居住か母方居住の、安定した隣接関係の方へと進化し、やがては直系家族ないし共同体家族型の最終的な同居へと進化することもできる。別居は、基本的な動態的要素となり得る。それから機械的に生み出される効果の一つとは、複数夫婦が別居するか、安定的近接居住もしくは決定的同居によって稠密化するかの選択が、突きつけられるということである。

定住化は、農耕への移行と同じとすることはできない。中東の歴史の研究者は、今や定住化が植物の馴致に先行したことを認めている。それは、共通紀元前一万年のナトゥフ文化[*6]の最終局面の検討が証明しているところである。[53] 日本では、定住していたと思われる海産物採集者は、列島に農耕が出現する七〇〇〇年以上前に土器を発明していた。アメリカ北西海岸部の、サケなどの漁労で生きたインディアンは、人類学者が直接観察できるケースとなった。彼らの生活様式は、農耕が不在である中でも、共同体的・直系的家族形態を含む、安定的かつ複雑な社会の出現を可能にした。それらの家族形態の中には、それでもまだ核家族の隣接原則の痕跡が感じられる。

逆に言うなら、農耕は決定的な定住化を意味するものではない。焼畑の技術は、数年間土地を開墾したのちに、集団が居住地を移転することを前提とする。より集約的な、しかし拡大的でもある農耕は、新たな開拓へと行き着き、諸家族の一部の拡散を助長する。

流動的なバンドに組み込まれた核家族という当初の仮定に立つなら、定住化がどのように、凝縮した、複合的な家族形態の出現をもたらすことになるかを、構想することが可能になる。そうした家族形態の中で、現地集団の上位のレベルが、安定性と重要性を次第に帯びて行ったわけである。しかし定住化はまた、場合によっては、少なくとも居住という意味では、純然たる核家族の絶対的自立化を容認するものでもあった。

稠密化の過程にあるシステムの中では、居住先家族の選択について固定した選好が姿を現わすと、想像することができる。それが父親の家族なら、父系原則の出現へとつながり、母親の家族なら、母系原則の出現へとつながることになるが、ただし後者は、後に見るように、より稀に起こることである。ひとたび原則が確定すると、父系性もしくは母系性は、その厳密さそのものによって、家庭集団の追加的稠密化を促進して行く。

以上はもちろん、仮説の試みにすぎないのであって、ユーラシア、アフリカ、アメリカ、オセアニアの家族システムの詳細な研究が行なわれれば、確証されるか、もしくは否定されるはずのものである。その研究は、地理的研究であるが、それが可能なときには歴史的研究ともなる。たかだか三〇程度の民族についての検討が、家族類型の分化についての何らかの解釈をもたらすなどということは、全くあり得ない。それはせいぜい、モデルの端緒の練上げを可能にするにすぎないのである。

上に喚起されたメカニズムはおそらく、進化の中には「理の当然」で、「自然」なものもあるということを示唆している。定住化による稠密化というのは、この観点からすると典型的な例であり、先に触れた、国家が親族集団の代りとなることによって起こった決定的な核家族化も、全く同様に典型的である。しかし、まさにその段階に至って、慎重さが要求されることになる。人類学の文献は、理の当然と見える仮説に満ちている。これらの仮説は、その実、研究対象たる人間集団の中に、研究者のそれと同じような動機と反応が存在すると、予め想定しているものばかりなのである。その具体例の一つは、十九世紀後半のピューリタンなヨーロッパに生きていた初期世代の人類学者たちの何人かは、自分が現に生きている世界の拘束から原始人は解放されていたのだから、原始人の世界は、放縦と、時には性的共産主義にさえ委ねられていたと、想像し、その考えに読者も賛同していた、ということがあり得たという事実にほかならない。

これらのことはいずれも、今日ではお笑い種である。しかしきちんと理解しなければならないのは、このような表象は、ピューリタニズムに心酔していた当時の西洋圏では、「理の当然」と見えたのであり、いずれにせよ、社会的形態〔家族形態〕の本物の目録が存在しない以上、反駁が困難と見えた、ということである。だから、慎重に進むことにしよう。われわれの「論理」は、仮説の練上げを可能にする。しかしそれだけでは、「原始的」、「古代的《アルカイック》」、ないし「前近代的」な人間心性についての、何らかの結論にわれわれを導いてくれることはできない。人類学者なり歴史学者にとっての正しい方法論的観点とは、己自身の頭から真理を引き出そうとすることではない。そのやり方とは、実際には内観の一形態にすぎないのである。空間の中での家族類型の詳細で系統的な観察を行なうなら、人間の定住化は、どちらかと言えば、家族形態の稠密化をもたらし、父系原則で組織編成されているかいないかにかかわらず、複合類型の出現をもたらしたが、しかしまた、いくつかの場合には、核家族性が特別の過程によって強化されるような場合もあった、という結論に導かれることになるだろう。したがってこのメカニズムは、全体として、分化を喚起するのである。

開かれた類型体系

家族構造の地図の作成は、類型体系の確定を前提とする。カテゴリーA、B、C、D、……N、を区別し、それらにあれこれの記号なり色なりを振り当て、次いでそれらを空間内に位置づける、ということが必要である。その場合、配置された地帯を有意的なやり方で区別することができることもあれば、できないこともある。したがって、家族形態が複合的であり、隣接性や一時的同居、さらにそれらにかぶさる父方居住、母方居住、双処居住の概念によって家族形態の数が増大するにもかかわらず、分析の一覧表を確定する必要があるのである。その一覧表は、本来的に還元的なものとならざるを得ない。この研究の特徴である経験的アプローチを尊重し、私はこの一覧表作成のために、これまでの検討で遭遇した最も有益な家族類型を一堂にまとめるものである。とはいえ、これで理想的かつ最終的な類型体系を生み出したなどと称するものではいささかもない。

一つの家族類型が双処居住か、父方居住か、母方居住かを決定するには、私としては、単純に、マードックの民族誌地図の取り決め、つまり、父方居住率が六六％以上であるシステムは父方居住とみなし、三三％以下である（つまり母方居住率が六六％以上である）システムは母方居住とみなすという取り決めを、採用することにする。双処居住は、三三%から六六%のすべての率に対応する。

直系家族と共同体家族という、ル・プレイの二つの複合家族類型は、その妥当性を完全に保持している。しかし、双処居住、父方居住、母方居住という変種を掛けて、数を増やさなければならない。これで六つの類型が得られる。

フレイザーの問題設定によって、一時的同居を伴う家族というものを定義することができた。このカテゴリーも、やはり双処居住、父方居住、母方居住の変種で下位区分する必要がある。これでまた類型が三つ加わり、総数は九に達することになる。この三つの類型は、「近接居住を伴う」核家族のケースを含む。

それに対して、囲い地に統合された核家族というカテゴリーの方は、自立的なものと見なすことができる。この類型は、今や慣例となった、双処居住、父方居住、母方居住の三様態を伴う。そこで総数は一二となる。

類型体系の練上げがこの段階に達すると、そこにはある形態の論理が君臨することになる。共同体家族、直系家族、囲い地に統合された核家族、一時的同居を伴う核家族という順番は、家族の稠密性のレベルが下がって行くのに対応している。直系家族は囲い地に統合された核家族より「稠密」であると、頭から見なしていいかどうかは、不確かではあるが。これらの四つの類型を、父方居住、母方居住、双処居住という三つの変種の可能性で掛けることによって、われわれは単純な手順にしたがって一二という類型数に達することができたわけである。分類のこの「論理的」な成分がきわめて有益であることは、早くも次章から見ることになろう。というのも、この成分は、世帯の稠密性と、両親の家族による婚姻の方向性との間の統計的関係の検討を可能にしてくれるのである。

さてここで私としては、この先験的な論理性の見せかけをかなぐり捨てて、観察可能な形態の定義におけるフィールドの優越性を、三つの補足的類型によって、改めて示そうと思う。

私はこれまで何度も、純粋な核家族に言及して来た。これはもちろん、複合的類型と同じやり方で掛け算で増やすことのできるものではない。それは新処居住、すなわち結婚した若い夫婦の自立的新居開始を想定するものだからである。それゆえこの場合には、父方もしくは母方もしくは双処居住は、問題にすることができない。もちろん若い夫婦の居住場所の選択を、村落とか現地集団という言い方で位置づけることはできるだろうが、そうなると、近接居住を伴う核家族に立ち戻ってしまうことになろう。純粋核家族類型の中では、パリ盆地に特徴的な平等主義核家族と、イングランドの大部分を占めている絶対核家族を対比する区別は、有益である。このいずれの場合にも、若い夫婦の独立は即時的でなければならない。遺産相続規則は、パリ盆地の核家族にとっては平等主義的であるが、イングランドのケースでは、不平等と不明確の間で揺れている。この揺れにはある意味があり、のちにその点に戻るつもりである。純粋核家族は、したがって、追加的な二つの類型〔平等主義核家族と絶対核家族〕を提供する。これを、複数の夫婦の最小の、中位の、強い集住を提示する一二の区分に加えるなら、区分の数は一四となる。

『第三惑星』の中で、私がこの二つの純粋核家族類型を定義したのは、演繹の実施によってだった。自由と権威、平等と不平等という二対の価値を掛け合わせると、共同体家族（権威的にして平等主義的）、直系家族（権威主義的にして不平等主義的）、平等主義核家族（自由主義的にして平等主義的）、絶対核家族（自由主義的にしてかつ平等主義的でない）という四つの区分に至る、というわけである。だから二つの純粋核家族カテゴリーは、ある種のピタゴラス的幻想〔訳註第1章＊4を参照〕の痕跡を残しているのである。ここでもう一つ最後の類型を付け加えなければならないが、それはデータそれ自体が必要としたもので、いかなる先験的な論理もそれを正当化することができるとは思われないものであり、要するに、それを付け加えることには、〔経験主義という〕方法論上の実際の満足が伴うのである。ただし、この類型を類型として確定することは、これまでに喚起された概念の大部分を危うくすることになりかねない。あたかもほぼ整然と仕上がった楽譜の末尾にたまたま音符が一つ落ちて来たかのようにして、私は今や「追加的な一時的同居を伴う直系家族」を導入しなければならない。

十九世紀の西部ならびに中部ブルターニュは、長子（地域によっては男子であるが、女子の地域もある）を唯一の遺産相続人として指定するが、それに加えて、一時的に、弟か妹とその配偶者を同居者として加えることができる家庭集団の例を提供する[54]。同様のケースが、ボスニア湾の両岸に当たる北スウェーデンとフィンランドの海岸部、日本の北東部、フィリピン諸島のホロ島のタウスグ人に、確認された[55]。これらすべてのケースにおいて、直系家族と共同体家族の区別が検証の対象となっている。特定の時点における、ブルターニュ、スウェーデン、フィンランド、もしくは日本のこれらの世帯を記述する調査を行なうと、双方共同体家族を思わせる、ある程度の数の家庭集団が姿を現わす。その数はそれほど多くはないが、それは遺産相続人夫婦と、遺産相続人でない夫婦の間の連合が一時的であるということで説明がつく。息子（もしくは娘）のうちの最年長の者が遺産相続人であるわけだが、彼は弟たちと妹たちにとって父親（もしくは母親）代りとなり、弟や妹は結婚後最初の数年間、彼の許で暮らすことができるのである。この類型を、追加的な一時的同居を伴う直系家族と名付けることができる。これは滅多にないが、進化のメカニズムを理解する上で、そしてまた昔の歴史的データを解釈する上で、有益である。喚起されたケースの、周縁部から周縁部へと連なる地理的分布（西部ならびに中部ブルターニュ、フィンランドと北スウェーデン、北東日本、フィリピン）だけをとっても、これが古代的《アルカイック》な形態であることが、分かる。

追加的な一時的同居を伴う直系家族は、興味深いデータに関与するが故に、それ自体において有用である。しかしまた、類型体系の不備を認めますという署名捺印としての限りでも価値がある。それは私の類型体系が、素人仕事〔ブリコラージュ〕で組み立てられた、開かれたものであるということを、証言しているのである。とはいえ私は分別は失わない。この最後の類型を、父方居住、母方居住、双処居住という基調によって、三つに区分することはしないでおく。知的誠実は、マゾヒズムと混同されてはならないのである。だから私はここで止めておく。となると、類型の総数は一五ということになる。

共同体家族	双処居住、父方居住、もしくは母方居住（三類型）
直系家族	双処居住、父方居住、もしくは母方居住（三類型）
統合核家族	双処居住、父方居住、もしくは母方居住（三類型）
一時的同居を伴う核家族	双処居住、父方居住、もしくは母方居住（三類型）
純粋核家族	平等主義、もしくは絶対（二類型）
追加的な一時的同居を伴う直系家族（一類型）	

集められたデータの質によっては、必ずしもつねに、研究対象たる家族システムを、いま定義した一五のカテゴリーのどれか一つに当てはめることができるわけではない。最も重要な欠陥は、ヨーロッパの歴史的データにかかわるものであるが、こうしたデータはしばしばピーター・ラスレットが提唱した世帯の分類を用いて作成されている。彼が提唱した五つの大きな世帯類型（一人暮らし、夫婦家族なし、夫婦家族一つ、夫婦家族二つ、夫婦家族三つ）に照らして、さらに遺産相続システムについての知見を加えるなら、扱っている家族が核家族類型か、直系家族類型か、共同体家族類型かを、確定することができる。しかし、この分類法は、世帯が父方居住か母方居住か双処居住かということ、つまり夫婦家族同士を結びつける絆の性格には、関心を示さない。ラスレット流の世帯分類法を用いて実施された膨大な収集は、直系家族、共同体家族、一時的同居を伴う核家族という類型を、父方居住、母方居住、双処居住という変種で下位区分することを可能にするはずの情報を、無視してしまっ

たのである。幸いなことに、研究者が、ラスレット自身が推奨した技法にしたがって、住民リストの世帯を示す詳細なグラフを公表している場合も、いくつかある。その場合は、情報は復元することができる。強い母方居住を見せるポルトガル北部について研究したある女性研究者が、最後にこの問題に直面することになった。彼女は、ラスレット流の分類法から、母方居住、父方居住、双処居住を把握することを可能にするより精密な記述を引き出したが、ただあいにく、いささか遅すぎたのである。(56)*7

一五の区分を持つ私の類型体系による家庭集団の発展サイクルの記述は、根本的な曖昧さをいくつか無視している。ここで一つだけ例を挙げることにするが、それはおそらく最も重要な例で、双処居住共同体家族における遺産相続規則に関するものである。共同体家族を父方居住変種から双処居住変種へと移行させるということは、遺産の分割という観点からすれば、中立的なことでは全くない。父方居住共同体家族は、兄弟の対称性《シンメトリー》原則を当然の要素として含むが、この原則は、父親が死んだ際には遺産を平等に分けるという遺産相続規則を、言うまでもないことと見なすことを可能にする。この自明の前提が実際にどのように実行されているかは、のちに見ることになるが、この原則は、共同体家族類型の以前に行なわれていた直系家族の痕跡がいまなおイデオロギーと礼儀作法の中に強く感じ取れる中国の類型のような、いくつかの類型のケースにおいてさえも、実行されているのである。しかし、共同体家族の双方的組織編成は、結婚した兄（弟）とその結婚した（姉）妹とを連合させることもあり得るのだが、それはいささかも、暗黙の対称性《シンメトリー》を、当然の要素として含むことはない。男性と女性の本性の違いの存在は、昔は——つまり現代女権運動より前には——構造化的な自明の前提であり、双方的親族システムにおいてさえも、そうであった。兄（弟姉）妹関係は、本性そのものからして対称的《シンメトリック》ではないのである。したがって、双処居住共同体家族に結合した平等主義的遺産相続規則の存在を、「言うまでもない」ことと考えることはできないのである。このような下位の類型は、存在することはする。とくに、フランスの中央山塊の北西の縁に存在するが、他にも、遺産の不分割しか構想せず、そのため所有権に対する態度からして直系家族に近付く下位類型も、存在する。実のところ双方的共同体家族は、複数の親族核家族を男性もしくは女性を通して結びつける、未分化の現地集団の凝縮体にきわめて類似している。それは、核家族型、直系型、もしくは共同体型の類型に特殊化する前に存在した潜在性の大部分を、まだ内蔵しているのである。各大陸、地域、時代を検討する中で、われわれは何度も、双処居住の共同体家族によって、他の類型との部分的重複といった分類の問題が持ち込まれるのに対面することになるだろう。

一五区分の類型体系の中に姿を見せない変数の目録を批判的に作成して行く作業は、婚姻の根本的問題の検討とともに、続けられなければならない。私はこれまで、配偶者の数も、近親相姦の調節の類型も、考慮に入れて来なかった。

婚姻は、暗黙のうちに「単婚優位」の不変要素として、措定されている。実際上、単婚は最も頻繁なケースである。しかし、第Ⅱ巻でアフリカを検討するときには、分析の中に大衆の一夫多妻婚（男性一人が複数の妻を持つ）を導入しなければならなくなるだろう。アフリカ大陸全体でのその分布地図を作成するつもりである。ここでまたしても、空間の検討が、時間の中で起こったことについての情報を与えてくれるだろう。すでにこの第Ⅰ巻でも、インド亜大陸のケースには、一妻多夫婚（女性一人が複数の男性に割り当てられる）を組み込まなければならなくなるだろう。ヒマラヤ、ケーララ、あるいはスリランカへのその分布は、周縁部的部分集合を思わせる。

婚姻の外婚性の度合がどの程度かということは、もし分析を、最も親族の度合の近接した本イトコ同士の結婚に集中するなら、直接的な家族構造の次元に他ならない。しかし類型体系の探求は、この次元も無視することになる。イトコ婚が、兄弟の子ども同士の結婚なのか、姉妹の子ども同士の結婚なのか、兄（弟）と（姉）妹の子

表 1–1　15 の家族類型とその略号

父方居住共同体家族	CP　父共
母方居住共同体家族	CM　母共
双処居住共同体家族	CB　双共
父方居住直系家族	SP　父直
母方居住直系家族	SM　母直
双処居住直系家族	SB　双直
父方居住統合核家族	NiP　父統核
母方居住統合核家族	NiM　母統核
双処居住統合核家族	NiB　双統核
一時的父方同居（もしくは近接居住）を伴う核家族	NctP（もしくはNpxP）　父同（近）核
一時的母方同居（もしくは近接居住）を伴う核家族	NctM（もしくはNpxM）　母同（近）核
一時的双処同居（もしくは近接居住）を伴う核家族	NctB（もしくはNpxB）　双同（近）核
平等主義核家族	NE　平核
絶対核家族	NA　絶核
追加的な一時的同居を伴う直系家族	Scta　追同直

※本書 12 頁の略号一覧を参照。

ども同士の結婚なのかということで、兄弟とその妻たちの同居以上に、核家族からの距離が増すことはない、というわけである。きわめて明示的な規則が、あらゆる型の本イトコ同士の婚姻を禁じることもあれば、いくつかの型の本イトコ同士の婚姻を容認して、別の型の本イトコ同士の婚姻を禁じるということもあれば、あらゆる型の本イトコの婚姻を容認することもある。それは類型体系の増殖〔類型の数を増やすこと〕のための可能なもう一つの判断基準となったであろう。もっとも私は、これを『第三惑星』の中で用いたことがある。[*8] 先に述べたように、私はこの変数を系統的に研究するつもりであるが、それは、同居と継承について定義された、家庭集団の発展サイクルの研究が終わったのちである。

このように不備と遺漏が多数あるにもかかわらず、定義された一五類型を用いて作成された地図は、十分に明瞭な結果をもたらす。

論理的不備というのは、偽りの問題にすぎない。というのも、完璧に一貫性ある類型体系を先験的に定義するのは、不可能でもあれば無用でもあるのだ。なぜ今になって、人間精神の力の中に世界の現実性を探し求めるピタゴラス派ないしデカルト主義者の呪術的宇宙へと退行しなければならないのか。実を言えば、類型体系とは、図面なり図式のような具合に、データを展示する便宜を提供するにしても、それ自体ではいかなる科学的有用性も持たないものである。それにとって外部的な、一つないし複数の他の変数との関係の中に置かれるのでなければ、興味を引くものではないのだ。例えば『新ヨーロッパ大全』[*9]の四区分の類型体系が興味深いものであったのは、それがもたらす優れてイデオロギー的な判断基準が、農民の家族形態の多様性と近現代イデオロギーの多様性を、地理的分布の上で一致の状態に置くことを可能にしたからに他ならない。同様にして、一五のカテゴリーの類型体系が興味を引くのは、地球上で観察可能な家族形態が互いにどのような割合を占めるのか、それを他の変数との対応関係に置くことができる形で記述することを可能にするからに他ならないのである。この突き合わせは、否定的な結果を与えるかも知れない。しかしそれ自体が、一つの結果なのだ。すなわち、核家族は、それが農耕という点で定義されるにせよ、都市化や識字化という点で定義されるにせよ、近代性と合致するわけではないのであり、複合家族の方も、未開性の地図と合致するわけではない。しかし本書においては、真の突き合わせは、空間との突き合わせであり、定義された類型が、それぞれ全く異なる、しかしそれぞれに有意的ないくつもの地帯に位置するのを、われわれは目にすることになるだろう。

一五区分の類型体系は、家族の組織編成のさまざまの形態を分類し、次いで空間の中に位置づけ、それらの位置の相互の関係から、それらの古さと進化の度合とについての明快な結論を引き出すことを、可能にしてくれるのである。

訳註

＊1 **ル・プレイ**　Pierre Guillaume Frédéric Le Play 1806-82　フランスの政治家。第二帝政下で国事院参事官、上院議員を務める一方、地方の慣習法と遺産相続様式を研究し、フランス社会学の先駆者の一人となった。特に本書六三―六四頁に見える、三つの家族類型からなる類型体系を提唱して、家族システムの研究において、トッドに多くの示唆とヒントを与えたことで知られる。

＊2 **朝鮮**　周知の通り、朝鮮半島には現在、朝鮮（いわゆる北朝鮮）と韓国という二つの国が存在する。歴史的に、朝鮮という呼称は北部、韓は半島南部に対応しているが、その後、新羅、高麗という統一王朝を経て、十四世紀に成立した統一国家は、国号を「朝鮮」とし、日本による併合の直前まで、この国号が続いた（一八九七年に国号が「大韓国」に替わったのは、日本への併合の準備段階にすぎない）。要するに、「韓」という呼称は、半島全域をカヴァーしたことはない。また、文化人類学では、この国の住民を「朝鮮族」としており、中国国内の自治民族としても、「朝鮮族」が呼称である。私は従来、この国を「韓国・朝鮮」と訳して来たが、以上を踏まえて、本書では基本的に「朝鮮」と訳すことにしたい。ただし、明らかに戦後成立して現在に至る「韓国」にのみ該当する場合は、この限りではない。

＊3 **七区分……四区分の類型体系**　七区分とは、外婚制共同体家族、内婚制共同体家族、非対称型共同体家族、権威主義家族、平等主義核家族、絶対核家族、アノミー家族。他に、アフリカ・システムが想定されている。四区分とは、絶対核家族、平等主義核家族、直系家族、共同体家族。

＊4 **ピタゴラス的幻想**　ピタゴラス（前六世紀頃の人）によれば、数は万物の根本原理であり、万物は数の関係に従って秩序あるコスモスを作るとされる。このように、現実の中に数の関係に基づく秩序を求めようとする幻想、というほどの意味であろう。ちなみに、宇宙をコスモス（秩序）と名付けたのはピタゴラスであると言う。

＊5 **ヤコブのように**　ヤコブは、アブラハムの子、イサクの子。双子の兄エサウから長子特権と父の祝福を騙し取ったため、兄に命を狙われ、父イサクの勧めに従って、母リベカの父の許に逃れる。そして母の兄ラバンの二人の娘レアとラケルを娶り、妻一人につき七年間、その父ラバンに仕えて働いたのち、一族を連れて、父の住むカナンの地へと帰還し、兄エサウと和解する。その間のある夜、天使（聖書では、神たることが暗示されている）と格闘して負けなかったことから、「イスラエル」（神に勝つ者）との名を授かる。創世記第二五章から三六章。

＊6 **ナトゥフ文化**　パレスチナの中石器文化の名称。エルサレム北西一六キロのワデン・ナトゥフ Wad'en-Natuf の洞窟から発掘された遺跡に基づくところから、こう命名された。野生の穀草からの穀物の採集という、農耕の

前段階を示す貴重な資料をなす。

＊7 **いささか遅かった。** 当該研究（Bretell G. B., « Emigration and household structure ... ».）が発表されたのは、一九八八年である。文献一覧を参照。

＊8 **『第三惑星』の中で用いた……** 『第三惑星』では、共同体家族を、外婚制と内婚制で区別し、外婚制共同体家族と内婚制共同体家族を、別の類型として立てている。

＊9 **『新ヨーロッパ大全』** 原書では『第三惑星』とあったが、内容的に符合せず、著者の了解を得て訂正した。

第2章

概観——ユーラシアにおける双処居住、父方居住、母方居住

類型体系の確定と同様に、サンプルの選定もまた、論理的・実践的に完璧ではあり得ない。私のユーラシア・サンプルを構成する二一四の「民族」〔地図2―1〕の選択に当たって私が努めたのは、人間の居住空間の中にほぼ一様に分布しているということを確保することだけであった。網羅的にすべての空間をカヴァーすることを目指す必要はなかったが、家族類型の空間内での分布の初動的な綜合的表象は確保する必要があった。本章以降の章は、六つの主要な地帯（中国ならびに中央および北アジアにわたるその遠隔周縁部、日本、インド亜大陸、東南アジア、ヨーロッパ、中東）を扱うが、それらの章は、新たな集団を付け加えるなり、国勢調査から引き出された統計データによって定質的分析を補完するなりして、この出発点におけるサンプルを、たいていの場合はさらに充実させることになるはずである。

ユーラシアの民族サンプルの選定

大住民集団――ほぼ国民国家に相当する、ロシア人、ドイツ人、日本人、イングランド人といった民族――の大部分は、サンプルに登場する。しかし、これらの諸民族の場合、支配的な家族類型の特定とは、単純化に他ならず、それぞれの内部に多様性が内包されていることを忘れてはならない。日本人を「直系」カテゴリーで括ってしまうと、北東部と南西部の微妙な差や、さらには直系型以外の形態の存在も、無視することになってしまう。これらの大民族をこのように分類するのは、これは初動のアプローチにすぎないということをきちんと断った上でなくては、受入れられないのである。この初動のアプローチで無視された地域的差異は、のちに、それが可能になるその都度、検討されることになる。もっとも、人類学的な面においてあまりにも異種混交的な民族の場合は、この第一段階においてすでに、複数の家族類型を識別しなければならなかった。例えばフランスは、サンプルの中では、パリ盆地のフランス人（平等主義核家族）、南西部のフランス人（父方居住直系家族）、「対角線」つまり中央山塊の北西の縁のフランス人（双処居住共同体家族）、内陸部ブルターニュ人（追加的な一時的同居を伴う直系家族）の四つの形態で代表されている。イタリアには、南イタリア人（平等主義核家族）、中央イタリア人（父方居住共同体家族）、北イタリア人（一時的父方同居もしくは近接居住を伴う核家族）という、三つの家族類型が割り当てられる。本書が進むにつれて、私は、ヨーロッパの家族を扱った歴史研究者たちが集めた大量の現地データを用いて、これよりはるかに精密な地理的分布図を試みることになるだろう。

中国のように、相対的に同質的だが巨大な国の場合は、現存するさまざまなモノグラフをユーラシア・サンプルの中に盛り込むことにした。例えば、北部中国住民集団、山東中国人住民集団、上海中国人住民集団を区別したのである。一つの大陸に匹敵するこの民族の人類学的カヴァーは、きわめて行き届かないものなのであるが、われわれは共産主義時代の知的負債〔統計の不備〕を背負って生きることを受入れなければならないのである。多数の地域的差異をわれわれは取り逃がしてしまうわけだが、それでもこの一三億人の民族の相対的同質性は全くの幻想であるとは、思わない。農耕と文字を含めてあらゆるものを己のために発明したきわめて長期にわたる文明に、共通して所属して来たということの、それはひじょうに現実的な結果に他ならないのである。全般的に父方居住共同体家族が占める中国の、南東海岸部の住民集団の中に、残留性の母方居住が存在するのは、考慮に入れられるべきであろう。ナ人の母方居住類型も含めて、周縁部の少数民族が担う家族形態の多様性も、同様である。

これに対してインドに関する調査研究の行き届き振りは、最も満足すべきものの一つである。無数の人類学モノグラフと優れた人口調査――このいずれも、イギリスの伝統に発している――が、亜大陸の細かな区分への分割状態を詳細に分析することを可能にした。その分割状態は、言語地帯やカーストや部族の場合は意識的だが、

エスキモー
チュクチ
ユカギール
コリヤーク
ヌガナサン
ネツ
ヤクート
スティアック
ギリヤーク
ゴリド
アイヌ
満州
トゥーヴァ
ブリヤート
ウイグル
モンゴル
中国北
朝鮮
日本
中国山東
回族
ラダキ
中国上海
沖縄
ーク教徒
ニンバ
中央チベット
グルン
アタイヤル
アホム
ナ
ーリア
レプチャ
中国福建
ブヌン アミ
ルカイ プユマ
ナガ1, 2
ナシ
イ
中国客家
パイワン
ガロ
カシ
ディマサ
ミャオ
ヤオ
ベンガル
ミンジア
イゴロット
イスラム教
ベンガル
シャン
ヴェトナム
北
イフガオ
チン
カチン
リー
アグタ
マルマ
カレン
ラオ
タガログ
オリヤー
ミャンマー
ラワ
ジャライ
テルグ
モン
タイ
ラデ
チャム
マラナオ
クメール
ムノン・ガル
マギンダナオ
アンダマン諸島
スバヌン
ヴェトナム
南
タウスグ
ミル
バジャウ
スラム教タミル
ンハラ
セマン
アチェ
マレー
イバン
バタク
ミナンカバウ
ラジャン
スンダ
サンプル
ジャワ
バリ島

アイスランド
アイルランド
西スコットランド
ガリシア
ポルトガル：北
中央
ブルターニュ
ウェールズ
イングランド
西ノルウェー
フランス
北
バスク
スペイン
オランダ
デンマーク・ノルウェー
ラップ
アラブ 15
フランス
中央
ワロン
スウェーデン
ベルベル A
カタルーニャ
フランス
南
ドイツ
フィンランド・カレリア
エストニア
ベルベル B
チェック
ラトヴィア
イタリア
北西
ポーランド
アラブ 14
スロヴェニア
スロヴァキア
カビール
イタリア
中央
ハンガリー
ロシア
トゥアレグ
中央クロアチア
ボスニア
アラブ 13
イタリア南
セルビア
モンテネグロ
マリ
アルバニア
ルーマニア
モルドヴィン
ヴ
マケドニア
ウクライナ
タタール
サラカッツァニ
ギリシャ：大陸部
西沿海
東沿海
ブルガリア
バシキール
トルコ
北東
カルムーク
トルコ
南西
オセチア
チェチェン
カザフ
アラブ 9
ジョージア
ユルック
キプロス
キリスト教徒
アルメニア
カラカルパク
アラブ 9A
クルド
アゼルバイジャン
アラブ 9B
ドルーズ
教徒
アラブ 8
アラブ 7
シャーセヴァン
アラブ 12
アラブ 5
アラブ 4
キ
ルール
ギラク
トルクメン
ウズベク
ペルシャ
タジク
アラブ 11
アラブ 6
アイマク
ハザーラ
アラブ 3
カシュカイ
パシュトゥーン A
ヌーリスター
パシュトゥーン B
イスラム教
バッセリ
ヒンズー教
カシミール
バルーチュ
イスラム
パンジャ
ブラフイ
アラブ 10
アラブ 2
シンド
アラブ 1
南グジャラート
ビー
アムハラ
マラーテ
カンナ
クー
ト
マラヤーラム：イスラム教
ナンブーデ
ナーヤル
キリスト教

地図 2–1　ユ ー ラ シ ア ・

家族類型に関しては時として無意識なものであるのだが。
アラブ圏は、イラクからモロッコに至る空間内に配分された一五の異なる住民集団によって代表されている。この地図上ではユーラシアは、歴史的一貫性という理由で、アフリカの地中海沿岸部を己の領分に加えることになる。私は、エチオピアのキリスト教徒のアムハラ人とサハラのトゥアレグ人をサンプルに加えた。この両者とも、歴史によって中近東に結びついているからである。

民族誌化された〔民族誌学者によって記述・研究されるようになった〕時代に数千の個人しか擁することのなかったものも含む、国民国家の尺度に達することがない「小民族」は、あらかじめ確立した構想に従って選ばれたわけではない。私は全く単純に、四〇年の研究生活の間に出会った、使用可能なデータをすべて集めただけである。

このサンプルの独自性は、定住農民（中国人、ヨーロッパ人、インド人、アラブ人）と、ユーラシアの歴史に参画したステップや砂漠の遊牧民（モンゴル人、カザフ人、パシュトゥーン人、ベドウィン・アラブ人）、それに十六世紀もしくは十八世紀まで全く周辺的《マージナル》であった民族（台湾やフィリピンの原住民、シベリア北東のユカギール人やチュクチ人）を、仲良く混在させていることである。このサンプルには、どんな非難をしても構わないが、発達水準を選択の基準として特権化しているという非難だけは、お門違いである。

方法論は不確定であるが、このサンプリングによって、研究対象たる地域は、結局一通りはカヴァーされている、と言える。統計論理の面で、本当に枢要であることが明らかになるのは、選定にバイアスが掛っていないことである。そうしたバイアスがあったとすると、一致や規則性が偶発的なものとして姿を現わすことになりかねなかっただろう。しかし不備が偶然によって起こったのなら、サンプルは受入れることができる。実はその場合は、サンプルに対する批判は、偶然に起因する不備というのは観察された一致や規則性〔が間違ったものであることの証拠ではなく、せいぜいそ〕の効力を弱めるだけの話であるという、有利な論拠に転じる可能性があるのである。

このことが意味するのは、もしわれわれが有意的な分布状態を明らかにすることができた場合、その分布は、より現実を反映するサンプルの中でさらにいっそう効力を発揮するものとなるであろう、ということに他ならない。われわれのサンプルに含まれる家族類型を地図の形に表してみると、実に見事な空間的配置が姿を現わす。考えられる限りのいかなる方法論的バイアスも、これから観察する地理的分布ほどに明白な中央部 対 周縁部の分布振りを作り出すことはなかっただろう。

類型の頻度

人類学の授業や講演で従来行なわれている、一年次の学生や非専門家を感動させるのに理想的な遣り口というのは、親族システムの唖然とするような多様性を浮き彫りにしてみせることである。親子関係には、父系もあれば、母系もあり、未分化のものもある。婚姻には、単婚もあれば、一夫多妻婚や一妻多夫婚もあり[1]、外婚や選好婚もある、婚姻後の居住様式には、父方居住もあれば母方居住もあり、双処居住や新処居住もある、といった具合だ。もちろん技巧の限りを尽くしたエキゾチスムの極致たる、ある種のシステムで行なわれている社会的父親と生物学的生みの父の区別というのもある。お客さんをあっと言わせる特上の手には、母方居住母系制システム（調和的）を記述し、それを父方居住母系制システム（非調和的）と対比してみせる、などというのもある。有能な人類学者なら、コンセプトをいろいろ組み合せて、紛れもない大道香具師の十八番を演じてみせることもできるのだ。問題は、観衆の目を奪ったのちに、芸人当人が、目眩に襲われるとは言わないまでも、方向を見失ってしまうことだ。こうした多様性の、何故と如何にを説明する妥当な理論を生み出すことができなくなってしまうのである。

根本的な誤りはおそらく、最も驚くべきかつ最も稀な形状のものに、最も頻度の高い形態に対するのと同じ比重を割り当ててしまうことであろう。類型の統計的分布は、しばしば、解決すべき問題への有効な取り組みを可能にしてくれる。いかなる方向に主要な努力を傾注すべきかを指し示し、戦略と攻撃ラインの決定を可能にしてくれるのである。

アラン・トレヴィシックは、女性一人と複数の男性の結合である一妻多夫制から出発して、特に明快なやり方でこの問題の本質を提示している。あるいくつかの住民集団の中に一妻多夫制が存在するからと言って、単婚というものを、人類がとり得る可能性の内の単なる一つであるとしていいのだろうか。トレヴィシックの方法論は、形態の統計的頻度を人類学考察の中に組み込むものである(2)。ユーモアたっぷりのある論文の中で、彼は世界の住民集団を、三つの架空のグループに振り分けた。小国ポリアンドリア[*1]では、何人かの男が一人の女を共有する。これよりはるかに広大なポリジスタンでは、一人の男が何人もの妻を持つことができる。そして、支配的な帝国モノガリットでは、単婚が行なわれる、という具合である。人間の婚姻状況がこの三つのグループの中でどのように分布するかを推算したのち、彼は次のような結論に達する。「結婚していると考えられる六億三五〇〇万人の地球上の男性人口のうちの確率は以下の通りである。一妻多夫的婚姻の者は一・一%、一夫多妻婚姻の者は三・八%、排他的同性愛者は四%、そして単婚の者は九三%」。トレヴィシックは、単婚に対する主要な例外は同性愛であると指摘しているが、この点だけについては議論の余地がある。彼の一夫多妻婚の頻度の推算は、やや低いと私は思うからである。それは兎も角、中心的論旨は正当にしてきわめて重要である。さまざまな婚姻様態の相対的比重が同じでないということは、先験的な価値判断に依拠するまでもなく了解できる。婚姻類型の統計的分布を見るなら、人類が単婚への傾向を持っているという穏当な結論に行き着くことになるのである。この断定は、一妻多夫婚を、いわんや一夫多妻婚を、いささかも異常な類型とするものではないが、全総体の中へのこの両者の取り込みを副次的なものとするようなデータ分析の戦略を示唆するものである。この方法は、一般化できるものであり、私としては、ユーラシアの家族類型の差し当たりの包括的分析にこれを適用するつもりである。とはいえ、トレヴィシックが行なったように、当該住民集団にサイズによって加重値を付与することはしない。

父方居住の優勢

ユーラシア・サンプルを構成する二一四の住民集団を家族類型ごとに分類するなら、解決すべき諸問題がどの程度のものか、さし当たり見積もることができる。この段階においては、一五区分の類型体系は、分厚くかさばり不完全ではあっても、ある程度の使い勝手の良さがないではないことが、明らかになるはずである。発展サイクル（共同体家族、直系家族、統合核家族、一時的同居を伴う核家族の）は、それぞれ双処居住、父方居住、母方居住という変種に下位区分される。これによって、類型を二つのやり方で再編成する、つまり同居の**稠密性**によるか、同居の**方向性**が双処居住か、父方居住か、母方居住かによって、再編成することが可能になるのである。純粋に核家族的な家族システム（絶対核家族、平等主義核家族）は、新たに形成された夫婦が出身家族から完全に切り離されるのであるから、本質的に新処居住である。とはいえ、単純化するために、双処居住類型に入るものと分類することができる。というのも、新しい世帯の空間的配置は、明確な父方居住もしくは母方居住のいかなる規則にも従わないからである。もちろん、どの現地共同体を居住先に選ぶかという選択の中には、（父方とか母方とかの）屈折が予想され、時には測定されることさえもあるのではあるが。追加的な一時的同居を伴う直系家族のケースは二つあるが、父方居住率の包括的算出に際しては、それぞれの基調に応じて分類される。すなわち、ブルターニュ人の場合は母方居住、フィリピンのタウスグ人の場合は双処居住として。

表 2–1　ユーラシアの家族類型の比重

一時的父方同居（もしくは近接居住）を伴う核家族	64	30%
父方居住共同体家族	61	29%
父方居住直系家族	19	9%
一時的双処同居（もしくは近接居住）を伴う核家族	17	8%
一時的母方同居（もしくは近接居住）を伴う核家族	16	7%
母方居住直系家族	6	3%
父方居住統合核家族	5	2%
母方居住共同体家族	5	2%
双処居住直系家族	5	2%
平等主義核家族	4	2%
双処居住統合核家族	3	1.50%
絶対核家族	3	1.50%
双処居住共同体家族	2	1%
母方居住統合核家族	2	1%
追加的な一時的同居を伴う直系家族	2	1%
合　　計	214	100%

表2―1は、これらの型のシステムのいずれかを実践する住民集団の絶対数と比率を示すものだが、これによると直ちに、人類学的形態の不均等性が浮き彫りになる。絶対数が一〇件以上になり、全ケースの五％のハードルを超えるのは、わずか五つの類型にすぎない。すなわち、一時的父方同居（もしくは近接居住）を伴う核家族が六四件（全ケースの三〇％）、父方居住共同体家族が六一件（二九％）、父方居住直系家族が一九件（九％）、一時的双処同居（もしくは近接居住）を伴う核家族が一七件（八％）、一時的母方同居（もしくは近接居住）を伴う核家族は一六件（七％）である。他の類型は、サンプルの中に姿を現わすのが、六回から二回にすぎない。

これら一五の家族カテゴリーをまとめて単純化するには、二つのやり方がある。一つは、家庭集団の**稠密性**しか考慮に入れないやり方、もう一つは、父方居住、母方居住、もしくは双処居住という稠密化の方向性を特権化するやり方である。

稠密性という判断基準は、一時的同居を伴う核家

表 2–2

家族類型	双処居住	父方居住	母方居住	合　計
一時的同居を伴う核家族	**18%**	66%	16%	100%
統合核家族*	*30%*	*50%*	*20%*	*100%*
直系家族	17%	63%	**20%**	100%
共同体家族	3%	**90%**	7%	100%

＊極めて少数であるから有意性なし

族の優勢を明らかにする。これは全体の四五%を占めており、これに次ぐのが、三二%を占める共同体家族、さらに一四%の直系家族である。純粋核家族の二つの類型は、両方併せて三%〔三・五%〕であり、全ケースの五%〔四・五%〕にしか達しない統合核家族より、さらに少ない。

方向性という判断規準を採ると、ユーラシアでは父方居住が圧倒的に優勢であることが明らかになる。全ケースの七〇%を占め、それに対して、双処居住〔二つの純粋核家族を含む〕は一六%、母方居住は一四%にすぎない。

残留性の親近性

稠密性と方向性という二つの次元を組み合わせたのが、**表2―2**である。そこでは、一時的同居を伴う核家族、直系家族、共同体家族のさまざまな類型が、どのように双処居住、父方居住、母方居住に分かれるかを見ることができる。そこでまず最初に目につくのは、またしても父方居住の優勢、あらゆる類型における、明瞭もしくは圧倒的な優勢である。これが五〇%に低下するのは、統合核家族においてにすぎないが、五〇%というこの率は、この家族類型の件数がきわめて少ない（一〇件）ことを考慮すれば、ほとんどとるに足りないということになる。

どの稠密性（一時的同居を伴う核家族、直系家族、もしくは共同体家族）において、双処居住、父方居住、母方居住が最大比率を見せているかを見るのは、興味深い。

――父方居住は、共同体的家族類型において、最大値九〇％を記録する。

――母方居住は、直系家族方式下で、その最大値二〇％に達する。

――双処居住は、一時的同居を伴う核家族のケースにおいて、その最大頻度一八％に達する。

このような確認は、もちろん直接に一つの結論につながるわけではない。とはいえそれは、父方居住と共同体家族の間に強いつながりがあることを喚起している。また、一つには一時的同居と双処居住の間に、もう一つは直系家族的形態と母方居住の間に、親近性のあることを喚起してもいる。この親近性は、統計的な意味で残留性のものと形容することにしよう。とはいえ、この二つのケースにおいて、統計的に支配的なのは、それぞれ三分の二を占める父方居住であることを、忘れてはならない。

双処居住システムと核家族システムは周縁部に

サンプルの中で「双処居住」として分類された三五〔表では三四〕の住民集団のうちでは、核家族が圧倒的に支配的である。一時的同居を伴う核家族のケースが一七件、平等主義核家族が四件、絶対核家族が三件、統合核家族が三件で、これに対して、直系家族はわずか四件〔表では五件〕、共同体家族はわずか二件、追加的な一時的同居を伴う直系家族はわずか一件〔二件？〕である。なんらかの形態での核家族が、双処居住全体の七四％を占めている。この数値は、最小推算値と見なされるべきである。

というのも、核家族以外のいくつかのケースでは、高い稠密性と双処居住の組み合せには、疑問の余地があるからである。フィリピンのイフガオ人が直系型だというのは、不確実である。マードックの民族誌地図は、彼らが長子相続規則を有するとしているが、同時にまた独立的核家族であるとしてもいる。逆にバスク人とイバン人の直系型家族類型は、男子もしくは女子の単一継承者規則と、複数の連続的大人世代の大量の同居によって、証明されている。[3] それに対して、スロヴェニアのケースは、双処居住がすべてのモノグラフの中に姿を現わしているわけではないため、不確かである。[4] 双処居住の共同体家族については、ニエーヴル県とドルドーニュ県の間の「対角線」フランスのケースは、数多くのモノグラフによって完璧な資料が提供されているが、アフガニスタンのアイマク人のケースは、のちほど強調するつもりであるが、不確かである。[5]

このように詳細に議論を詰めて行けば、核家族と双処居住の間の結合がいかに強いかが分かる。最も基本的なのは、核家族性が優勢な双処居住類型の地理的分布である。周縁部的分布がこれほど明瞭であったことは、きわめて稀であろう。**地図2―2**は、あらゆる種類のすべての双処居住類型を記載したものだが、そこには双処居住と核家族の三つの大きな地域が姿を現わす。一つはヨーロッパ、もう一つは、アジアの最も遠隔の地で、南はフィリピン群島、ボルネオ、台湾、北はベーリング海峡に近いシベリア北部を含む。スリランカの統合核家族も、その島嶼的位置からして周縁部的と定義されるし、アンダマン諸島の一時的同居を伴う核家族も、全く同様である。〔三つ目の地域である〕イスラム圏の双処居住の少数派的類型は、核家族でないこともあり得るので、これもまた周縁部的な地帯に位置しているが、周縁部と言ってもタイプが異なる。つまり、アフガニスタンのアイマク人の場合は、山岳地に、イランのバルーチュ人の場合は、山と山に囲まれた袋地に位置しているのである。この両者とも、地図上に記載されている。[6]

非核家族〔つまり共同体家族・統合核家族と直系家族〕の双処居住のケースは、きわめて数少ないが、空間的分布については有意的な差異を示さない。それは、類型ごとの分布を詳細に示す二つの地図（**地図2―4**ならびに**2―5**）が示すところである。

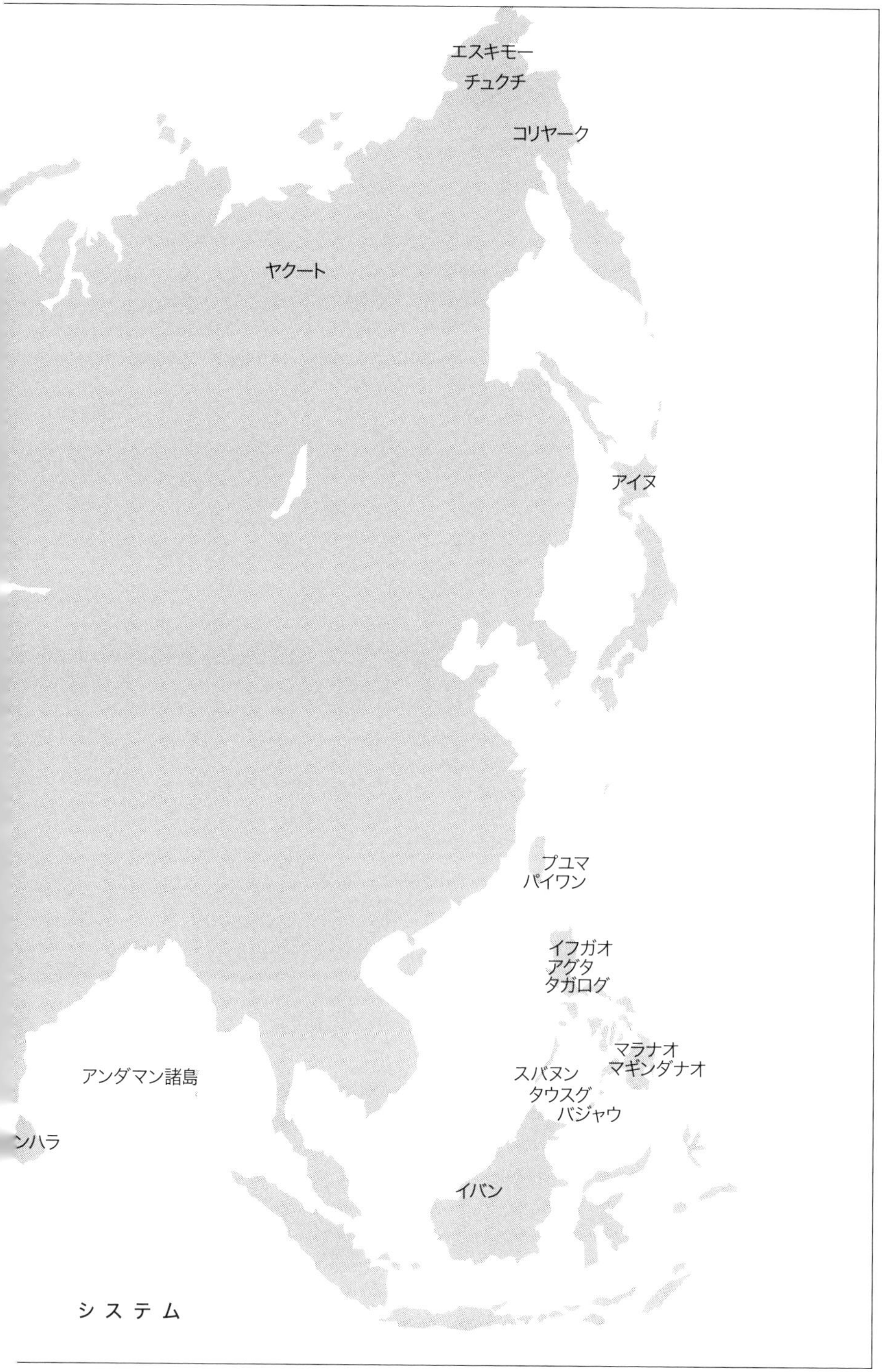
エスキモー
チュクチ
コリヤーク
ヤクート
アイヌ
プユマ
パイワン
イフガオ
アグタ
タガログ
マラナオ
マギンダナオ
スバヌン
タウスグ
バジャウ
アンダマン諸島
ンハラ
イバン
シ ス テ ム

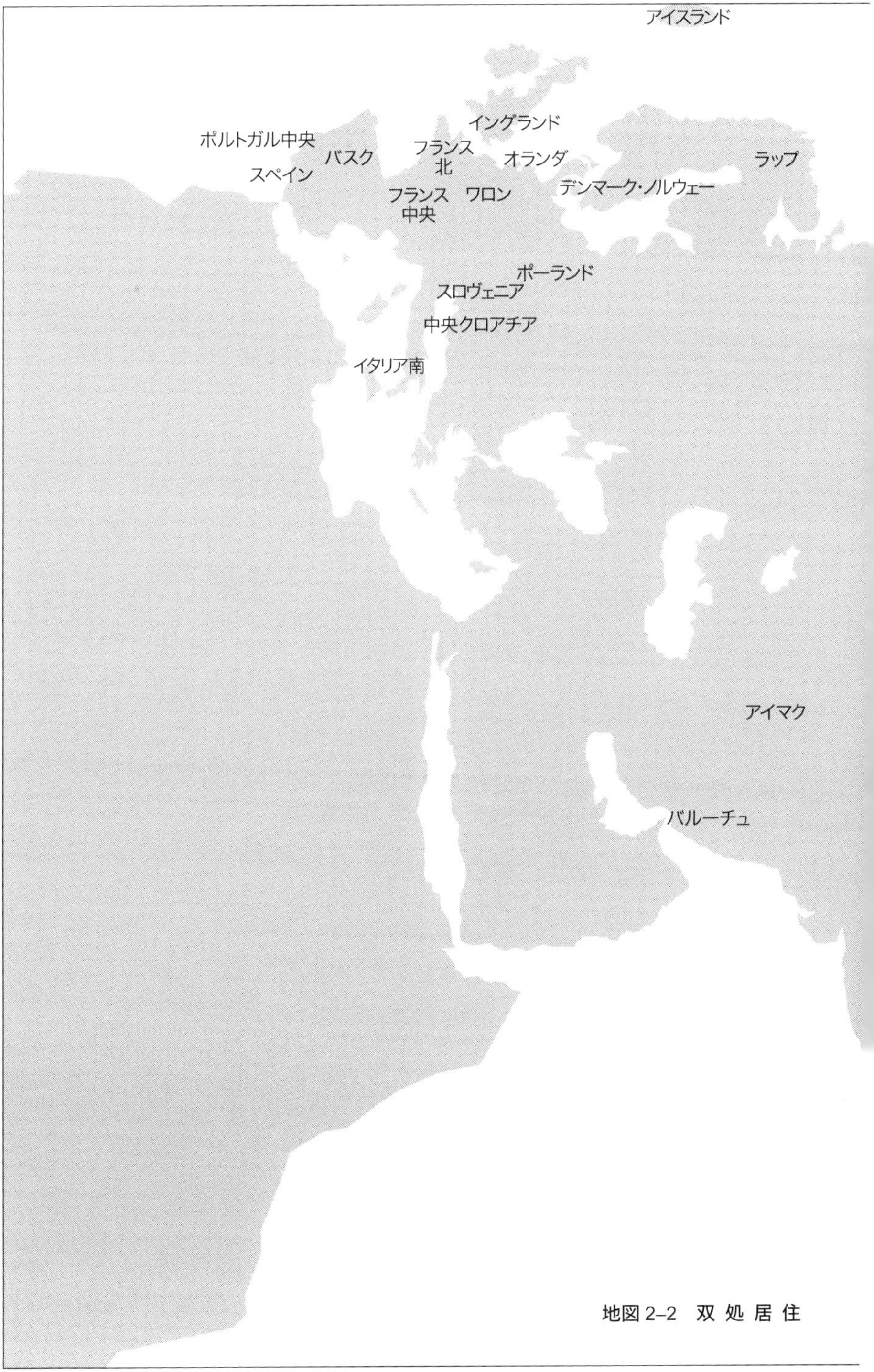
アイスランド
イングランド
ポルトガル中央
バスク
フランス
北
オランダ
ラップ
スペイン
フランス
中央
ワロン
デンマーク・ノルウェー
ポーランド
スロヴェニア
中央クロアチア
イタリア南
アイマク
バルーチュ

地図 2–2　双 処 居 住

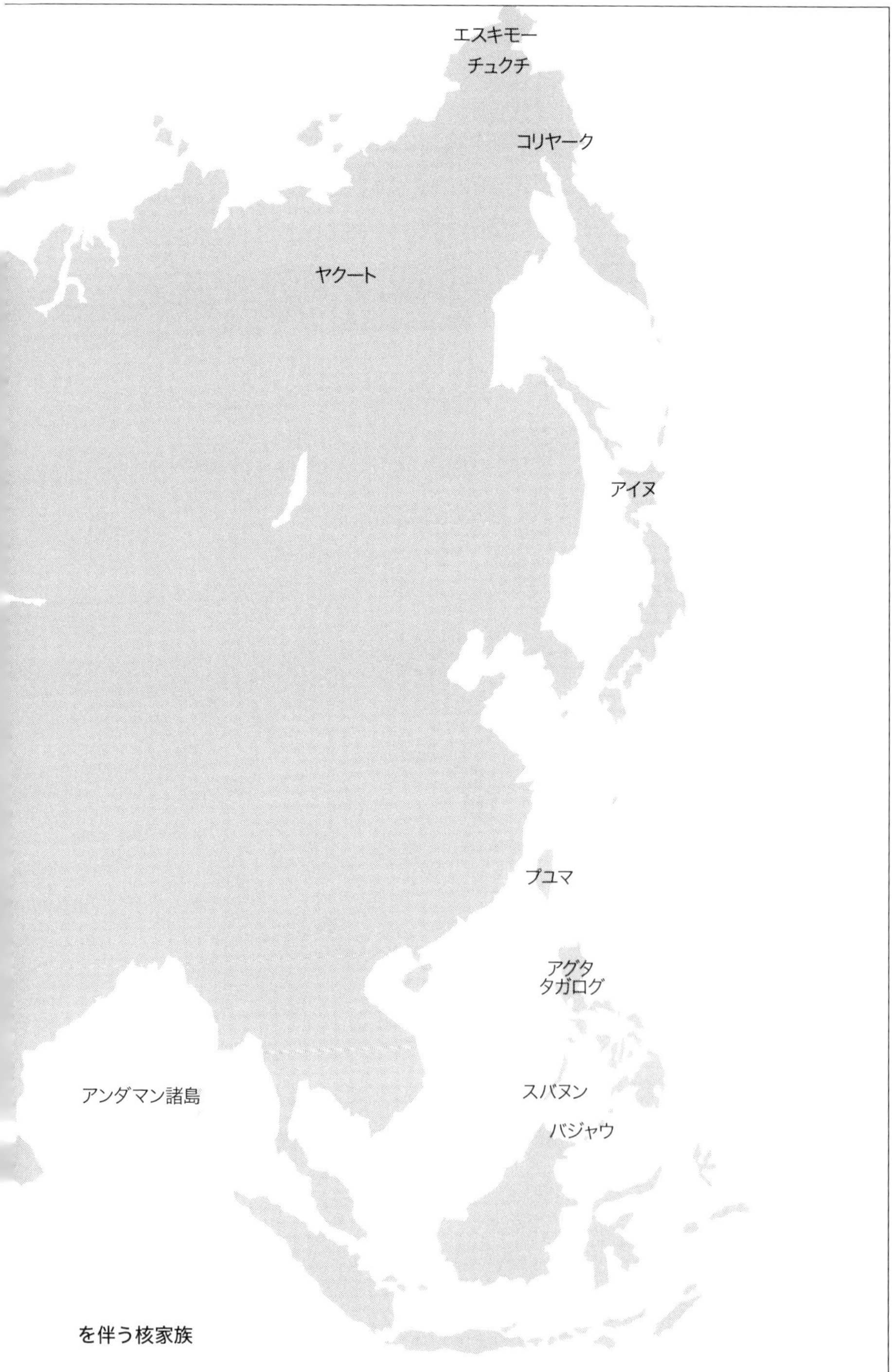
エスキモー
チュクチ
コリヤーク
ヤクート
アイヌ
プユマ
アグタ
タガログ
アンダマン諸島
スバヌン
バジャウ
を伴う核家族

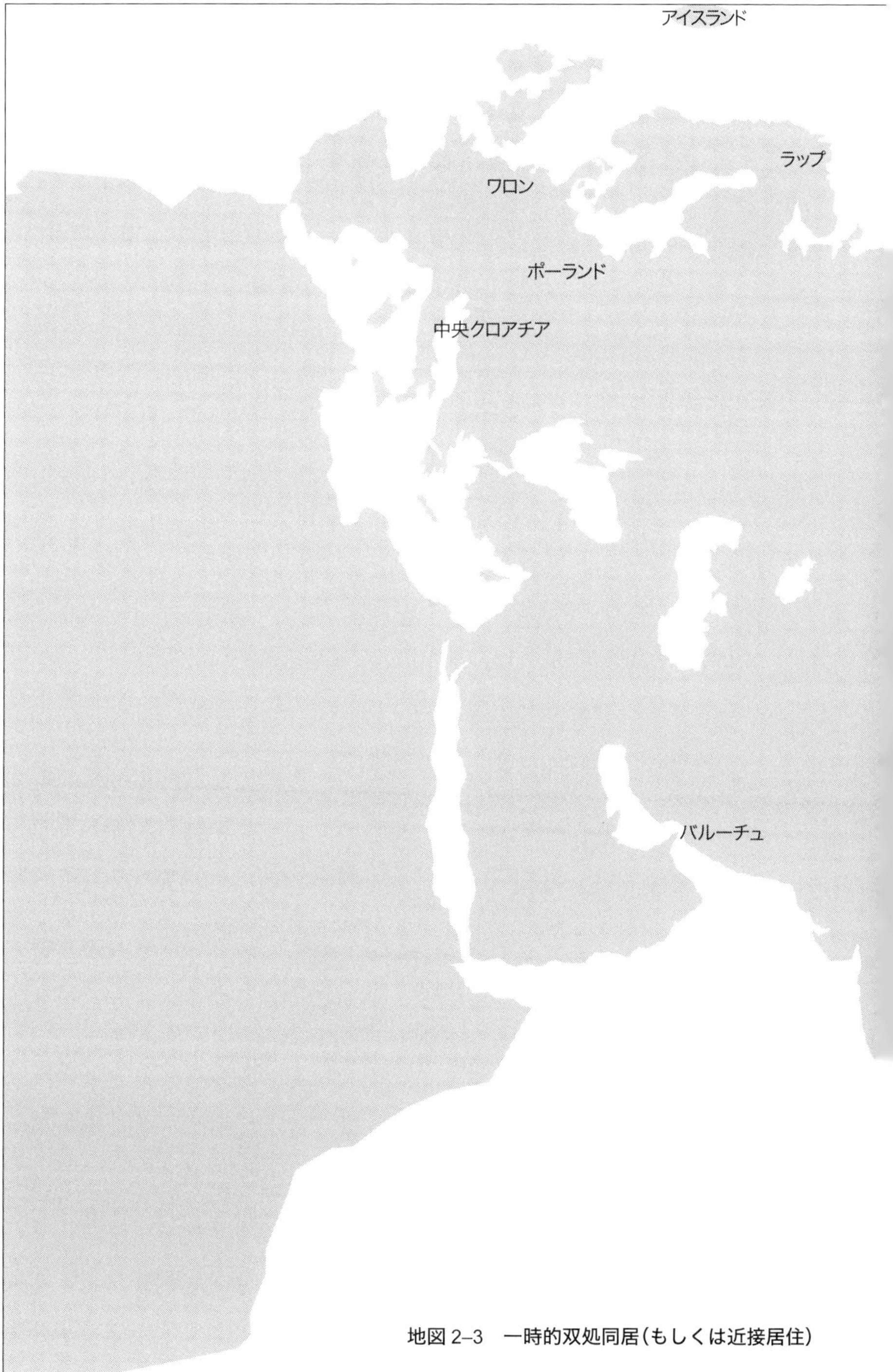

地図 2–3　一時的双処同居(もしくは近接居住)

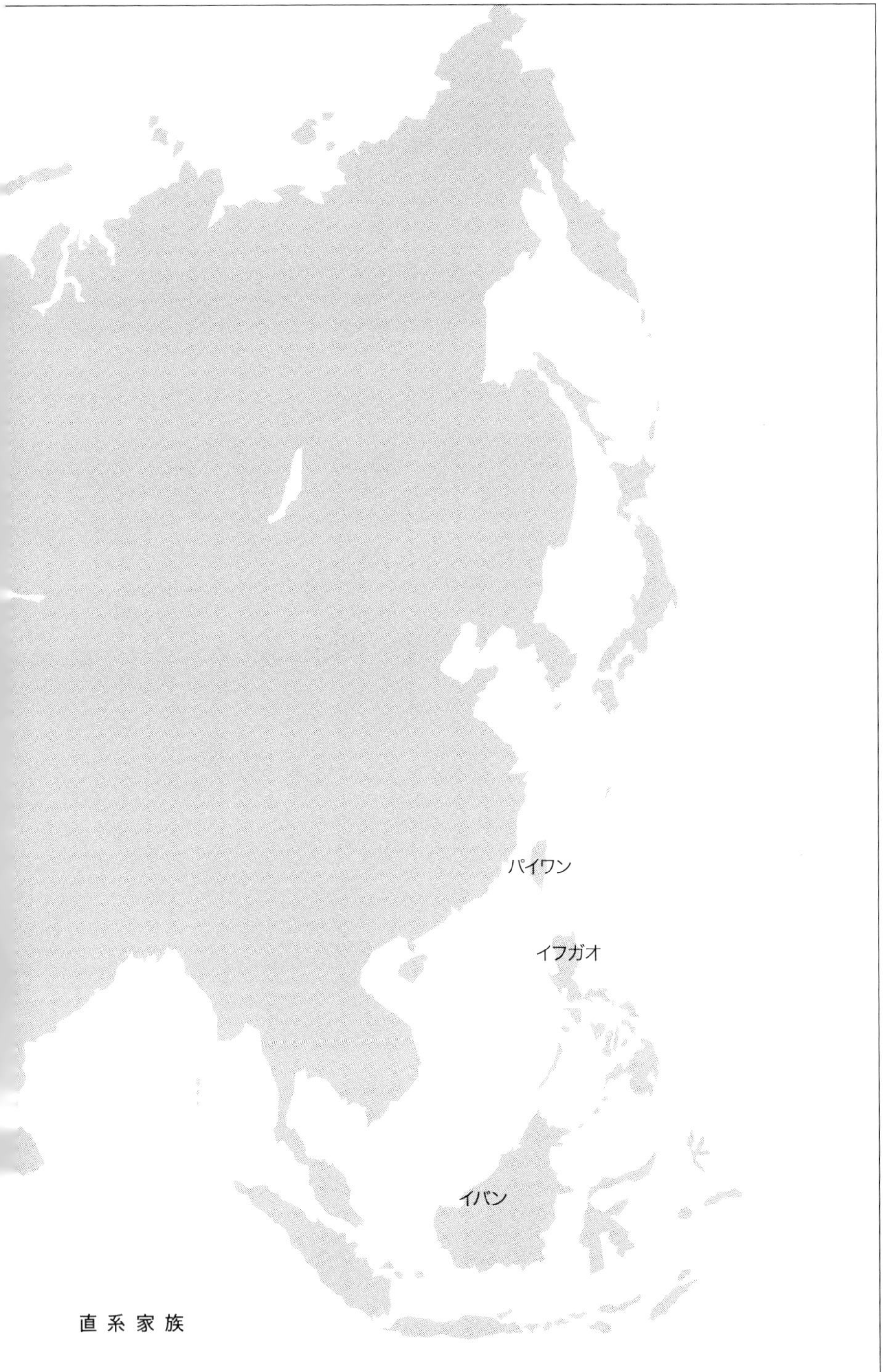

直系家族

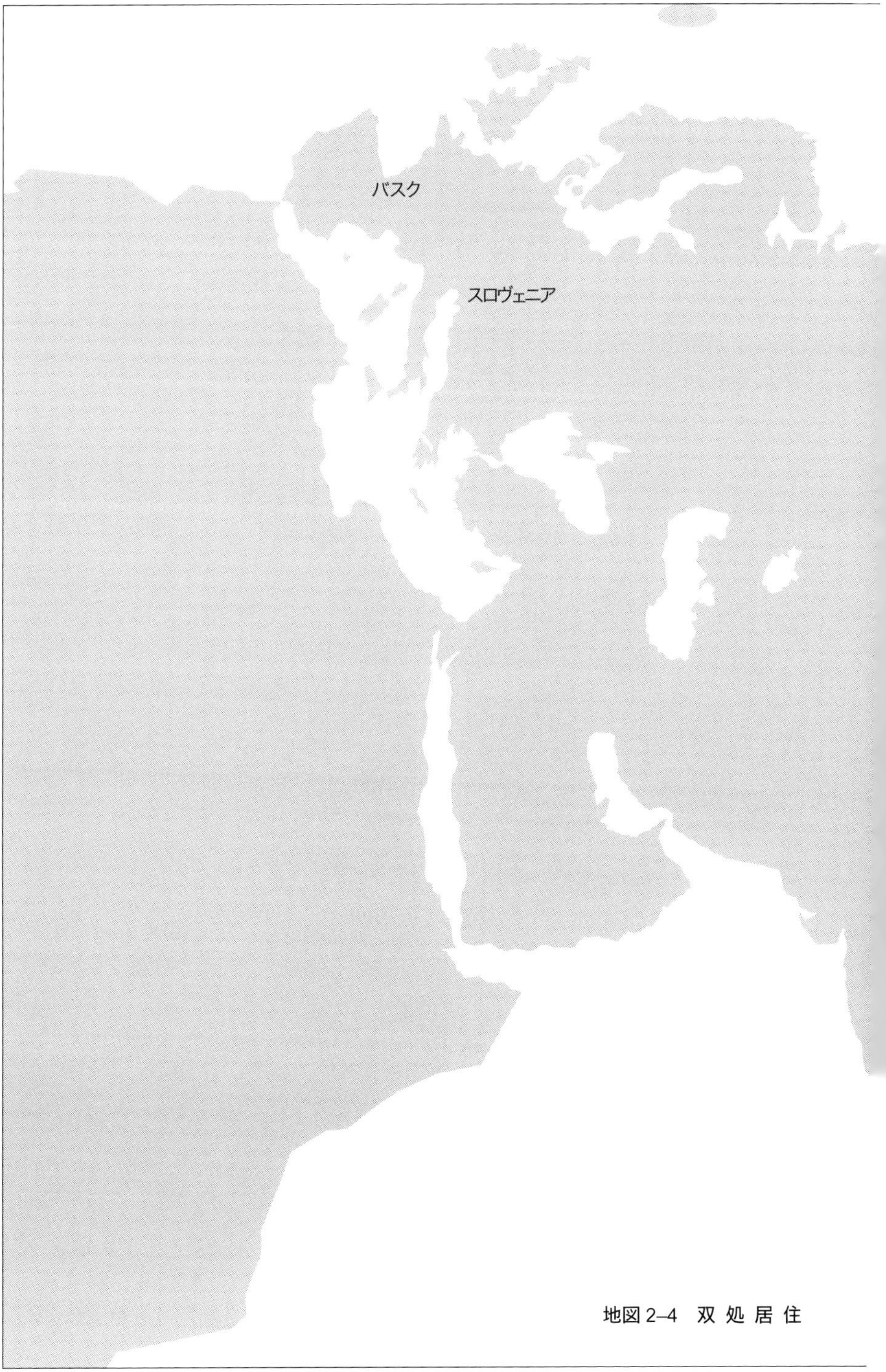

地図 2–4　双 処 居 住

マラナオ◊
マギンダナオ◊
ンハラ◊
(ならびに統合核家族〔◊〕)

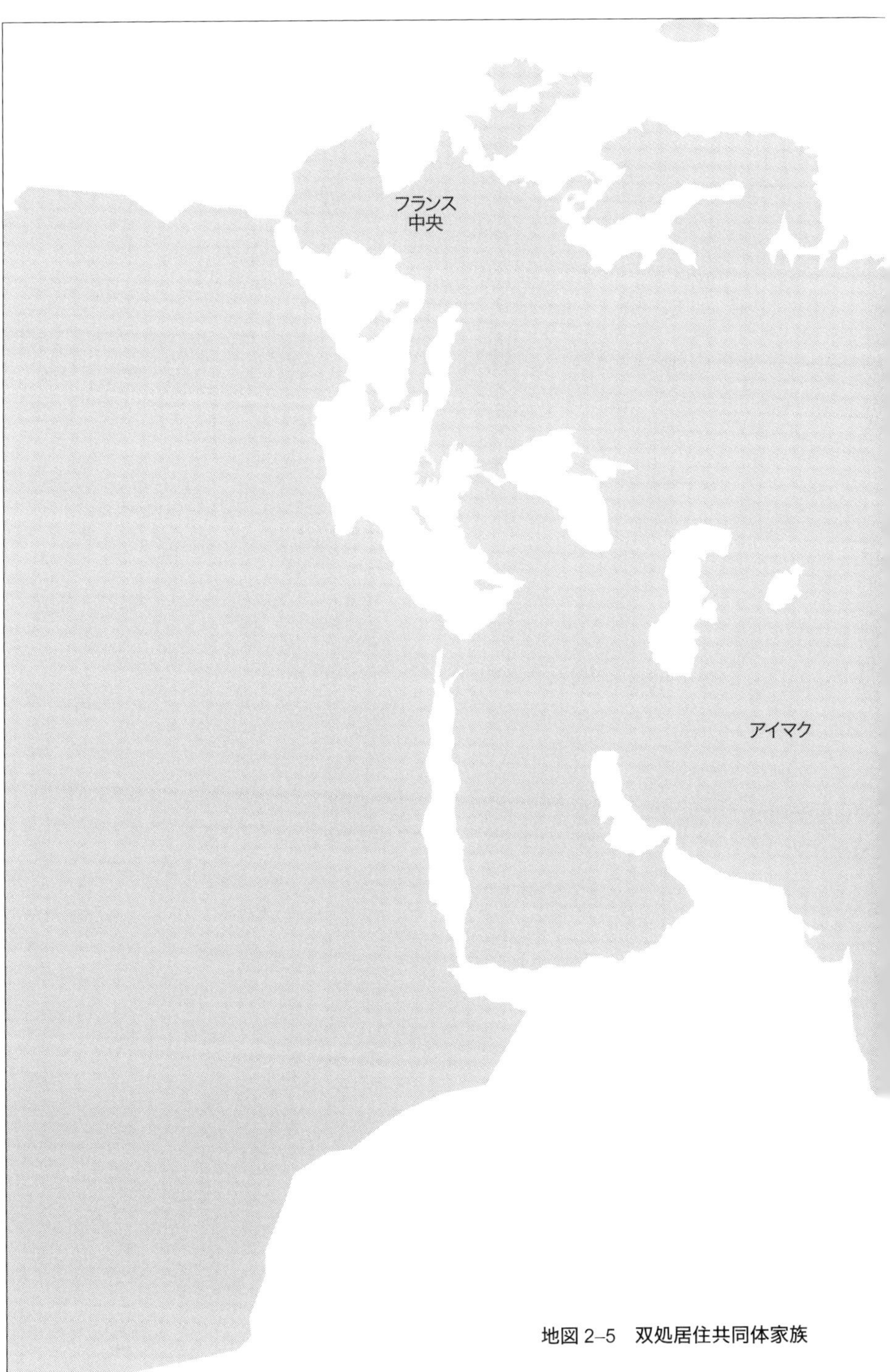

地図 2–5　双処居住共同体家族

件数と、結果の明瞭さとに鑑みるなら、双処居住にして核家族という家族構造は、周縁部的であり、それゆえに古代的《アルカイック》・保守的であるのは、確実なこととして提示することができる。**地図2—3**は、ユーラシアの人類史について何やら根本的なことを伝えているのだ。周縁部の核的かつ双処居住の家族モデルは、おそらくもともとは、大西洋と太平洋の間に位置したすべての住民集団の特徴であったシステムの残滓に他ならない、ということである。ブルターニュとフィリピンの間、ポルトガルとベーリング海峡の間、ラップランドとアンダマン諸島の間に居を構えた住民集団の身体的外見がひじょうに多様であるということは、この類型が、ユーラシアの人類が互いに異なるいくつもの表現型〔身体的外貌〕に分化する多様化をもたらすことになった集団の拡散よりも、時代的に古いものであることを、示唆しているのである。本書第Ⅱ巻で行なわれる、アフリカ、アメリカ、オセアニアについての家族に関するデータの分析は、身体的外見の差異の出現よりも時間的に先立つ起源的な家族原型についてのこの印象を、確証してくれることだろう。

父方居住の中央部性と複合性

地図2—6は、父方居住のさまざまな類型の数的支配と中央部性を浮き彫りにする。これらの類型は、ユーラシア全体の七〇%を占めている。それらの主要部分は、中央ヨーロッパから東アジアおよび南インドまで続く一続きの塊をなしている。西ならびに中央ヨーロッパ——ドイツ圏、スウェーデン、西ノルウェー、スコットランド、アイルランド、ウェールズ——の父方居住は、ばらばらに孤立して存在する。(7) ユーラシアというこの巨大な塊の反対側の端には、スマトラのバタク人、バリ島人、イゴロット人という、父方居住だが島嶼的な例外があるのに気付くかも知れない。これらの周縁部的父方居住のケースは、のちに研究され、説明されることになろう。

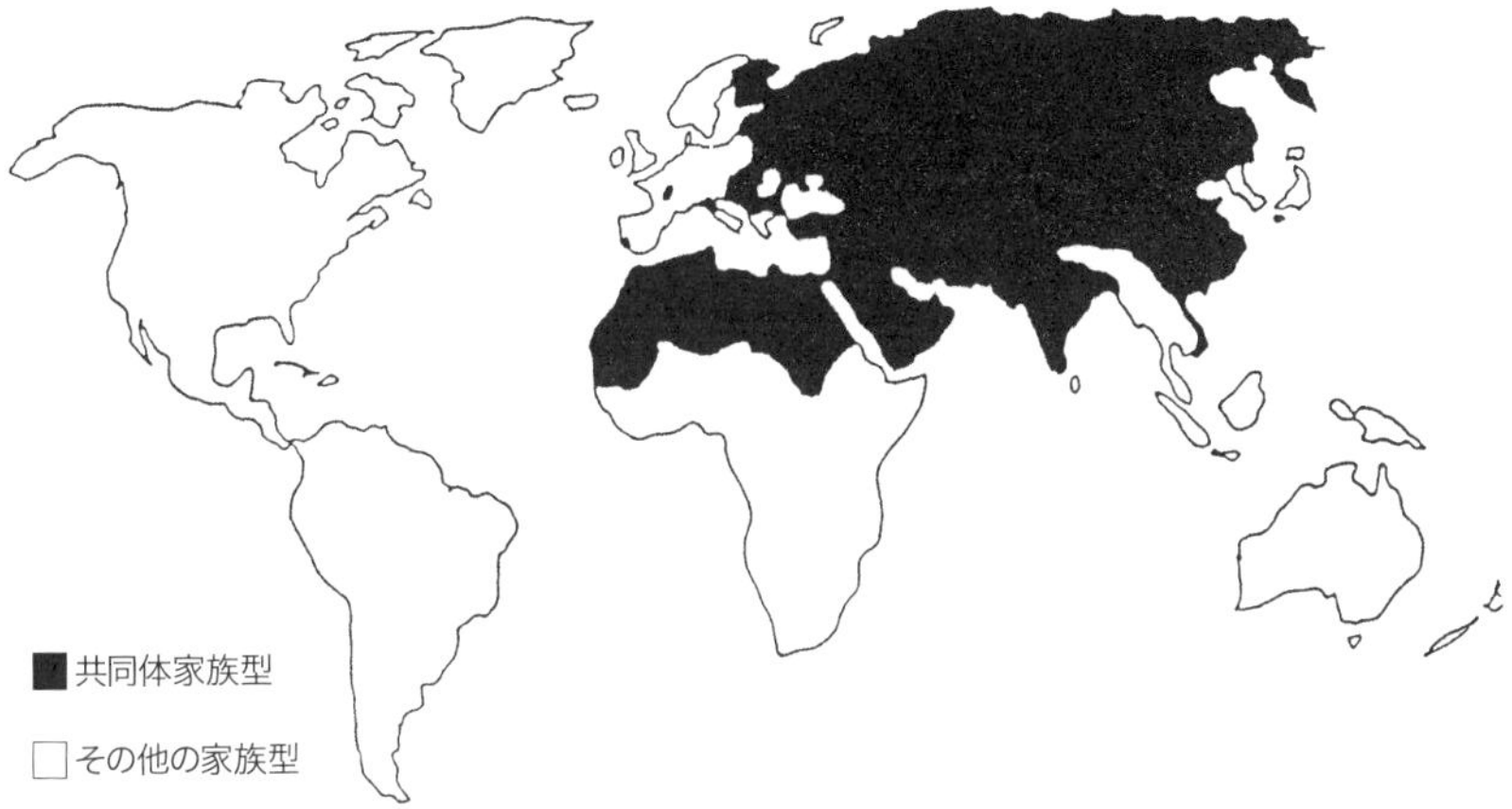

補足図　『第三惑星』中の地図（単純化したもの）

ローラン・サガールと私が、一九九二年の論文(8)の中で明らかにしてみせたのは、ユーラシアの最大部分に広がる巨大な父方居住空間である*2〔補足図〕。それは北アフリカも覆い尽くしているが、旧世界の西、北東、南東の端には到達していない。中央部地帯の外見的な同質性は、ユーラシアの中心部のどこかで父方居住共同体家族という革新が起こり、単一の中心から四方へ広がって行ったが、周縁部にいくつもの双処居住と母方居住の地帯がいまだに存続している、という単純な仮説を導き出すように見えた。父方居住原則の誕生と拡大には、ステップと砂漠の遊牧民集団が決定的な役割を果たしたとする仮説が、喚起されたのである。

あまりにも単純な家族類型体系に捕われていた当時の私は、モンゴル、カザフ、キルギス、トルクメン、ベドウィン・アラブ、もしくはイラン人集団の父系のクラン的組織編成は、家庭集団の共同体的構造に対応するものではない、ということを見抜くことができなかった。というのも、これらの集団の明示的な父系イデオロギーは、一時的父方同居を伴う核家族構造の上に、重なっているのである。

そこで私は、本書において、家族システムのより精緻な類型体系の基盤に立って、解釈をやり直すものである。この類型体系を適用するなら、一九九二年にわれわれが提唱した解釈の不備はたちどこ

ヌガナサン
ネット
スティアック
ル
ギリヤーク
ゴリド
満州
トゥーヴァ
ブリヤート
ウイグル
モンゴル
中国北
日本
朝鮮
中国山東
回族
ラダキ
中国上海
ク教徒
ニンバ
中央チベット
グルン
ハーリア
アタイヤル
ブヌン
ルカイ
アホム
中国福建
レプチャ
ナガ 1，2
ナシ
イ
中国客家
ガロ
カシ
ディマサ
ディー
ミヤオ
ヤオ
ベンガル
ミンジア
シャン
イスラム教
ベンガル
カチン
ヴェトナム
北
リー
イゴロット
チン
マルマ
オリヤー
ラワ
テルグ
ミル
ヴェトナム
南
セマン
バタク
バリ島
システム

アイルランド
西スコットランド
ウェールズ
西ノルウェー
アラブ 15
フランス
南
スウェーデン
フィンランド・カレリア
ベルベル A
カタルーニャ
ドイツ
エストニア
ベルベル B
チェック
ラトヴィア
イタリア
北西
アラブ 14
カビール
イタリア
中央
スロヴァキア
ハンガリー
ロシア
トゥアレグ
ボスニア
アラブ 13
イタリア南
セルビア
モンテネグロ
マリ
アルバニア
ルーマニア
マケドニア
モルドヴィン
ウクライナ
サラカッツァニ
タタール
バシキール
ブルガリア
ギリシャ：西沿海
大陸部
トルコ
北東
カルムーク
トルコ
南西
オセチア
ジョージア
カザフ
ユルック
キプロス
アルメニア
カラカルパク
アラブ 9A
キリスト教徒
クルド
アゼルバイジャン
アラブ 9B
ドルーズ
教徒
アラブ 8
シャーセヴァン
アラブ 7
アラブ 12
アラブ 4
トルクメン
ルール
ギラッ
アラブ 5
ウズベク
ペルシャ
ハザーラ
アラブ 11
アラブ 6
パシュトゥーン A
アラブ 3
カシュカイ
パシュトゥーン B
ヌーリスター
イスラム教カシミ
バッセリ
ヒンズー教カシミール
バルーチュ
イスラム
パンジャ
ブラフイ
アラブ 10
アラブ 2
シンド
アラブ 1
南グジャラート
ビー
アムハラ
マラーテ
カンナ
キリスト教ナンブーデ

地図 2–6　父 方 居 住

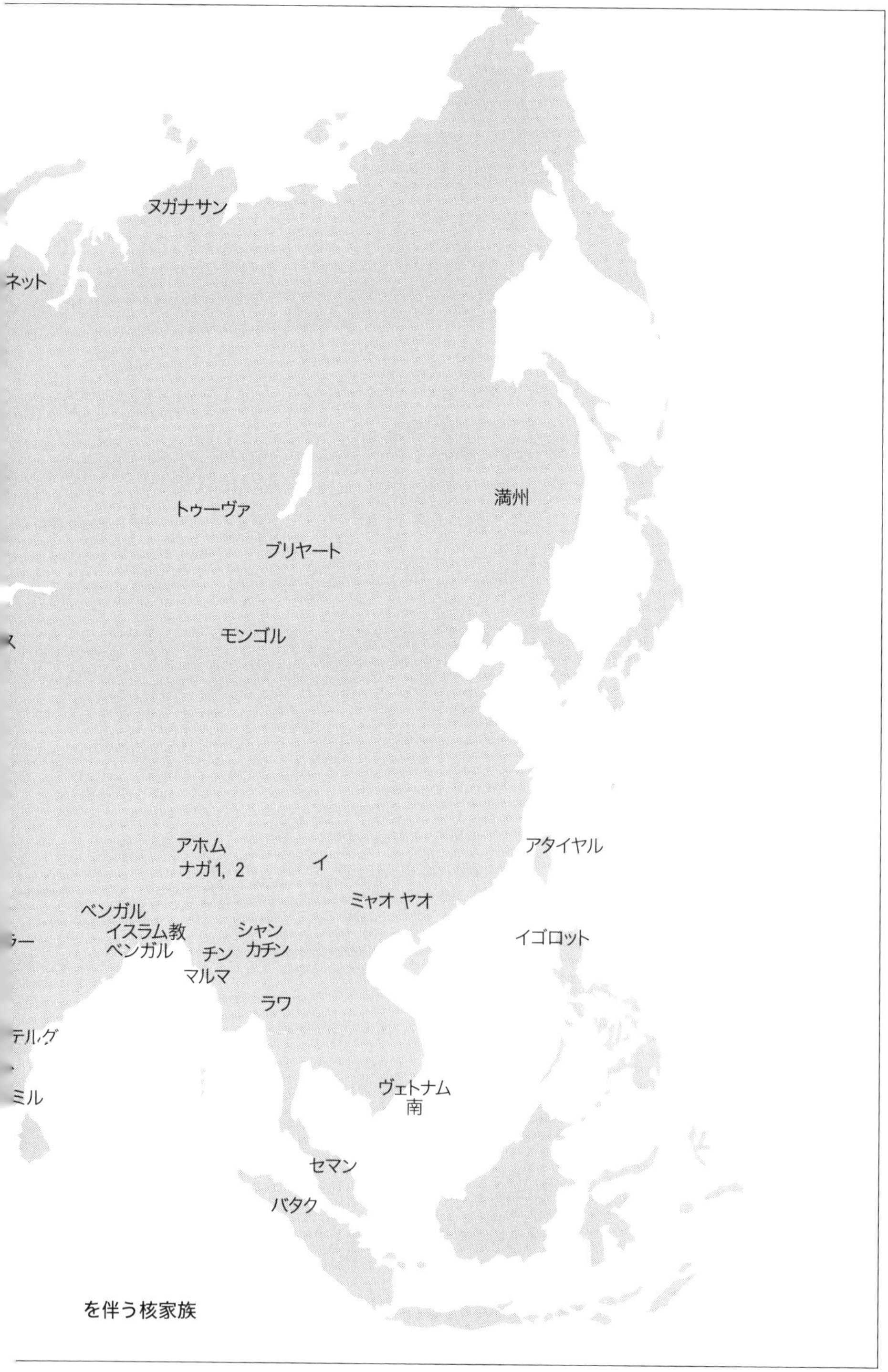
ヌガナサン
ネット
満州
トゥーヴァ
ブリヤート
モンゴル
ス
アホム
ナガ1，2
イ
アタイヤル
ミャオ ヤオ
ベンガル
イスラム教
ベンガル
シャン
カチン
チン
ラー
イゴロット
マルマ
ラワ
テルグ
ミル
ヴェトナム
南
セマン
バタク
を伴う核家族

ウェールズ
ベルベル A
イタリア
北
トゥアレグ
モンテネグロ
アルバニア
ルーマニア
ウクライナ
サラカッチャニ
ギリシャ：西沿海
大陸部
カルムーク
トルコ
南西
チェチェン
カザフ
キプロス
キリスト教徒
カラカルパク
アラブ 9A
アラブ 9B
ドルーズ
教徒
クルド
トルクメン
アラブ 4
アラブ 5
ルール
アラブ 11
アラブ 3
カシュカイ
パシュトゥーンB
ヌーリスタ
バッセリ
アラブ 10
南グジャラート
アムハラ
キリスト教ナンブーテ

地図 2–7　一時的父方同居（もしくは近接居住）

直系家族

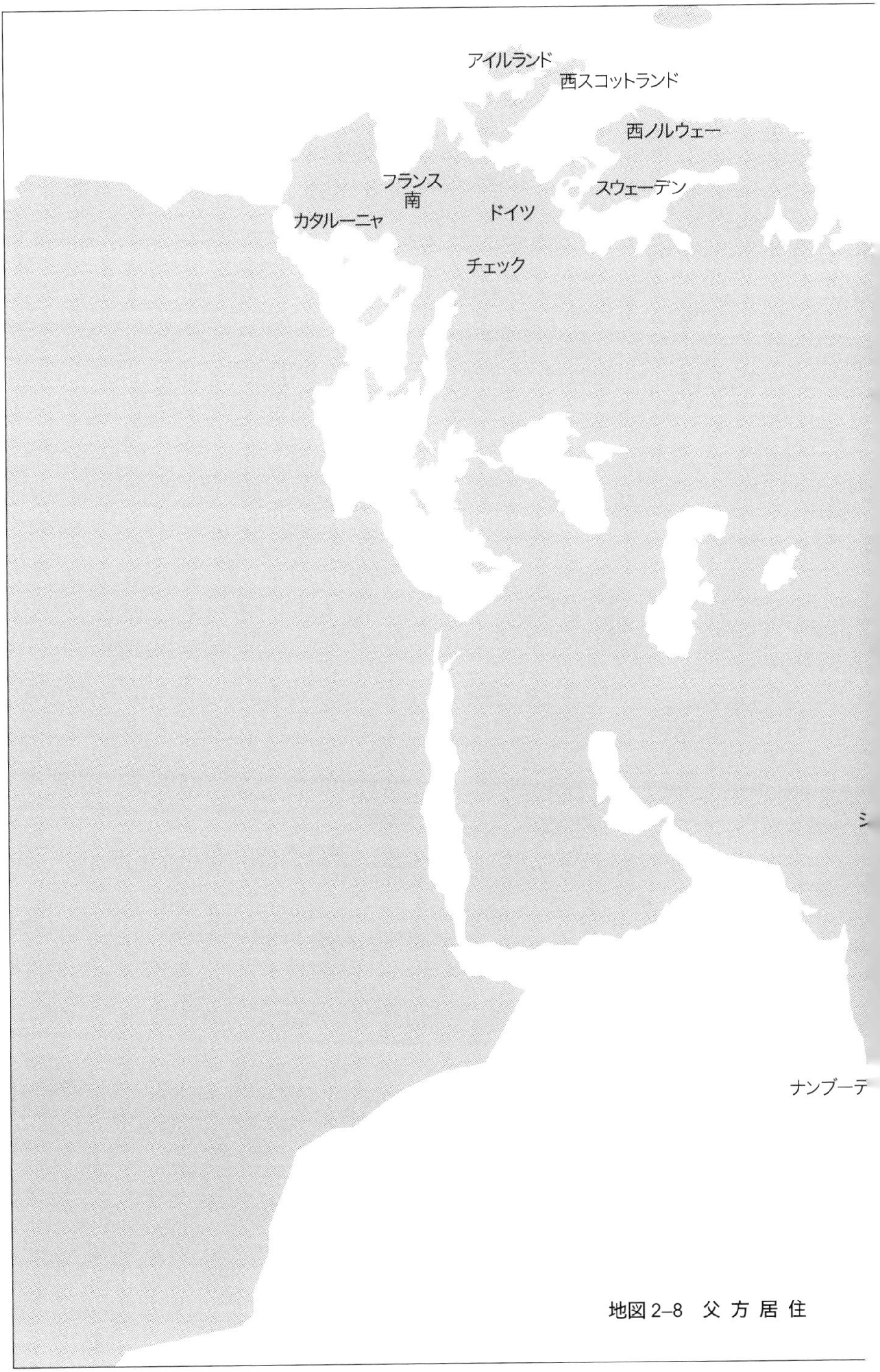

地図 2–8　父 方 居 住

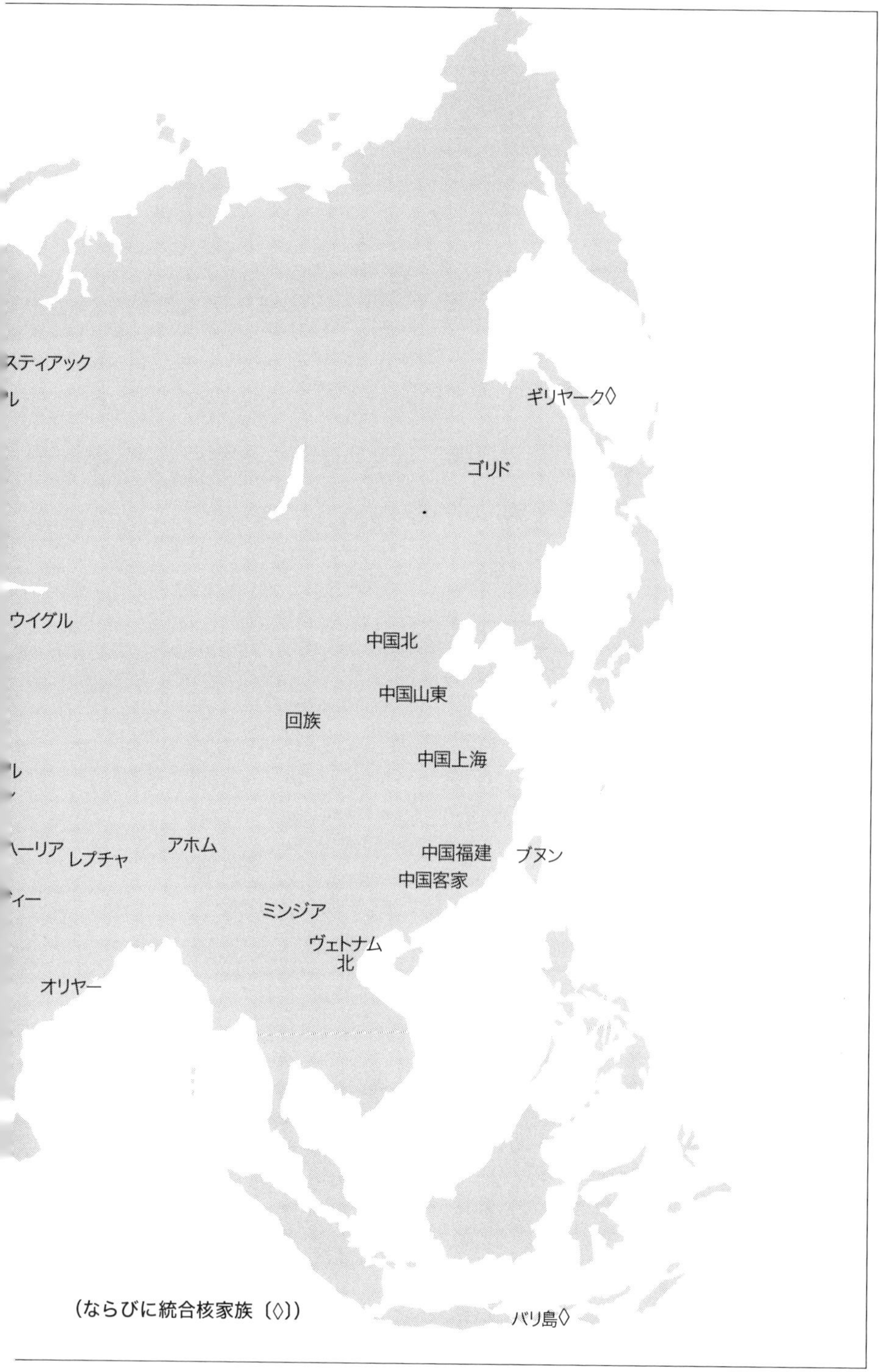
スティアック
ギリヤーク◊
ゴリド
ウイグル
中国北
中国山東
回族
中国上海
ーリア
レプチャ
アホム
中国福建
ブヌン
中国客家
ィー
ミンジア
ヴェトナム
北
オリヤー
(ならびに統合核家族〔◊〕)
バリ島◊

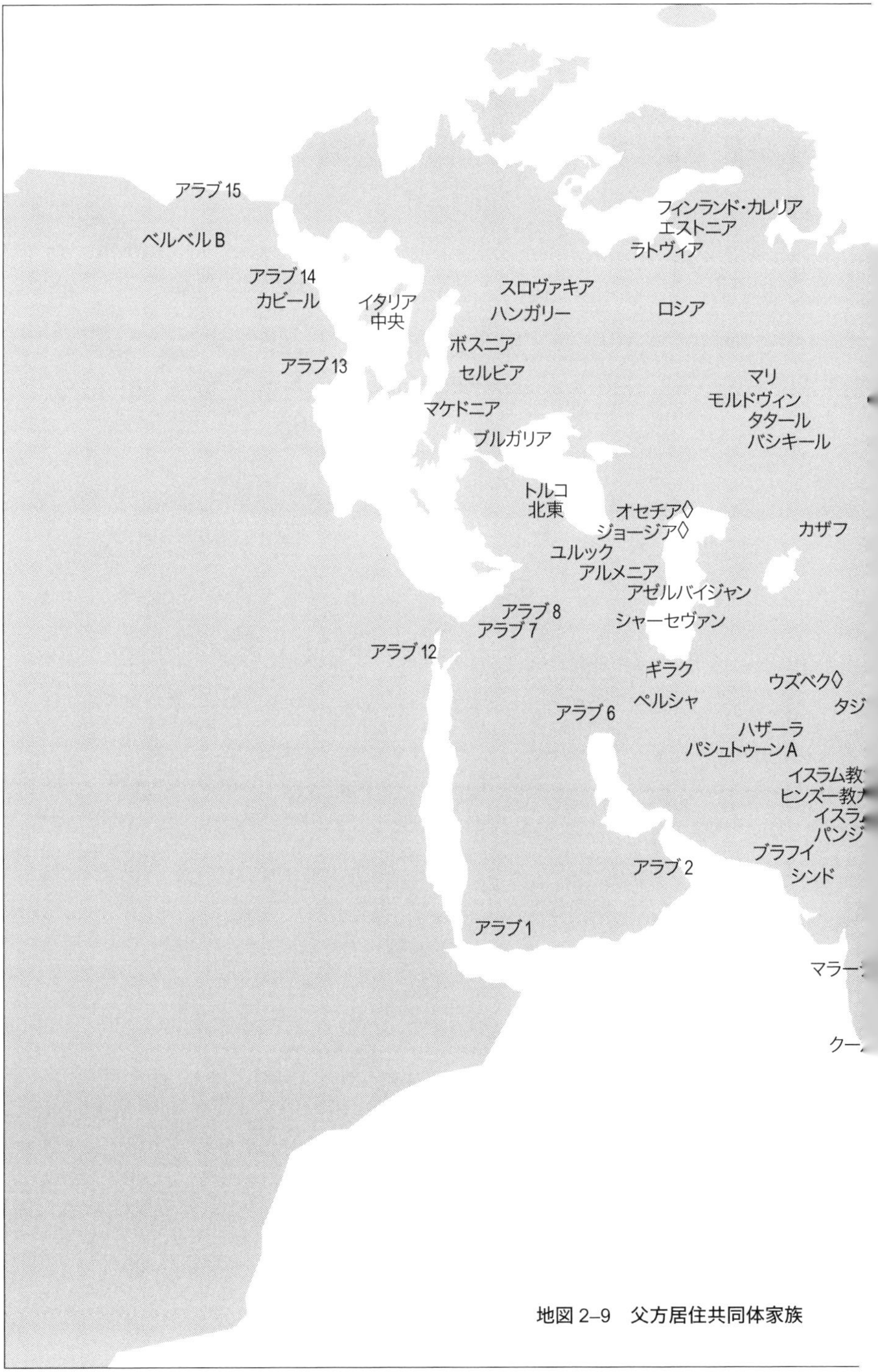

地図 2–9　父方居住共同体家族

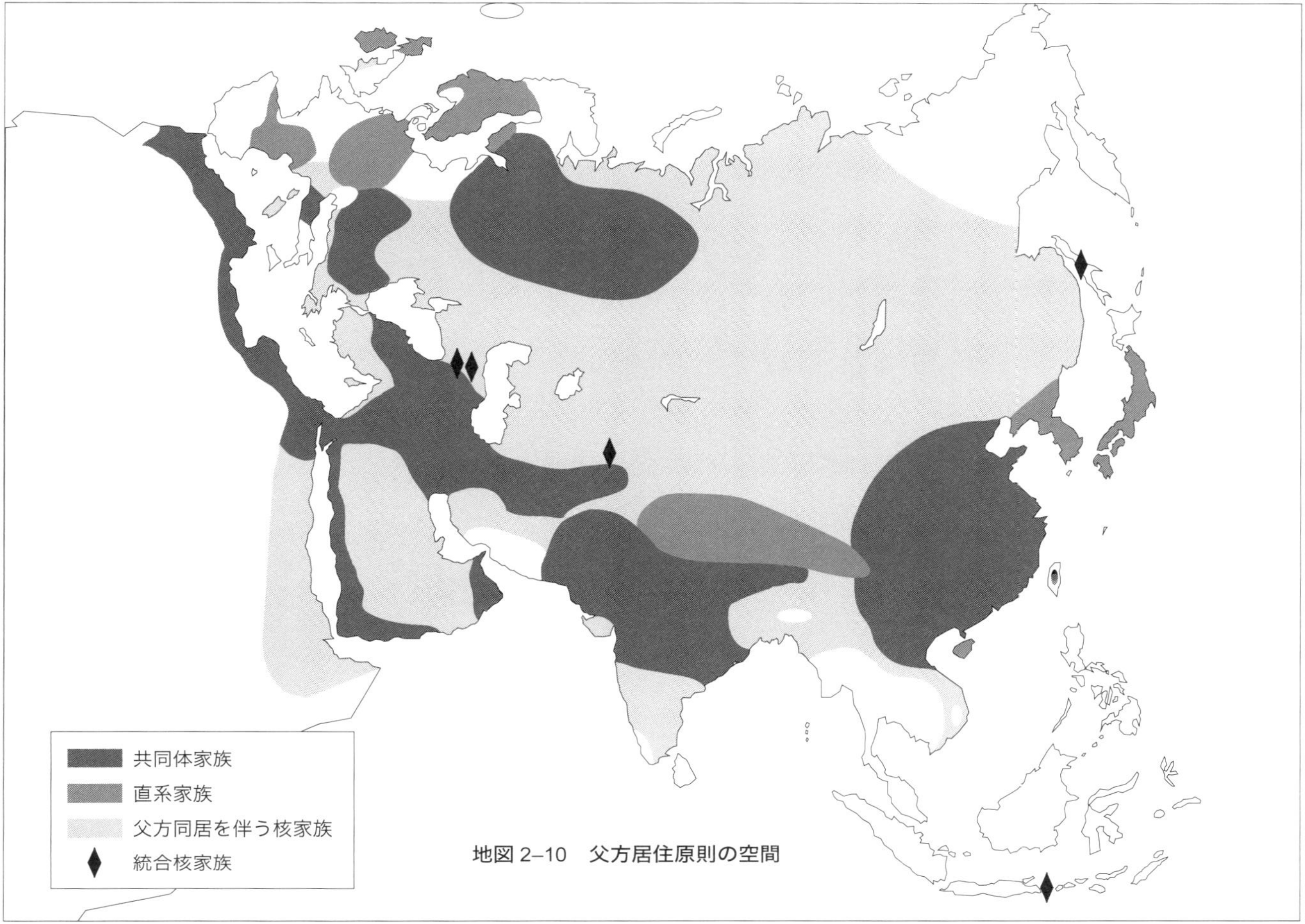

地図 2–10　父方居住原則の空間

ろに浮き彫りになる。共同体家族、直系家族、統合核家族、一時的同居もしくは近接居住を伴う核家族という類型ごとの父方居住原則の分布に鑑みると、さきほど私が双処居住と核家族性について行なったように、父方居住原則と家族の稠密度を単純に相関させることはできなくなる。父方居住類型のうち、共同体家族なのは四一％にすぎず、一時的同居を伴う核家族が四三％、直系家族が一三％、統合核家族が三％である。したがって共同体家族と父方居住原則を、単なる二つの等価な概念と考えることは、全く不可能なのである。

総合**地図2―10**は、父方居住の空間を、共同体家族、直系家族、一時的同居を伴う核家族という類型ごとに分類して示したものであるが、父方居住原則の外見上の単純さの下に、明らかにより複雑な分布が隠れているのを、暴き出す。もし共同体家族が、父方居住空間の中心部において単一の一続きの地帯を占めていたのであれば、そのような地理的配置からして、共同体家族を異論の余地なき明瞭な革新であるとすることができたであろう。そのような地理的布置においては、父方居住直系家族と父方同居を伴う核家族は、共同体家族にして父方居住のこの稠密な中央部地帯の周りに散見する、双処居住核家族から父方居住共同体家族への変貌の二つの中間段階を示すもの、つまりは未だ完遂されていない伝播の二つの様態を示すものであっただろう。しかし現実に父方居住空間の中に観察できるのは、充満した全面的共同体家族地帯が、互いにつながることなく、サイズの不均等な六つのブロックに分かれているさまである。それらは以下の通り。

1　モロッコからアフガニスタンまでの、アラブ・イラン定住民圏の全体、
2　ヴェトナムの北に広がる中国、
3　パキスタンにまで広がる北インド、
4　バルト諸国とフィンランドにまで広がるロシア、
5　セルビア、ブルガリア、ハンガリー、スロヴァキアを含む南東ヨーロッパの総体、

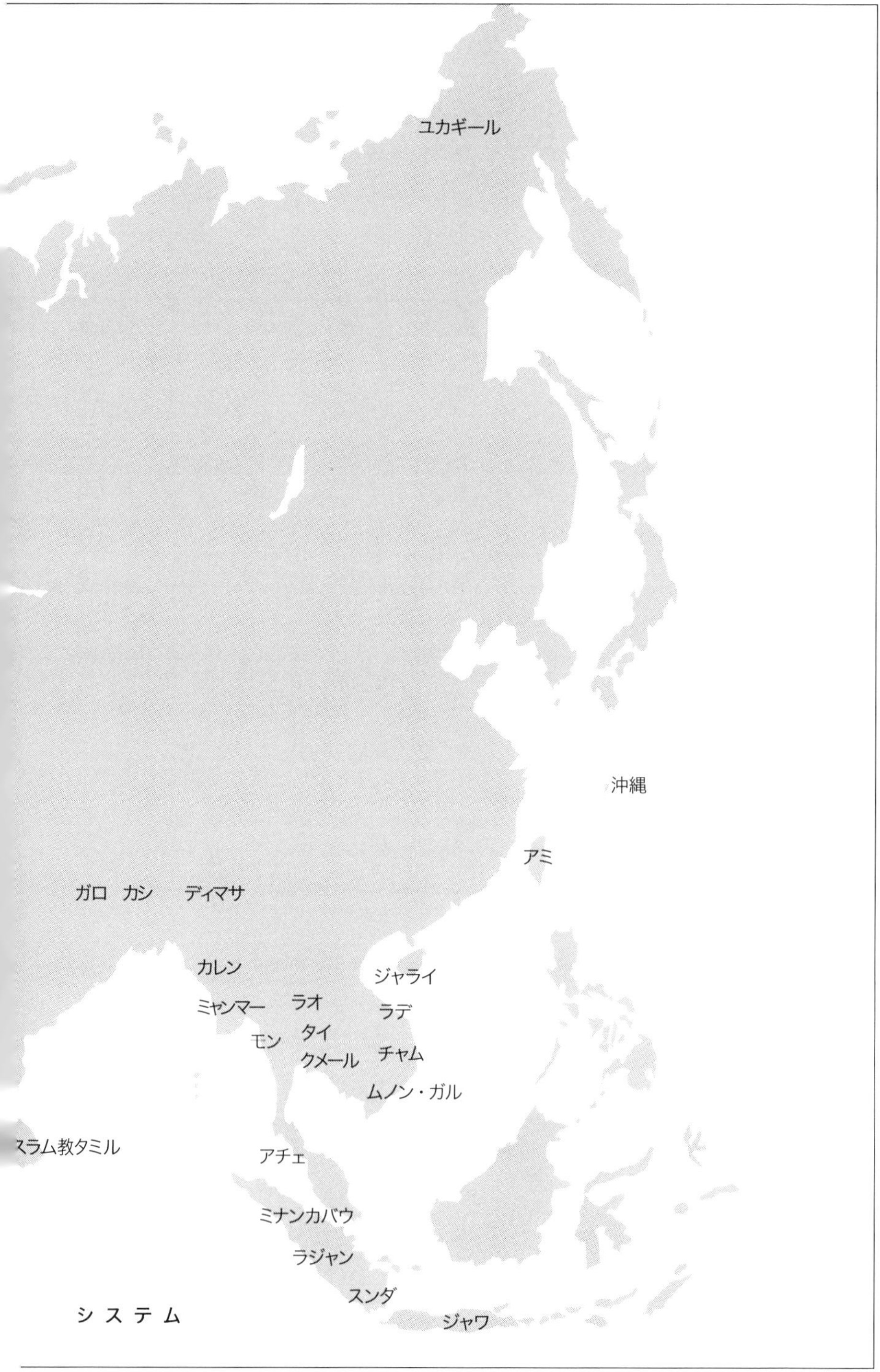
ユカギール
沖縄
アミ
ガロ
カシ
ディマサ
カレン
ジャライ
ミャンマー
ラオ
ラデ
タイ
モン
チャム
クメール
ムノン・ガル
スラム教タミル
アチェ
ミナンカバウ
ラジャン
スンダ
ジャワ
システム

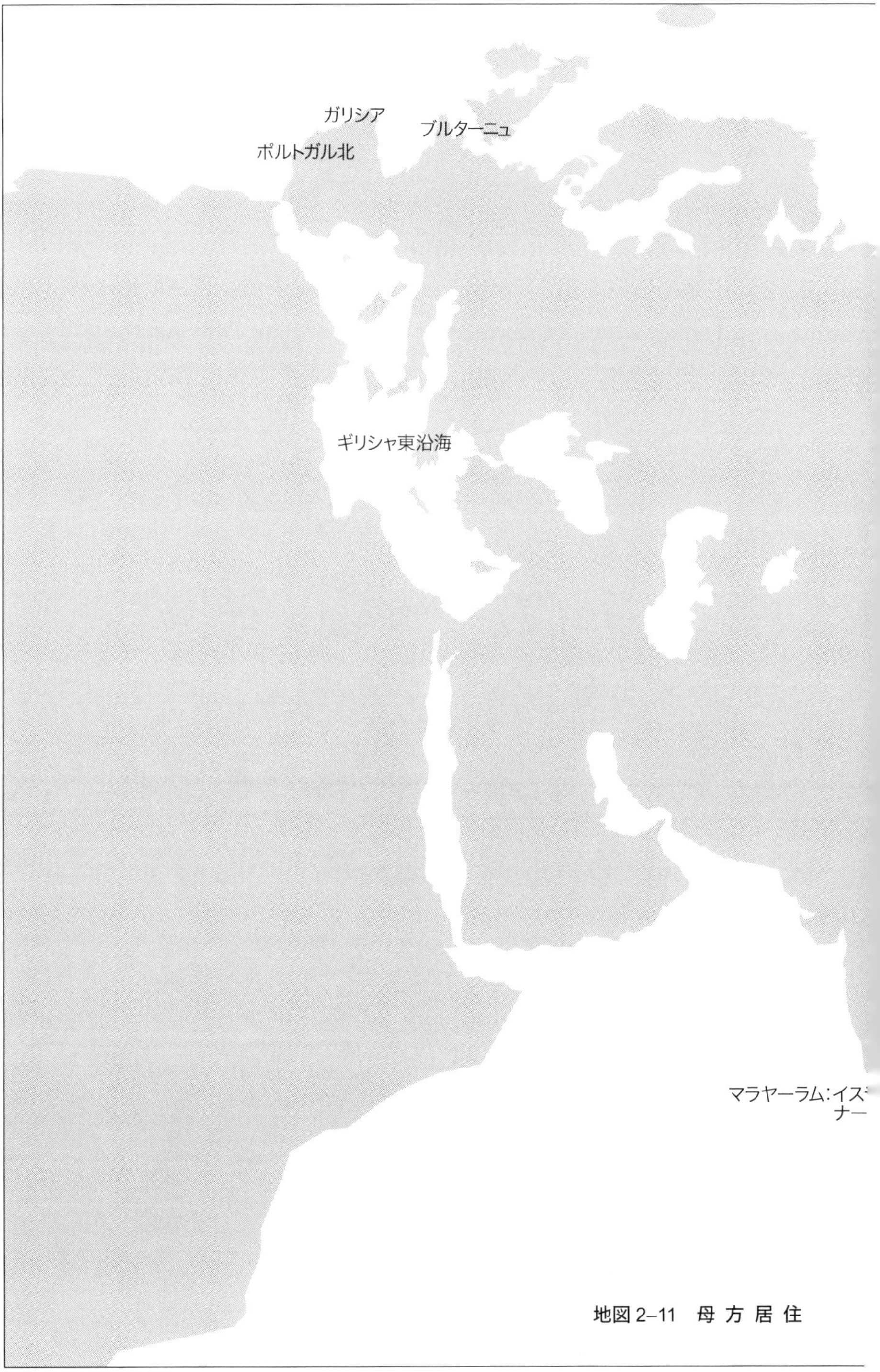

地図 2–11　母 方 居 住

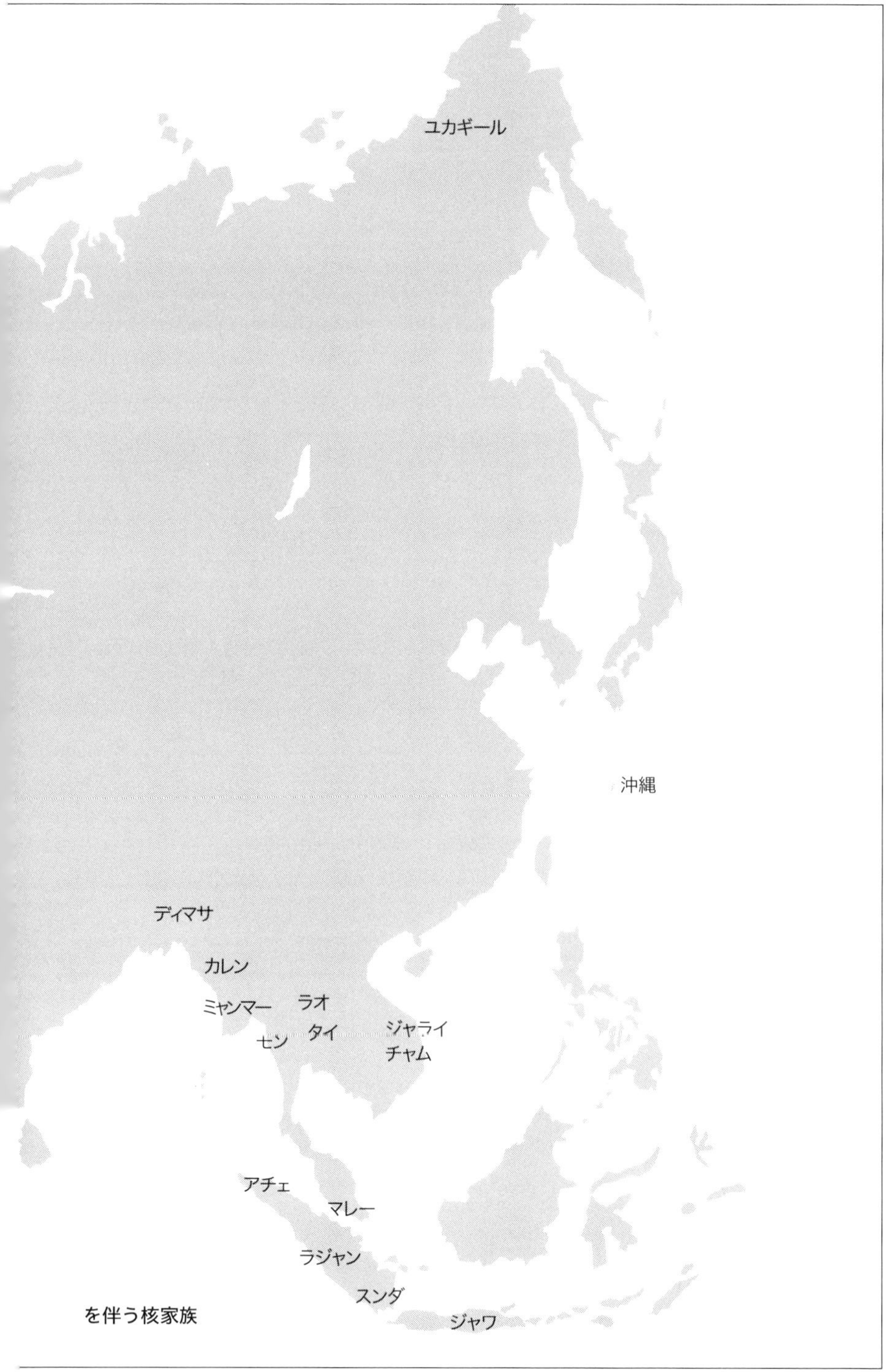
ユカギール
沖縄
ディマサ
カレン
ミャンマー
ラオ
セン
タイ
ジャライ
チャム
アチェ
マレー
ラジャン
スンダ
ジャワ
を伴う核家族

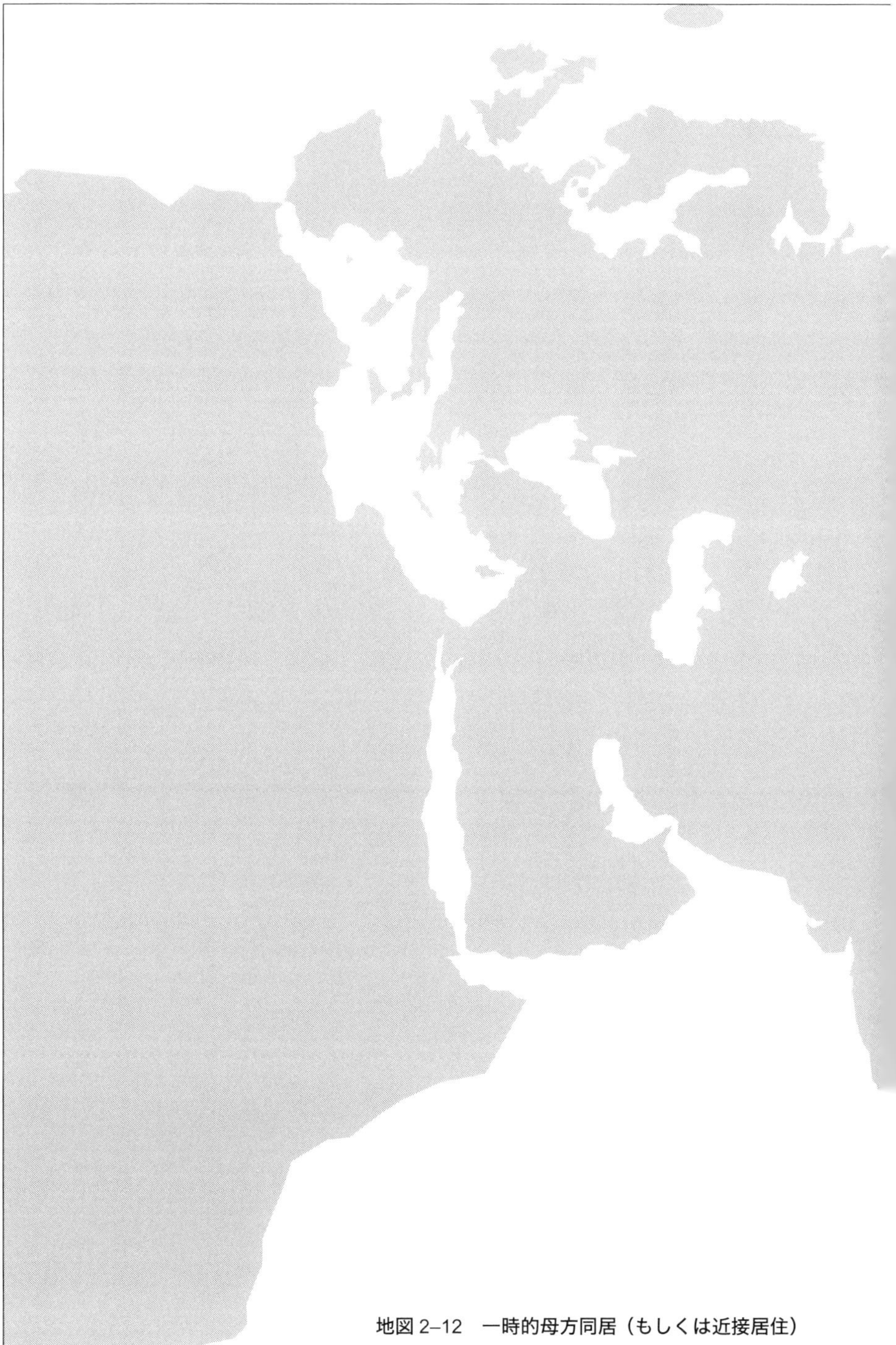

地図 2–12　一時的母方同居（もしくは近接居住）

6　中部イタリア。

このような分散振りと比較すると、一時的父方同居を伴う核家族の方は、ほとんどより密集してより中央部的に見える。実際、とりわけユーラシアのステップという巨大な空間とシベリアの大部分を占めているからである。しかしこの密集性と中央部性に惑わされてはならない。これは人口密度がきわめて少なく、現実に擁している人口に還元してみるなら、中部イタリアより大きいとはほとんど言えない、そうした地帯にすぎないからである。このように人口絡みの尺度に還元してみれば、父方同居を伴う核家族の空間は、分散したブロックが集まったものという様相を呈することになるだろう。

それに対して、父方居住直系家族は六つの地域に分布しているが、それらの地域がやや周縁部的であるのにはいかなる疑問の余地もない。中国の周囲には、日本と朝鮮のグループ、チベット・ブロック、海南島のリー人、台湾のルカイ人が観察される。西の方には、父方居住直系家族の地帯が四つ識別できる。ドイツ圏、スカンディナヴィア・グループ（スウェーデンと西ノルウェー）、カタルーニャ・南西フランス・グループ、アイルランド・西スコットランドのカップルである。とはいえ、ノルウェー、アイルランド、スコットランドの父方居住の位置は、ウェールズの一時的同居を伴う核家族の位置もそれに付け加えることもできようが、ほとんどあまりにも周縁部的と言うべきであることは、認めなければならない。というのも、イングランドとパリ盆地のフランスの双処居住よりも、ユーラシアの中心部からさらに遠いところに位置していると思われるからである。ヨーロッパの直系家族の歴史を詳細に研究すれば、この一見したところ変則と見えるものの原因を理解することができるだろう。

中間的母方居住

母方居住の家族類型の地理的分布は、最初に一見しただけでも、完璧に周縁部的であることが分かる。なにしろサンプルに盛られた三〇のケースのうち二四のケースが、アジアの南東の縁に描かれた幅広い弧に沿って配置されているのであるから、均衡のとれた分布とはとても言えない。その弧は、ケーララからインドの南西の先端に至り、さらにアッサムからミャンマー、タイ、カンボジア、インドネシアを通って、日本に近い沖縄にまで至る。この地図は、これもやはり周縁部的な、双処居住システムの地図と、区別のつかない同じものだと考えたくもなる。とはいえ注意深い検討を行なうなら、母方居住システムは、一般的に、父方居住の中央部団塊により近いことが示唆されるのである。母方居住のインドネシアは、双処居住が多数派を占めるフィリピン群島よりも、地理的・歴史的に大陸に近い。シベリアの北東の片隅に住む母方居住のユカギール人は、双処居住のチュクチ人やエスキモーより、ほんのわずかの差ながら、ユーラシアの中央部に近い。とりわけ直系家族（地図2―13）であれ、共同体家族（地図2―14）であれ、最も稠密で明瞭な母方居住家族システムは、父方居住の中央部ブロックに直に接している。親族の研究においては、これらの類型は母系として記述されている。とくに、ナーヤル人、すなわちケーララのイスラム教徒や、スマトラのミナンカバウ人のような、家族の組織編成が共同体家族的である民族、もしくはヴェトナムのラデ、すなわちムノン・ガルのような、家族の組織編成が統合核家族的である民族がそうである。実際、彼らの母方居住率は、しばしば八〇％を超える。ところがこれらすべての母方居住の住民集団は、父方居住の集団との接触面に出現するのである。ミナンカバウ人でさえも、スマトラ島の中で父方居住のバタク人の近隣に住んでいる。

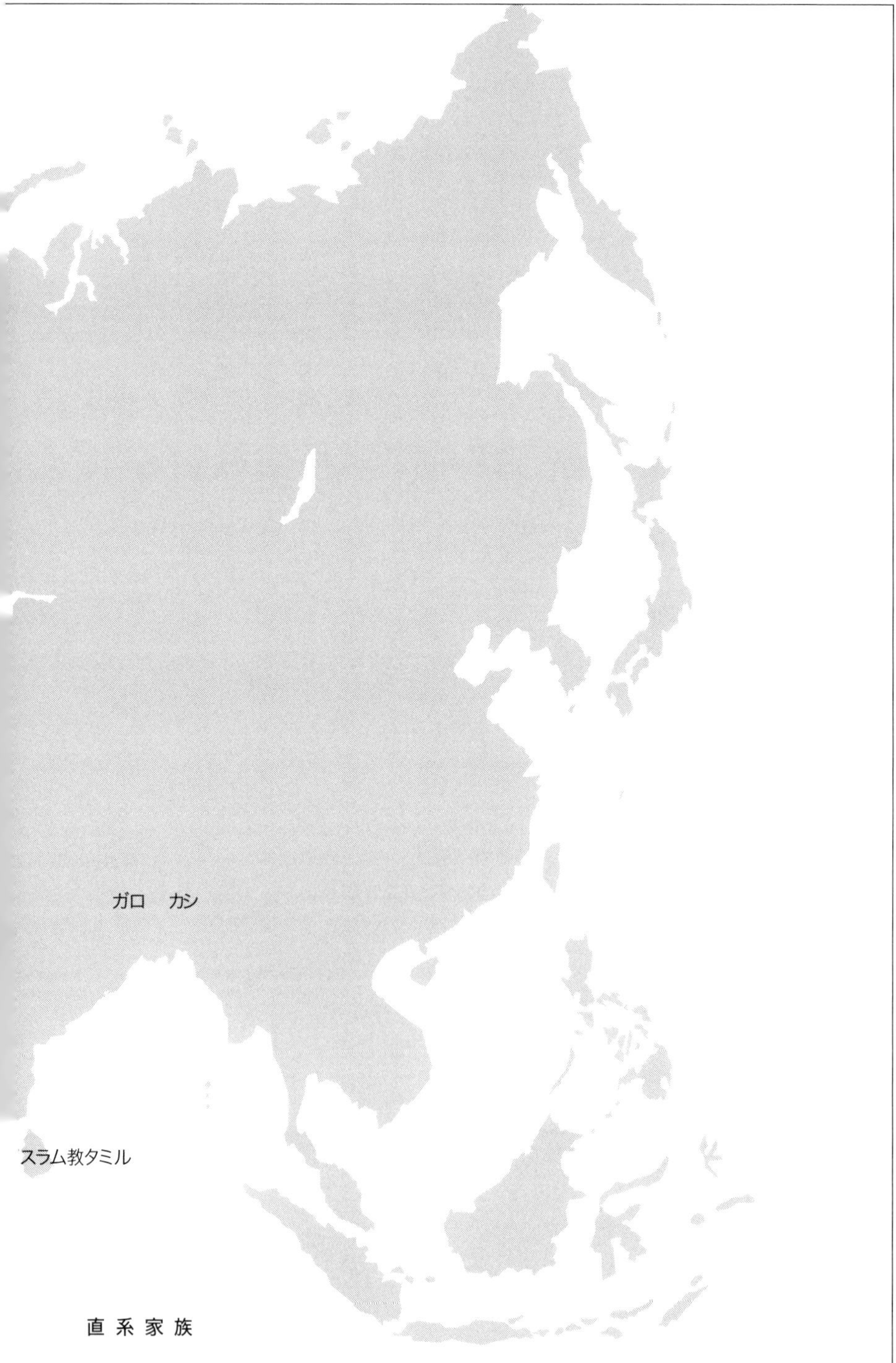
ガロ　カシ
スラム教タミル
直 系 家 族

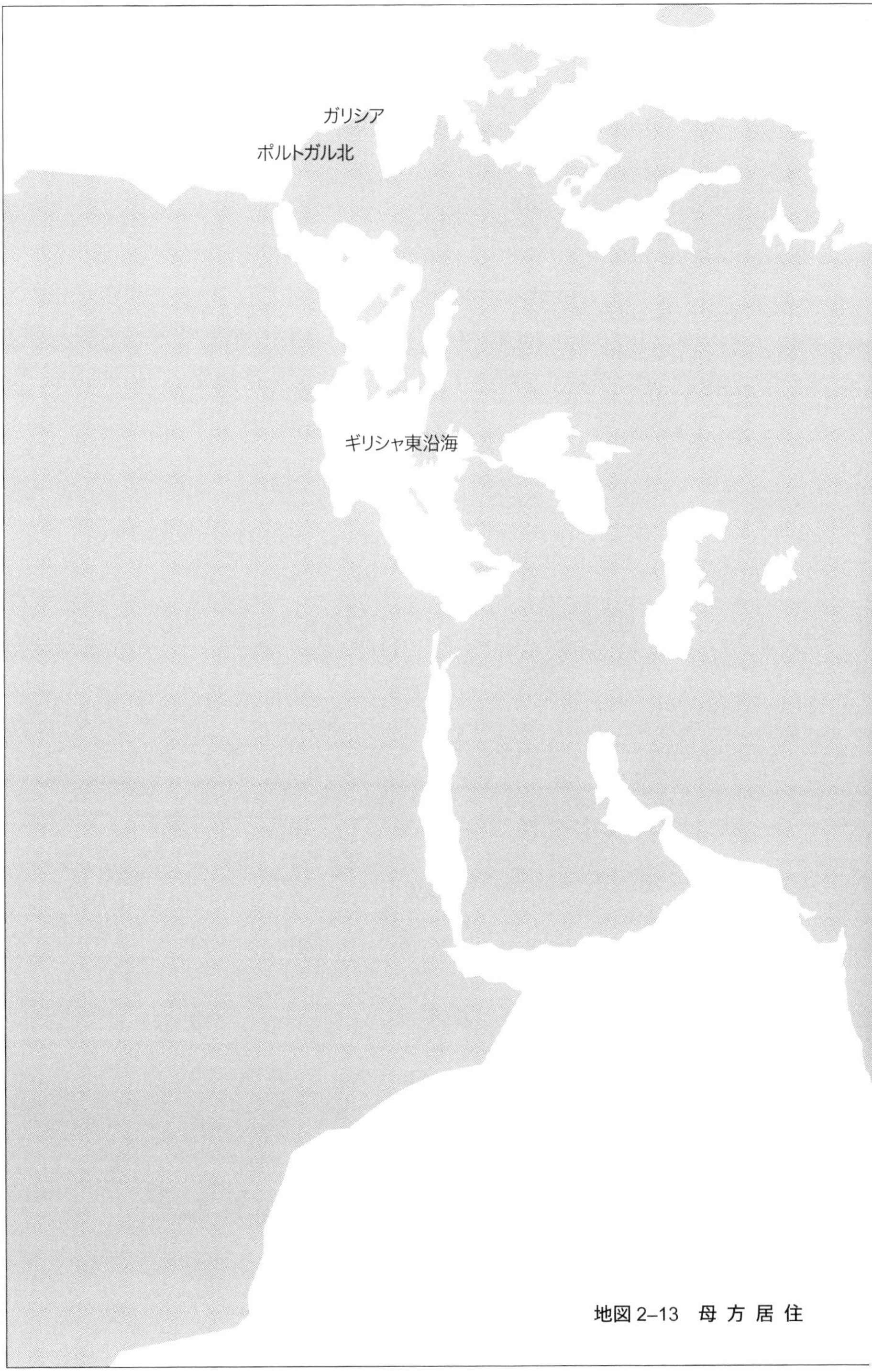

地図 2–13　母 方 居 住

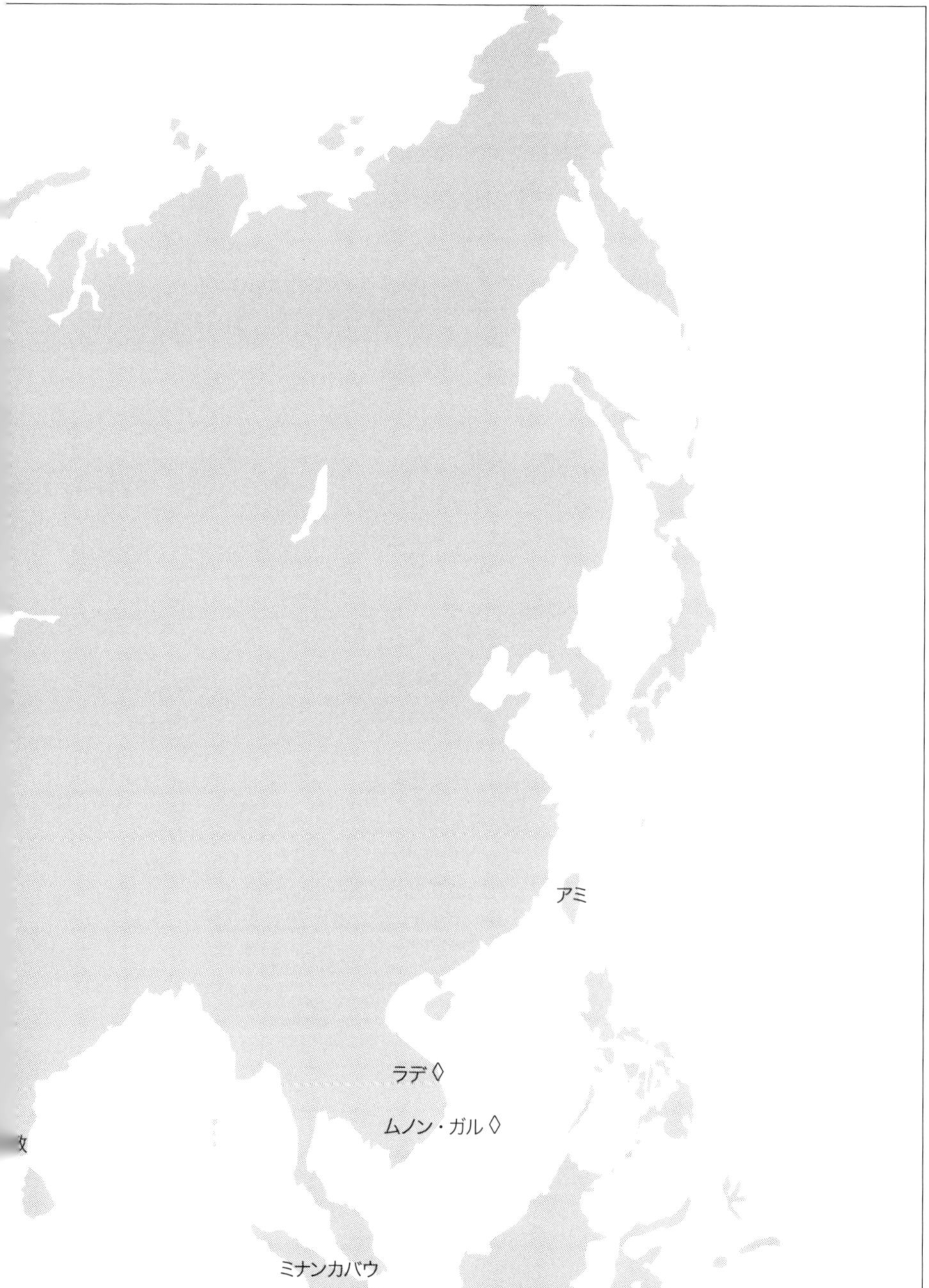
アミ
ラデ◊
ムノン・ガル◊
ミナンカバウ
（ならびに統合核家族〔◊〕）

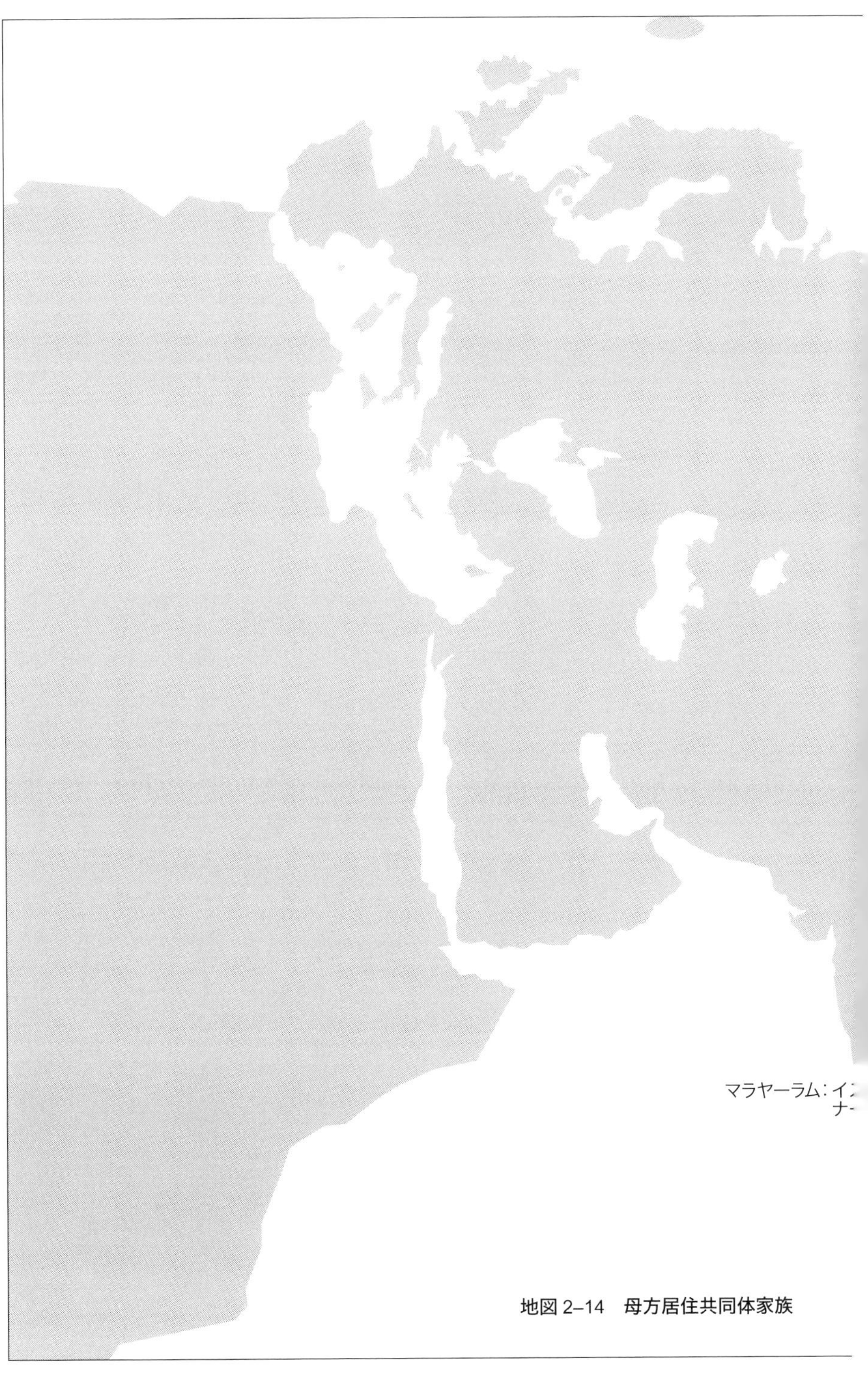

地図 2–14　母方居住共同体家族

母方居住類型と父方居住的中央部との近接性が最大であるという傾向に対する唯一の例外は、西ヨーロッパに見られる。すなわちガリシアないし北ポルトガルの母方居住への屈折を見せる直系家族と、ブルターニュ内陸部のどちらかと言うと母方居住の追加的な一時的同居を伴う直系家族がそれである。これらの形態は、パリ盆地やカスティーリャの双処居住類型よりさらに〔中央部から遠い〕周縁部的なものとして姿を現わしている。とはいえこの西の外縁部をより深く分析するなら、その地の母方居住は民衆階層だけの特徴であって、言わば、当該地域の貴族階級の父方居住直系家族がその上に乗っかっている、ということが露呈することになる。したがってこれらのケースでは、西ならびに中央ヨーロッパの父方居住直系家族システムの存在という、より一般的な変則性に立ち返って分析する必要があるのである。

この最初の概観だけでも、母方居住というものは、とくに母系制というその極限形態において、〈対抗模倣〉ないし〈異文化の分離的否定受容〉の現象であるということで説明がつくことが分かって来る。なお〈対抗模倣〉とは、ド・タルドの言葉であり、〈異文化の分離的否定受容〉とは、ドゥヴルーの言葉である。つまり母方居住は父系制の接近に対する反動であり、それの地理的分布が接触前線のような様相を呈するのは、まさにそのゆえに他ならないのである。

われわれの主要なサンプルで明らかにされた限りでの、ユーラシアにおける双処居住、父方居住、母方居住の配置は、単純なものと見えるが、それは一般的な特徴においてのみの話である。家庭集団の稠密性の概念を組み込みつつ（共同体家族か直系家族か、統合核家族、一時的同居を伴う核家族、それとも純粋核家族か）、家族類型の分布を詳細に検討するなら、中央部と周縁部という概念による共時的分析は、もはや十分なものとは言えなくなる。とくに父方居住類型にとって。共同体家族と一時的同居を伴う核家族が、どちらが最も中央部的なのか、その位置を争っているような具合である。

それゆえわれわれが取り組むのは、紛れもないパズルなのである。地理的分布の検討に歴史的データの検討を追加するのでなければ、それを完成させることはできないだろう。ドグマを振りかざすわけではないが、空間的分析と時間的分析を組み合わせることが必要なのだ。父方居住共同体家族が、〔一続きのブロックをなすのではなく〕いくつかのブロックに分かれて分布するのである以上、ユーラシアを構成するさまざまのフィールドを次々と研究して行くことが必要となるのである。われわれとしては、中国、日本、インド、東南アジア、ヨーロッパ、そしてアラブ・ペルシャ圏の家族形態の歴史的発展を一つ一つ別々に検討して行く。この最後の圏域は、今日ではアラブ・ペルシャ圏となっているが、その古い昔の歴史の中では、メソポタミアとエジプトの領域でもあった。

訳註

＊1　**ポリアンドリア、ポリジスタン、モノガリット**　一妻多夫婚は、ポリアンドリィ polyandrie、一夫多妻婚は、ポリジニィ polyginie、単婚は、モノガミィ monogamie。これらの術語をもじったユーモアである。

＊2　**巨大な父方居住空間**　この補足図（『世界像革命』一七八頁地図1を転載）は、『第三惑星』（『世界の多様性』の巻末付録カラー地図〈家族類型の分布図（世界）〉を簡略化したもので、中央部空間に広がるのは、父系共同体家族（外婚制共同体家族が赤色、内婚制共同体家族がオレンジ）とされていたが、本書では「父方居住」の空間と言い換えられている。なお次頁に、このカラー地図〈家族類型の分布図（世界）〉のモノクロ版を掲げる。ユーラシアの大部分を占める赤色の外婚制共同体家族地帯と、中近東と北アフリカに広がるオレンジ色の内婚制共同体家族地帯が、見分けられるだろうか。その他の家族類型のうち、権威主義家族は、その後「直系家族」と改称され、非対称型共同体家族とアノミー家族は却下された。

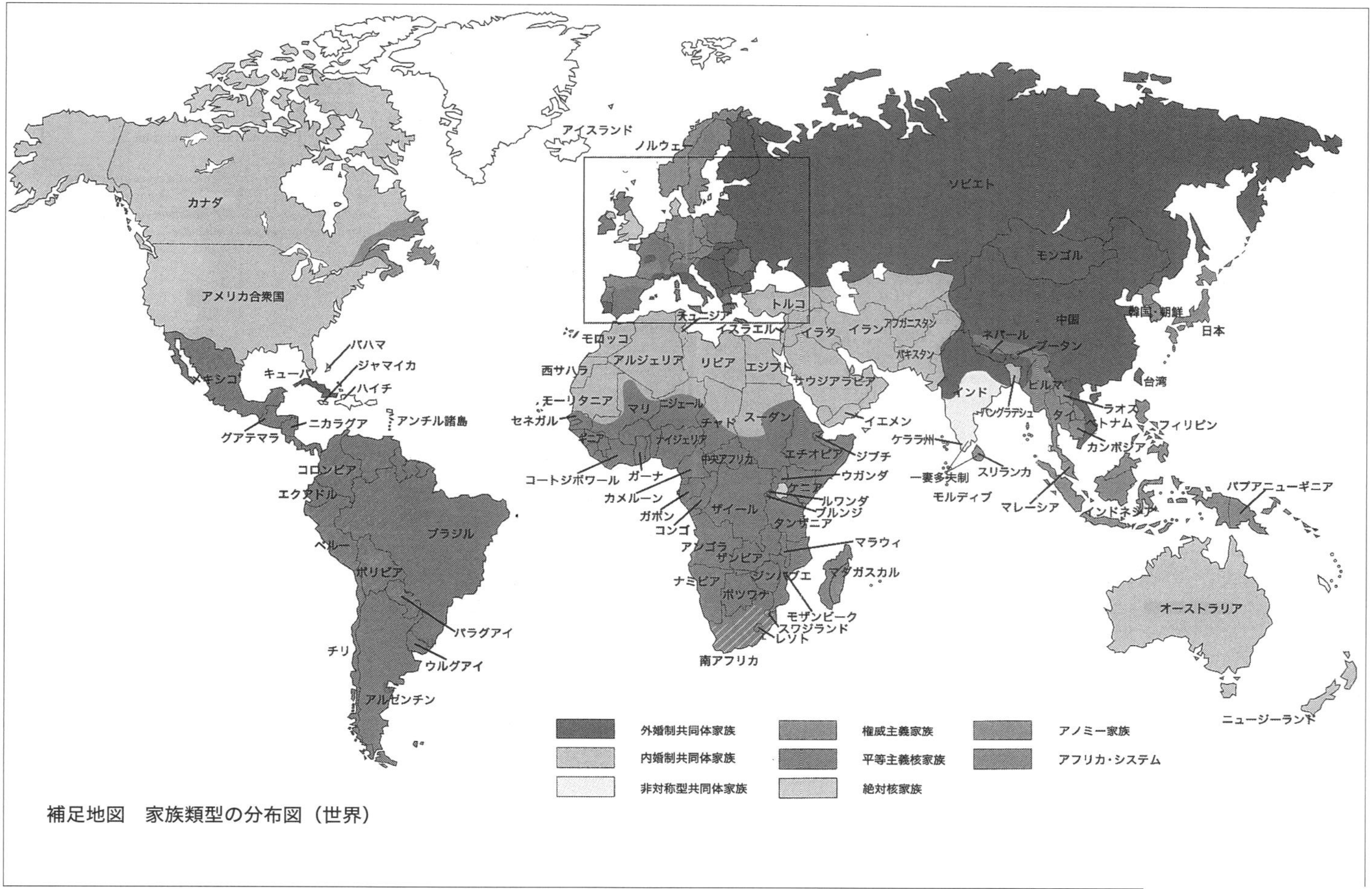

補足地図　家族類型の分布図（世界）

第3章

中国とその周縁部

——中央アジアおよび北アジア

ユーラシアの家族形態を系統的に検討し、その歴史を再構成するためには、中国はよい出発点である。中国文明は自分のために自分で農業と文字を発明した歴史的に自立した文明であるが、それは明確に確定された空間を生み出した。その中には、とくに明瞭な「中央と周縁部」という地理配置が姿を現わしている。

中国における農業の発明は、共通紀元前八〇〇〇年頃、南部の揚子江流域で、野生の稲の栽培植物化の開始とともに起こった。紀元前六五〇〇年頃には、北部の淮河と黄河流域でキビが実用化された(1)。その後、農業はこの北部地域でより急速に発達した。それはおそらく紀元前二〇〇〇年頃、この地域が銅を獲得したおかげである。銅は西方から到来したが、そのおかげで現地での青銅の再発明が可能になった。したがって、古代中国文明が出現したのは黄河流域である。これに次いで文字の発明があった。私たちが確認することができる最古の文字資料は、紀元前十四世紀のものであるが、文字の発明がそれよりずっと以前に遡ることも考えられる。

中国の編年史は長大な時代をカヴァーしており、それは、単純ではないにもかかわらず、モデル化を可能にする時間的シークエンスを確立することを可能にする。この中国のシークエンスは、家族の歴史の紛れもないメートル原器に他ならず、後でより短い、日本や、インドや、東南アジア、ヨーロッパのシークエンス、あるいはより長い近東のシークエンスを記述する際に、時間的位置の標定を可能にするだろう。本章ならびに次章以降のすべての地域研究において、私としてはまず家族類型の地理的分布の研究を行ない、次の段階で、これまでに生き残った歴史的データを地図作成的分析によって得られた結果と突き合わせていくつもりである。

次の地図には単純化が施されている。ゴリド人とミンジア人は、不確実なデータに基づく変則が生じるため、排除した。北部ヴェトナム人と東南部中国人は、「直系家族」的色合いによって分類した。

地図3—1は、中国周辺の家族類型の空間内での配置の単純化した記述を可能にする。とはいえここに、唯一

表 3-1　ウラルから太平洋までの家族類型[*1]

アイヌ	NpxB	双近核	ミャオ(マグピー・ミャオ)	NctP	父同核
アミ	CM	母共	ミンジア	CP	父共
アタイヤル	NctP	父同核	モンゴル	NctP	父同核
バシキール	CP	父共	モルドヴィン	CP	父共
ブリヤート	NctP	父同核	ナ	CM	母共
ブヌン	CP	父共	ナシ	SP	父直
客家(ハッカ)中国人	CP	父共	ネネツ(サモイエード)	NctP	父同核
福建中国人	CP	父共	ヌガナサン(サモイエード)	NctP	父同核
北部中国人	CP	父共	沖縄人	NctM	母同核
上海中国人	CP	父共	オスティアック	CP	父共
山東中国人	CP	父共	ウイグル	CP	父共
朝鮮人	SP	父直	パイワン	SB	双直
エスキモー	NctB	双同核	プユマ	NpxB	双近核
ギリヤーク	NiP	父統核	ルカイ	SP	父直
ゴリド	CP	父共	タタール	CP	父共
回族	CP	父共	チュクチ	NctB	双同核
日本人	SP	父直	トゥーヴァ	NctP	父同核
カルムーク	NctP	父同核	ヴォグル	CP	父共
カラカルパク	NctP	父同核	ヤクート	NctB	双同核
コリヤーク	NctB	双同核	ヤオ	NctP	父同核
リー	SP	父直	イ	NctP	父同核
満州人	NctP	父同核	ユカギール	NctM	母同核
マリ	CP	父共			

※本書 12 頁の略号一覧を参照。

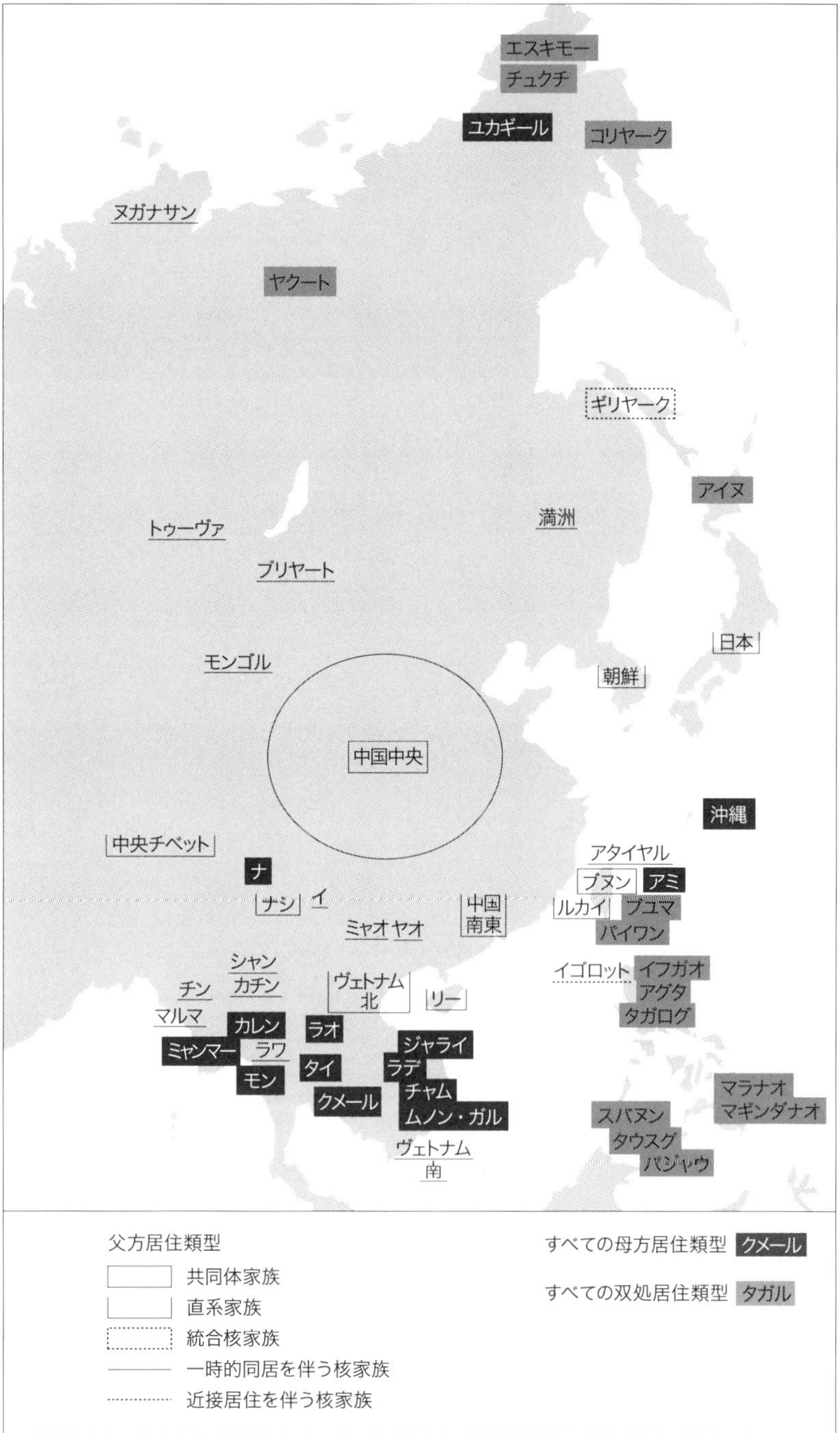

ゴリド人とミンジア人は、不確実なデータに基づくため不規則性を生み出すゆえに、除外した。
北ヴェトナム人と南東中国人は、「直系家族」的ニュアンスを示す点に基づいて分類されている。

地図 3–1　中国の周りの家族形態[*1]

の中心の存在によって決定された分布を期待しても、無駄であろう。東南アジアの全域は、ヴェトナム北部を別にすれば、文明の最初の諸要素をインドに見出した。それゆえ、インドという極が、この地域の南部において、中国によって決定された伝播現象を変形させている。それにもかかわらず、中央部と周縁部という見事な構造がはっきりと姿を現わしてはいる。

中央の円は、中国文化の出現と確定化の中枢部を表している。その中央部は父方居住共同体家族地帯であるが、その周りには、さまざまな家族類型がいくつかの同心円を描いて配置されている。第一の同心円上では、完全もしくは残留性の直系家族的形態が、南はチベットから、北部ヴェトナム、中国南部、台湾、朝鮮を通って日本へと至る地理的な弧を占めている。

この第一の同心円はまた、一時的父方同居を伴う核家族のケースを多数含んでいる。〔このケースに該当する〕台湾のアタイヤル人、中国南部のミャオ人、ヤオ人、イ人、北西部のモンゴル人、北東部の満州人は、直系家族集団もしくは直系家族傾向の集団よりも、中国の共同体家族的中央部から遠く離れたところに位置しているわけではいない。一時的父方同居を伴う核家族は、中国を取り囲む完全な円を描いているわけである。また南東の弧を、直系型家族形態と分け合っている。しかしモンゴルを通る反対側の弧の方は、これが全面的に占有している。中国の北西側では、この家族形態が占める空間は非常に遠くにまで広がっている。なにしろ、ユーラシアのステップを通って、ウクライナ、さらにはルーマニアにまで達するのであるから。

二番目の同心円上では、母方居住核家族類型が南から東へと至る弧を占めているが、一時的父方同居を伴う核家族も相変わらず姿を現わしており、中国の西側部分では圧倒的に支配的となっている。

三番目の同心円上では、双処居住核家族システムが、フィリピン諸島からベーリング海峡に至る東の弧に沿って観察される。西側には相変わらず、ステップの遊牧民の一時的父方同居を伴う核家族形態がみられる。

第一同心円上の直系家族

要するに、共同体家族地帯である北部ならびに中央部中国を取り囲む第一の同心円上には、父方居住直系家族のかなり幅広い分布が観察できる。人口一億三千万の日本は、地球上のすべての直系家族の国の中で、最大の人口を擁する国である。中国の北東側では、朝鮮が直系家族の限界的ケースを提供している。その父方居住はほぼ九九％ときわめて強く、父方居住率というこのパラメータだけとれば、共同体家族モデルに接近している。(2) 朝鮮モデルにおいては、息子がいない場合は、娘を継承者に選ばず、可能であれば兄弟の息子を養子にする。とはいえこのとりわけ際立った父系的特徴にもかかわらず、朝鮮では、女性の地位に関して多くの両義性が存続しているのを目にすることだろう。(3)

北部ヴェトナムの家族には、長子相続制の濃厚な色合いが認められる。(4) 中国のすぐ南に位置するトンキンの特徴は、長子の特別な地位と、第二子以下の子どものステータスの不安定性を含む共同体家族形態である。ヴェトナム北部には、二一五〔ママ・二一四か?〕民族の基本サンプルに含まれないタイ系少数民族が居住するが、彼らは、本物の長子相続規則を有する父方居住直系家族類型に属している。(5)

北東部は中国の父方居住共同体家族に接し、南部は北インドの父方居住共同体家族に接しているチベットでは、直系家族が支配的であるが、その形態は、一妻多夫のメカニズムを組み込む独自のものである。(6) 外見上は複数の兄弟が単一の妻を共有しているが、実はそれは世襲財産の不分割を維持するための特殊な技法なのである。長子は支配するが、自分の妻に対する性的使用権を弟たちに認めるわけである。システムは、中央部では強度に父方居住的である。しかしチベットには、仏教修道院が第二子以下の子どもを徹底的に僧侶として採用する慣習など、直系家族によく見られる相関要素が見出される。中国による征服以前には、この習慣が、神政国家の骨組みを形作っていた。チベット文化圏の外縁の中国甘粛省のメウ・ファンツ人においては、直系家族のメカニズムは、一妻多夫制を含まず、息子がいない場合には娘と娘婿による相続を認めるという、完全に古典的なものである。[7]

雲南省のチベット人に近いナシ人は、家族の観点からすれば異種混交的であるが、一部には、息子が相続人として指名され、息子がいない場合は娘に相続させる可能性があるという、直系家族的な組織編成を有している。[8] 彼らの許には一妻多夫制が存在した。[9] しかしまた、〈サイクルα〉の特徴たる末子相続の優先を見せるナマ人も、この集団に含まれる。[10] ここに見られるのは明らかに、元の家族システムとは異なる変貌を、しかも内部的に非同質的な方向で遂げることによって小さな集団に分かれてしまった住民集団である。これは山岳地帯に居住することに結び付いた現象である。ナ人下位集団の母系システムについては、のちに詳細に研究するはずである。[11]

完全もしくは残留性直系家族形態の一覧表のなかには、朝鮮や、日本、ヴェトナム、あるいはチベットという大きな文化単位と並んで、ごく小さな住民集団も見出される。

海南島のリー人においては、土地分配の原則が存在するため、直系家族構造は不完全な類型のものである。しかしながら長子の特権は相当なものである。なにしろ、家族の家屋と、第二子以下の子どもたちに対するのより大きな土地の取り分を含むからである。[12]

台湾のすべての先住民はつい最近まで首狩り民族であったが、同様に首狩り民族であったパイワン人とルカイ人に見られる長子相続制は、非常に発達しているが、ただし世帯構造が核家族であるため、非定型的である。ルカイ人では男性長子相続であり、パイワン人では、理論上は、絶対長子相続である。ところで、馬淵東一[*2]が算定した、この二つの集団を併せた総体の父方居住率はかなり高い（七〇％）が、これが本当なら、パイワン人が絶対長子相続制であることは、疑わしくなる。そこで私としてはパイワン人を双処居住に分類した。[13] 中国に近いと

ころでパイワン人の双処居住直系家族類型が存在するのは、後述するように、偶然の巡り合わせである可能性がある。(14)

直系家族の痕跡は、本来の意味での中国空間の内側でも観察される。サンプルの中でこの地域を代表している福建人集団と客家《ハッカ》集団は父方居住共同体家族と分類されるが、中国南部の沿岸地域、福建省と、広東省のうち福建省に近い部分の住民集団においては、家族の組織編成は残留性の直系家族的特徴を露呈させている。アルチュール・ウォルフは、この地域では、遺産の一部を年長の孫息子に取っておく習慣があると記している。(15) これは長子特権の残滓に該当するとしか考えられない。残留性直系家族心性の間接的だが重要な手がかりは、家族に息子がいない場合、娘による相続の数が相当数に上るということである。ここでは遺産を子孫に伝えたいという欲求が、父系イデオロギーに勝っている。ウォルフは、福建省南部のチャオメイ (Chiao-mei) 村について、二六・四%という母方居住率を検出している。(16) これは直系家族の特徴である。中国南部の沿岸部、それにもちろん台湾——その中国系住民の多数派は福建省出身である——に関するすべてのモノグラフは、強い縦型性を持つ共同体構造の中に一〇%から三〇%の間で変動する母方居住婚姻の比率が存在するという残留性現象を確証している。(17) これがどれほど重要なのかを理解するには、中国において娘に遺産を相続させるということはきわめて稀であることを、念頭に置かなければならない。その標準的な率は一%以下である。(18)

残留性母方居住は、それ自体で直系家族的な構造を含意するわけではない。父方居住共同体家族の特徴によって大半が定義される地帯にあっては、それは直系家族的な構造を示す指標にすぎないのである。しかし中国南部と南東部の沿岸地域の特徴は、世帯の縦型性がより大きいことでもある。一九八二年の中国の国勢調査では、中国全体で三世代を含む世帯はいまだに一九%であったが、福建省では二六%、広東省では二五%であった。(19)

中国において、共同体モデルからの逸脱は、すべて直系家族構造に相当するというわけではない。福建省の北側、上海のすぐ南側に位置する呉方言圏の浙江省では、三世代世帯の率は一五・五%にすぎないが、これらの資料だけから、中国の平均値よりも低いこの率が、産業の発展の結果なのか残留性の核家族性の痕跡であるのかを述べるのは難しい[20]。しかしながら、第二次世界大戦前にフェイが著した上海のヒンターランドのモノグラフは、相対的な核家族性がすでにそこで観察されていた可能性があることを示している。大家族と兄弟の同居のケースの稀少性、さらに父親の死に当たって長子と末子に軽微な特典を認める系統的な遺産分割について、記しているのである[21]。ここには周縁部的にして残留性の核家族性の形跡が感知される。とはいえこれらの指標は、何らかの特定の類型の存在を断定するには不十分であるので、私は上海の中国人を共同体家族型と分類した。

　同様に、南部の同化が不十分な少数民族の間にときとして観察される双処居住現象は、長子権が存在しない場合は、直系家族形態に結びつけることはできない。一時的同居を伴う核家族の、四川省のミャオ人や、私の分類では共同体家族型となる雲南省のミンジア人（別名ペー〔白〕人）がこれに該当する[22]。

　福建省とは地理的に反対側に位置する、中国北西部の甘粛省の農村共同体、略陽県では、さらに目立った残留性母方居住のケースが見出された。その母方居住率は、一九三〇年代の二一・五%から一九六〇年代の四二%にまで変動している。このレベルになると、「残留性」という用語は統計的には不正確になる。もちろん、把握された特徴が古代的《アルカイック》な性格のものであることを示唆するという意味では、正しいのではあるが。最近の期間については、母方居住率は、マードックによる双処居住を定義する三分の一から三分の二までという限界の内側に収まるのである。とはいえ略陽県の共同体についての二つの論文は、家族類型を的確に定義することを可能にしてくれない。その双処居住は、直系家族システム、一時的同居を伴う核家族システム、共同体家族システムのどれにも対応することができるだろう。しかし、この双処居住は古代の形態の痕跡と考えられなければならない。この地域は中国全体の空間の中で周縁部であるだけでなく、その上、山岳という障壁によって孤立しているのである[23]。

同じ第一同心円上、ならびにその先　一時的父方同居を伴う核家族

中国周辺では、ほとんどの場合、一時的父方同居を伴う核家族には末子相続の規則か慣習がある。要するにそれは、〈サイクルα〉、フレイザーの自然的家族の一変種ということになる。イ人[24]、ミャオ人[25]、台湾のアタイヤル人[26]がそのようなケースにあたる。ヤオ人には、一時的同居だけでなく、長子への家屋の帰属移転が見られるが、それによってこのモデルは直系家族形態もしくはヴェトナムの家族類型に近いものとなる。[27]逆に、父から最後に生まれた息子へのテントの移譲は、モンゴル人遊牧民集団では最も頻繁な慣例である。実を言うとこれは、モンゴル系にせよトルコ系にせよ、ユーラシアのステップのすべての集団に共通の慣習である。広大な空間に散らばった彼らの生活様式は、何世紀にもわたる歴史によって撹拌され、混ぜ合わされて、互いにかなり似通っている。[28]中国、インド、ロシアでの共同体家族の出現におけるこれらの集団の重要性は非常に大きいため、彼らの家族システムだけでなく、家庭集団より上位の親族の組織編成の詳細な記述が是非とも必要となって来るのである。

ステップの遊牧民における家族と親族

ステップの遊牧民のケースでは、一つのテントの中で暮らす家族の記述だけで済ますのは妥当ではなかろう。家庭集団を超えた上位の次元の統一性、すなわち、それなしには遊牧民家族生活が意味をなさない、父系親族集団が存在するからである。テントのレベルに留まるなら、最小集団として、一時的父方同居もしくは近接居住を伴う核家族が観察される。その発展は典型的な〈サイクルα〉を呈する。集団のレベルでは、かなり意識的で形

式化された親族の父系のイデオロギーが支配している。

「これらの民族が父系的な社会の組織編成様態を、家族の外部に対して適用するその厳格さは、世界のどこにもあまり例を見ない。古代ローマの家族は、多数の父系的特徴——彼らの用語法で言うところの「男系の血縁」(agnation)——を呈していたが、トルコ人やモンゴル人ほど系統的ではなかった[29]」。

父系構造は経済的生産活動、宗教的典礼、戦争と略奪を組織編成する。しかしながら、父系イデオロギーは、絶対的父方居住や女性のステータスの最大の低下を含意しない。モンゴル女性の決定と行動の能力というのは、人類学的・歴史的常識である。そのもっとも古典的な例は、夫が死ぬという逆境の中で子どもを守る力を見せた、ジンギス・カンの母親である[30]。

テント集団というのは、時とともに互いの位置が変動する流動的なものであるので、父方居住率の推算は困難であり、これまでにも絶対的に信頼できる指数の計算は妨げられて来た。私としては、証言と聞き取りに基づいて、彼らの父方居住率を、標準的父方居住直系家族の比率とほぼ同じ七五%と推算したいところである。

ステップの遊牧民の社会組織は連帯性と柔軟性を組み合わせたものである。父系イデオロギーは、クランの存在を許容するが、包括的な構造の内側における核家族の流動性を禁じない。息子たちは、次々と父の集団を離れ、自立したテントを持つ夫婦家族を創設する。家畜の群れは別離の度に分割され、年下の息子が最終的にテントと父親の道具を自分のものとする。父と息子、兄と弟は、牧畜活動で協力し続けるが、遊牧民の生活様式に内在する移動性は、緊張や衝突の場合、一時的もしくは決定的な別離と疎遠化を許容する。

この柔軟性ゆえに、父親と既婚の息子たちで構成される集団を父方居住共同体家族として定義するのは、不可能となる。それでも、父系クランの一般的構造というものは、共同体家族と共通する対称性《シンメトリー》の原則を持つ。兄弟たちは、たとえ年齢と序列の差の知覚が大きいとしても、系統樹の中ではほぼ同等の位置を占めるのである。一時的父方同居（と末子相続）を伴う核家族のレベルでは、遺産相続規則は絶対的な正確性を持つものではない。たしかに家畜の群れは兄弟間で分割されるが、順を追って発生する結婚と結びついた漸進的遺産相続の慣習は、いかなる厳格な平等原則をも排除する。先に見たように、テントは末子に相続される。

われわれのユーラシアの民族二一四のサンプルの中で、満州人、ブリヤート人、トゥーヴァ人、中央モンゴル人、キルギス人、トルクメン人、カザフ人、カラカルパク人、カルムーク人、ネネツ人とヌガナサン人（サモイェード人の二つの集団）は、このタイプの家族・親族構造をとっている。ロバート・ローウィは、この広大な父系空間の存在を完璧に把握し、それを伝播地帯の古典的な例とした。(31)

このモデルはすべての集団について、しかもあらゆる社会的レベルにおいて、検証されている。ユーラシア大陸の征服者たるジンギス・カンは、この慣習を尊重し、西の果の最も遠隔の地に配置された部隊の責任を最年長の息子に委ね、最若年の息子を自分の傍に置き続けたのである。(32)

この地理的拡大は、ロシアと中国の間の、厳密な意味でのユーラシア・ステップで止まっていない。アフガニスタン、イラン、トルコ、アラビアの遊牧民集団は、同じ家族システムを持っているからである。このことは、中東の父系原則の分析の際に再び触れるつもりである。しかしながら、これらの民族は婚姻システムにおいては異なっている。ステップの北部では、厳格な父系外婚が支配している。南部では、イスラム化した集団の多数派がさまざまな度合の父系内婚を見せている。

ヤクート人については論争があったが、その最終的結論は、シベリアの最大部分が一様に父方居住と父系制に占められるようになるに至った伝播・普及の過程についての仮説を確証するものとなっている。(33)ローウィはヤクート人を父系制の民族として提示したが、その後クレイダーは、かつて保持していた父系システムをのちに失ったと考えた。しかしながら、最も古典的で直接的な観察は、ヨケルソンによるものである。一九三三年に出版された著作に盛られたそれらの観察は、第一次世界大戦以前に行なわれたフィールドワークに依拠したものだった。このロシアの民俗学者は、ヤクートの女性のステータスが高いこと、家族の中に娘婿が多数いることを記していたが、これらの特徴から、私はヤクート人を双処居住に分類するに至ったのである。ヤクート集団は、シベリアの北東端の双処居住もしくは母方居住の集団に地理的にひじょうに近い北東部に居住するわけだが、そうした中央部から遠く離れた地理的位置からして、彼らにおいては、父系原則はこれまで完全に発達したことはなかった、と考えられる。

再び南の方へ戻って、中国に近いモンゴル人に立ち戻るなら、ヴリーランドの三重のモノグラフの中で分析された三つの集団間にいくつかの重要な差異があることに、注目することができる。内モンゴルに暮らすチャハル人は、中央部中国から離れたところに居住するハルハ人やダグール人よりも父系制がより明瞭である。[34]

父系地帯は、大陸のより北部に住むゴリド人や、サハリン島のギリヤーク人も含む。ギリヤーク人のケースでは、家族組織は、核家族と、直系家族および共同体家族の痕跡とが混合した独自の特徴を呈している。この漁労住民集団には、チベットのような長子の支配的な役割を含む一妻多夫制が、昔は特定できた。[35]

シベリア北東部の双処居住制

シベリアの最北東の端では、父系制は姿を消す。同質的双処居住地帯が観察されるが、それは伝播・普及という観点からの分析にとって非常に重要なことである。というのも、この地域は東南アジアおよび西ヨーロッパとともに、父系原則による変貌を基本的に被らなかったユーラシアの三つの先端部のうちの一つだからである。[36]

家族構造についてのデータは、あいにくきわめて不完全である。狩猟漁労民族であるユカギール人とエスキモー、トナカイ牧畜もしくは漁労に携わるチュクチ人とコリヤーク人は、十九世紀末にロシアの民族学者たちによって民族誌化された。彼らは、革命活動のために皇帝によってシベリアに流刑とされた学生だったが、当時、民族誌学は、家庭集団には副次的な関心しか寄せておらず、計量的技法を用いていなかった。[37] その上、この地帯全域には性的風俗慣習の自由という特徴が見られ、そのため家族集団を知覚する目が曇らされてしまったのである。妻の一時的な貸与を行なう友人と親族の集団の存在は、最初の進化論的民族学が人類の婚姻の原初的形態と考える、集団婚姻の存在をめぐる思弁を助長した。しかしながら、この幻影的な構築物が最も極端な形を取ったのは、シベリア北東端のすぐ南に位置するサハリンに住む父系のギリヤーク人のケースにおいてである。[38]

とはいえ、流刑に処されたロシアの人類学者たちは、長い歳月をその地で過ごしたため、現地の住民集団についての優れた知識を身に付けた。もちろん、父方居住と母方居住についての彼らの示唆を使用するに当たっては、慎重に行なう必要があるのではあるが。確実な結果が一つはある。すなわち、西ならびに中央シベリアを支配する父系クランの概念は、この地域に来ると完全に姿を消す、ということである。ちなみにロシアの征服者たちは、チュクチ人の統制を効率化しようとして、彼らの中にクランを創出しようとしたが、結果は全面的な失敗に終わっている。[39] ボゴラスの記述を読めば、これらシベリア北西部の住民には、ヨーロッパのラップ人やインディアンのディネ人とあまり変わらないように見える家族組織を特定することができる。すなわち、双方的親族集団によって統率される核家族である。

「部族の成員間の社会的関係の基礎にある家族を除いて、チュクチ人の社会構造の諸要素はきわめて不安定である。家族のつながりさえ完全に強制的なものではなく、個々人はしばしばそれを破棄して、両親の許を去る。成人した息子たちは頻繁に両親の許を離れる。そして、遠く離れた場所に己の運を試しに行くのである。男性に対して劣った条件にある女性でさえ、時に父親や夫の許を去って、他の〔複数の〕個人と暮らすためにどこかへ行ってしまうということもある。家族は彼女を追跡し、捕まえたら、力ずくで連れ帰ることになる[40]」。

ボゴラスが家庭集団の構成について述べていることは、一時的同居もしくは父方近接居住を伴う核家族を想起させる。

「チュクチ人の家族の本体とは、通常、一人の夫に他ならず、彼が一人か複数の妻およびその子供たちと一緒に住んでいる、ということに他ならない。一般的に、男性の両親はごく近くに、別の住居で暮す。彼らとともに、まだ結婚していないか、子供のいない若年の息子や娘たちが居住することもある[41]」。

夫が妻の家族の隣に居を構える入り婿婚が頻繁であるところから、高い父方居住率は不可能となる。これだけでなく、恋愛結婚の人気の高さ、女性の純潔への無関心、婚外子に対する寛容も付け加えなければならない[42]。こうした理由から、私はチュクチ人を「一時的双処同居を伴う家族」のカテゴリーに入れたわけであるが、文化的にも言語的にも近く、親族システムは明らかに双処居住であるが、その枠内での父方居住への屈折の蓋然性についても同じ不確実性を見せるコリヤーク人も、全く同様である。シベリアのエスキモーであるユピク人も同じ類型に属する[43]。義父への奉仕（bride service）は、延長されて入り婿婚に転じることもあるが、シベリア北東部のすべての民族において、この義父への奉仕は重要であり、これのゆえに父方居住率が三分の二を超すことはないのだと、私には思われる。三分の二というのは、婚姻が父方居住か母方居住かを定義するためにマードックが選んだ限界であるが、この比率そのものは、それを定義するにはかなり低いものである。とはいえ、エスキモーの集団の大半は、アラスカとグリーンランドの間の北アメリカに居住する。私は本書第Ⅱ巻で彼らの居住規則の系統的検討を行なうつもりである。

チュクチ人のキャンプや村はかなり小さく、二つか三つの家族しか含まれない。その構成は流動的であった。

「トナカイ牧畜民たるチュクチ人のキャンプの組織編成は、家族集団内の関係に依存している。チュクチ人のキャンプには一つの主住居があり、それを構える位置は所有者によって決められる。他の家屋は、その所有者間の関係によって、何らかの規則に応じて配置されている。それにもかかわらず、キャンプの組織編成は不安定で緩い。チュクチ人の家族集団のそれと全く同様である[44]」。

ユカギール人の家庭集団についてのヨケルソンの報告は、これより正確さに欠けるが、二つの重要な点を組み合わせると、ユカギール人の家庭集団を、より強く規範化されたものとして定義することを可能にする。家族システムの基礎は、一時的同居もしくは近接居住を伴う核家族であるが、ユカギール人は、父方居住というよりむしろ母方居住への屈折で、チュクチ人、コリヤーク人あるいはエスキモーと区別される。ヨケルソンはまた、彼らのケースにおいて、住居の選択の多様性にも言及しているが、末子相続の補完的な要素を観察している。末子は両親と同居しなければならない[45]。この義務は、理論上、男女を問わず最も若年の子どもに課されるのであり、そうなるとこれは、明示的な双方末子相続の非常に稀なケースということになるだろう。こうした末子についての言及は、ひとつの規範、一つのシステムを喚起している。理論上は双方的であるにもかかわらず、その規範が存在するがゆえに、私はユカギール人の母方居住制を、チュクチ人やコリヤーク人の父方居住制よりも実質を伴った規則とみなすに至った。それゆえユカギール人は、私のサンプルの中では、一時的母方同居を伴う核家族として登場するのである。

このより明瞭な人類学的組織様態は、父系遊牧民との接触で説明がつく。母方居住制は、ステップの父方居住制に対する否定反応であり、双処居住の末子相続は、遊牧民の父方居住末子相続の折衷的採用である、ということになるだろう。現にユカギール人は、チュクチ人とコリヤーク人よりも、若干シベリア中央部に近いところに居住する。

台湾の先住民族の家族の異種混合性

台湾の先住民は、そのうちの多くが、民族誌化される以前に非常に長い期間に渡って、島の山岳体系によって守られて生き延びてきた者たちなのだが、その家族形態の多様性は、まさに紛れもない博物館をなしている。しかし中国人による植民地化以前には、生活様式が実際に単一であるところから、彼らは一つにまとまっていた。すべての集団が、粗放的な焼き畑農耕でキビを栽培していた。すべての集団が、首狩り人であった。戦争が、その儀礼化された形式によって、文明の一領域の性格を決定していた。

その多様性にもかかわらず、すべて家族形態がいくつかの共通の特徴を見せている。きわめて外婚性が強く、最低でも本イトコとの結婚を禁止している。いたるところに長子相続原則の痕跡が見られる。それは場合によって、男子のなかの最年長者、女子のなかの最年長者、もしくは性別とは関係なく最年長者に固着している。とは

表3–2　台湾の先住民族

	家族類型	世帯のサイズ	1931年における数
プユマ	一時的双処同居(母方傾斜)を伴う核家族	4.8	5289
アタイヤル	父方居住を伴う核家族	4.8	33302
ルカイ	父方居住直系家族	4.9	6000*
パイワン	双処居住直系家族	4.9	30000*
ブヌン	父方居住共同体家族	9.4	18179
アミ	母方居住共同体家族	7.8(北部および中部は5.2、南部は9.5)	44187

＊ルカイ人とパイワン人の数は、1931年に馬淵東一がその双方に与えたものを、2000年におけるそれぞれの人口によって振り分けたものである。

いえそれは、主《あるじ》の権能、家屋、儀式に用いる物品に関わる、「軽い」長子相続制である。農地制度は、一時的な開墾を基本とするため、実際、土地の不分割的ないし不平等主義的な移譲を含む「重い」長子相続の余地はない。世帯の規模が言われる通りなら、この軽い長子相続制は、複数の世代の同居を引き起こすことはあまりなさそうである。私は、パイワン人とルカイ人を、一時的同居を伴う核家族ではなくむしろ直系家族と分類するに当たっては、大いに苦慮したものである。かなり古典的な現象だが、ここではフィールドが入り組んでおり、そのため出典の間にも矛盾が生じている。(46) 長子相続のメカニズムと核世帯の組み合わせは、それ自体が問題なのだ。これについては、台湾との間に住民の類似性が見られるフィリピン諸島の調査の際に、そしてまた、エーゲ海の島嶼とイングランドについての研究の際に、改めて取り組まなければならないであろう。(47) 台湾の先住民には、近年になって中国の父方居住と共同体家族が伝播・普及したことが感じ取れる。ただこれはしばしば部分的で、時として分離的反応を引き起こしてもいる。

表3—2は、馬淵東一(48)*2から提供されたデータに拠って作成したものであるが、これはさまざまな先住民族における家族類型の相対的な重みを推計することを可能にする。

この他に二つの集団があり、サイズの小ささのために馬淵東一は詳細に研究していないが、二つとも父方居住共同体家族類型の担い手である。すなわち、ブヌン人のすぐ西側に居住するツォウ人と、アタイヤル人のすぐ西側のサイシャット人である。**地図3―2**を見ると、これらすべての民族は島の東側の空間に位置していることが見て取れる。西側の平原は中国人住民集団に占められており、そこでは先住民は完全に異文化受容を遂行させられたわけである。

決定的な真実に達したと主張するものではないが、台湾の先住民族の家族システムの多様性を、中国大陸からの移住民との接触の結果として解釈してみることはできる。それは始まったのが比較的遅く、おそらく苛烈なものだった。中国大陸からの移住が本格的に始まったのは、十七世紀になってからにすぎない。福建省（福建人は全体の八〇％を占める）と広東省（客家）出身の移住民たちは、当時、長子制の痕跡と残留性母方居住を保存する父方居住共同体家族の家族システムの担い手であった。土地の起伏の不規則性、海路による交易の可能性、十七世紀から十九世紀までの先住民の移住の複雑な歴史、こうしたものにもかかわらず、家族類型の分布は比較的単純で有意的な姿を現わしているのである。その地理的配置は、中国家族の組織編成原理たる価値の伝播・普及によって、かなりの程度まで的確に説明が付く。一八九五年から一九四五年までの日本による占領は、あまりにも短く、本格的な影響と考えることはできない。

先住民族が分布する地帯の中の西部において、ツォウ人、サイシャット人、ブヌン人は父方居住共同体家族の民である。彼らは中国の家族類型の最大限の模倣の具体例に他ならない。ブヌン人の父方居住制は、台湾の中国人のそれとは異なり、絶対的父方居住であるが、これはモデルの超順応主義的採用のケースであるとさえ考えられる。ブヌン人は島の中央山岳地帯を占めている。彼らの場合、中国人との近接性が、高山の結果としての孤立を埋め合わせたことになる。

それより東に居住する、山々に護られているが海岸の縁を占めているアミ人は、明らかにより人口が多く、母

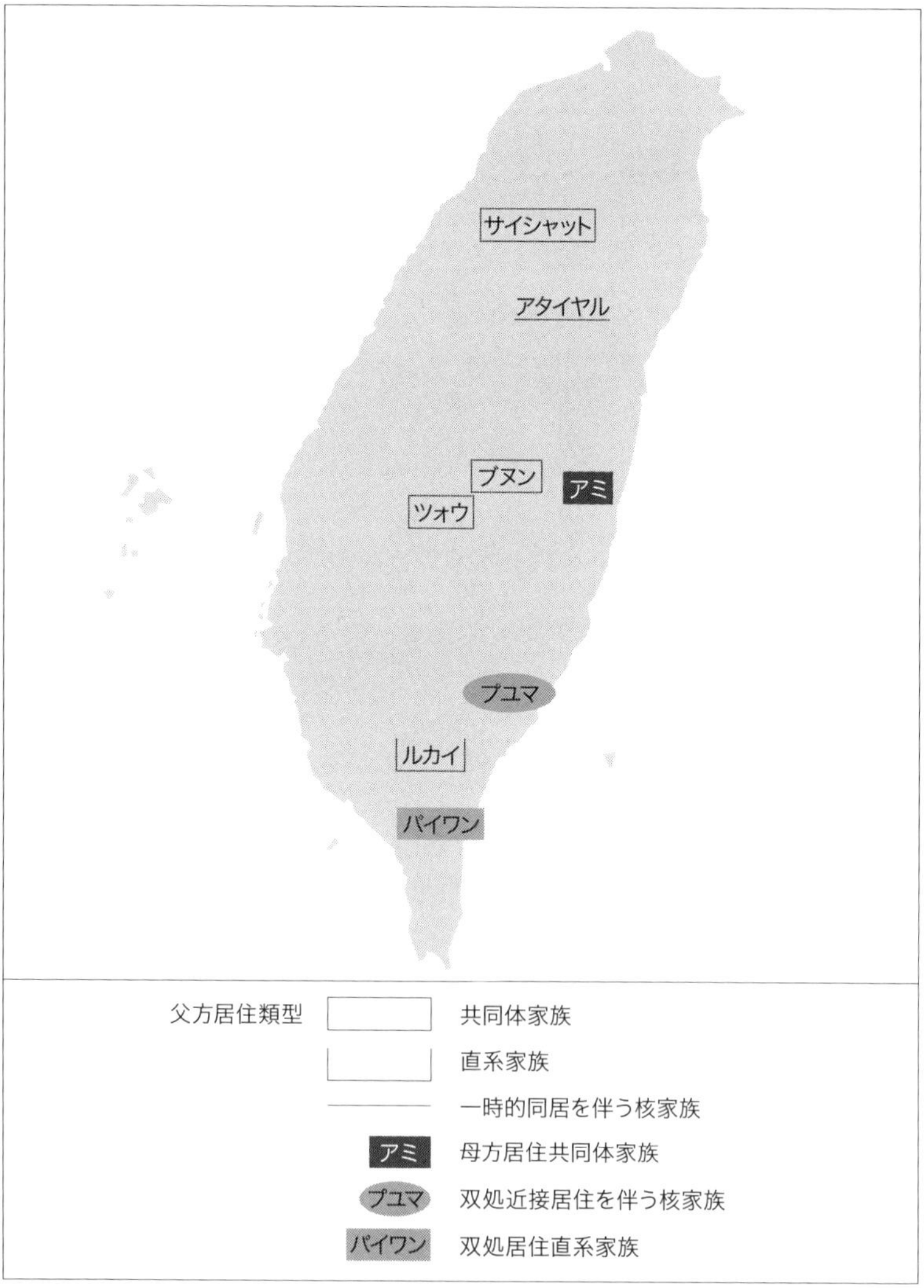

地図 3–2　台湾の先住民族

方居住共同体家族の民であるが、その家族類型は、世帯のサイズについては有意的な微妙な差異を帯びている。父系との接触前線に位置する彼らの居住地は、父方居住革新に対する否定反応を想起させる。ブヌン人とアミ人とでは、父系か母系かの単系性の形態が反転している。ブヌン人は、技術的により先進的でそれゆえに威信溢れる中国文明の外観を模倣した。しかしより東に位置するアミ人にとって、父方居住共同体家族という新たな形態はブヌン人によって持ち込まれたものだった。アミ人が、ブヌン人は自分たちより優れていると考える理由は一つもなかった。それゆえ、アミ人のケースにおいて、部分的に分離的な、変化の選択的獲得が進行したと想像することができる。共同体家族的特徴は受け入れられたが、父方居住的特徴は、伝統的価値を再確認する企ての中で、拒否されるのではなく、反転させられた。とはいえその企ては、父方居住革新と全く同様に実質的な母方居住革新に至るのである。

父方居住原則の全般的な分布は、伝播・普及のモデルに完全に一致している。サイシャット人、ツォウ人、ブヌン人（共同体家族）、ルカイ人（直系家族）、アタイヤル人（一時的同居を伴う核家族）は、中国人の入植により近い。母方居住のアミ人はいくぶん遠いところにいる。最後に来るのが、パイワン人（直系家族）やプユマ人（核家族）という双処居住類型である。

世帯のサイズを家族集団の唯一の特徴として取り上げるなら、巨大サイズの共同体的世帯（ブヌン人で九・八人、中央部と南部のアミ人で七・八人）が一続きのブロックを形成していることに気づく。アタイヤル人やプユマ人のような核家族類型と、ルカイ人やパイワン人のような、複数世代の厳格な同居を伴わない直系家族類型は、それを挟むように北側と南側とに位置している。島の最南端にアミ人の小規模な集団が存在するが、それは小舟の使用によって容易に行なわれた少数派の入植にすぎず、私としては無視し得るものと考える。北部では、アタイヤル人が、かなり進行した父方居住変動（九〇％の率に達する）を呈している。しかしこの変動は、家族の核家族構造には打撃を与えていない。この点についてのブヌン人との差異に関する説明は、今のところ持ち合わせない。

本書で提示されている一般モデルは、中国との接触からもっとも遠いところに位置する双処居住核家族のプユマ人を、起源的類型にもっとも近いものとみなすよう促すだろう。それとひじょうに類似する家族形態、やはり儀礼的長子制を含み、母方居住への屈折は示さない家族形態が、フィリピンのいくつかの住民集団に見出されるのである。

母系制への導入　ナ人

中国空間の外縁部たるヒマラヤ山系に住むナ人というのは、家族・性生活の分野においては、婚姻の不在も含めてあらゆることが考え得るという印象を与える人間集団の一つに他ならない。ナ人は、とりわけ、父系の出現と母系的分離反応との間に存在する関係の完璧な具体例をなしている。(49)

二十世紀末頃、モソ人として分類されるナシ人の四つの集団のうちの一つであるナ人の人口はおよそ三万人だった。彼らは雲南省と四川省の境の海抜二七〇〇メートルの高地にある永寧盆地で生活している。この山岳農耕民は、きわめて大きな孤立状態にあったが、それでも馬とラバを用いるキャラバンとして交易の流れに参加していた。ナ人の宗教には、アニミズム信仰の残滓とチベット仏教傘下のきわめて敬虔な仏教とが混ざっている。男性はかなり高い割合で僧侶になる。ラサの修道院が彼らの教育を保証している。三分の一近くの男性がラマ僧になるという事実は、家族システムの運行にあまり影響を与えない。彼らは純潔の誓いを尊重しないか、より端的にそうした誓いを口にしないからである。ナ人の社会は、首長の子孫からなる貴族階級たる芝罘《しふう》（世帯の三％）、多数派の平民集団（六八％）、少数派の奴隷住民集団（二一九％）を擁し、がっしりと階層化されている。

漢帝国の時代から、ナ人は中国の監督のもとで自治のステータスを持っていた。芝罘という称号は中国語で、明朝と清朝のもとでの知事を意味していた。芝罘一門の支配的な地位は、中国システムの中でこの一門が担った役割に由来する権威なしには考えられないだろう。

ナ人の平民は、安定した婚姻を知らない。理念的には、すべての個人は出身家族に留まる。したがってそれは、兄弟と姉妹の集団をなすのであり、たいていは男女の年長者が家長になる。(50) 男女は著しく平等で、他の世帯の中に愛人を作る。性交渉によって子供ができると、母親の家族の中で育てられる。その際、母方のオジが男性としての権威を揮う立場に就く。生物学上の父親は、一般的に父権を主張しない。第一、父権を特定するのは全くもって容易ではないのである。三世代世帯が形づくられ、その一般的な構造は、血統というものが女性を介してつながって行くのであるから、「母方居住共同体家族」類型のそれと類似する。(51) しかし夫の役割は兄弟によって代行される。母方居住という概念を、〔新婚夫婦ではなく〕子どもの母方居住という概念に準用するなら、ナ人の家族システムに「母方居住共同体家族」という用語を適用することはできる。両親の視点から言えば、各人が出身家庭に留まるのだから、システムは「出生居住」ということになる。

このモデルは、娘のいない家族には父方居住という逸脱様態を容認する。それに、世帯のサイズが大きくなりすぎたり、世帯内の折り合いが悪い場合には、家庭集団と世襲財産との分裂が起こる。この場合、分割は明確に平等主義的でも、さりとて不平等主義的でもなさそうである。

とはいえ、民衆の特徴たる母方居住の家庭集団が、ナ人の家族システムの全体をなしているとみなすのは、全くの幻想だろう。支配的な社会的カテゴリーである貴族階級（実質的には芝罘一門という特大拡大家族）の方は、同居を、それも父方居住同居を伴う古典的な婚姻を実践している。(52) したがって、母方居住の平民システムの上に、共同体的にして父方居住という反転した家族モデルが乗っかっているわけである。この反転した家族モデルもまた、明確に平等主義的でも明確に不平等主義的でもない分割の可能性を孕んでいる。直系の痕跡は明らかである。潜在的な遺産継承者とされる芝罘の長男は、主要な遺産相続者としての特権に結び付く安定的な結婚の義務が課される唯一の存在である。[53] もちろん、(広い意味で) 母方居住の平民と父方居住の貴族は、分離した生活を平行して営むわけではない。支配集団は、一夫多妻制またはシステム全体の特徴たるひじょうに自由な性行動によって、被支配集団の女性たちに接近する大幅な手段を持っている。かなり異種混交的集団である奴隷のケースは、解釈にとって枢要ではないから、考慮に入れないでおくことにする。

このような組み合わせは、構造主義的もしくは特に進化主義的ないくつもの対立する解釈を引き起こしうる。それらの解釈の開陳については、ツァイ・ホワのきわめて充実したモノグラフを参照して戴きたい。私としては、伝播・普及という点からの一つの解釈を提唱するに留めておきたい。ナ人システムは、中国の影響を参照しなければ理解しがたい。後でみるように、中国は長い間、父方居住直系家族だったが、今日では父方居住共同体家族となっている。一時的双処同居を伴う核家族システムが存続していた孤立した地域に、強力な文明によって持ち込まれた父方居住モデルの闖入が、どのようにして二つの相互補完的現象を引き起こすことになったのかを想像するのは、それほど難しいことではない。社会ピラミッドの上方にある貴族階級の中では、父方居住制は模倣された。芝罘の家族には平等と不平等のいずれにするかでためらいが見られるわけだが、その淵源は、中国の家族史上の異なる二つの時代に遡るように思われる。逆に、人口の大半を占める平民にも共同体家族という観念は、同様に長子権の観念とない交ぜになって浸透したが、しかし伝統的に高いものであった女性のステータスはそれに抵抗し、再確認さえ引き起こした。つまり、中国の家族の父系原則は反転し、母系原則となったのである。

安定した婚姻の絆が存在しないのは、変動とは無縁の古代的特徴であると考えてはならない。逆にそれは、すべての単系システム、とりわけ母系類型の特徴である夫婦のつながりの脆弱さの限界状態に他ならないのである。核家族の場合は、夫婦のつながりは唯一の安定的構造要素である。もちろん不和の場合にはそれが解消されることはあるとしても、婚姻とは、同語反復的な言い方になるが、夫婦の生活にとって本質的なものである。家族の組織編成が稠密化し、世代間の縦のつながりや兄弟姉妹間の横のつながりが構造要素となると、夫婦のつながりは、排他性を失ったという単純な理由で、弱まってしまう。夫はもうひたすら妻に依存するということはなく、妻は夫に依存しない。複合的な家族システムとは、起源的形態ではなく、むしろ歴史による構築物であるという考えを受け入れるならば、婚姻の脆弱さ、時にはその消滅が、歴史による構築物であるということもやはり認めなくてはならない。私は本書第II巻で、一夫多妻制が統計的に大量で、文化的に支配的な現象であるアフリカに取りかかるときに、家族形態の複合化と夫婦のつながりの弱化との間の関連を包括的に検討しなければならなくなるはずである。

歴　史

第一の解釈

アジアの家族類型の分布のまことに見事な同心円的環状構造は、歴史への最初の取り組みを可能にしてくれる。

この構造を見るなら、まずは父方居住と母方居住と双処居住の各類型の相対的な時代の古さを確定するような、ひじょうに一般的な解釈を行なわざるを得なくなる。最も遠方の周縁部に位置する双処居住類型は、明らかに最も古い家族類型である。中央部では父方居住制が、基本的な革新として姿を現わしている。中間の同心円上に位置する母方居住制は、接触前線の現象として、もともとは双処居住の環境が、父方居住原則の前進に直面して、分離的否定反応をした結果として姿を現わす。「あなた方は、重要なのは夫の家族であると言うが、われわれは、重要なのは妻の家族であると、これまで常に考えて来た」というわけである。

しかし、ユーラシア全体について前章ですでに記したように、中国とその近隣周縁部の場合は、歴史データを参照せずに家族類型の出現を記述するシークエンスを確立することはできない。

中央部 対 周縁部という組織編成は、父系原則の強度と家族集団の複合性との間に直接のつながりがあることを示しているだろう。共同体家族、直系家族、一時的父方同居を伴う核家族は、父方居住制による家庭集団の濃密化の三つの段階を代表するということになるだろう。三つの類型それぞれの中国中央部との平均距離は、周縁部へと伝播・普及する父系原則の力が次第に衰えて行ったということで説明がつくだろう。中国からの距離は、共同体家族にとってはゼロであり、直系家族にとっては中くらいで、一時的同居を伴う核家族にとってはややそれを上回る。この核家族は、第一同心円上で直系家族と隣り合っているが、それだけでなくさらにその先へと広がってもいる、というわけである。

このモデルはあまりに単純である。それは、標準的な直系家族とステップの遊牧民の一時的同居を伴う核家族との父方居住率が均等であることの説明にはならない。

中国の男性長子相続制のおおよその年代推定

入手可能な歴史的要素は、中国における直系家族の出現のおおよその年代を確定することを可能にする。あいにく家族に関する歴史データに取り組むときによくあるように、過去へ向かって一歩進むごとに、最下層の社会階層は一つまた一つと文献集積から姿を消して行き、ついには社会構造の上層を弱々しく照らすだけの不確かな微光が残るだけになってしまうものである。まず民衆の世界が、次いで商人と小貴族階級が姿を消し、最後には最も上層の貴族階級までも影が薄くなり、王家の一族しか残っていない、ということになる。やがてこの薄い皮膜も時間の闇の中へと姿をかき消してしまう。

こうした偏りは、つねに過去を理解するための克服しがたい障害であるというわけではない。あらゆる社会階層は、ある一定の時代に同じ家族文化を共有しているからであり、あるいは、社会構造の上層では家族形態が下の方に伝播・普及していく端緒が捉えられるからでもある。このような現象は、伝播・普及の公理系の一部をなしている。なぜなら、支配的階層もしくは単に威信のある階層は、他の階層に対してモデルとなるからである。このようなコンテクストにおいては、上層階層についての情報は何かしら社会全体に関わるものを顕示することができる。支配層が父方居住で被支配層は母方居住制のナ人のケースでいま見たように、上層階級の家族形態と被支配階級の家族形態が矛盾するケースは、もちろん存在する。しかし、その場合、その矛盾には意味がある。それは、伝播・普及のメカニズムの内部にある抵抗を表しているのである。とはいえ、芝罘のうちの支配階層の家族しか記述しない不完全な歴史データは、民衆階層の母系制を覆い隠してしまっていたというのは事実である。こうした点を踏まえつつ、われわれは手持ちの歴史データの検討に取りかかることができる。

占いの際に亀の甲羅に残された文字〔甲骨文字〕は、われわれの持つ最も古い情報源となるが、もちろん王に関するものにすぎない。歴史上最初の中国王朝である商〔殷〕王朝（共通紀元前一七六五年から一一二二年とされる）は、兄弟間の横の継承の慣習を出現させている。(54) 権力は、次の世代に移る前に兄から弟へと移行し、そののち長兄の長男へと戻っていく。横への動きに続いて、次の世代の年長の甥へと斜に降りるという相続のシークエンスは、「Z型継承」と名付けることができる。これらの歴史データはひじょうに脆弱なものであり、もし〈Z型継承〉が、他の複数の重要な昔のシステムの特徴となっていないならば、モデル構築のために用いることなどできない相談であろう。しかし、本巻でも次巻においても、古代日本[*3]や初期のファラオのエジプト、さらには今日のアフリカにおいて、これは何度か見出されることになる。(55) 本巻の最後に研究するエジプトのケースでは、古代帝国〔王国〕のファラオの〈Z型継承〉は、住民集団全体については個人主義的核家族システムに対応していたということがわかるだろう。兄から弟への継承と、〈サイクル α〉の特徴である横への移行との間に何らかの関係があり得るということは、今からもう想定できる。一時的同居を伴う核家族の基礎的メカニズムは、結婚後しばらくの間両親と同居し、次いで次の者に席を譲ることを、子どもたちに要求しており、いざとなれば、結婚したのちの末子が高齢の両親の面倒を見ることになる。一時的同居を息子たちに限定するなら、観察される兄から弟への横の動きそれ自体は、たしかに相続タイプの動きではないということになろうが、その精神は横への相続慣行の前提条件ともなり得るであろう。王位の場合は、男から男へと継承するという事実は、システムが父系制であることを表すものではなく、戦争と指導の職務が男性の専門領域であったことを表しているのである。

さらに言うなら、亀甲上の文字は、兄弟間の継承を示唆しているとしても、父系社会を喚起しているわけではないのである。

「歴代の商王は、男性の先祖と同じくらい、母親と女性の先祖に供犠を捧げており、占いの資料は彼女たちの名前で覆われている」(56)。

商朝末期と周王朝の下、男性長子相続原則が貴族の間に根づいた。この原則は、父方居住直系家族の土台をなし、またその証拠でもある。父方居住直系家族は、社会の底辺と中国空間の周縁部へと徐々に伝播して行ったと考えられる(57)。だから、共通紀元前一一〇〇年ごろという年代の正確性を過大に受け止めないようにしよう。これは平均的な年代ではなく、むしろ起源点を示すものである。春秋時代、共通紀元前七〇〇〜五〇〇年の間に、商のZ型の遺産相続システムは、中央部の東に位置する宋国と魯国でもやはり確認することができる(58)。

ちなみに、周時代の中国の社会と文化は、全般化したヒエラルキー原則に立脚する「直系家族文化」のあらゆる古典的特徴を出現させている。私は、この心性的・社会的システムを、家族構造とイデオロギーの関係を分析した著書の中で研究している(59)。父は息子より上、兄は弟より上、女は男より下、主君は家臣より上、という具合に、社会は不平等な序列に分かれて差異化される。周時代に創設され最初の成功を収めた儒教は、典型的な直系家族イデオロギーである。

〔共通紀元前〕十二世紀から三世紀までの時代は、マルセル・グラネによって封建時代と名付けられた(60)。国土の細分化、小貴族に対する貴族の宗主権は、現に二〇〇〇年も遅れて登場する封建制ヨーロッパを思わせる。しかしそれは疑問の余地なく、出現しつつあった直系家族の権威と不平等という価値観に結びついていた(61)。戦争も、もう一つの共通の特徴である。封建制中国は、紀元前七二二から二二二年までの間の時間の七五%を軍事活動が占めており、今日の調査で分かっている限り最も好戦的な文明のうちの一つを経験したわけである(62)。

直系家族につねに付随するヒエラルキー的強迫観念は、科学技術的、経済的あるいは宗教的な発展レベルとは無関係のもののようである。それは、台湾の先住民の首狩り人や神権政治のチベット、あるいは日本にも、そしてヨーロッパでも、バスクやベアルンやドイツの社会に見られる。不平等の原則は、包括的な社会構造のレベルに見られるのであり、直系家族的社会構造では、どこでもほとんど変わることなく、上には貴族階級があり、下には隷属集団や時には不可触民さえいることがある。

周王朝の中国は、国土としては現在の中国の一部しか占めていなかった。それは、黄河の中央平原のいくつかの古代都市を起源的中心とする拡大するシステムであり、この中央部〔中原〕の諸侯国という観念は、後に中国全体へと拡大した。「中央部の帝国」[*4]という表現はこれに由来する。中国の父方居住直系家族は、五千年以上前から農耕を行ない、何世紀も前に文字を発明していた地域の中心部に出現し、発展したのである。

この出発点たる中心部についてのジャック・ジェルネによる、家族、軍事、宗教に関する記述の全文を引用しておこう。なぜならこの文章は、それが目的ではないにもかかわらず、直系家族文化のあらゆる本質的様相を凝縮して見せているからである。

「領土は、一種ミツバチの分封のようなものによって拡大した。一つの高貴な家族に、境界を画定した一定の領地（封土を示す *feng*〔封〕という語は、土地の境界を示す盛土 feng を暗示している）に対する宗教的にして同時に軍事的でもある権力を授ける封土システムは、結局のところ、家族と領地の巨大なヒエラルキーの内部における王権の複製《レプリカ》に他ならない。全体の凝集性を保証しているのは、主要な分家（*dazong*）（王の分家と諸侯の分家）と副次的分家（*xiaozong*）に別けられた家族的崇拝の秩序である。各クランの中で、主要な崇拝の祭祀を司る首長は、クランの創始者たる先祖の直系の子孫であり、この先祖は、その血統に連なるすべての継承者とともに、世代が代ってもいつまでも崇敬の対象であり続ける。それに対して、副次的分家の首長たちは、家族の中で、四世代遡る先祖尊属（父、祖父、曾祖父、高祖父）しか礼拝することを許されない。すべての貴族家族においては、商朝末期以来、正室の長子が家政と文化的特権を継承するというのが、少なくとも規則となっている。跡取り息子と正室を指定することが重要視されるのは、このような事情で説明がつくのである」[63]。

貴族階級の中には、家族に結び付く家系イデオロギーの重要性が観察される。それは、単なる家庭集団を越えて、上位のレベルで親族の組織編成を定義しようと努めている。この上位の家系レベルは、往々にして二十世紀前半の中国にはまだ存在していた。しかし、それがとりわけ根強く存在していたのは、中国南東沿岸部の福建省と広東省の一部で、まさに共同体家族システムの内部に存続する直系家族的な特徴が観察された地域なのである[64]。昔のものが周縁部で生き延びている。これこそまさに、南東の沿岸部の農民の中に存続している直系家族の特徴は、晩期封建時代の中央部の農民の特徴でもあったという想定を可能にしてくれるものに他ならない。

早くも共通紀元前第二千年紀の末には、貴族階級の男性長子相続は、家庭集団を定義していたが、それだけでなく、縦には三世代以上、横へはイトコたちへと広範に拡大するより広大な父系親族集団を定義していた。本書においては、人類学の文献の大部分におけるように、父方居住かどうかは、家庭集団の発展サイクルを参照して明らかになる。つまり父方居住の概念は、近親の家族生活の組織編成に関わっており、それによって〇から一〇〇％の間で変動する父方居住率（あるいはこれを補完する、一〇〇～〇％の間に含まれる母方居住率）を測定することが可能になる。一方、父系という概念の方は、社会構造のより高度で観念的なレベル、家庭集団をはるかに越えた、互いに知らない個人と個人の間の関係に関わりうるカテゴリーである。親族システムとは、実はすでにひとつのイデオロギーなのだ。

このように直系家族と父系イデオロギーとは当初において結合していたわけだが、このことは、父系直系家族を本格的に父系原則の可能な起源と見なすことができる、ということを含意する。ただし、直系家族の「通常」の父方居住率はわずか七五％にすぎない。この出現形態は「レベル1の父系制」と名付けることができる。一方、共同体家族の父方居住率は九五％を超え、これが定義する父系制は、〈レベル2の父系制〉ということになろう。したがって、〔父系直系家族を父系原則の起源と見なすというのは、父系イデオロギーという〕イデオロギーの出現を、父方居住性が不完全な家族システムに結びつけようとする仮説〔ということになり、これ〕には、いくつかの異論が呈されるのである。

伝承のために組織編成されたものである直系家族は、息子がいない場合、たいていは女系での相続と夫を婿として家系に編入することを容認する[65]。その上、前章で見たように、跡取りは女子でなければならないとする母方居住直系家族のケースは、かなり多い。女子でも男子でもとにかく長子を主たる相続者として指名する絶対長子制直系家族もまた存在する。

しかし、ユーラシア・サンプルは、「通常の」直系家族は（六三％のケースで）父方居住であるという事実にいささかの疑いの余地も残さない[66]。直系家族類型の中には母方居住のケースが相対的に多く現われている（二〇％）が、これは実際は、家系が息子によって定義されるにせよ娘によって定義づけられるにせよ、いずれにせよ直系家族と**単系制**との間にはより一般的なつながりがあるということを確証するものに他ならない。これはかなり理屈に合っている。単一継承の原則というものは、時を貫く一本の軸を確定しようと努めるものだからである。

問題が一つ残る。〈レベル1の父系制〉を独占するのは、直系家族だけではない。アジアのステップの遊牧民の一時的父方同居を伴う核家族もまた、父方居住率およそ四分の三に該当し、したがって〈レベル1の父系制〉

にあたる。それに、ステップの遊牧民にあって、父系のクランは、家族の基本的レベルを超えた社会構造の枢要部分を定義するものである。しかしながら、人類の歴史を繙いてみるなら、この補足的な煩瑣な難問を片付けることができるようになるだろう。すなわち、遠い過去のある時代には〔父系性は〕直系家族が独占していた蓋然性が強いのである。グラネによれば、中国における男性長子相続が出現した時期である共通紀元前一一〇〇年ごろ、ユーラシアのステップの牧畜はまだ存在していなかった。その出現は、共通紀元前九世紀のことにすぎず、しかもそれは、はるか西方の、ロシア南部とウクライナのステップで起こったのである。(67) 中国の父方居住直系家族によって定義されたシステムに見られる不完全な父系性は、ステップの遊牧民の父系クランの出現より時間的に先行するということを認めることができるのだ。

直系家族の出現の背景としての稠密な農業

直系家族の出現をどのように解釈すべきだろうか。まず、中国のケースにおいて直系家族に先立つ家族システムが何なのかを知ることができないということに留意しよう。世界地図かアジア地図を見れば、それは一時的同居を伴う核家族システムであると仮定することができる。これは本書において、最も周縁部的であるがゆえに、最も古い形態として特定されたものである。最終的な結論というわけではないが、商の横への相続の規則は、このような仮説と矛盾しない。しかし、いかなる歴史資料も、この一時的同居を伴う核家族が、直系家族の出現以前に父方居住であったかどうか、あるいは、直系家族が父方居住というものの最初の出現例であったのかどうか、断言することを許してくれない。**地図3―1**によって定義された同心円システムにおいて、中心からの距離で、直系家族よりさらに遠くに、南部の少数民族の一時的父方同居を伴う核家族類型が存在するという事実は、このような仮説を可能にするだろうが、私としては、その仮説は真実ではないということを、後に証明するべく試みるつもりである。

可能な一つの歴史的シークエンス、つまり、既知の事実と両立し得る歴史的シークエンスを記述することだけに留めておくことにしよう。それは、事実と両立し得る他のシークエンスの可能性を排除することができるというわけではないが。出発点としては、狩猟採集民と最初の農耕民の特徴である、より幅広い双方的親族集団の中に組み込まれた、一時的双処同居を伴う核家族を取り上げることにする。因果関係がどちらの方向に行くのかについては予断を持たずに、農耕の進化と家族の進化との間には必然的に機能的関係があるということを、認めることはできる。

フレイザーが指摘していたように、最近結婚したばかりの子どもが両親の許に留まり、やがて次の者が交替する〈サイクルα〉は、流動的住民集団および拡張的生産システムと高度に両立する。焼き畑農業は、特定の土地に固着しないものであるから、もちろん、年上の者から順次子どもたちが両親の許を去ることを可能にする。しかし〈サイクルα〉は、移動農耕と全く同じように拡張的定住農耕とも両立する。安定した共同体と恒常的に耕作される土地の存在は、年上の子どもたちが新しい肥沃な土地を開墾するために立ち去ることを妨げはしない。実際には、初期の農耕民にとって、出発を促す力はきわめて強い。新しい土地は古い土地よりも肥沃だからである。古い土地の再生は、古い共同体にとって早くも問題となる可能性がある。フレイザーが記したように、「新石器時代の経済は拡張的である」[68]。開墾者集団は必ずしも社会的に同質的とは限らない。移動する住民集団は、農民の長子と「貴族」の長子の両方を容れることもある。「貴族」というのは、厳密な用語よりはむしろ喚起力のある用語を用いようとして、こう言ったまでであるが。貴族の〔気高い〕子どもたちは新しい領地から遠くへと運命を切り開きに行くこともあるわけである。

個別的家族の機能性を過大視してはならない。新たな土地を開墾しに出発するのは、たいていの場合、複数の夫婦の集まりである。男が一人で土地を開墾するのは稀だからである。ところが、これらの集団的出発のリズムは、個々の家族サイクルのリズムに正確に合致することはない。領域拡張のこの農業システムにおいて、土地の分割は可能であるが必須ではない。明確な遺産相続規則の定義は、無用であろう。したがって、平等原則も不平等原則もないのである。この局面においては、父方居住の実践も規範も想定させるものは何もない。とはいえ私は、一種末子相続制のごときものを想定する。非公式で統計学的〔統計的にこのケースが多そうだ、という意味で〕で非父系的で、遺産の最後の分け前を、両親の面倒を見る男子もしくは女子の子どもに与える、というだけのものである。規範を持たず、未分化という概念のもっとも広い意味で非分化であるこのシステムは、土地がふんだんにある限りは機能しうる。

しかし最後には、この拡張農業文明の中心部では土地は希少になり、ピエール・ショーニュの表現を借りるなら、「満員の世界の時代」が徐々に腰を据える。移住することは容易ではなくなった。生産の増大は集約化の形態をとらなくてはならない。空間の制限は農民だけに打撃となるわけではない。社会構造の上層で、地主階級にとっても問題となるのである。地主階級というものが存在しているとしての話だが。この集団の子どもたちは、もはや新しい土地を手に入れることはできない。こうして初めて、さまざまな子どもの遺産相続への権利についての理論的な問題が提起されることになる。可処分の財の量が、拡張可能な総体ではなく、有限の総体として知覚されたからである。ヨーロッパについて研究した多くの歴史家たちに続いて、私も、直系家族の仕組みが発明されたのは、どの土地にも持ち主がいるというこの閉ざされた世界の中においてであると思う。不可分性の規則は、地所の一体性を保証する。地所すなわち、社会的階層の上の者にとっては封土であり、下の者にとっては農場である。はるかに後になって長子相続制が出現したヨーロッパのケースにおいては、その発明は社会構造の最高水準、すなわち王に由来するのを、われわれは目にすることになるだろう。

私は、必然的な因果過程を喚起しているわけではない。閉ざされた空間内で稠密化した定住農耕は、ここでは単に直系家族の出現に好ましいコンテクストとして記述されているにすぎない。直系家族は定住農耕の中につねに現われると、言っているのではない。稠密農耕的環境での直系形態の「不出現」のケースを観察する機会もいずれあることだろう。また、一たび発明された直系家族のメカニズムは、この元々のコンテクストから独立して広まることはできないと、言っているわけでもない。人口の疎らな農耕環境での直系家族の伝播・普及現象を検討する機会もあるだろう。

この非常に慎ましいモデルは、なぜ不分割はたいていの場合父系的であるのかを述べることはできない。農耕への精力の投下の中で男性の果たす役割が増大することを浮き彫りにする「説明」を、念入りに作り上げることは容易であろう。しかし、封建時代の中国北部の強力な軍事的活動に着目して、農耕の稠密化を、土地の所有のための争いや暴力の増大、そして男性の身体的威力への新たな価値付与へとつなげる、もう一つ別の解釈を作り出すこともできるだろう。稠密な農耕システムにおける余剰の増大は、その独り占めを争う衝突に至るということもまた、示唆されるだろう。私としては、人間の欲動と選好についてのアプリオリな知識によって過去の現象を「説明する」と称するこれらのかなり古典的な論争には、足を踏み入れないつもりである。逆に、歴史の中で観察される家族的シークエンスは、人間という種の心理的作動〔動き方〕について、何事かを明らかにしてくれると考えたいものである。

末子相続は長子相続より前か後か

不分割の規則こそ、直系家族の作動を可能にするものだが、これにはいくつかの変種があり、主要なものは、長子相続と末子相続である。このうち前者の方が、はるかに頻繁である。中国以外の地域に関するデータの検討は、父親に後継者を選ぶ自由を与えるという解決法も存在することを示すことになるが、この解決法はたいていの場合、最後には男子の中の年長者の指名へと行き着くということを示している。ここで私が関心を向けるのは、不完全な、〈レベル1の父系制〉に対応する父方居住直系家族に対してである。

長子相続と末子相続は、時間的には互いにどのように位置づけられるのであろうか。

フレイザーの論理に従うなら、末子相続の方が先とする見方に行き着くだろう。彼は、末子相続制を〈サイクルα〉の「自然な」到達点と考えていた。新婚の子どもが両親の許に残って、やがて次の者に席を譲るということは、最後には最も若年の子どもを特別な地位を占める者として指名することへと、行き着くことになる。前の世代が高齢となったら、彼らに責任を持つことになる最も若年の者は、それゆえ家を相続するのである。このような末子相続は、まだ不分割の規則によって規定されたものとすることはできない。これは何らかの直系家族システムを定義するわけではない。〈サイクルα〉を実践している住民集団の人口調査を行なった際、両親夫婦と既婚の子どもただ一人という組み合わせの世帯が姿を現わすが、そのただ一人の既婚の子どもとは、サイクルの中のモメントによって、一時的同居中の長子であるかも知れないし、最終的同居の末子であるかも知れないのである。農耕空間が閉ざされたことと不分割の概念の出現とが、どのように〈サイクルα〉の末子相続を変形するに至るのかを想像するにあたって、フレイザーのモデルは容易に延長することができる。すでに習慣によって家の相続者として指名されている最も若年の息子は、こうなると土地の不分割というものの恩恵に浴することになるだろう。そうなると、末子相続は意味が変わってしまう。拡大することをやめた世界の中で地所の大部分を所有する権利、つまり紛れもない特権となるのだ。これより後の段階になると、空間の完全な閉塞は規則の逆転を引き起こし、末子相続を長子相続へと転換させることになるかも知れない。他所へと移住する可能性を完全に奪われた長子は、最終的には「(成年に)先に着いた者から、先に食事にありつける」〔早い者勝ち〕という規則の効力で継承者として選ばれることとだろう。こうなると、弟たちは何とかやり繰り算段で解決を探るしかなくなる。男性相続人がいない地所を相続する女性と結婚するとか、兵士や修道士になること、さもなければ、特段の社会的存在理由を奪われたまま一生独身で過ごすしかない。

このようなシークエンスを暗示することができる事例は、かなりの数に上る。後に見ることになるが、ヨーロッパでは、実際に相続上の特権を含意するような末子相続を伴う直系家族は、長子相続を伴う直系家族に対して、たいていの場合、周縁部的である。[69] 空間内でのこのような配置は、直系家族の歴史に二段階がある、すなわち第一段階は末子相続で、第二段階は長子相続であるとの仮説の検証となり得るであろう。男性末子相続から男性長子相続を引き出そうとするならば、一時的同居を伴う核家族の段階で単系制が出現したと仮定しなければならない。それはつまり、単系制は、当初は平面軸に沿って兄から弟への継承を伴って発展したということになるだろう。革新は、拡張的農耕システムというコンテクストの下で、ことさら生産システムの危機もないところで起こった、ということになる。だとすると、それはいかなる適応の刺激要因もないところで起こった純然たる発明であった、ということになるだろう。

既知の事実と両立可能な解釈はもう一つある。一時的双処同居を伴う核家族の世界に直接、長子相続を伴う直系家族が出現したと仮定するのである。そうなると、単系制は、兄から弟ではなくむしろ父から息子へと続く縦の継承として、直ちに考案された、ということになろう。然るのちに、直系家族の父系革新は、自律的に、人口密度が低い周辺地域へと伝播・普及した、ということになり、それによって、それらの地域の一時的双処同居を伴う核家族が父方居住へと方向転換することになった、ということになる。父系制の採用は、規則によってではなく現実の事例としての限りで、最も若年の子どもに高齢の両親の世話を割り当てる双処居住の原初の〈サイクルα〉の、あくまでも統計的事実としての末子相続を、最後に生まれた男子を明示的に両親の世話をする責任者として指名するシステムに変換することを可能にした、ということになるだろう。父系制が外部から到来して、父方居住制と明示的な男性末子相続制とを同時に誘導したとする仮説は、一時的双処同居を伴う家族が実際上決して末子相続の規則を含むことがないことを示しているデータの解釈に、ぴったりと適合するのである。

とはいえ、データの質は不確かで量は少ないという現状に鑑みるなら、最終的な結論を提示するのは全く馬鹿げているということになろう。実は問題なのは、商の横への継承を別にすれば、直系家族の出現以前の家族生活の痕跡がないということでさえないのである。真の問題は、直系家族それ自体に関するデータが不十分だということなのだ。直系家族は、中国における家族構造の歴史の消え去った一段階を代表するにすぎない。その段階は、南部における痕跡の存在、過去の年代記によって調査された相続規則、さらには儒教精神、こうしたものによって明らかにされたのである。しかし、封建制的直系家族を、それが存在していた時代にあったかも知れない姿で、地図化することはできない。ヨーロッパに関しては、ひじょうに詳細に地図化することができるのだが……。

提示された二番目の解釈によれば、末子相続は、長子相続とともに生まれた父系制の伝播に対する、部分的には分離的な適応反動にすぎない、ということになろう。この仮説の試みもまた、長子相続の周りに分布するという、末子相続の周縁部的配置を実に的確に説明する。それは中国のデータと完璧に両立する。南部の少数民族とステップの遊牧民の一時的父方同居と末子相続を伴う核家族システムは、中国の父系原則によって双処居住システムが変形した結果として発生した可能性があるということになろう。すでに述べたように、中国に直系家族が出現したときにはまだ存在していなかった遊牧民のケースにおいては、それはほぼ確実に正しい解釈であり、伝播の時期も提唱することができるのである。

遊牧民システムのおおよその年代推定　対称原則の出現

ウクライナとモンゴルの間には、多数の異なる民族が住み、言語も多様であるが、十九世紀と二十世紀にこの広大な空間を分析した人類学者たちは、最終的には、経済生活だけではなく、家族組織と親族システムにおいてもひじょうに同質的な世界の記述に到達した。馬と荷車の使用を組み合わせたステップの大遊牧生活は、広範囲にわたる迅速な移動を可能にし、それによってユーラシア中央部の社会・文化形態の同質化を可能にした。しかし、この世界には一つの歴史がある。この歴史の内側には一つの不変の家族・親族類型が見られるというわけではない。

ステップの諸集団の変遷を追跡するためには、文字による証言を残した周辺の定住民族が彼らをどのように見ていたか、その見方を利用しなければならない。ギリシャの資料の中には、キンメリア人、スキタイ人、サルマタイ人が登場する。東あるいは西ヨーロッパの資料の中には、フン人、アヴァール人、ハンガリー人、モンゴル人が登場する。匈奴の名で呼ばれたのは、同じフン人たちであり、彼らは、中国人にとって北の略奪的蛮族であった。モンゴル人は、満州人以前に、中国全土を征服した民族だった。しかし、イランと北インドもまた、フン人、サカ人やのちのトルコ・モンゴル集団によって、アジアの中央部からやってきた遊牧民の侵略を経験した。

ステップの遊牧生活は、共通紀元前九世紀頃、すなわち馬の家畜化の千年から四千年後に出現する。[70] 当時としては、遊牧生活を営んだのは、馬の飼育が出現した現在のウクライナとカザフスタンの間で生活していたインド・ヨーロッパ語系の住民集団のみであった。遊牧が当初からすでに、父系のクラン組織に結合していたとは思えない。スキタイ・サルマタイ文化における女性の重要性に鑑みると、彼らの社会の組織編成が男性中心であった可能性は排除される。女性のこうした役割については、ギリシャ人の証言がふんだんに存在する。アマゾネス神話と、あの弓矢を操る騎馬の女性戦士は、おそらく歴史的現実の歪曲され、ヒステリー化された表象に他ならない。墳墓の分析は、女性の二七％から二九％が武器と一緒に埋葬されたことを明らかにする。この割合は性的差異化がひじょうに進んでいたことを喚起しない。[71] ギリシャ人のように、それは男性を片隅に追いやる母権制社会であるという結論をそこから引き出してはならない。しかしサルマタイ人にもスキタイ人にも、時として王妃が夫の跡を継ぐという例が見られる。ヘロドトスは、マッサゲタイの女王トミュリスについて語っている。彼女は、夫の死に際して王座に登り、それから共通紀元前六世紀に、ペルシャ帝国の創設者キュロスと戦い、彼を殺した。スキタイ人と姻戚関係にあったマッサゲタイ人は、ペルシャの北、カスピ海のすぐ東側で暮らしていた。後に、ギリシャの歴史学者ポリアイノスによると、共通紀元前四世紀にもやはり、ドン川の東におそらくサルマタイ人と見られる集団の戦争指導者である女王イクソマートが姿を現わしている。[72]

こうした遊牧文化の本来の根拠地では、共通紀元前四世紀までか、もしかしたらもう少し後まで、社会の父系的組織編成を喚起するものは何一つない。古典期もしくはヘレニズム期のギリシャ人の心性はすでに明確に父系的となっており、彼らギリシャ人は、ステップの家族システムを、母系反転を特徴付けるような言葉遣いで知覚していた。[73] この現象は頻繁に見られる。父系原則に移行した民族は、依然として双方的なままに留まっている民族は女性に支配的な地位を認めていると思い込むものである。これは、父系革新を受け入れた民族の妄想の中に起こった分離的反応と言うことができる。逆説的なことだが、この幻想から、歴史学と地理学と民族学の先駆者であるギリシャの著作家たちの有効な利用を可能にする規則を引き出すことができる。ギリシャ人が、自分が描き、喚起し、時に想像している諸社会の中での女性のステータスに対して系統的な関心を向けているのは、ギリシャ社会が父系制社会であるということで説明がつくのである。当該社会の中で女性の地位がかなり平等主義的である場合には、彼らギリシャ人はその社会を、もちろん彼ら自身の言葉を用いてだが、母系制的か場合によっては母権制的なものと分類する傾向がある。しかし彼らは場合によって何も言わないこともあるが、そうした沈黙にも記述的な価値があるのだ。どんな女であれ、副次的なステータスに追い込まれていない女に対して嫌悪を抱くという彼らの性癖を考慮するなら、ギリシャ民族学の記述の中で主題についての情報とコメントが不在であるのは、当該社会が「正常」である、すなわち、父系制であることを暴露するものとして解釈されるはずなのである。(74)

遊牧的生活様式は段階的に東へと広がって行く。歴史の中でその重心は、共通紀元前七世紀のスキタイから前四世紀のサルマタイへ、さらに前三世紀の匈奴へと、東アジアへ移動していったのが感じ取れる。匈奴の集団の出現が起こったのは、今日モンゴルと考えられている空間だが、それはまたトルコ諸語の発祥の地でもあった。匈奴において初めて、父系制の遊牧クラン・システムを思い起こさせる変動の間接的指標を知覚することができる。そのシステムは、兄弟を同等の者として扱う対称化されたものであった。ルベディンスキーのステップの諸集団についての最も概観的な本から引用することにしよう。

「すでに紀元前三世紀には、洗練された政治的構造化が、モンゴル地方の匈奴の許で姿を現わし、次いでトルコ人とその様々な後継者たちの許で姿を現わした。部族の左翼と右翼への割り振りと、ヤブグー、チャド、テギン、エルテベールなどのような高官たちの複雑な序列が知られている。こうした制度的発達は、より昔の「スキタイ」諸民族においては知られていない[75]」。

ルベディンスキーは、その後この断定を相対化する。情報源の脆弱さを考慮するなら、必要な手続きであった。彼はこれらの用語が西方のインド・ヨーロッパ起源の可能性があることを喚起し、次のように慎重に締めくくっている。「それゆえ、遊牧民固有の伝統の所産かも知れないところに、中国の影響を仮定する必要はない」と。しかし、それでも匈奴が直に中国と接触していることに変わりはない。

彼の分析からは、包括的な社会組織における対称性《シンメトリー》の観念の出現を取り上げることにしよう。対称性というものは、単系制――この場合は父系制の原則だが――によって可能となる、個々人を自動的に分類する原則がなければ、あまり機能することができない。そこで私としては、対称化された――したがって父系の――クランではなかろうかと推測される最初のケースが、その頃すでにおよそ七〇〇年前から男性長子相続を実践していた中国北部と直に接触する位置にある住民集団に関わるということに、着目したわけである。

しかし地理的な近さということで、匈奴の父系制が中国起源かどうかの問題が解決されるわけではないのも事実である。ステップにおける諸民族の移動性と移動の速さを考慮するなら、絶対的な距離などは、何らかの時点における影響に関して確実さの錯覚を与えるにすぎない。この遊牧民の世界では、モンゴル地方は中央アジアとイラン高原から遠くはない。ところで後に中東を研究する際に見るところであるが、父系原則と直系家族の出現は、中国での父方居住直系家族の出現よりだいぶ前のことであった。父系イデオロギーは、すでに紀元前第三千年紀末にはメソポタミアで、定住民集団の中で確立したものとして姿を現わす。それと同時に、ラクダの使用以前にその地域に存在していた短距離移動の遊牧民の中でも確立していた[76]。中東の父系原則が、イラン高原を経て、中央アジアのインド・ヨーロッパ系遊牧民集団へ、そしてそこから、現在のモンゴル地方の匈奴へと移動して行ったと想像することを禁ずるものは何もない。ステップのインド・ヨーロッパ系遊牧民と中東の住民集団の間の相互行動は、共通紀元前一五〇〇年ごろ強まったようである。そこで遊牧民は乗馬の技術を伝えた。その主要な考古学的遺物は青銅製や鉄製の馬銜である。[77] とはいえ、それよりさらに千年後、先に引用したマッサゲタイは、父系制の古代ペルシャ人に対面しつつも、いまだに双方的であった[78]。

父系制が中東起源であるとする仮説は、とりわけ一つの基本的な歴史的現象を、説明のないままに放置する。フン人の出現以来、ステップの力関係は逆転する。それまで西から東へと向かっていた支配的征服の動きは、逆向きの風に取って替わられる。西に向かうウラル・アルタイ語系諸民族の拡大に他ならない。それゆえそれ以降、征服民族はトルコ人かモンゴル人であるだろう。ヨーロッパ言語は中央アジアから押し戻され、もはや中央アジアでは、トハラ語のように残留性の飛び地の形でしか存続しない。インド・ヨーロッパ人を研究テーマとする、考古学者のコリン・ランフリューが述べているように、「紀元前第一千年紀のある時点で、ユーラシアのステップの東の部分が、決定的な変遷を経験したのは明らかである。その結果、その地域の大部分は、ウラル・アルタイ語系住民集団に支配されるようになる[79]」。私としては、東の諸民族の新たな軍事的優位は、ステップ東部のクランが中国との接触によって父系変動を起こしたとする仮説によって、かなりうまく説明がつくように思えるのである。

父方居住共同体家族の創出

中央部ならびに北部中国で人類学者や統計学者によって詳細に観察された中国の唯一の家族形態は、父方居住共同体家族である。直系家族からそれが出現して来る過程を、複合化過程の第二段階として研究して行こう。古代のデータは、直系家族についても共同体家族についても全く同じように不十分である。しかし共同体家族については、現在まで、少なくとも直接的に観察できる最近年の過去まで、家族類型を追跡することができるだろう。年代を推定する前に、そしてある意味で、父方居住共同体家族の出現を説明する前に、父方居住共同体家族というのは、どんなに「自然」なものと考えらないものなのか、理解することが必要である。というのも、この家族形態は、個人にのしかかる束縛のレベルを一段階あげるのだ。

一時的同居を伴う核家族から直系家族への移行は、結婚を越える強い父親の権威というものの諸条件を作り出すことによって、束縛のレベルを初めて上にあげる。一人を除く全ての子どもを相続から排除するということは、権威に不平等性を付け加える。一時的同居を伴う核家族は、同居や経済的協力や家族の財の再配分などを、親近性と問題の中身に応じて、ケースバイケースで管理して行くが、これに比べると、直系家族は重くのしかかる階層序列の世界を定義している。しかし、父方居住共同体家族は、拘束の度合をさらに高い段階にまで上げるのである。この家族類型では、同居は両親夫婦と一組の子ども夫婦に関するだけではなく、そのサイクルの最大拡大局面においては、両親夫婦と何組もの兄弟夫婦に関するものとなる。それは、嫁と義父もしくは義母、義理の兄弟と義理の姉妹、孫と祖父母、子どもとオジやオバといった多様な関係がコード化されなければならない重たい総体である。

その一方でシステムの経済的正当化要因は、直系家族よりもはるかに自明性が少ない。直系家族の場合、唯一の継承者という規則は、農地（あるいは王国）の不可分性と世代から世代へのそれの伝承とを保証している。つまり、経営（あるいは国家）の継続的改善を可能にするのである。しかし、父方居住共同体家族は、巨大な生産集団の集合を可能にするけれども、努力の安定性と継続性をあまり許容しない。父親の死は、その死後しばらくして、集団の分裂を引き起こす。この集団は、そもそも構造的に緊張を孕んだ脆弱なものなのである。農民の世界では、家族は義理の姉妹同士の敵対関係によってたちまちのうちに引き裂かれる。彼女たちは、母親となるや、それぞれ夫の子どもの「利益のために」兄弟の仲を裂こうと努めるのだ。これらの緊張事例は、父方居住共同体家族に関するモノグラフが微細な心理のあやをほんの少しでも紹介しようとし始めるや、たちまち著作の中に溢れ出すことになる。それこそがおそらく、この父方居住共同体類型の爆発的解体が近代化の時代にかくも頻繁かつ暴力的な様相を呈した理由である。内婚制の規則を伴うなら、この緊張が和らげられたのではあるが……。というのも、外婚制はこの家族システムの苛烈さを増大させる。女性は〔生家から〕追い出され、追い出された女性は他の父方居住集団によって吸収されなければならないという粗暴なメカニズムを含意するからである。

権威主義的・平等主義的な外婚制共同体家族類型の爆発的解体は、ロシア、中国、セルビア、ヴェトナムで、移行期的〔訳註序説＊2を参照〕な共産主義の勢力伸張に行き着いた。しかし、共産主義は、父親の権威を廃して、その代わりに党と政治警察の権威を打ち出したときに、どんなに廃止すべき昔の家族の概念を組み込んでいたか、また同時に核家族への選好を組み込んでいたかが、確認できるのは驚きである。束縛のシステムであり、重すぎる原子核のように不安定なシステムである父方居住共同体家族は、解体の危険をつねに孕んでいる。父方居住共同体家族が支配した地域は、今日、大抵の場合、父系のつながりによって連合する複数の夫婦の同居の割合が相対的に低い地域であるのは、まさにそのためなのだ。一九八二年において、直系家族の痕跡が存続する福建、広東、江西と、少数民族がしばしば一時的同居を伴う核家族システムを担っている雲南と広西では、三世代世帯がまだ二二％以上も見られるのに対して、父方居住共同体家族システムの中心地である北部中国では、三世代世帯は一三〜一五％しか見られない[80]。

同じ逆説がヴェトナムにも見られる。北部ヴェトナムでは、一九九二〜一九九三年に、一時的同居と末子相続を伴う核家族システムが大多数をしめる南部よりも単純な家族構造が姿を現わしている。つまり、ラスレットの用語法で言う「複式家族世帯」が、メコン川デルタでは一五％もあるのに対して、トンキンではわずか七・二％であった[81]。ただ残留性直系家族の特徴がいくつか見られるのではあるが……。最近のロシアの調査では、核家族を越える拡大家族が喚起されるときには、とりわけ女性を通じたつながりが特定されている。しかしだからと言って、ロシアの父方居住共同体家族は神話であって、目に見えず、統計によって把握することのできないシステムなのだ、ということではない。十九世紀の現地調査は、識字化と都市化の直前の農民の共同体におけるロシア型父方居住共同体家族の実在性を、かなり示している[82]。それでも、農村部でかつて測定された最も稠密なシステムの一つであるこの共同体家族システムは、ロシア革命と同時に爆発的解体を引き起こしたのである。

父系制大家族の分析に習熟した近東の専門家であるジョン・ギューリックは、共同体家族というものの難しさを的確に把握している。

「実のところ、結婚による両親との同居の結果おこると考えられている緊張と衝突を考えると、別々に分離した複数の夫婦集団からなる拡大家族の方が、一つ屋根の下で暮らす拡大家族に比べて、より強固な社会的単位であると仮定するのは妥当である[83]」。

父方居住共同体家族については、その出現を理解しようと試みる前に、その崩壊を喚起することが必要であった。この革新〔父方居住共同体家族〕は、かつてユーラシアで支配的な人口を擁する類型であったのだから、たしかに莫大な拡張潜在力があることを露呈した。しかし、この革新は、容易に出現することができなかった。それほどそれは束縛を前提とするのである。中国の場合、おそらく中国の農耕文明と遊牧文化の無意識の協力がその誕生を可能にしたのである。

中国の父方居住共同体家族の年代推定

父方居住共同体家族が、父方居住直系家族の跡を継いで成立するためには、二重の構造的変化が必要である。

1　発展サイクルが対称化されなければならない。兄弟は同等の立場になり、理念的には全員が父親と同居するのでなければならない。平等主義的遺産相続規則は、世代ごとに家族集団が解散することを含意しているが、これが存在するということは、こうした対称化が完成したことの証言に他ならない。

2　父方居住は徹底化されなければならない。その比率は七五％から九五％以上にまで移行するのでなければならない。そこでシステムは、〈レベル2の父系制〉に到達する。

中国の歴史年代記を見れば、直系家族から共同体家族への移行に必要な二つの要素が出現したのは、初期の歴代皇帝の治下においてであるとすることが可能になる。

不完全な〈レベル1〉から、息子がいない場合の娘による相続をもはや容認しない〈レベル2〉へ移行する父方居住原則の徹底化は、初代皇帝〔始皇帝〕のときにはすでに顕著である。最初の統一は共通紀元前二二一年に遡る。それは、北西部の、現在の陝西省（**地図3―3**）を主たる根拠地とする秦国の君主によって実現した。ところで、秦始皇帝は、ひじょうに迅速に、両性の分離を重要な要素とする風俗慣習の改善運動を開始した。マルセル・グラネが記したように、始皇帝は、双処居住の家族システムの存在が想定される南部の越を征服した後、母方同居の撲滅のために戦ったのである。

「終いには、――そしてグラネは、初代皇帝が企てた風俗慣習改善の意味を明瞭に示す――、彼は広東を

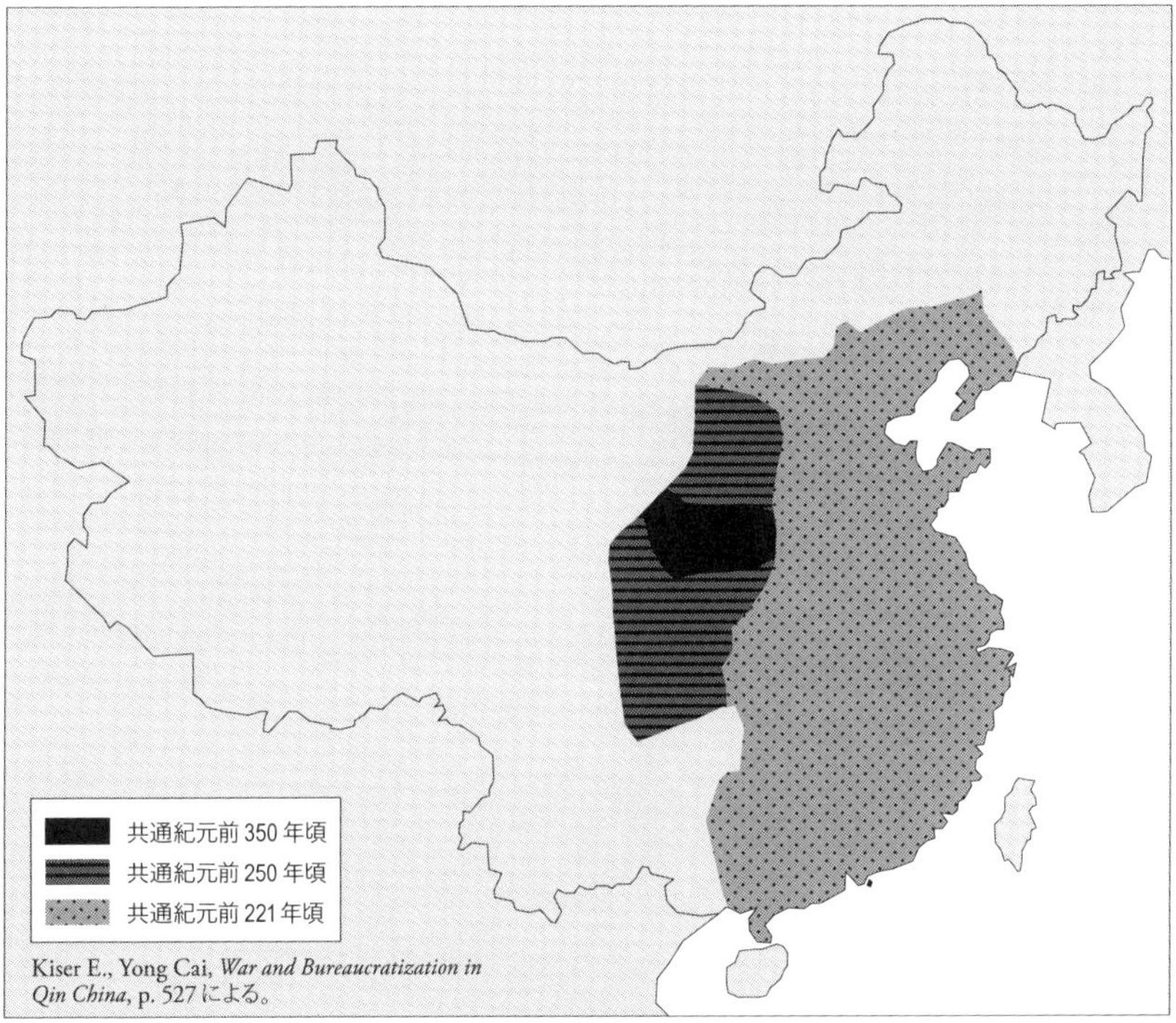

地図 3–3　秦の拡張

征服するために雇い入れられた大集団の中に、放浪者や小商人とともに、妻の家に婿入りしたすべての夫を編入したのである。しかし彼は慣例を破壊するには至らなかった。農民階層には、父の家を見捨てて、妻の両親のために働いて生計を営む者が相変わらずいたのである[84]」。

それから二千年近くも経った現在、これらの措置は長期間にわたる動向に対応していたと、断定することができる。というのは、母方居住の比率は、二十世紀に測定されたところでは、北部中国において一%以下に落ちていたからである[85]。

共同体家族への移行における第二の必要な要素は、母方居住婚に対する闘争の開始の一世紀後に姿を現わす。漢朝は、共通紀元前一二七年に、長子相続の廃止によって兄弟間の平等を確立する[86]。封土の分割が規則となるのである。

いくつかの統計データは、中国空間における父方居住共同体家族の強固化と伝播・普及のより精緻な年代推定を可能にしてくれる。中国についての歴史人類学的研究は、ようやく緒に就いたばかりであるが、それだけでもすでに過去に遡るいくつかの探索が可能なっている。

一七九二年から一八七三年までの遼寧省の共同体における家族を記述するモノグラフがある。そこは満州の中の北京に最も近い地域で、中国人と中国化された満州人が住んでいた。既婚の兄弟の夫婦家族を連合した、水平方向に組織編成された複式世帯〔ラスレットの用語。二二頁〔2〕を参照〕の比率は、当時二五％だった。[87]平等主義的にして権威主義的な共同体家族の理想は、当時すでに十全に実現されていたわけである。

しかし、それよりずっと昔に遡ることができる。シルクロード上の敦煌とトルファンに定着した、唐時代の北部中国の風俗慣習と価値観を担う中国人家族についての最近の研究は、複式世帯が全部で二三％に達するきわめて発達した共同体型モデルが、共通紀元六一八年から九〇七年までの間に姿を現わしているとしている。[88]とりわけ兄弟関係で横方向につながる複数対《つい》の夫婦を含む世帯の比率が十分なレベルに達していることが観察されるのである。[89]

さらに、唐の時代について、今日入手し得る刑法典（六二七年から六四九年頃。これは今日では失われた法令への参照をいくつか含んでいる）を見れば、家族生活が当時、父方居住共同体型であったことが確認できる。その一五五条と一五六条は、息子たちが両親と同居すべきこと、両親の死後二七カ月の喪の期間が明けるまでは兄弟が同居すべきことを、義務として定めているのである。[90]一六三条の注釈は、兄弟の別離のときに発動されるべき平等原則を喚起している。[91]この文言によれば、調査によって記述されたモデルは、追加的な一時的同居を伴う直系家族ではなくむしろ共同体家族であると断言することができる。父系原則は、唐の法典において大いに発展した。姓によって定義されたクランの外から養子を迎えてはならないとの規定がそこに見られるからである。[92]

ゆえに、北部中国における父方居住共同体家族モデルの定義と伝播・普及のおおよその年代は、共通紀元前一二七年の長子相続原則の廃止から共通紀元七世紀から九世紀までの間と推定することができる。家族構造に関するこの簡略な年譜は、馮漢驥が現代の親族用語の出現について提唱した年譜と見事に一致する。(93) 現在のシステムの初期的要素は、漢王朝（共通紀元前二〇六年から共通紀元後二二〇年）の下で確立した。用語法は共通紀元一〇〇〇年前後にその完成形態に達している。

家族に関わる変動の発祥の地は、北部中国全域ではない。この地域のうち、全国統一の時代に、他のあらゆる王国を征服した勝利者である特異な王国、秦王国の統制下にあった部分である。秦は地図上で全く特殊な位置を占めていた。北西にあって、ステップの遊牧民集団と直接接触していたのである。空間の中でのこの位置と父方居住共同体家族の出現の間には関係があると考えるのは、妥当だと思われる。遊牧民と秦の定住民との間の相互行動が共同体家族〔という〕革新の起源と思われるのである。

父方居住共同体家族の起源　中国と北方遊牧民の間の相互行動

中国の共同体家族の出現以前には、〈レベル1〉の父系原則が封建制中国文明の特徴たる父方居住直系家族の中に含まれていた。もう一つ別の〈レベル1の父系制〉が、ステップの遊牧民の一時的同居を伴う核家族の組織編成原理となっていた。この核家族の起源は、中国と思われるが、それより信憑性は少ないものの、中東とする説もある。これら二つのシステムの組み合わせによって、共同体家族の出現を説明することができるだろう。ステップのクラン・システムの特徴たる男性の対等性を、直系家族の上に貼付ければ、論理的に共同体家族の対称構造が生み出されることになるのだ。遊牧民システムの対称性は、中国の直系家族の硬直性を拡張させるものとして作用した、ということになるだろう。

中国を統一した秦に対する遊牧民の文化的影響は、とりわけ技術と軍事組織の領域において明白である。共通紀元前四、三世紀は、フン人と中国人の間の基本的な相互行動の時期である。アンリ・マスペロは『古代中国』で次のように書いていた。

「多数の蛮人部族を併合して行なったこれらすべての征服は、歴代の秦伯を北部と北西部の遊牧民たるフン人や月氏との直接の接触状態に置いた。共通紀元前四世紀の間に行なわれた秦伯の軍隊の大改革の原因は、おそらくこの事実に帰するべきである。秦伯の軍隊はそれまでは、歩兵隊に支援された戦車群で形作られる、他の中国諸侯の軍隊と同じようなものであった。ムウ伯〔Mou 不詳〕は戦車三百台を擁していたと言われる。歴代の秦伯は、(同じく北部国境あたりでフン人と直接接触していた)歴代の趙公とともに、操作しにくい戦車集団を廃して、騎兵部隊に切り替えた最初の人たちだった。その組織編成は、あいにくほとんど知られていないが、騎兵隊は共通紀元前四、三世紀には秦の軍隊の主力であったことは知られている。そして、歴代の秦伯が絶えず勝利を重ねることができたのは、おそらく、鈍重な戦車軍団を翻弄したこの軽装備部隊の軽快さのおかげである(94)」。

この引用は共同体家族類型の誕生における軍事的問題の重要性を浮き彫りにして見せている。父系のクランは、文民社会の中に樹立された軍隊のようなものである。定住システムに投影されるとなると、それは軍隊の再編を引き起こすことになるが、純然たる行政型の合理化も引き起こすかも知れない。対称《シンメトリー》の概念は、帝国という観念にとって本質的に重要である。国家に適用されれば、それは臣民・地方の平等性となる。土地に固定された農民ないし貴族の家族に採用されるなら、それは兄弟間の平等性として具現する。父系共同体家族の競争力の優位は、その経済的帰結の中に存するのではなく、文民的ないし軍事的な組織編成に関わる含意の中に存するのである。

匈奴の影響はこの種のものとしては最初のものであるが、これだけを考えればよいわけではない。彼らはたしかにその社会的構造の中に対称性の要素をいくつか提示していた最初の遊牧民族だったが、中国に影響を与えた唯一の北方の蛮族であるわけではない。中国の歴史の連なりは、十三世紀から十四世紀のモンゴルと十七世紀の満州人に至るまで、相次いで襲った侵略の長い継起を含んでいる。それらの集団はどれも、同じ家族・親族システムの担い手だった。クラン的対称という遊牧民の原則は、何度も何度も繰り返し叩き込まれた教訓だったのである。

それゆえ、父方居住共同体家族の中国全体での一般化に正確な年代を付与しようとするのは、理不尽であろう。一つの皇帝の勅令、一つの法典、一つの戸籍調査、こういったものだけでは、大陸規模の征服と同化を行なう帝国における家族構造の状態を、いくつもの異なる地域について連綿と続く年代を通して把握するには、十分ではないのだ。さまざまな時代における北部と南部の共同体化の程度には、大きなずれがあることを想定しなければならない。ちなみに、二十世紀における中国の家族システムの地図は、すでに見たように、南東部における直系家族と、おそらく上海地域における核家族の痕跡さえも、さらには母方居住の名残も、露呈させている。

そのうえ、直系家族段階は、法典、儀礼、心性から完全に消え去ったわけではない。秦時代に出現した「法家」[*5]の平等主義的原則と、それ以前に存在した儒教という、直系家族に対応する階層序列化的イデオロギーとの対立は、その後も終わることはなく、執拗に存続する地域的多様性の中に具現しつつ、いつまでも続くことになる。早くも漢王朝になると、年長者と年少者の間の根本的な区別の維持という形で、儒教の抵抗を感じ取ることができるようになる。その後、ジェルネによれば、国家的で平等主義的な法家の伝統は、北部中国に典型的なものとなった[95]。先に引用した唐の法典は、平等主義的な性格を持つ規則と、儒教にとって大切な階層序列化の原則を、分ちがたく統合しているがゆえに、それ自体が一つの総合的な形態となっている[96]。年長者と年少者との区別は、相変わらず効力を保持している。相続の規則は明らかに平等であるにもかかわらず、弟たちは兄に対して、服従と尊敬を捧げなければならない[97]。法典は主要な遺産相続人を一人定めるよう規定し続けているが、相続人の役目は本質的に儀式に関わるものである[98]。

父方居住制、父系制、女性のステータス

共同体家族と〈レベル2の父系制〉への移行は、女性のステータスの即時的な全面的低下を含意するわけではない。これについては、ユーラシアのうちの中国以外の地域についての一連の分析を先取りすることになるが、二十世紀初頭の中国とロシアの女性のステータスを比較するなら、それだけで十分納得することができる。ロシアでもやはり、父方居住率九五%以上の、共同体家族的な家族組織が支配的であった。しかしロシア女性のステータスは、父系制にもかかわらず、時として高いこともあるという具合に、アンビヴァレントなものであるというのが、十九世紀末から二十世紀初頭の人類学関連文献の常識である。それはまた、アンナ・カレーニナやいく人もの一介の農婦を描く文学そのものの常識でもある。同じ時代に、纏足の女性が物品《オブジェ》として扱われた中国とは、全く異なるのだ。二十世紀末のモロッコでは、農村部での父方居住率は九八・五%ときわめて高いが、それでも女性にある程度の自立性を保証するベルベル人の伝統は維持されている。このような状況は中東のアラブ人社会には全く見られない[99]。

中国とロシア、もしくはアラビアとモロッコのこうした違いは、その本質的部分においては、父方居住制と〈レ

ベル2の父系制〉への移行の相対的な歴史の古さに由来している。ロシアの父方居住共同体家族システムは中国のシステムよりはるかに近年のものであり、モロッコのシステムはアラビアのシステムよりはるかに近年のものである。それゆえ、父方居住共同体家族の構造の定着と、それが女性のステータスに及ぼした長期的帰結を、慎重に区別して考えなくてはならないのである。〔女性の〕根底的な劣等性という観念は、少しずつ定着したにすぎない。ここでは、きわめて長い期間をかけて刻み込まれた心性の変遷を考えなければならないのである。

この漸進的な現象が中国でいかに進行したかは、いくつかの歴史データを喚起することによってたどることができる。例えば、纏足は、女性を劣ったものにしようとする欲求と性的ファンタスムが交じり合って複雑に入り組んだコンプレックスをなしているわけだが、これが姿を現わしたのは、〈レベル2の父系制〉への到達のすぐ後というわけではなく、父方居住共同体家族の定着後一〇〇〇年ほど経った、共通紀元後九〇〇年から九五〇年までの間にすぎない。(100) それに、女性のステータスの低下が中国の歴史の全期間にわたって連続した規則的な現象であったと、断言させてくれるものは何もない。

この過程の時間的厚みは、このように実現された〔女性のステータスの〕低下の密度の濃さをより強く感じ取らせてくれる。揺るぎないものになるために一〇〇〇年かかった心性システムが、たかだか二世代でかき消すように姿を消すことはあり得ない。それは今日、受胎調節の普及という状況の中で、中国で男女間の量的不均衡が姿を現わしているのを、人口統計学者が観察している理由である。出生数のうち、ならびに一歳ないし四歳まで生存した児童の中での男児の割合は急激に増加している。男児への選好のせいで、家族は超音波検査という新しい技術を選別的堕胎の目的で用いるようになったのである。出生児中の男児の比率は[*6]一九八二年に一〇七であったのが、二〇〇〇年には一一七にまで上昇している。(101) より伝統的に言うなら、〔中国ではもともと〕新生児に対する異なった扱い〔がなされていたが、これ〕がまた、保健衛生部局の質の低下のために起こった死亡率の再上昇を背景として、幼児死亡率が男女で大きく異なるという事態を引き起こしてもいる。一〇〇〇人の生存出生児の最初の一年間での死亡数は、男児の二六・五人に対し、女児では三八・九人なのである。[102] 父系原則は実にしぶといのだ。

地域データを検討すると、公式の言説は両性の平等を謳っているとしても、その実、父系的理想は中国のいくつかの省で前進し続けているということが、分かってくる。クリストフ・ギルモトが中国とインドにおけるこの過程の空間的差異化を比較した論文で記しているように、中国の領土では、相対的にどの地域でも男性の比率が高いという結果が出ている。[103] 地方のレベルで彼が作成した地図は、南部沿岸部と南東部沿岸部の残留性母方居住地帯も、男子の比率が高いという傾向を免れることがなかったということを示している。周縁部の女性優遇《フェミニスム》の痕跡は、現在の教育と経済の近代化局面で、消滅して行くようなのだ。

おそらくたいていの場合、ある任意の場所における父系的特徴の古さと女性のステータスの低下の度合との間には、一定の関係が存在する。それが意味するのは、ある程度の慎重さを心掛けながらではあるが、女性の置かれた立場というものは、時間的深度の指標として用いることができるということである。中国の女性と中東のアラブ女性のステータスは、それ自体が、これら二つの地域における父系変動の古さをあぶり出す現像液に他ならない。長期間にわたるこの反女性的傾向の進展、内婚が増進される傾向の存在、こういったものは、ある種のシステムを〈レベル2の父系制〉を超えたところにまで立ち至らせるものだが、これを考慮に入れるには新しい用語、すなわち〈レベル3の父系制〉という用語が必要となる。この語は、きわめて古い父系共同体家族システムの中で存在しうる女性のステータスの最大限の低下を記述する。北インドについての研究とアラブ圏についての研究が、この概念の有用性を示すことになるだろう。

諸価値のシークエンス

詳細に検討された最初の例である中国は、家族システムを段階的に単純性から複合性へと導いて行くシークエンスを研究する機会を与えてくれた。このシークエンスは、今後何度も目にすることになるだろうが、これは、複合性から単純性へ、共同体主義から個人主義への進化を把握しようとしていた、家族についてのこれまでの歴史社会学とは対立するものである。中国のシークエンスの場合、まず一時的同居を伴う核家族であったと思われる段階の次に、直系家族が現われ、そして最終的には、共同体家族システムが取って替わるが、それは息子の中の年長者に重要な儀式上の役割を残しておく直系家族段階の印を留めている。次に問うべきは、対称化された父方居住の遊牧民システムが、侵略によって、ある種の農民社会の核家族を、直系家族段階を経ることを必要とせずに、直接、父方居住共同体家族に変貌させることができるかどうかという点である。

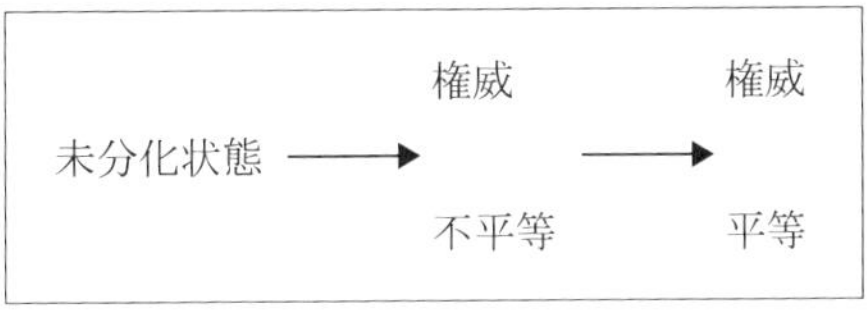

家族類型（一時的同居を伴う核家族、父方居住直系家族、父方居住共同体家族）が姿を現わす順序は、諸価値の発明の一つのシークエンスを定義づけるが、そのシークエンスは、西洋政治学の表象とあまり一致しない。出発点は非定義状況であって、そこでは権威と自由、平等と不平等という近代的な概念は、ただ単に当てはまらないというだけの話である。一時的同居を伴う核家族は権威主義的でも自由主義的でもなく、平等主義的でも不平等主義的でもない(104)。直系家族とともに、権威と不平等の概念が現われるが、それはすでに男性性の概念に結びついている。次の段階になると、共同体家族は権威の概念を受け継ぐが、それに平等の概念を付け加

えるという革新を新たに施す。そこで平等の概念は不平等の概念にとって代わることになる。平等の概念はこの段階では男性にのみ関わる。０＝０の方程式によって女性同士は互いに平等であるとみなすなら、話は別であるが。これは、平等を最も遠い過去の中に置き、不平等を直近の現在の中に置くルソーのシークエンスとは、正反対である。家族システムの歴史は、不平等の概念が平等の概念の前に発明されたことを示唆している。

本書の全般的解釈モデルを提示する序説の末尾で予告したように、今や、家庭集団の発展サイクルとその歴史の研究を補完するために、婚姻システムの研究に取りかかることにしよう。これ以降の地域別の各章の末尾でも、同じ手順で進めていくつもりである。検討は本質的に記述的に行なわれるだろうが、その都度、説明の諸要素を含んだものとなるだろう。それらの説明要素の総合をこの第Ⅰ巻の結論——あくまでも暫定的な——の中で行なうつもりである。本章の場合は、中国システム、周縁部諸民族の特徴たるシステムを次々に分析し、最後に第三段階として、実は歴史的には中国から独立している、最も遠く離れた集団、アジアの北東の端の古シベリア人[*7]を分析することにしたい。

中国におけるイトコ婚　現在の父方禁忌から古代の双方的掟へ

中国は、家族システムの長期間にわたる歴史にとって好適な出発点であるが、ユーラシアの母方居住システムの多様性の探索にとっても好適な出発点である。中国の婚姻の研究は、初めから一挙に、構造人類学についてのあまりに恭しい見方を厄介払いしてくれるだろう。というのも、中国の婚姻様態は、レヴィ＝ストロースの問題系の核心をなすのだが、その核心は穴だらけなのである。『親族の基本構造』の中で提示されている唯一の地図[*8]の上で、中国はシベリアの北東部まで続く「全面交換」の軸の南の部分を占めている。[105] 回りくどい記述を産出することを避けるために、リンディー・リー・マークが中国南部のミャオ人についての論文の中で提出している構造主義的見方についての優れた要約を引用してみよう。

「男性がある種の親族カテゴリーの女性と結婚しなくてはならない社会では、このような婚姻で結ばれた家族集団は、互いに決められた義務を果たさなければならない。このような社会の凝集性は、サービス財と女性の交換に関するこれらの集団の相互依存から生まれる。レヴィ＝ストロースは、母方交叉イトコ婚（男性と母親の兄弟の娘との婚姻）は、親族集団間の婚姻のきずなが一方向的であり、世代ごとに更新され得るがゆえに、最大限の安定を可能にする、との仮説を付け加えている。それに対して、父方交叉イトコ婚（男性と父親の姉妹の娘との婚姻）は、方向が交替し、二世代につき一回しか更新されない〔訳註序＊16参照〕。それゆえ、この婚姻は安定性に劣り、連続的システムを生み出すことができない(106)」。

中国の婚姻モデルを、全面交換の例、あるいはより単純に非対称婚[*9]の例とする性格付けは、しかしながら、その主要部分が、四川省のある周縁部住民集団に関するシュー〔許〕のモノグラフから派生した不十分なデータに立脚していたのである。[*10] 最も有意的なアンケート調査によれば、母方交叉イトコ婚の率、英語の慣用略語の言うＭＢＤ(107)の率は、あまりにも低く、これをもって何らかのシステム、規則、掟があると考えるには無理があるということになる。その比率は、湖北省での婚姻全体の四・六％と台湾の一・五％の間に収まるようである。(108)

父方交叉イトコ婚、つまり父親の姉妹の娘（ＦＺＤ(109)）との婚姻は、稀少だがあり得る。その率が湖北省で一％以下、台湾で〇・五％以下だからである。唯一、父方平行イトコ婚、つまり父親の兄弟の娘（ＦＢＤ(110)）との婚姻のみは、絶対的に禁じられている。母方平行イトコ婚、つまり母親の姉妹の娘（ＭＺＤ(111)）との婚姻は、割合は低いが容認される。その比率は、湖北省で二・八％、台湾で二％である。この現象は、レヴィ＝ストロース的観点からは文字通り何の意味も持たない。〔しかし〕台湾についてのモノグラフでは、母親の姉妹の娘との婚姻の比率は、低いが、それでも母親の兄弟の娘との婚姻の比率よりは高いということを記しておこう。後者が一・五％なのに対して、前者は二％なのである。

現在入手可能なモノグラフによっては、中国におけるさまざまな差異の地理的分布を定義することはできない。その分布図が実現されるなら、たしかに意味はあるだろう。しかし、既存のモノグラフだけでも、すでに婚姻システムの本質を明確に明らかにして見せている。圧倒的な比率の婚姻が親族の外で起こるのであるから、〔中国の〕システムは根本的に外婚制である。あらゆる種類のイトコを含む内婚の最も高い率でも、八・四％に達しないのであるから、外婚率は九〇％を超えるということになる。それは、キリスト教圏を始めとする多くの純粋外婚システムにおけるより少ないが、外婚が優勢のシステムと言うには十分な水準である。一九九〇年から二〇〇〇年頃の、内婚制の中央アラブ世界では、あらゆる種類の本イトコ同士の結婚の比率は三五％前後であった。チン・ジャオシオンは、残留性内婚についての正しい解釈を与えている。すなわち、すべては父系原則で説明されるのだ。つまり、父親の親族の者との婚姻については最大限の禁止、母方の親族の者とは、平行の関係であろうと、交叉の関係であろうと、つまり母親の兄弟の娘とであれ、母親の姉妹の娘とであれ、婚姻はわずかながら容認される、というわけである。中国に存在するのは、単に父親側の親族と母親側の親族との対立なのである。父方交叉イトコは理論上、父系集団の成員ではない――それは同じ家族名を持たないわけだが、中国の伝統では同姓とは、先験的に婚姻の禁止の標識である――のであるが、やはり「父親側の」者として知覚されるのは、従って、配偶者として容認されるにしても母親の姉妹の娘より望ましい度合が劣るのは、やむをえないのである。父親の兄弟の娘を除くあらゆるイトコは容認されるということが確かめられたわけであるから、もしイトコとの婚姻件数がより多数に上っていたら、マードックの分類用語を用いて、三方内婚[112]という言い方をすることもできただろう、中国システムの最良の名付け方は、「三方内婚容認を伴う外婚制」であろうと思われる。

実は、すでに一九三七年に馮漢驥は、中国の親族用語とその歴史的変遷についての基本的な論文の中で一つの結論を出していたが、チン・ジャオシオンは、統計学的研究によって同じ結論に達している。馮漢驥はその論文で、中国の親族システムを、基本的には外婚だが、交叉イトコ婚だけでなく、母方の平行イトコ、つまり母親の姉妹の娘との婚姻を許容する、として定義していた[113]。

チン・ジャオシオンの見方は、家庭集団の発展サイクルの組織編成と婚姻モデルとの機能的な対応関係を確定しており、それゆえ本書が提示するモデルとうまく一致する。とはいえ、最も古い歴史データを調べるなら、父系原則の出現を中国における婚姻の唯一の説明要因にすることは、できなくなる。『爾雅』*11は、この節〔「釈親」〕の執筆については共通紀元前二〇〇年に遡るが、そこに示される親族用語には、交叉イトコ（ＭＢＤ＋ＦＺＤ）同士の双方婚姻を実践するシステムが重なり合っているという古典的な現象が姿を現わしている。この現象は、馮によって承認されたが、すでにグラネによって注目され発掘されていた。「母方のオジを意味する語は、〝義父〟の意味にもなり、母方のオバを意味する語は、〝義母〟の意味にもなる」[114]。法制化がなされたのは封建時代末期であるが、それは、父方や母方の交叉イトコとの結婚は、〈レベル1の父系制〉を伴う父方居住直系家族が支配的であった時代の特徴だったということを示唆している。二種類の交叉イトコ同士の婚姻の実際の統計的頻度についての資料は何一つない。しかし、父系制の出現と母方もしくは父方の交叉イトコとの婚姻との間になんらかの先験的な関係を探し出さねばならない理由はないのである。今や、アマゾン地方についての人類学の最近の研究のおかげで、交叉イトコ同士の婚姻は双方的親族システムと完全に両立するものであるということが、分かっている[115]。それゆえ、中国にも、他の場所と同様に、いかなる単系概念からも無関係に、交叉イトコ婚が存在していた可能性はある。実は今やわれわれは、構造主義の幻想から解放されて、過去を知覚することを受け入れることができるのである。すなわち、昔の古代中国の双方的な二種類の交叉イトコとの婚姻は、全く単純に起源的親族システムが双方的であったことを喚起する、という事実を。

中国周辺の婚姻モデルの多様性

中国空間を取り巻く住民集団におけるイトコ婚についての定量的データは、滅多に存在せず、不十分である。とはいえ、マードックの民族誌地図は、問題への最初の取っ掛かりを可能にしてくれる[116]。

東の弧の上では、状況は明らかである。本イトコ間の婚姻は、朝鮮、ヴェトナム、沖縄、海南島のリー人、台湾の全ての原住民において禁じられている。もちろん日本という例外がある。次章で詳しく分析されるが、日本ではあらゆる種類の本イトコ間の婚姻が認められ、一定の比率で実践されていた。

西部、北部、南部では、状況はより錯綜している。例えばモンゴル人では、ハルハ人のように、絶対的に外婚の集団、モングオール人のように父方と母方の両方の交叉イトコ同士の婚姻を実践している集団、チャハル人のように母方の二種類のイトコとの婚姻を認めている集団がみられる。もしマードックの民族誌地図が提示する簡略化されたデータだけで事足りるとするなら、外モンゴルを支配する中央集団は外婚であり、中国空間により近い集団はイトコ婚に対してある程度寛容であるという結論にいたるだろう。しかし、中国からさらに遠く離れた、ロシア領内のモンゴル人集団であるブリヤート人を考慮に入れるなら、このような一般化はできなくなる。キャロライン・ハンフリーによると、レヴィ＝ストロースにとって大切な母親の兄弟の娘との婚姻が、彼らにとって唯一許される婚姻だと言う[117]。ただし実を言うと、この筆者の全面交換についての論述は支離滅裂で、とても信頼できるものではない。さらに遠くへ行くと、モンゴル人集団の中で最も西、カスピ海の北側に定着したカルムーク人は、絶対的に外婚である。以上のすべては、婚姻の規則と実践に一定の不安定性があることを喚起している。中国を征服したもう一つの集団である、モンゴルと朝鮮の間に居住する満州人は、最後には中国に征服されることになったわけだが[*12]、民族誌地図では、母方と父方の交叉イトコ婚を実践している民族として特徴づけられている。ゴリド人には、母方の二種類のイトコとの婚姻が認められる婚姻モデルが見られる。サハリンのギリヤーク人は、おそらくかつては母方交叉イトコ婚を実践していた。シベリア北東部により近いヤクート人は、父方平行イトコを除くすべてのイトコとの結婚が可能な、三方婚[*13]モデルを特徴とする。同じ三方婚を、民族誌地図は、北海道やサハリンのアイヌ人に割り当てているが、日本の近くに居住する彼らについては、その家庭集団の組織体系を追跡する次章にて、日本とともに研究する。

中国空間の南へと移動するなら、リンディー・リー・マークによって研究された四川省南部のマグピー・ミャオ人に、高い比率の二種類のイトコとの婚姻が見られる。父方交叉イトコ婚は一八％で、母方交叉イトコ婚の方は一〇％だけであるが。四川省の南西部山岳地帯のイ人（ロロ・ノス）も、やはり二種類の交叉イトコ同士の婚姻を認めるが、この場合は母方のイトコへの選好が見られる。それに対して、やや東に位置しているヤオ人は、本イトコ同士の婚姻を一切禁止している。ただし、時に母方について違反が見られる。同じく民族誌地図によると、中央チベットでは、父方平行イトコ婚は禁止されている。

したがって、中国に直接に隣接する周縁部のデータの総体は、多様なモデルが混在していることを明らかにする。すなわち、双方性を想起させる単純な二つの類型と、すべてのケースが明らかに父系制による禁忌の結果に他ならない非対称性を含んでいる異種混交的な残留性諸民族のグループが存在するのである。

二つの双方類型のうちの最初のものは、二種類の交叉イトコ婚であるが、これはモンゴルのモングオール人、ゴリド人、ミヤオ人、イ人の四つのケースを含む。

双方類型のうちの第二のものは、四種類の本イトコとの婚姻を禁じる外婚制であるが、これは朝鮮人、ヴェトナム人、リー人、台湾の原住民諸民族、沖縄人、ハルハ・モンゴル人のケースを含む。台湾の原住民諸民族を一つのケースと数えるならば、合計で六ケースということになる。

父系の非対称性は、チャハル・モンゴル人、ゴリド人、ギリヤーク人、中央チベット人の四ケースの特徴をなす。(118) 父系非対称性という概念は、また中国のシステムを定義するにもきわめて適切であろう。

古シベリア人の内婚制

中国から遠く離れたシベリア北西部は、すでに見たように、家族の次元では古代的《アルカイック》であるが、この地域の研究は、隠れていた第四のモデルの存在を明らかにしてくれる。すなわち四方内婚である。シベリアのチュクチ人とエスキモーは、本イトコも含むあらゆるイトコとの婚姻を認めるばかりか、優遇する。(119) ただしその比率は明らかになっていないが。コリヤーク人とユカギール人は本イトコとの婚姻を禁止しているが、〈またイトコ〉〔ハトコ〕との婚姻は選好する。このことは、内陸アジアの外婚からベーリング海峡に近い最も周縁部的集団の内婚まで、徐々に変化するグラデーションが存在することを暗示している。(120) しかしながら、あらゆるケースにおいて、イトコ婚を優遇するということは、集団そのものが内に閉ざされることを想定するものではない。この地域の大部分の民族にはまた、民族間の婚姻、すなわち、最も遠い関係に向かう外婚への補完的志向が見られるのである。シベリア北東部の諸民族は古代的《アルカイック》な家族構造(双方的親族集団の中に埋め込まれた核家族)を特徴とするため、その内婚制は、最も古い基底のもう一つの痕跡たる古代的《アルカイック》特徴であると考えたいところであるが、これら諸民族については、おそらくそれは真実である。ただし、北極に近い極端な自然条件への特殊的適応という仮説は排除し切れない。第Ⅱ巻でエスキモー諸集団の全体を検討する際に、この問題に再度取り組むつもりである。しかし、その内婚が起源的なもので、最初は核家族と双方的親族集団に結びついているのだとしたら、われわれは古代的《アルカイック》な婚姻モデルの多様性という結論に連れ戻されることになってしまう。台湾の先住民の外婚制は、一種予告のごときものと考えられるべきである。われわれは東南アジアを扱う章で、四方外婚[*14]が、この広大な地域の最も古代的《アルカイック》な諸集団、すなわち台湾の先住民や台湾起源の他の地域の先住民のオーストロネシア系親族に他ならない諸集団では支配的であるのを、見ることになるだろう。

シベリア北東部や日本の特徴である四方婚は、父方と母方の親族間に基本的な差異を設けない。それゆえ、これの分析のためには、やはり双方性の概念を参照する必要がある。

だから、この段階ではアジア大陸の中国を囲む部分の婚姻モデルの分布から単純な解釈を引き出すのは、不可能であることを確認することしかできない。複数の婚姻形態が単一の起源的な家族システムに結び付いているという仮説は、この段階においては排除し得ない。

しかしながら、このあまりに迅速な分析を終えるに当たって、全世界的カテゴリーとしては、一方に婚姻の三つの双方形態（二種類の交叉イトコ、四方外婚、四方内婚）、もう一方に父系制による禁忌によって生まれた非対称性の多様な形態という、二つのカテゴリーがあるとするだけで済ますならば、一先ず、双方性が明確に優越すること（一四ケース、それ以外が四ケース）を確認するだけでなく、非対称システムが地図上で中央部的位置を占めることもまた確認することができるのである。ここでもまた、モデルの多様性にかかわらず、未分化状態というものの周縁部的で、それゆえ古代的《アルカイック》な位置を、感じずにはいられない。父系革新は、たしかに世界の中のこの部分に婚姻システムの非対称性の多様な類型を生み出した。しかし非対称性は、この地域ではつねに統計的には副次的なものであるということを忘れてはならない。

訳註

＊1　表3―1は、現在の中国の国境より南の部分をカヴァーしていないが、次章（第4章　日本）で扱われる日本人、アイヌ人、沖縄人ならびに朝鮮人は、包含している。これは本章が、中国から北ならびに中央アジアを対象として設定し、東南アジアには別の章（第6章）を充てたからであり、日本は、その意味で、北シベリアに連なる中国周縁部としての性格を持つからであろう。またチベット人も含んでいない。チベット人は、本章でも軽く触れられるが、主に第5章で扱われることになる。しかし、地図3―1には、東南アジア北部もチベットも含まれている。これは中国を中心として設定し得るすべての範囲を展望する必要があったからであろう。いずれにせよ、表3―1と地図3―1とは、その包含範囲を異にすることを、指摘しておく。

＊2　**馬淵東一　1909-88**　一九三一年に台北帝国大学文学部史学科を卒業したのち、台北帝大助教授として、台湾先住民の研究を行なった。

＊3　**古代日本**　兄から弟への皇位継承のケースは、履中（十七代）→反正→允恭や、安閑（二十七代）→宣化→欽明、さらにそれに続く敏達（三十代）→用命→崇峻→推古に、もっとも明瞭に見られるが、明瞭なZ型継承の例は見当たらない。推古（三十三代）のあとを、敏達の孫たる舒明が継承したのが、Z型継承の変種と言えるかもしれないが。

＊4　**中央部の帝国**　原語はl'Empire du Milieu。中国の自称「中華」Tchong-Houaの訳語として、地理学者たちが用いた語。

＊5　**「法家」**　原語は« légistes »。légistesとは、「法の専門家」の意で、フランス史では、中世封建王政において、カペー朝フランス国王に仕えた官僚たちを言う。戦国中国の「法家」というカテゴリーに、この訳語を充てたのは、けだし卓見と言うべきであろう。

＊6　**出生児中の男児の比率**　これは「性比」sex-ratioと呼ばれるもので、女性の数に対する男性の数の比率（女性一〇〇に対する男性の割合）であり、「出生児中の男児の比率」という表現は不正確と言わざるを得ない。これで特に問題となるのは、新生児の段階で女児の出生が意図的に抑制され、その結果、男児に対して女児の数が著しく少なくなる現象、すなわち性比調節であり、sex-ratioという語は、この性比調節を意味することもある。

＊7　**古シベリア人**　Paléosibériens　基本的には、「古シベリア諸語」という、言語群すなわち語族を意味するター

ムであるが、転じて民族群を意味することもある。北アジアに居住する、アルタイ諸語にもウラル諸語にも属さない言語群ないしそれを話す諸民族の暫定的呼称で、「古アジア語族」という呼称の方が有力である。

＊8 **唯一の地図** 『親族の基本構造』の図86。邦訳（福田和美訳、青弓社）七四五頁。本書では、中国（漢型体系）は、むしろ北端と南端にはさまれた、全面交換の軸の中間部全域を占める、とされている。「全面交換」とは、「限定交換」に対立する概念で、「限定交換」とは、二つ（ないし二の倍数）の相手集団との間で作動する交換システムであるが、それに対して全面交換とは、交換の相手集団が相互的ではなく、A→B→C→D→N→Aという形で、円環をなすように一方向に向かって進んだ末に、円環が閉じるようなシステムを言う。具体的には、Aの男はBの女と結婚し、Bの男はCの女と結婚し……というように、進むわけである。

＊9 **非対称婚** mariage asymétrique レヴィ＝ストロースの言う全面交換は、前註に見るように、男と女の交換が相互的ではなく、一方通行的である（集団Aの男が妻を得る集団Bの男は、集団Aの女を得ることができない）ために、トッドは「非対称的」と定義したものである。

＊10 **シュー［許］のモノグラフ……** 『親族の基本構造』第二部「全面交換」第二篇「漢型体系」の最初の二章を見る限りでは、必ずしもこの指摘の通りとは言えない。

＊11 **『爾雅』** 中国古代の字書（辞書）。古代文献（『詩経』『書経』など）に登場する文字を集め、注釈する。抽象名詞や「天」「地」「木」「虫」などの具象名詞を全部で一九のカテゴリーに分類して、各カテゴリーに一篇ずつをあてている。著者は周公と伝えられるが、長い期間にわたって編修・執筆されたものと考えられる。親族関係の語を集めた「釈親」篇は、古代中国の親族用語の宝庫で、グラネを始めとする中国内外の人類学者の親族システム研究に資料を提供した。本文で「この節」と述べられているのが、この「釈親」と考えられる。

＊12 **中国に征服されることになった** 周知の通り、満州人（女眞人）は十七世紀に中国を征服して、清帝国を建設したが、長年にわたって中国を統治するうちに、文化や風俗慣習において中国化していった。つまり征服した相手に、逆に征服されるに到ったわけである。なお「満州」という語は、そもそも地域名ではなく、民族名である。

＊13 **三方婚** mariage trilatéral 四種類のイトコのうち三種類との婚姻を実践ないし容認する婚姻。これはイトコ婚であるから、「内婚」という語を用いて、「三方内婚」と呼ぶ方がより正確だろう。

＊14 **四方外婚** exogamie quadrilatérale 四つの種類の（つまりあらゆる種類の）イトコとの婚姻を禁止する、ということ。単に「外婚」と言うだけで尽くされるが、イトコ婚について論じて来たコンテクストで、「四方」という語を強調することになったものであろう。

第4章
日本

日本の歴史は中国の歴史に比べると短い。日本の起源点は、共通紀元前五世紀ごろ朝鮮半島から到来した住民集団によってもたらされた稲作の開始、ないしより古典的には、共通紀元（ＥＣ）四世紀から六世紀までの間に行なわれた漢字の導入によって定義される。今日にまで伝わった日本語で書かれた最古の文書、『古事記』すなわち「古い事柄の物語」は、七一二年に遡る。漢字を補完した音節文字〔仮名〕の形成は、七世紀から九世紀に遡る。文字の採用という、歴史のもっとも慣用的な定義で判断するなら、日本の文明は、時間的長さでは、ゲルマン圏の文明のそれに近いものということになる。というのも、文字がザクセン〔ドイツ北東部〕に到達したのは、カロリング朝による征服の後、七八五年頃のことにすぎないからである。

　日本の歴史はこのように短い――文字の導入から一四〇〇年、農業の発生から二五〇〇年にすぎず、それに対して、中国の場合、この二つの要素の開始はおおよそ三三〇〇年前と八五〇〇年前である――が、実はそれ以前に、長期にわたる採集と狩猟と、とりわけ他の地域には類を見ない魚介海産物の採取の時代が存在した。土器製造が日本に出現するのは、農業の開始よりずっと以前、共通紀元前八〇〇〇年ごろであった。共通紀元前八〇〇〇年から四〇〇〇年までという長期間にわたって、縄の文様のついた土器の使用を特徴とする、〈縄文〉と言われる時代が続いた。人口統計学的推定では、縄文時代末期の日本列島の人口は一六万人である。これは、採集と狩猟が支えることができた人口密度としては、相対的に高いものである[1]。インゲン豆とごまの乾燥栽培が、最終段階で登場するが、日本の歴史の当初の独自性を最もよく説明するのは、海からもたらされる食物の重要性である[2]。

　漁労というのは、生存手段として動物を捕食する営みのうち、現実的に農業革新の後に生き残って今日に至るただ一つのものである。今日なお、特に日本には、経済的に有意的な漁労民が存在する。世界の複数の地域で、海産物の採取は安定的な共同体の出現をもたらしたが、そうした共同体の稠密性によって、一定程度の複合性を持つ技術と社会形態の形成が可能になった。日本のケースでは、そのような時代は遠い過去のことである。しかし、十九世紀にヨーロッパ人と接触するようになったアメリカ大陸の北西海岸のサケ漁労民も、複合的な文明を築いていた。

縄文時代末期のものと推定される墓穴の中の骸骨の遺伝子分析を用いた最近の研究は、日本の南西部の異なる二つの地域に位置する二つの共同体において、婚姻後の夫婦の居住は双処居住だったことを検証した(3)。その方法はまことに単純で、遺骸の調査によって、女性の骸骨の間と男性の骸骨の間で、遺伝子レベルでの血縁関係の量に差がないことが明らかになったというものである。それは農業の発達と列島の人口の大量増加より前の住民に関することであるが、この結果は、本書の中心的仮説を飛躍的に強化してくれる。歴史を最も遠い過去へと遡ると、そこで観察できるのは、実はわれわれが近代的だと信じているもの、すなわち、婚姻交換において男性と女性に異なる位置を割り当てることのない双方的親族システムに他ならないということである。文字資料とは別の資料を用いるこの研究の場合は、おそらく、最も古い過去を検討するとき、上層社会階層に注意を集中させてしまう歴史的バイアスを免れることができる。

日本は、共通紀元以降、侵略されることなく歴史が続いた稀なケースを提供している。モンゴル人さえ、日本を侵略することはできなかった。彼らは、一二五八年ごろ朝鮮を支配下においたのち、一二七四年と一二八一年に侵略を試みた。最初の侵略は九州に達したが、十分な規模に至ることはなかった。二度目の侵略は、海岸に到達する前に風で追い散らされた。日本はもちろん、家族形態の伝播・普及の過程から守られて来たわけではない。しかし、伝播のベクトルは軍事的征服ではなかったという点には確信を持つことができる。伝播・普及は、日本においては、宗教者や商人や海賊といった、日本文明が海外に派遣した者たちが国外で観察した形態を自発的に模倣した結果であった。

日本を研究するに当たって、そのサイズの小ささにもかかわらず、私は本書の恒常的な方法を忠実に守るつもりである。すなわち、まず第一段階では、地理的分布の観点から、最終段階における農村世界に関する最近の資料を検討して、そこから何らかの説明的仮説の方向を引き出す。次いで、時代を遡って、古代の資料が何をもたらすかを確かめようと試みる、というだけである。さてそういうわけで、二千年を一またぎして、差し当たり、日本の歴史のもう一つの果である、共通紀元十七世紀から二十世紀までに関する資料に立ち戻ることにしよう。

日本の直系家族についての近年の論争

今から三〇年前には、日本の家族構造の知覚は単純で統一的だった。十九世紀末の日本の近代化促進者によって公布された民法典は、男性長子相続と直系家族を制度化していた。それに続いて、人類学者が行なったフィールド研究は、それなりにきわめてル・プレイ的なものとなった、明治時代の支配的なイデオロギーの有効性を確証したのである。一九三九年に発表された、須恵村〔九州〕についてのジョン・エンブリーの研究は、その嚆矢であった。[4] 日本の「イエ」すなわち家屋＝家族に関する中根千枝[5]と福武直[6]による記述は、どちらも一九六七年のものだが、それ以前の研究をみごとに要約している。喚起された唯一の地域的多様性は、いずれも直系家族であるが、遺産相続規則の変異によってその様態が異なるというものにすぎなかった。遺産相続規則は、古典的には三分の四のケースで男性長子相続だった。ヨーロッパのように、男性長子相続は、息子がいない場合の娘による相続を妨げなかった。それは、前工業時代の人口条件の中で二〇％の家族に見られた状況である。性別による相続の分析は、日本では養子を相続人とすることが頻繁に行なわれたことによって、込み入ったものとなっている。相続人を養子に取るという手法は、ヨーロッパでは排除されている。東京西部に位置する地域についての、黒須里美と落合恵美子による一八七〇年の研究は、養子の半数以上が、現実には世帯主の娘の夫であることを明らかにしている。[7] 養子縁組は、実際には、母方居住の入り婿婚を形式化したものであった。これによって、娘による遺産の継承が可能になるのである。養子となる者は、親族の中から選ばれるのではあるが、世帯主の親族から選ばれるのが義務ではなく、時として世帯主の妻の親族の中から選ばれた。[8] 父系親族しか養子として認めない朝鮮のシステムとは、非常にかけ離れている。日本の歴史人口統計学の父である速水融[*1]は、日本中央部のニシジョウ〔西条であろう〕村について、一七七三年から一八六九年までの世帯主の相続人を、きわめて精緻なカテゴリーに分類して研究した。[9] その結果は、息子一二九人に対して、娘が一一人、兄弟が一〇人、オジが一人と甥が二人にすぎなかった。[10] しかし、養子が三五人いたのである。娘と養子の合計は相続の二五%に相当する。日本の標準類型では、実際上、女性による相続が二〇%に達するということになったわけである。それは〈レベル1の父系制〉に相当するということになる。

男性長子相続も、普遍的ではなかった。速水は、西条村では長子相続者五七人を検出したが、それだけでなく、末子相続者を二〇人検出している。日本の南西部では、末子相続や、相続人の自由選定や、稀ではあるが、財産の可分性さえも観察される共同体が少数ながら存在した。北東部では、年長の娘が弟たちに優先する、絶対長子相続制が行なわれるところがあった。[11] この多様性は、ゲルマン的周縁部での末子相続制やバスク地方の絶対長子相続制といった、ヨーロッパにおける等価物を参照するよう仕向けるがゆえに、最も常套的なル・プレイ的ヴィジョンを強化する。これらの差異によって、類型体系の多様化が引き起こされることはいささかもなかった。世帯形態が変質することはなかったからである。〔同一世帯内での複数の夫婦の連合として〕唯一想定されるのは、両親夫婦と跡取り夫婦の連合だけであった。既婚の兄弟間もしくは既婚の兄弟と既婚の姉妹の間の横の連合の可能性が想定されることはなかった。とはいえ、より大きな複合性があちこちで姿を覗かせていた。福武は、南西部では一般的に六人以下である世帯のサイズが、北東のいくつかの県ではほとんど七人に達することがあると、記していた。[12] 中根は、十二世紀の長野県において、一時的ではあるが、ひじょうに巨大な世帯が存在したことを喚起していた。[13] しかし、兄弟の別離のメカニズムの中で、跡取り息子と別の場所で身を立てた息子との間の繋がりが、ヨーロッパにおけるように弱いものであることは決してなかった。日本では、年長者の世帯と年少者の世帯との家系関係は、決して無意味なものとはならないのである。特徴的なのは、世帯の起源的な幹である〈本家〉と、そこから枝分かれして、起源的系統の存続を優先させることを可能にする不平等原則に基づいて重要度の劣る土地に居を構えた〈分家〉との間の繋がりの維持である。日本においては、〈本家・分家〉集団の内部における関係の様態の、序列性の度合がさまざまに異なる、地方的変異を研究することができる。しかしそれでも、純然たる古典的直系家族がモデルとして君臨していた。

北東部

速水融によって開始された、日本の農村共同体についての研究の第二波は、ついにこのあまりにも見事な単純性を揺り動かすに至る。それは新たな問題をもたらし、私に関しては、新たな解答をもたらした。時間的ならびに地理的強調点が移動したことによって、日本の北東部に、少なくとも十七世紀において、理論が提示する単線的な直系家族よりも明らかに複合的な家族形態の存在が明らかになった。論争は、直系家族の二つの変種が区別されるべきであるという、明確な結論にたどり着いたのである。

地図4─1は、最近のモノグラフの研究対象の位置を示しているが、これを見ると、それらが研究する日本は、一九三九年から一九六七年までの人類学者の日本ではもはやないことが、よく分かる。彼らは北東部を無視していたのである。

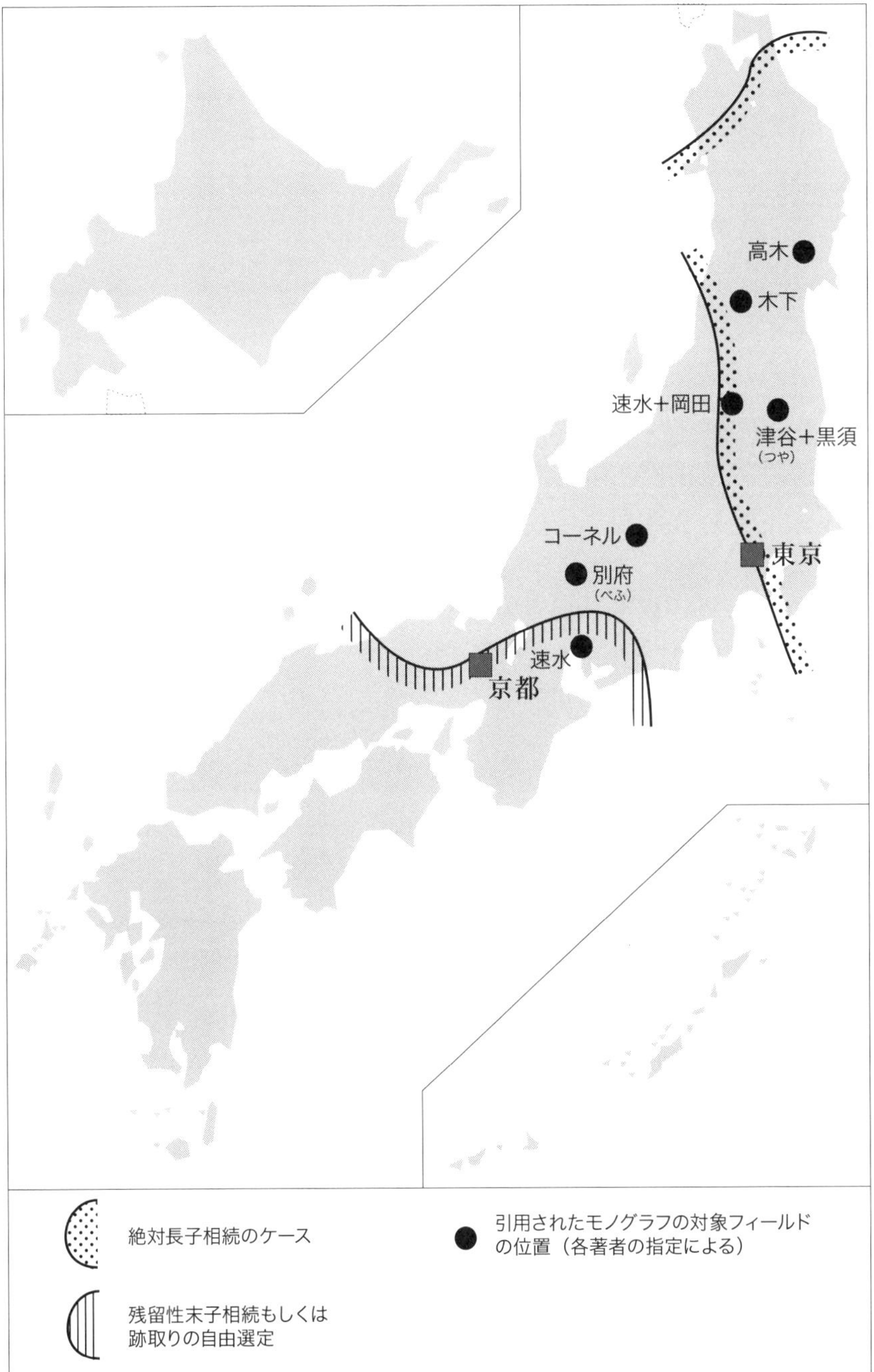

Nagashima N. & Tomoeda H.〔長嶋信弘、友枝啓泰〕, *Regional Differences in Japanese Rural Culture*, p. 192 . による。

地図 4–1　日本における残留性末子相続制と絶対長子相続制

既婚の兄弟間もしくは既婚の兄弟姉妹間の横の連合を含む世帯が、一定の比率で存在することが、新たに研究された地域の中で識別された。その比率は、コーネルのモノグラフでは、一七二〇年で二六%、一八二八年で一三%であるが、これほど高い比率は他に例を見ない[14]。速水と岡田は、一七五九年から一八五九年までについての調査で、三・九%、木下は一七六〇年から一八七〇年までについての調査で、六%、高木は一八〇一年から一八四八年までについての調査で、四・四%という比率を検出しているにすぎないのである。ただし、彼らの計算法はコーネルのそれとはやや異なる[15]。コーネルの研究は、例外的に高い比率を出しているが、最も昔の時代を喚起しているのである。これらのモノグラフは、社会的カテゴリーに応じて変動する家族の複合性を測定することを可能にしている。横の連合の頻度は最も裕福な農民においてより高い[16]。

同じ世代に属する複数の夫婦の横の連合は、明らかに共同体家族の存在の可能性の問題を提起する。しかし、いくつかの基本的な要素を見ると、それは「追加的な一時的同居を伴う直系家族」であると結論するのが妥当であろう。その他の例は、これからスウェーデン、フィンランド、ブルターニュにおいて、そしてタウスグ人〔フィリピン最南端の住民〕の許に見出すことになる。

日本の北東部で観察されるのは、中国風の父系制の度合の強い父方居住共同体家族ではない。日本では、北東部でも南西部でも、家族モデルは、必要に応じて女性による財産の相続を許している。実際、いくつかの指標によると、女性の地位は、主要な島である本州の中心部よりも、狭い意味での北東を意味する「東北」で、時としてより高いことがあるように見える。それは日本における絶対長子制、すなわち、女子が最年長なら相続するというあの規則の地域である。彼女の夫は、婿として家族の一員となる(**姉《アネ》家《カ》督《トク》**)。同じ世代に属する複数の夫婦の横型の同居の中には、兄弟と姉妹の一時的連合のケースが観察される[17]。津谷典子、黒須里美が提供する福島地方のある共同体の資料を正確に解釈するならば、母方居住が三三%ということになる[18]。これは、男性長子相続制の直系家族の地域で一般的に観察することができる標準比率である二〇%よりも明らかに高い。

父方居住共同体家族と相容れない特徴としては、もう一つある。長子優位の原則は、福武直が早くも一九六七年に注目しているように、北東部では南西部よりもはるかに強い。一般的な長子権について述べながら、彼は次のように書いている。

「長男が、より重要な人物として、弟たちとはひじょうに異なる扱いを受けることはかなり一般的であった。このことは北東部で特に顕著であり、そこでは長男を**アニ**と呼び、弟たちを**オンジ**と呼ぶ[19]」。

要するに、兄弟間の一時的な横の連合があるというだけで、父方居住共同体家族があり、直系家族はないのだと結論することは、もちろんできないのである。それは、兄弟間の不平等の原則と、女性の地位が依然として無視できないという、二つの最も特徴的な直系家族的価値が、中央部よりも北東部ではるかに顕著であるという、単純にして正当な理由から言えることである。世帯の目に見える構造を無視して、これらの変数だけに従うならば、北東部の家族はなお一層「直系家族的」であると考えられるだろう。

北東部のシステムは、容易に相互に相関しやすい他の特徴を示している。すなわち、父親の引退は早めであり、子どもの結婚年齢もやはり早めである。この慣行はもちろん、世代間の集住を容易にする。早期に引退した父親はまた、家を離れて、同じ囲い地の中の別に切り離された家屋に住むこともある。時には他の子どもも父親について行く[20]。最終的には最も若年の息子が、父親の家を相続する。これが〈隠居《インキョ》〉[21]の手順である。分離は別々の台所の開設にまで至ることがある。これは、厳密に言えば、人類学者なら二つの核家族があると知覚するはずの事態である。しかし、現地共同体と国家の見方を表現する住民登録簿〔戸籍〕は、この全体を一つの単位として定義する。跡取り息子が家長でありその代表者ということになる。また、このように次々に起こる核分裂によって出来た世帯の間には、やはりより強くより序列的な繋がりが見られるのである。[22]

これらの要素はいずれも、兄弟間の関係において最大限の強度を帯びる不平等原則を喚起している。父親の引退が早期で、しかもしばしば父親が家を出て行くことからすると、縦の関係が本州の中央部におけるように重要であると考えることは不可能である。

この家族メカニズムは、南西部より貧弱な農業と低い人口密度によりよく適応したより巨大な労働集団の形成をもたらす。十七世紀初めの日本の各地の人口についてハンリーと山村の提供する数字を見ると、北東部の人口密度は当時、南西部の人口密度の半分程度にすぎなかったと断定することができるのである。[23] とはいえ、日本の家族システムの地図の長期にわたる安定性を見るなら、この人類学的類型は単に一時的な経済的適応にすぎないわけではないということを検証することが可能になる。例えば、一八八六年の国勢調査における世帯の稠密性の地図〔地図4―2〕と一九八〇年のそれとを比較してみるなら、世帯の稠密性は時間的に変化なく連続していることが分かる。これを説明するには、経済的文脈とは無縁な文化的規範の存在を仮定しなければならない。[24] 一九八〇年における世帯ごとの夫婦の数は、県の相対的な農村性と発展水準によっては説明できないようになっているからである。九州と本州の最南西端の最も農村的な地域は、北東部よりも明らかに小さな複合性を相変わらず出現させているのである。

ここで地図の検討によって可能になるのは、差異を観察することであって、説明することではない。周縁地帯の保守性という地理的な解釈には限界がある。二つの特徴が一つの軸の上に配置されているというだけでは、中央対周縁型の環状構造を浮び上がらせることは決してないし、類型の相対的な古さについてのなんらかの仮説に至らしめることは決してない。したがって、日本中央部の単線的直系家族と北東部の追加的な一時同居を伴う

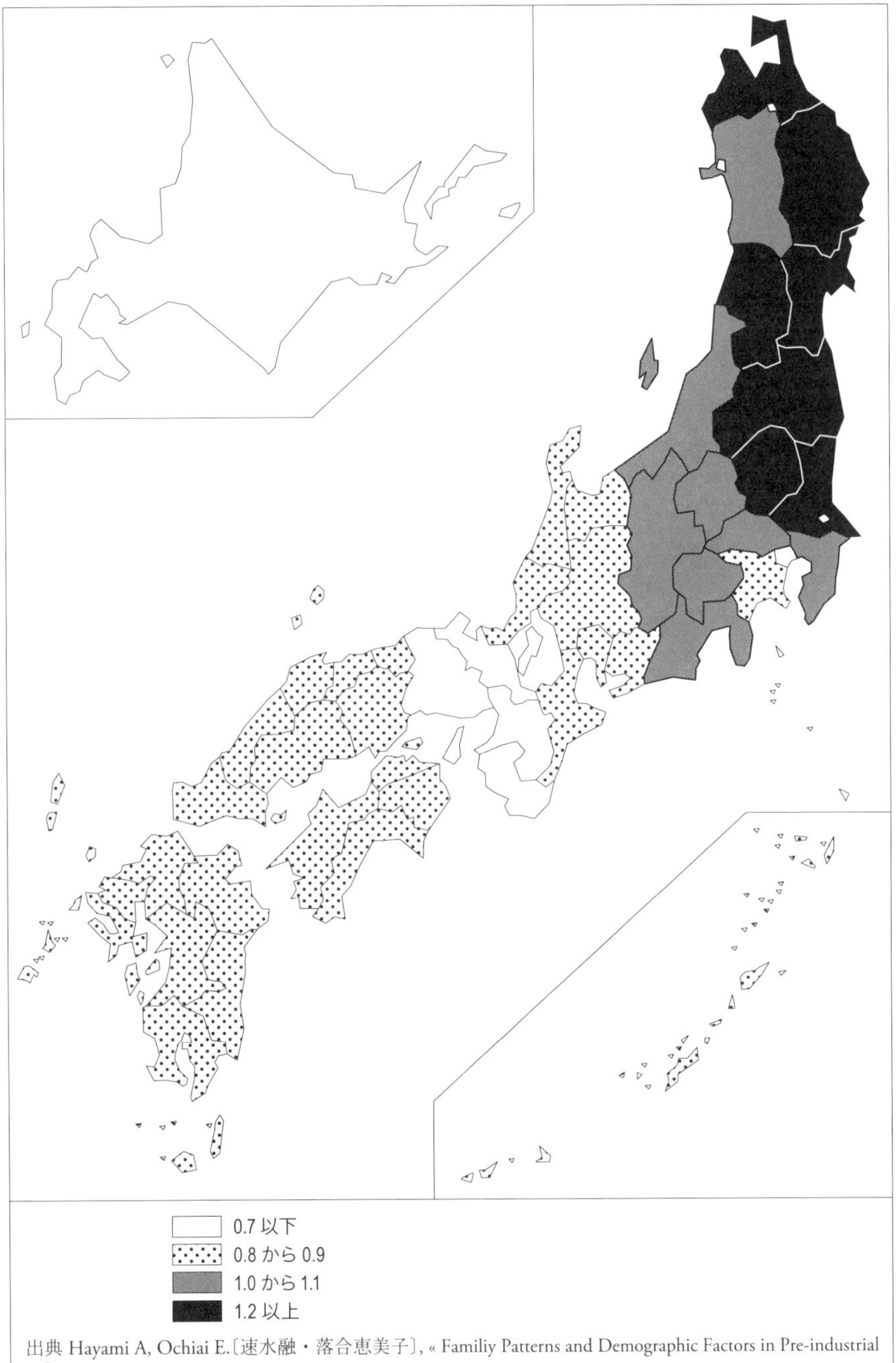

出典 Hayami A, Ochiai E.〔速水融・落合恵美子〕, « Familiy Patterns and Demographic Factors in Pre-industrial Japan ».

地図 4–2　1886 年における世帯ごとの夫婦の平均数

直系家族との間の対比は、この方法だけでは説明され得ない。このような分布を解釈するためには、歴史を参照することが不可欠である。

日本における家族類型のシークエンス

中国を初め他のどこでも同様であるが、日本でも、文字資料を用いて過去へと遡っていくと、それだけますます社会構造の高い層しか目に見えなくなる。最も遠い過去から始めるとするなら、女王卑弥呼に関する中国起源の最初の情報が存在する。この女王は、三世紀始めに邪馬台と呼ばれる国に君臨していたということであるが、この国が九州にあったのか、本州の一地域で、奈良や京都という都市がある畿内という地域にあったのかさえ分かっていない。彼女の弟が、彼女の命令や神託を伝えていたという。(25) この女王が存在したと仮定されることから、母系制の存在に関するいかなる早急な結論も引き出さないでおこう。情報源である中国は、当時すでにひじょうに強固に父方居住的かつ父系的であった。ギリシャのケースで見たように、父系制の民族が伝える女王についての言及と母権制のファンタスムというのは、頻繁に見られるのである。いまだに双方制で、女性が高いステータスを保持している住民集団を、父系制集団が知覚する場合、このような〔母権制というような〕反転が生まれるものだ。とはいえこのことは、「女王」の存在が、定義不明瞭なその役割とともに、考えられないものであるということを意味しない。しかし、女性の方が、「正常な」男性君主よりも注目されるであろうし、それゆえに双方制の集団と接触に入った父系制の住民集団によって容易に神話化されるだろう。

最初のほぼ確実なデータは、本州の南西部を中心とした初期の日本である大和王朝に関するものである。フランシーヌ・エライユが注目しているように、それらのデータは、兄から弟へ、次いでオジから甥へと進む横型の継承の慣習を明らかにしている。[26] したがって、稲作の導入後およそ一千年の五、六世紀の日本において、商（共通紀元前一七六五年から一一二二年）の中国のケースですでに特定された慣行が観察されるわけである。

六世紀〔五世紀を訂正〕の最末期に、皇帝一族は、皇位継承の慣行に革新を加える。それも明確な規則の確立によってではなく、女帝の指名によってであった。五九三〜七七〇年の間に女帝は六名を数え、うち二人は退位後再び玉座に就き、二度君臨している。[27] これらの女帝のうち少なくとも始めの三人は、夫の跡を継いで即位している。その夫は親族で、最初のケースでは異父兄弟、あとの二つのケースではオジである。それゆえ女帝の出現は、高度に内婚的な局面に相当するわけである。最初の女帝、推古の即位の数年後、六〇〇年に、一世紀にわたる中断の後、[*2] 中国との公式の接触が再開したということに注目しておこう。[28]

七、八世紀からは、中国の影響を自由に取り入れた法典の整備が行なわれるとともに、大陸の影響は決定的かつ膨大なものとなった。この時代の中国は、少なくとも中央の支配的な地域では、家族の次元では十全に父系化・共同体化されていた。ただし、先に見たように、六二七年から六四九年に編まれた唐の法典〔唐律〕は、相続の平等主義的原則を確認しつつ、儀式面では長子制の痕跡を残していたのではあるが。七〇二年の日本の大宝法典〔大宝律令〕は、遺産相続から女子を排除しているがゆえに、父系原則を含んでおり、住居、下僕、奴隷と動産の半分とを長男のものと定めているがゆえに、長子相続原則を含んでいる。しかし、この法典はおそらく一度も適用されなかった。早くも七一八年には、その跡を襲うものとして養老法典〔養老律令〕が制定されたが、それは住居、動産、土地について分割の原則を再確立した。それを律する複雑な取り分のシステムは、長子に有利だが、かと言って、財の過半部分を長子に与えることはない。女性の相続権も再び確立された。しかしたちまち、この複雑なシステムは放棄される。[29] 父系制の観念と長子相続の観念はしっかりと存在しているが、崩れ去り行く家族的・社会的・経済的現実の上を漂っているかに見えるのである。

八世紀から十世紀までに関しては、最上層貴族階級に関するデータがかなりふんだんに存在する。そのほとんどは宮廷の運行に関するものである。宮廷は、奈良時代（七一〇—七八一年）、そして特に京都が首都となる平安時代（七八一—一一九一年）から、移動することを止めた。十世紀最末期と十一世紀初頭は、文化的百花繚乱の時代であるため、研究者にとってはとりわけ取り組みやすい時代である。『源氏物語』と清少納言の『枕草子』のような古典作品が執筆されたのは、その頃のことである。当時、京都の宮廷は、周囲に閉ざされた洗練された場所で、行政よりはむしろ詩歌と儀式に没頭しており、象徴的には支配的だが、日本社会の他の部分から切り離されて孤立していた。

この貴族階級の成員たちによって残された数多くの日記の詳細な分析を行なったマックルーは、きわめて巨大なクランを組織・編成する父系原則と、男性配偶者の住居についての母方居住の優勢との共存を証明することができた(30)。このシステムの中で、支配的なクランである藤原一族は、皇帝一族と連携して、独特の地位を占めていた。マックルーは、人類学における父系制と母方居住の組み合わせの希少性に言及している。とはいえ、母方居住率が六〇％を超えていたか、すなわちマードックが定めた六六％という理論上の基準に達していたかどうかは、確かではない。厳密に言うなら、このような婚姻後居住地モデルは、おそらく母方居住屈折を伴う双処居住と定義されるべきものであろうが、しかし、父系原則を含むシステムとしては、それだけでも大したものである。

証明の大部分は、きわめて狭い世界に関するものであり、その世界の核心部は、藤原一族と、このクランが言わば後見していた皇帝一族との複雑な関係であった。藤原一族の覇権は、少なくとも、彼らの中の一人が摂政となった八五八年に遡る。しかし、彼らの権力の絶頂期は十世紀最末期ごろに位置する。しばしば、母方居住的住居様態は、祖父である藤原の者が、自分の娘の息子である未来の皇帝を育てることを可能にしていた。シモーヌ・モクレールは、藤原クランに所属することは、宮廷での重要な地位を獲得するための競争のグラウンドに入場することを許す一つの条件でしかなかったということを示した[31]。藤原一族の中でも、継承規則に関して不明瞭さが支配していた皇帝一族の中でも、堅固な長子相続の原則は全く観察されない。

一見して複雑なこの布置について、相対的に単純な解釈は可能である。父系原則の導入は、中国の威信によって可能になった。しかし、家族システムがまだ主要部分では双処居住的で、親族システムが双方的であったと考えられる日本社会の中で、父系制は補償的母方居住反応を生み出した。風俗慣習に関して、女性によって頻繁に書かれた当時の日記を通して感じられるのは、両性の関係という面では均衡がとれているが、中国的父系原則と日本的双方基底との間のある種の二元性の作用を受けている、そうした文化である。この二元性は、文書の中に刻み込まれている。男性の行政文書は中国語で書かれたのに対して、女性の個人的文学は、日本語とカナで書かれたのである。それに、この時代の当初における、女帝の出現と中国との関係の再開とが、同じ時期に起ったという巡り合わせにも、驚く他はない。

平安時代後期については、示唆に富むがやや不満の残る論文がある。ジェフリー・マスは、一一八五年以前の遺言書が二〇〇〇通以上も今日まで生き残っていることを明らかにしたが、これについて定量的処理は行なっていない[32]。しかし、地方における、ということはつまり、宮廷貴族階級よりも広範な世界における相続についての彼の分析を読むと、父系原則と長子相続の観念が、家族的・社会的・経済的現実を捕捉し、組織することに、実質的に成功してはいないという印象を、私たちはまたしても抱くことになる。貴族の家の長に関する長子相続による継承という観念は、まさに存在しているが、しかしそれが遺産の分割とこの分割への女性の参与を妨げることにはならないのである。

長子相続の台頭

現在入手可能な歴史データの示すところでは、男性長子相続が本当に日本に、その貴族層の中に登場したのは、鎌倉時代（一一九〇―一三三三年）後半になってから、すなわち、十三世紀末から十四世紀初頭までの時期においてであった。それは、実際の政治的権力の中心が京都地域、すなわち畿内から東へと動き、鎌倉と東京のある地域、関東へと移った時期である。[33] 農民層の中に不分割の規則が登場したのは、その頃か少し後のことだったと仮定することができる。家族変動がどのような社会階層の中に起こったのかという問題は、ある意味では言葉の用い方に関わる。というのも、日本の封建時代初期の特徴の一つは、ほとんど貴族である武装大農民と言うか、ほとんど農民である小貴族と言うか、どちらとも決められない中間的階層の登場だったからである。平均的階層を中心にして、その上と下に細かく階層分化したこのような農村的社会形態は、直系家族の古典的な相関者である。ここでは、どちらが原因でどちらが結果なのかは、即断しないでおこう。遺産の不分割の規則は、農村社会の両極化を妨げる。同じ現象がヨーロッパでも、フランスの南西部や南ドイツで観察される。[34]

直系家族への移行の過程は、全く漸進的であり、数世紀にわたる変遷を研究することもできよう。木下太志は、山形地方のヤンベ〔山辺か?〕村では土地の分割可能性は徳川時代の初期、つまり十七世紀まで続いたと、正確に述べている。[35] 中根千枝は、長野地方の中に一六三〇年に開設された五郎兵衛新田村では、遺産の分割可能性の放棄は十八世紀に起こったと記している。これら二つのケースは、日本の北東部に関するものであり、長野地方は、その内陸部における南端の一部をなしている。二つのケースとも、晩期になってからの開拓・新村開設の地帯に属している。明治法典は、先に見たように、男性長子相続を、皇族も含めた日本の公式システムとしたが、これはそれより五〇〇年前に始まった進化の到達点となったわけである。男性長子相続の採用は、長子相続と父系制を強化し、女系での継承の減少を招来することになった[36]。

要するに直系家族の台頭は、中国と同様に、日本でも父方居住現象と女性のステータスの低下の始まりを伴ったわけである[37]。日本は〈レベル1の父系制〉に達するが、その後、これを越えることはないだろう。親族用語は一般的特徴としては双方的なままである[38]。

直系家族の台頭は、農業経済の稠密化と集約化の段階に相当する。十一世紀から十二世紀の大開拓の後、十三世紀半ばに、瀬戸内海沿岸では二毛作が出現する。米を収穫した後、穀物を栽培するわけであるが、これは土地を疲弊させるよりはむしろ豊沃にした[39]。そしてまたしても、戦争は稠密化と直系家族を促進した。というのは、封建制日本は十六世紀一杯、徳川国家の開設に至るまで、武力抗争の世界であったからである。武士階級は権力を握り、互いに争ったが、同時にまた、農民たちが結んだ同盟とも対決しなければならなかった。それらの同盟はしばしば、浄土真宗、すなわち「清浄な土地の真の宗派」のような新しい仏教宗派によって大規模に組織されていた。

直系家族が台頭する日本は、土地の占有度と農民入植の古さが地域によって異なる異種混交的な国である。京都周辺の〈畿内〉は一〇〇〇年以上前から開墾されており、その人口密度は一平方キロメートルあたり六〇人に達する。日本の北〔マご〕端の〈関東〉は、鎌倉政権の地であり、人口も多く、一平方キロメートルあたり五〇人を数えるが、地域内には大きな不均等が存在する。その彼方の北東部、〈東北〉は、一平方キロメートルあたり一〇人になるかならないかである[40]。というのも、中央権力による日本の北端の征服は、七世紀から九世紀に遡るにすぎないからである[41]。これらの昔の地域的差異に鑑みるなら、日本型直系家族が抱える、中央部形態と北東の変異体という二元性が理解できるようになる。この後者は、農業と国家権力の拡大の最後の地域の特徴に他ならない。

日本型直系家族の発明

日本型直系家族は、朝鮮経由にせよ直接にせよ、単に中国から到来したものであると考えることができないのは、明らかである。この両国の最初の緊密な接触の時代に、中国はすでに共同体家族化されていた。せいぜいのところ、法典と儒教的慣行の中に昔の中国型直系家族の儀式的痕跡が残るのに気付くことができるくらいであった。それだけでも概念的次元では無視できないが。ヨーロッパの封建時代にほんの少し遅いだけの日本の直系家族・封建時代は、中国の直系家族・封建時代の消滅の一〇〇〇年以上も後に誕生した。平安時代末期の日本の貴族階級の家族システムについて知られていることはきわめてわずかだが、それでも、当時、いかなる直系家族的観念も家族的慣行の中に根付くのに成功しなかったということを明らかに示している。

直系家族が出現するには、大開拓の終了、国土の中心部における集約農業の出現、昔から人が居住する地帯——本州の西の三分の二、プラス四国島と九州島の人口稠密部分、としておこう——における日本農村社会の稠密化を待たなければならない。長子相続は鎌倉時代に出現した。この時代は、中央部地域の東に位置する〈関東〉の勢力上昇が顕著であり、この地域を発展の震央と考えるのは妥当と思われる。長子相続は、京都の宮廷の権威をはねつけた戦士的貴族たちによって〈関東〉にもたらされたのである。家族の地理的分布が示す微妙な差が、このような仮説を確証してくれる。直系家族が、最も純粋な形態とは言えないまでも、絶対長子制や末子相続のような逸脱的要素をあまり含まない形で存在するのは、〈関東〉においてである。絶対長子制は、日本の北東部、〈東北〉の特徴であり、末子相続は、西部では数多くの例が見られるわけであるが。

また、日本の西部では前工業社会の最終局面に至るまで、遺産の分割可能性の痕跡が見られる。しかしながら、この地域の直系家族は、相続に関しては「ハード」な直系家族であり、土地の希少性のゆえに婚姻年齢が高い。父方居住原則は肯定されている。日本のデータを見ると、どちらかと言うと、長子相続は、土地占有度の高い地域の外縁部である関東で直接浮上し、然るのちに、より人口密度の高い南西部に広まったという仮説を確証しているように思われる。日本文化の当初からの中心地たるこの地域では、遺産の不分割は、大抵の場合は採用されたが、いくつかの抵抗に遭遇する。分割可能性の維持は稀であるが、可能ではあるのだ。末子相続は、より頻繁に見られるが、これは不分割の当初の形態を踏襲しているというよりむしろ、長子相続の観念の分離的反転を意味するものと思われる。このことは、前章で提唱した第二の仮説〔末子相続は、父系制の伝播に対する分離的反応である〕に対応する。(42) 本州の人口密度の高い部分の西と東の間の違いは、とはいえ、単線的な直系家族類型の中の微妙な差にすぎない。

北東部では、家族類型は間違いなくより複雑である。この遅れて開発された地域では、直系家族はより遅く到来した。しかもとりわけ、前もって作り上げられた概念として、形成されつつある社会に適用すべきモデルとして、到来したのである。人口密度の低さからすると、この地には、不分割の規則が内発的に生まれる理由は何一つなかったと考えられる。北東部の直系家族が、同時により純粋にもより不純にも見えるのは、そのためである。

北東部への伝播と適応

長子相続制は、そのゆっくりとした台頭の過程で付着した不純物を取り除いた抽象的な規則として、〈東北〉に輸入された。序列的な概念は、より明瞭になっていた。とはいえ、土地が相対的にふんだんにあったため、直系システムの厳格な単線性は、生産阻害的とは言わないまでも全く無用であった。より大きな労働集団の存在は時として必要であり、それゆえ縦型原則に、跡取りの世帯に既婚の弟妹が同居する一時的な横型の集住の可能性が追加されるのである。木下は、十八、十九世紀山辺村における大家庭集団の発展サイクルのきわめて緻密な研究の終りに、「世帯の核分裂は、夫婦が結婚するときではなく、初めての子どもの誕生の際に起こる」と記している。[43] これは、どうやら直系家族に先行した類型と考えられる。両親の許に一組以上の若い夫婦が一時的に集住する形は、おそらく一時的同居を伴う核家族の特徴である。

ローレル・コーネルは、絵文字的表象方式を用いて、長野県の横内村について十七世紀に遡る魅力的な例を挙げている。[44] まず、両親夫婦の許に兄弟二人がそれぞれ夫婦として集住している。父親が死ぬと、兄は世帯の指揮権を握るが、やがて既婚の二人の弟〔この件、兄弟の人数がやや一貫性を欠く〕を母親とともに後に残して、妻とともに家を出る。サイクルの終わりに、末の弟が当初の世帯の長に収まっている。これもまた直系家族と言えるだろうか？　コーネルが記述したのは、一時的父方同居を伴う核家族だと考えることもできる。それは、同時に複数の一時的集住を許容し、最年長の息子の離脱は単にしばらくの間の遅延を示すにすぎない。兄は弟の結婚が安定したのちに初めて家を出るのだ。われわれの仮説を大げさに込み入らせないよう、これは末子相続の痕跡を留める、「追加的な一時的同居を伴う直系家族」であると言うことができるだろう。

日本北東部のケースの中に感じられると思われるのは、もともと存在した一時的双処同居を伴う核家族システムの上に、不平等という直系家族的概念が直接的に貼付けられたということである。もともとの兄弟姉妹の夫婦家族を連合する双処居住集団の痕跡さえ知覚することができる。直系家族的な序列原則が兄弟間の関係の上に直接に取り付けられたようなのである。父親は早期に引退する。〈本家・分家〉集団の中では、同じ株から枝分かれした世帯間の付き合いが重要となる。娘が長子である場合、その娘を跡取りとする絶対長子制の規則は、それが存在するのであるなら、もともとの双処居住の痕跡に他ならない。先に記述されたような、分離した住居を伴う〈隠居〉は、核家族間の関係を組織していた柔軟なシステムの痕跡である。

以上提案された解釈に従うなら、追加的な一時的同居を伴う直系家族は、日本北東部では、それほど必要としていなかった社会に直系家族的概念が輸入された結果であるということになる。

中切《なかぎり》のケース *3

直系家族の観念の伝播は、日本において他にも独自の適応を生み出した。日本の中央部（岐阜地方）の内陸山岳地帯の孤立した地域では、独特の家族形態が特定されている。それは、外から到来した支配的規範への適応の結果である。中切の共同体は、高い山に囲まれた谷底の川沿いに並んだ複数の小集落からなっていた。そこでは、一八五〇年から一八七五年頃にはまだ、父系制と母系制のまことに独特な組み合わせによって形成され再生産された巨大な（一八五三年には世帯ごとに一六・六人）家庭集団が見られた。(45) 世帯の長は、父系長子相続の原則に従って継承されていた。つまり直系家族の標識は、はっきりと姿を見せていたわけである。ところが世帯の他の男性成員は、妻と同居することができず、妻たちはそれぞれ出身世帯に留まるのであった。婚姻はたしかにあったのだが、それは夫婦が別々に生活する「分処居住」類型の婚姻なのである。婚姻から生まれた子どもたちは母親の家族に留まるのであり、したがってこれは、母系的（子どもの母方居住）統合のメカニズムに属することになる。これらのメカニズムが組み合わされた結果は、長子相続を実践する父系家系によって指揮されるきわめて巨大な母系共同体家族の出現および永続となったわけである。

このシステムは、その要素と背景から中国のナ人のシステムを連想させる。ただし重要な差異もあるが。それは、支配的な父系制と被支配的な母系制を組み合わせた、夫婦関係の脆弱化を伴うシステムで、広大な空間を包括する父系制システムの外縁部の、山岳地帯の真ん中にぽつんと孤立した場所で営まれるという点も同じである。違うのは、ナ人では夫婦の繋がりは破壊されているが、ここではそんなことはないという点である。また、父系制の次元と母系制の次元は、〔ナ人では〕分離され、貴族と平民という二つの異なる社会集団によって体現されているが、ここでは二つの次元は、家庭集団のまさに内部で組み合わさっている。

別府春海《べふはるみ》は、このシステムに対して日本で加えられた数多くの解釈を検討した後、これが相対的に最近のシステムであるとの結論に達した。私としては、正確な結論と思う。中切のシステムは、十八世紀もしくは十九世紀初頭に始まったというが、それは、閉ざされた空間に人口が増加したという事実によって、世帯の核分裂が不可能になったと推定される時代である。そこで、それ以前の数世紀にわたって日本で頻繁に行なわれた慣行である、結婚当初の一定期間、妻がまだ夫と同居しないでいるという一時的な分処居住の古い慣習が、恒久的な状態となったと言うのである。

この解釈は妥当であるが、ある種の形式論理の上に維持されている。われわれとしては、中切でも、ナ人システムを生み出した伝播と反動という同じ過程が働いていると考える。違うのは、ナ人では直系家族のつぎに共同体家族が到来したのだが、ここでは伝播したモデルは唯一父方居住直系家族だけであるという点である。伝播が到来したのは、核家族が双方的親族集団の中で強固に連合している、女性のステータスが高く、双処居住の家族形態をいまだに特徴としていた農民社会の中なのである。母系的形態が、不平等主義的で父方居住の支配的・侵略的なモデルを補足するものとして生まれることがあり得るのは、このような文脈の中においてである。

理論面で重要なのは、またしても、接触前線上におけるように、母系制は父系制から、母方居住制は父方居住制から生まれているということを確認することである。後にも本書中に、他の例が多数見出されるはずであるが、特に、沖縄島ではより平凡な形態の例が見られる。直ちにそれを見てみよう。

沖縄

日本の南西の琉球列島に位置する沖縄島が歴史時代に入ったのは、遅くなってからである。十四世紀には、列島を支配していた小さな王国は中国の影響下にあった。一六〇九年、王国は日本の薩摩クランによって征服された。

家族システムと親族の分析によって、沖縄には基本的な二元性があることが明らかになる。中国文化の影響、次いで日本の権威の影響がより強かった都市とその近隣では、よく発達した父方居住制が見られる。点々と孤立した村では、母方居住形態が存続している。都市の近隣で見られる男性長子相続制は、明らかに日本システムが上に貼付けられた結果である。この現象は、とりわけ明治時代以降、確証されている。それゆえ、男性長子相続の原則は、村によってその強さを異にする。ある共同体では六九％のケースだとしても、もう一つの共同体では三三％のケースにすぎず、長男以外の息子による相続の比率は二〇から四〇％で、娘とその夫による相続は一一から二七％である[46]。最も都市から遠い農村地域についての手持ちのデータのおかげで、一時的母方同居が行なわれ、その後、若い夫婦は自立的だが近接的な住居を構えるという慣習が特定された[47]。これは、典型的に、一時的母方同居ならびに近接居住を伴う核家族と母方居住共同体家族を区別することが難しい、そうした種類のケースである。差異は実際上わずかである。

沖縄では、ナ人や中切の共同体の特徴であった父方居住制と母方居住制の組み合わせが見出される。とはいえここでは、父方居住という「上位の」規則の担い手は、貴族階級やきわめて巨大な世帯の長だけではない。都市的システム全体と、農村社会のうち都市に近い部分が、それに該当するのである。

またしても、母方居住制は父方居住制の輸入に対する反動と考えることができるのである。実際にそれ以前に存在した、おそらく双方的であったシステムは、姿を消したのだろう。この母方居住という分離的否定が起こった時期は、日本の権力下であったか、あるいはより早く、中国の影響下の時代においてなのかについて、仮説を立てるのは難しい。

速水融は、日本の南西部と沖縄と朝鮮の南に位置する済州島を包括していた特殊な古い文化に言及している。彼が日本の南西のいくつかの島で特定した家族類型は、女性のステータスがより高い、より複合的な世帯が存在する、非嫡出出生が多数に上る、といった特徴を見せるが、これが、沖縄の場合のように、直系家族と父系制の第一段階の出現より以前の、昔の基底の痕跡であるということは、あり得ないことではない[48]。世帯単位の構造についての詳細で特殊的な研究を行なうなら、それが本当に双処居住共同体家族なのか、あるいは双方的親族集団の中に挿入された核家族なのかが、分かるだろう。日本の南西端と沖縄に共通の文化は、とはいえ、いささかも特殊なものではなく、全く単に人類共通の基底の一部分を代表していると考えられるのである。

アイヌ人

アイヌ人は北海道とサハリン島、そしてカムチャッカ半島の南端に住んでいた。彼らは今日絶滅の一途をたどっている。いくつかの農業要素を使いこなす狩猟採集民である彼らは、少なくともこれまでに知られている歴史においては、共通紀元七世紀ごろに日本との接触に入った。彼らはたいていの場合、朝鮮から稲作が到来する以前に、本来の意味での日本の三つの島〔本州、四国、九州〕を専有していた縄文時代の住民と親族関係を持つ者と考えられている。私は、本章の冒頭で、ある共同体が残した骸骨の遺伝子分析から演繹される、縄文時代晩期のほぼ確実と思われる双処居住制を喚起している〔二二七頁〕。

日本による征服は、最後にはアイヌ集団の文化的同化に行き着いたのではあるが、また同時に、この征服によって、ユーラシアの北東の端に住む民族としては異例の、質の高い人口調査の早期における実現が可能になったのである。それまでセルビアの共同体家族の研究をしていたオイゲン・ハンメルによるアイヌの分析を見てみると、いくつかの矛盾を存続させていた古典的な人類学的分析がどのようなものであったかが、明瞭に分かる。アイヌの世帯は、たいていの場合、核家族と考えられていた。ただし場合によって、配偶者を失って独り身になった親族が加わるのである。杉浦と別府《べふ》のような何人かの研究者は、彼らの親族組織は手の込んだ独特のものであるとした。男性は、父系の血統で親から子へとつながっており、女性も母系の血統で親から子へとつながっているという[49]。杉浦と別府は、婚姻は父方居住で行なわれるが、親族集団の神聖な物品を婿が継承する可能性を残している、と示唆している[50]。

この二重のシステムは、他の多くの双系制の例と同様に、単なる双方的親族システムに、家系の観念が表面的に付加されたものを想起させる。継承すべき経済的な財をあまり残すことのない狩猟採集的経済活動の枠内で、双系制は大した実質を持ち得ないわけである。

ハンメルの研究のおかげで、アイヌの世帯は、十九世紀初期においては、厳密な意味での核家族ではなく、複数の夫婦を連合させることがあり得たということが、確認できる。一八〇三年に遡る人口調査によると、核世帯は三二・七%のみである[51]。ハンメルの用いた世帯の分類法は、ラスレットのそれとは異なるが、両立可能である。つまり、横の方か縦の方へ向かう個人もしくは夫婦への拡大を含むかどうかで、世帯を区別するというものである。兄弟姉妹間の連合と親子間の連合という対比が、とくに浮き彫りになってくる。ところでアイヌ集団の特徴は、兄弟姉妹間の横の関係の圧倒的な優位である。繋がりの中で、個人への横方向での拡大は、全体の三四・三％であるのに、縦方向の拡大は四・一％にすぎない。夫婦への横方向での拡大は一二・四％であり、縦方向の拡大は七・八％である。親族以外の個人もしくは夫婦との繋がりは全体の四二・五％で、横の繋がりは四六・七％である。[52]*4

結合は男女両性の個人を通して打ち立てられ、親族関係については女性の優位が見られる。[53] 父方居住は一つも見当たらない。この分析から引き出される全般的なイメージは、兄弟姉妹の夫婦同士が連合し、一緒に居住するか近接して居住する現地集団のイメージである。[54] 両親ではない個人が重要な地位を占めるのは、システムの個人主義的柔軟性を想起させる。

世帯のサイズの変動幅は、調査された共同体によっては、ひじょうに大きい。世帯の平均的なサイズが四・五人というケースがある一方、三二・五人というケースもある。おそらく共同体によっては、調査者が、夫婦家族を参照規準とする場合もあれば、現地集団を一つのまとまりととらえた場合もあるのだろう。こうした躊躇を引き起こすのが、狩猟採集民の起源的バンドというものの孕む根本的な二元性なのである。これらすべての要素を組み合わせてみれば、兄弟、姉妹、義兄弟、義姉妹の夫婦同士を流動的な集団の中に統合するディネ人やラップ人の集団の記述に行き着くことになる。まさにそれゆえに、私としてはアイヌ人の家族を一時的双処同居もしくは近接居住を伴う核家族のカテゴリーに入れるものである。ユーラシアの北東の果てに位置するというその位置取りからして、アイヌ人の家族は周縁部的かつ古代的《アルカイック》と定義される。要するにそれは、双処居住集団に組み入れられた核家族を人類の起源的類型と考える本書の全般的仮説を検証するわけである。

イトコ婚

日本の直系家族は、軽度の内婚傾斜を持つところが、ドイツや朝鮮の直系家族と区別される。イトコ同士の結婚は、伝統的な農村的日本では禁止されていなかった。第二次世界大戦直後、すでに非常に都市化されていた社会で、本イトコ同士の結婚の全国比率は、七・二%だった。この数値自体は大きくないが、同時代のヨーロッパの一%以下という数値と比較されるべきである。(55) この全国比率は、むしろ中国農村部で観察された比率と比較することができよう。しかし、日本の婚姻モデルは、四つのタイプの本イトコが許容される四方内婚だから、全く異なっている。それはイスラム圏のケースにおいて観察することになるだろうが、ただしそこでは比率は、二倍から七倍に上る。

日本の近年の歴史は、慣習の脆さを示している。一九四七年から一九六七年までの間に、本イトコ同士の結婚の率は七・二%から〇・九%に下落した。この急速な下落は、ついにはある程度の消滅に至ったわけである。したがって、伝統的な日本での比率は、条件によっては家族が内側へと自らを閉ざす能力を有することを想起させはするものの、日本システムを厳密な意味で内婚と規定するのは難しいと思われる。

より昔の時代に遡っても、終戦直後の率よりも特段に高い率が姿を見せるとは思われない。(56) 中国のケースと同様に、イトコ同士の結婚の容認を伴うが、外婚が優越的に存在すると結論しなければならない。となると、この容認が現われた時期が問題となる。それは起源的特徴であろうか、それとも歴史の中で獲得された特徴であろうか。私としては、獲得された特徴、しかしきわめて長い期間にわたって獲得された、との考えに傾いている。ただし、それを完璧に証明することはできないが。

イトコ婚の地理的分布が、この特徴の古さについて何を語ってくれるのか、次いで歴史的データが何を暴露してくれるのか、順次検討することにしよう。

手許にある地理的事実は、日本の内婚制を昔からの現象と考えることを許さない。最も遠い過去へ行こうとするなら、類縁性のある言語を持ちながら、早期に日本と分離し、その後また日本と出会うことになった周縁部的住民集団の例を取り上げるわけだが、そうしたものである沖縄には、すべての本イトコとの結婚の禁止が観察されるのである。[57]

本来の意味での日本空間の中での地理的分布を見ても、周縁地帯に特に高い率が現われるわけではない。山岳地帯や島嶼で高い率を有するところもあるが、それらの地域は、特に南西部の瀬戸内海沿岸に位置する場合には、日本の主要な発展空間に属している。日本空間の中にばらばらに散在する六つの小都市の近親結婚の頻度を比較している研究がある。またしても、最も高い率は、九州沖の海上に位置する列島にある福江市や、富士山の裏側に位置する山間の盆地の身延町のように、ある程度の地理的孤立を呈する地域に位置している。しかし、これらの二つの地域は、どちらも日本の後発地域に属していない。実は身延は、東京にきわめて近いところにある。[58]最も遅く征服され発展した周縁部地帯たる北東部にある多賀城市の率は、特に高くはない。

藤木典夫が、総合的解説の中で研究している、ある程度の内婚制を呈している孤立集団の例はいずれも、中央部日本に関するものである。本州の中で、西に日本海を臨む、しかし京都と琵琶湖を中心とする交通の軸とにきわめて近い部分に位置するいくつもの共同体で〔内婚制が〕優勢であると、記されている。[59]それらすべてにおいては、周縁部的な古い基底を喚起するものは何一つない。同じ研究において、藤木は、伝統的な日本の枠内でむしろ「近代的な」、合理的な経済的理由が、近親婚的内向の動機となり得たと指摘している。当該地域に位置する共同体、黒谷〔京都府綾部市〕の住民は、上質な紙の製法の秘密を守るため「他国者」との結婚を拒否していたというのである。[60]

つまり、地理的データは、むしろ内婚への許容は歴史の中で獲得されたことを喚起するのである。地理的分布とは明らかに矛盾するが、最古の歴史に関する手持ちの最初の情報は、非常に強固な内婚制を暴露している。しかしそれは、きわめて限られた社会集団に及んでいたにすぎない。

皇帝一族を中心に回っていた平安時代の上層貴族階級は、近親婚の禁止に関しては、親子間もしくは兄弟姉妹間の結婚についてのタブーしか知らなかった。マックルーが指摘しているように、男性はオバ、姪、イトコと自由に結婚することができたのである。[61] 彼は測定された頻度を提示してはいないが、ごく小さな社会層に関して、実質的な率が想像できるほどに十分な数の例を与えている。マックルーによると、それは明らかに階級内婚である。内婚によって社会の他の部分から自らを切り離し、その血の「純粋性」とその物質的・象徴的な権力の専有権を守る、微小な支配層。このような家族機構が社会の全体的な変遷とは無縁に考案されることはあり得ない。これは、もともとの外婚制メカニズムと対立すると想像することができる特殊な内婚類型であり、その発展は、皇帝一族と上層貴族階級の台頭によって可能になったのである。

これらのきわめて断片的なデータからだけでも、モデルをおおまかに描き出すことは可能である。十世紀前後、内婚に対するある程度の許容が最上層の貴族の中に出現した。それは次いで日本社会の下の方へと伝播して行ったと想像することができる。とはいえこのモデルは、家族システムの中心的で安定した要素になるほど十分に強くはなかった。第二次世界大戦後のその急速な衰退と消滅がそれを証明している。社会の中の農民集団への内婚の一般化の年代を決めるのは不可能であるが、この現象を、もともと存在した神話的な内婚の永続化ではなく、革新として受け止めるなら、新たな仮説を提起することが可能になる。すなわち、十六世紀以降〔ママ〕の徳川の日本の政治的・文化的自己閉鎖と、家族や共同体の内婚的内向の間には関連があったのではなかろうか[62]。家族の内向と国の内向との間には構造的な類似性が感じられる。徳川時代初期に起こったキリスト教の排除は、このようなモデルに、こう言ってよければ、調和的に組み込むことができるだろう。というのも、キリスト教は、激烈な外婚制イデオロギーの担い手であり、そのことは、日本の南西部で生き延びたキリスト教徒集団の内婚のレベルがきわめて低いことが、つねに証明しているところである[63]。

とはいえ、ユーラシア規模で考えると、日本は、われわれがすでにチュクチ人、コリヤーク人、エスキモーの四方婚を観察した北東シベリアに非常に近い。アイヌ人は、父方平行イトコを除くすべてのイトコとの三方婚を認めているとされていた。しかしながら、私はアイヌの家族システムの父方居住性を疑わしいと否定したのであるから、この父系的禁止の存在を手放しで受け入れることは難しい。しかし、最近の日本における四方内婚についての仮説と、シベリア北東部で証明されている四方内婚の存在、つまり地理的に近いところで四方内婚が存在するという仮説の間には矛盾がある。これはどうしたらいいのだろう。

よくあることだが、問題そのものがおそらく解答である。定量化され、確実な、良質なデータは日本のデータである。おそらく日本のケースは、ユーラシア北東部における四方内婚のより正確な知覚を可能にしてくれるのだ。内婚とは、とりわけ許容性を意味するのであって、それは選好の方へと移行するか、さもなければ減少することになるのではなかろうか。ここでの内婚は現実のものではあっても、脆弱なものと思われる。近年の中東の安定的かつ強固な内婚制と同一視することのできるようなものではあるまい。

朝鮮に関するメモ

日本についていま提示されたものと匹敵する、直系家族台頭の詳細な歴史を可能にしてくれるような歴史人口統計学的研究は、朝鮮南部〔韓国〕に関してはまだ入手できていない。北朝鮮のとりわけ異様な共産主義国家の存在もまた、人類学的研究を容易にすることはなかったし、地方的な差異の研究を容易にすることもなかった。中国に近いこの国はまた、日本との共通点を数多く提示しているだけに、これは残念である。この国は半島ではあるが、島という地理的条件がもたらす保護を、その山岳がこの国にほぼ保証してきた。この国には、共通紀元前一世紀に始まり、以後三世紀の間続いた中国の支配、一二三一年のモンゴルの侵略、そして一九二〇年から一九四五年までの日本による占領があった。しかし、分断されていようと統一されていようと、その歴史の大部分の期間、独立国だったのである。日本と同様に、この国は、中国から文字を受け入れ、共通紀元四世紀から、それを用いて現地言語を転記した。しかし十五世紀半ばに、漢字というこの威信溢れるモデルから離れることになる。世宗大王は、一四四六年から、今日**ハングル**と呼ばれている、二八文字のアルファベット・システムを導入した(64)。文字を歴史的・文化的な中心的基準と考えるならば、この国は中国に対する自立性を、日本よりも守ったということになる。

歴史人口統計学は急速に発展しているので、少なくとも南部〔韓国〕については、この国の家族の発展の詳細な諸段階を知ることが間もなく可能になるだろう。この国における変遷は、日本よりもはるかに遅れていたが、それを示すいくつかの確実な段階は、今でもすでに提示することができる。この国は中国と日本の間の中間的ケースであることは、地理的条件とこの国の父系原則の強さからして先験的に示唆されていたのであるが、入手可能な歴史データはいまのところ、そのような期待された中間的ケースとしての地位を検証していない。私はすでに、この国の直系家族は、息子がいない場合に娘あるいは娘婿による相続を認めず、甥かイトコという父系親族の男性を養子にする方を好むということは、指摘している。その父系制の強力さがどれほどのものか捉えるために、次の事実を付け加えよう。すなわち、韓国は、超音波探査法の技術が女性胎児の選別的中絶による性比調節〔訳註第3章＊6を参照〕の急激な増加を可能にした国のグループの一員であったという事実を。一九八五年には、韓国の性比は一〇九・四にまで増加し、一九九五年には一一五・五になった。政府の厳格な介入によって、二〇〇三年にはそれは一〇八・七に戻った。[65] 正常値は一〇五前後と言われるから、正常な状態に戻ったと言うことはできない。それにしても、システムの相対的均衡を取り戻す能力は、急激な増加が著しかったのに劣らず、やはり注目に値する。民主国である韓国は、中国の共産主義政体が本当に試みはしなかったことにほとんど成功したのである。要するに、韓国のケースとは、強力でなおかつ変動する父系制なのである。そのような不安定性は、おそらく、家族絡みの変動が比較的最近のものであるということで、説明がつく。

朝鮮の直系家族は、速水が指摘しているように、とりわけ、半島の直ぐ南に浮ぶ済州島で衰退している。この島では、三世代世帯がより少なく、娘による相続と、おそらくもともとは双処居住であったと思われる一時的同居を伴う核家族システムの存続を想起させる慣習の柔軟性が、より多く見られる。[66]

男性長子相続が日本の貴族階級の中に出現したのは、十三世紀末期から十四世紀初めのことにすぎない。朝鮮では、李氏朝鮮時代（一三九二〜一九一〇年）の初めには、男子と女子の間の相続の平等性はまだ無傷のままだった。男性長子相続に移行した正確な時期は、私はまだ見出していない。もっとも、それは日本の形態と比べると緩和された形態のものではあるが。しかし、あらゆる指標が、十五世紀後半に変遷が始まり、十六、十七世紀にシステムの大転換があったことを喚起している。

イ・サングクとパク・ヒョンジュンは、中世の一クランの研究の中で、十三世紀から十四世紀にかけて家系の中で女性とその夫〔婿〕の占める地位が増大するのを測定することができ、その衰退は十五世紀半ばになって始まったにすぎない、と記している。[67] とはいえ、十七世紀以降、婿とその子孫は家族の儀式を担当することができなくなった。[68]

十六世紀まで朝鮮には、若い夫婦は新妻の家族に一時的同居を行なう慣習があったとされる。それは数年間続くこともあり、最終的となることもあった。しかし十七世紀には、新郎は結婚の直後に自分の家族に戻らなければならず、そのすぐ後に妻が夫の後を追うのである。[69]

男性長子相続と連合する初期の父系制が勢力伸長を果たした精密な時系列は確立することはできないが、とはいえあらゆる要素が、日本よりさらに遅い時期を喚起している。その屈折点は十六、十七世紀であった。十八世紀になっても、配偶者間の年齢の同等性への明らかな選好を含む、男女間の関係における平等性の強固な痕跡が存続している。[70] こうした平等主義の痕跡が、キム・カンテによって大邱地方で発見されたのは、まことに衝撃的である。なぜなら、この都市とその周りの二つの州〔南北慶尚道か？〕は、一九九五年頃に性比調整が最も増大した所だからである。[71]

それに、朝鮮は外婚への強い愛着という点で日本と区別される。高麗時代には、さまざまに異なる王族の中で極端な内婚が見られる。光宗（九二五〜九七五年〔在位ではなく生涯〕）は、姉妹の一人と結婚し、徳宗（一〇一六〜一〇三四年）は、二人の姉妹と結婚し、文宗（一〇一九〜一〇八三年）は姉妹の一人と結婚している。一〇九六年の政令は〈またイトコ〉〔ハトコ〕までの近親者間の婚姻を禁止している。[72] 高麗王朝下で、禁止は一二回も再確認された。ここからもちろん、貴族階層の中に多数の違反があったことを演繹しなくてはならない。しかし、ヨーロッパでもそうだったが、こうした禁止の繰り返しは、イトコを娶る自由が以前は存在したことの証拠ではない。こうした警告が相次いで出されたのは、むしろもともと外婚制であるシステムの特徴であって、システムは、上層階級の中に顕著に見られた、禁止のハードルを低くしようとする誘惑から身を守ろうとするわけである。最終的に、朝鮮ではあらゆるイトコ婚は禁止されるようになった。禁止は、すでに見たように、中国では許容される非父系親族間の婚姻にも及ぶ。[73] われわれの婚姻モデルの検討の中においては、朝鮮は周縁部住民集団における四方外婚の単純なケースをなす、ということになる。

訳註

＊1 **速水融**（はやみ・あきら）　一九二九年生まれ。慶應義塾大学名誉教授。フランスの小教区の住民登録簿（教区簿冊）の分析により人口動態を把握する手法にならって、「宗門改帳」の分析により人口動態を把握する手法を開発。また、産業革命に先立つものとしての「勤勉革命」industrious revolution の概念を提起した。トッドは、二〇〇〇年六月の二度目の来日の際、十六日午後に、速水氏と対談を行なった。この対談は、『環』四号（二〇〇一年冬）に掲載されている。

＊2 **六〇〇年に、一世紀にわたる中断の後**　『隋書』には、六〇〇年に倭から使者が来た、と記されている。しかし、『日本書紀』には、六〇七年に小野妹子らの第一回遣隋使派遣とあり、六〇〇年の使節派遣については触れられていない。本書が依拠するスイリの『新日本史』は、『隋書』の記述を尊重したものだが、今日ではこれが定説と考えられる。なお、中国の政権と日本の正式の国交としては、五〇二年に、いわゆる倭の五王の最後にあたる倭王武が、梁により征東将軍に任じられて以来百年ぶりとなる。

＊3 **中切**　岐阜県で中切という地名は四ヶ所見られるが、記述された条件に当てはまるのは、板取村、馬瀬村内の中切であろう。

＊4 この部分、やや分かりにくいと思われるので、整理しよう。ここで横の繋がりとされる四六・七％は、個人（三四・三％）と夫婦（一二・四％）への横方向での拡大の、総計である。縦方向の拡大の総計は、四・一％＋七・八％＝一一・九％となるはずだが、それは本文中に明示されていない。それとは別に、「親族以外の個人もしくは夫婦との繋がり」たる四二・五％という数値が、いきなり示されるため、関連が読み取りにくくなっているわけである。

第5章

インド亜大陸

歴史の始まりが農耕の到来によって定義されるにせよ、文字の到来によって定義されるにせよ、歴史の長さはインド空間のすべての地域で同一ではない。北西部では、はるかに遠く過去へと遡ることができるが、南部では過去はずっと近いのである。現在パキスタンの中心部をなす地域においては、歴史はきわめて早い時期に、しかし甚だしい不連続の中で始まった。すなわち、インダス文明は出現し、開花し、次いで消滅したのである。

共通紀元前六五〇〇年頃、中東から到来した農耕はインダス川流域に達した。ついで三五〇〇年頃には内陸のデカン高原の北部と西部で、三〇〇〇年頃にはガンジス川流域で見出される。東部もしくは南部の沿岸地域やスリランカでの農耕の導入の年代を特定するにはデータが不足している。[1]とはいえ、伝播の過程というものの本性それ自体からして、より遅い年代であることが示唆される。

〔紀元前〕二八〇〇年から一七〇〇年までの間、現在のパキスタンの中心部たるインダス川流域は、繁栄した農村経済に支えられた都市やメソポタミアにつながる通商回路で覆われていた。これらの都市は、今日では解読不可能な文字システムを使用していた。それは、あらゆる要素を具備した文明で、その起源が単一のものかどうかは、何とも厄介な問題なのである。都市――もっとも重要な都市は今日、ハラッパーおよびモヘンジョダロと呼ばれている――はどれもが、碁盤の目のように交叉する通りの走るダウンタウンと、池や農作物倉庫といった集団的・儀式的施設を含むアッパータウンという同じプランに基づいて、建設されている。これらの遺跡で見つかった数千もの印章は、解読することができていない。

最初の諸文明に関する試論の中で、グリン・ダニエルは次のように示唆している。すなわち、インダス文明は、その文字が解読不可能であるところから、他の文明と無関係で独立していたことが察せられるものの、しかしながら直ちに完成に達していたということは、それ以前に西方で生まれていた文明の影響があったことを露呈するものである、と。ペルシャ湾の奥に位置するメソポタミア文明は、海路によってインダス川の河口にかなり近かった。[2] インダスの都市を建設した者たちの頭のなかには、都市文明のモデルが予め存在していたのである。

しかしながら、共通紀元前一七〇〇年からインダスの都市は廃墟と化していく。崩壊の内因性要因と外因性要因のそれぞれの比重は算定することができない。アーリア人の侵略はおそらく何らかの役割を果したが、それは衰退の唯一の原因ではなかった。衰退は当初より灌漑問題の結果として生じており、それがおそらく転落の口火となったに違いない。インド・ヨーロッパ語族の侵略者の到来は、通常、共通紀元前十七世紀から十六世紀のことと推定されているが、それが確実だと錯覚してはならない。さまざまに対立する解釈が数多くあるのである。

農業の発展は、伝播のメカニズムによって、地理的・時間的なずれを生み出すものだが、インダス文明以後、文字も同じメカニズムで、同じようなずれを再現することとなった。インダス諸都市の文字は、共通紀元前二八〇〇年から一七〇〇年にかけて生きていた。それが消滅した後には、長い空白期間が続いた。アーリア人の侵略者は、『リグ・ヴェーダ』の中で、好戦的で、二輪戦車を乗りこなす民族として描かれている。[3] この戦車は、同様にミケーネのギリシャ人、ヒッタイト人、ミタンニのフルリ人の許で用いられた、一八〇〇年から一六〇〇年にかけての技術革新である。しかし、アーリア人は文字を書く術を知らなかった。文字が復活するのは、それから一五〇〇年も後の共通紀元前三世紀に、ブラーフミー文字とインド語で書かれた最古の文書の中においてにすぎない。アショカ王の帝国は南部を除くインド亜大陸全域に及んだが、石に刻まれたこの王の布告が、それらの文書である。それは、アレクサンドロスのインダス川への遠征のおよそ半世紀後のことであった。とはいえ、ブラーフミー文字が、アショカ王の石柱が建てられる直前に作り上げられたものであると断言することは、許されない。石のような堅固な素材以外の素材の上に書かれた文字も、おそらくは数世紀にわたって存在していたに違いない。この最初のインド文字は、一つの伝播過程の結果であり、セム文字、フェニキア文字、とりわけアラム文字システムの応用であった。〔ブラーフミー文字は、音節文字であるが〕インド南部で、音節文字が考案されるのは、ようやく共通紀元四世紀になってからにすぎず、中国の文字が日本に到来したのとほぼ同じ時代のことである。

インダス文字が読解不可能であり、またセム語のアルファベットから派生した音節文字が到来したのがずっと遅くになってからであったため、過去の正確な時系列の確定は容易なことではない。力強い口承文学『リグ・ヴェーダ』が文字化されるのは、ずっと後になってからだが、これが今日まで生き残ったことは、問題を解決すると同時に問題を提起する。なぜなら、この最古の叙事詩にして宗教的賛歌は、事実も伝えるが、同じ程度に神話も伝えるからである。アーサー・バシャムによると、インドの歴史が真の意味で伝説から脱出するのは、共通紀元前六世紀のことにすぎないという(4)。中国の年代記は時系列に関して安心感を与えてくれるが、そんな安心感は、ここインドでは望むべくもない。中国の場合よりもはるかに、インドについては、家族システムの歴史の地図作成的・共時的アプローチの優先性が尊重されるべきなのである。家族類型の空間内での分布が、いくつもの仮説からなる体系の最重要部分を提供してくれるに違いない。稀少な時間的データは、その体系の中に組み入れて、管理することができるようになるだろう。

方法論的絶望はお門違いである。十九世紀と二十世紀に姿を現わすがままのインドの家族システムに関する利用可能な情報の量と質は、中国に関して現に存在するものとは比べものにならないのである。インドは、現実の記述に好意的でない共産主義というものを経験していないが、世界のすべての国の民族誌学の中で最も正確な民族誌学の伝統を有するイギリスの支配を免れなかった。英国の人類学者は、自身の調査の業績もさることながら、インド人研究者を養成するということを行なった。こうしたインド人研究者の分析は、インド亜大陸の家族構成に関する緻密な記述を可能にしている。もしかしたら、緻密すぎるかも知れない。インド社会は、地理的には言語によって分断され、社会的には内婚制カーストによって分断されており——ヒンドゥー文明の外に位置すると言える部族と民族の存在も忘れてはならない——、時には豊富すぎる材料を提供する場合もある。本書は地球全体を対象とする研究であるから、その枠内でインドの諸共同体を扱ったモノグラフをすべて使用するというのは不可能であった。ここでインドというのは、パキスタン、バングラデシュ、ネパール、スリランカを含む、昔からの広い意味でのインドのことであるが。

「ユーラシア」全域のサンプルの中でこのインド地域を代表する住民集団は三八件あったが、私はこの章の枠内で、やはり一一の住民集団を追加することとした。[5] ルシャイ人は、現在のインドの政治空間〔上記四カ国の国境内〕に含まれてはいるが、インド文明の外に位置するチン人と同じものなので、これを除くなら、これらはいずれも、完全に同化しておらず、飛び地のように孤立して残存している部族のケースである。不完全な同化の標識とは、ヒンドゥーの宗教システムへの統合の不在である。このような住民集団の家族構造の検討は、伝播のメカニズムを確実に理解するために必要である。すべての民族を地図の上にその名で表すことは、サイズが根底的に不均等な集団を並置することになるため、ある意味で人の目を欺くものである。国家レベルの言語（ヒンディー語、ベンガル語、マラーティー語、オリヤー語、テルグ語、タミル語）で指示される住民集団は、それぞれが数千万人を擁し、サイズではヨーロッパの国々と同等である。例えば、マラヤーラム語を話すケーララ州は、さまざまに異なる集団で細分化しており、数百万の人口を擁するキリスト教徒集団、イスラム教徒集団、ならびにナーヤル（支配的なヒンドゥー教のカースト）集団がいる。パハリー語やシーク教も、全く同様である〔人口数百万の集団を擁する〕。アッサム州のガロ人、カシ人、ディマサ人、ネパールのグルン人、あるいはビーラーラー人のような部族は、数十万人程度の民族である。ケーララのナンブーディリ・バラモン、あるいはコダワ人となると、サイズは数万人程度に落ち、トダ人になると、数百人にすぎない。しかし、この研究で本質的に重要なのは、そのサイズではなく、システムの空間内での分布である。

統計の分野でも、インドは中国よりも進んでいる。英国による植民地化は人口調査の伝統の基礎を打ち立てた。

世帯のサイズについての、そしてやや程度は劣るものの、世帯構成についての基本的な定量データが、複数の時点について利用可能となっている。人口調査によって、まだ爆発解体点に達していない時点での、インドの父方居住共同体家族の構造を把握することが可能になる。私は、中国とヴェトナムの場合、父方居住共同体家族が人工的であること、これが近代化局面に入ると解体する傾向のあることを、喚起したものである。北インドは、識字化においては中国およびヴェトナムに大いに遅れをとっているが、一九七一年ないし一九八一年の時点では、いかなる近代化も北インドの共同体家族構造を揺るがすには至っていなかった。

インドの統計は、亜大陸規模で家族形態――共同体家族の場合もあれば、核家族の場合もある――の複合性の基本的な地図を作成することを可能にしてくれる。私としては、こうした舞台の背景をまず確立した上で、フィールドの人類学者が著した現地モノグラフを空間内に配置して行くつもりである。

人口調査で明らかになったこと　複合性の北西から南と東への伝播

インド、パキスタン、ネパール、バングラデシュの人口調査は、解体の途上にある複合家族というものを把握していないため、複合性の様々な指標を用いて作成された地図は、まったく直接的な意味を持っている。ここに姿を現わすのは、亜大陸の直近の過去から浮上して来るがままの共同体家族の分布である。人口調査から引き出される指標の大部分は、このように明らかにされた複合性が父方居住なのか、母方居住なのかを検証させてくれない。それでも一九六一年のインドの人口調査の結果を図表化したものは、父の家族に集住している既婚の息子の数で世帯を分類している（地図5―1）。パキスタン、バングラデシュ、ネパールに関しては、この指標を計算することができなかった。一般的には、扱っている世帯集住がどの類型なのかが分からぬままに、世帯の包括

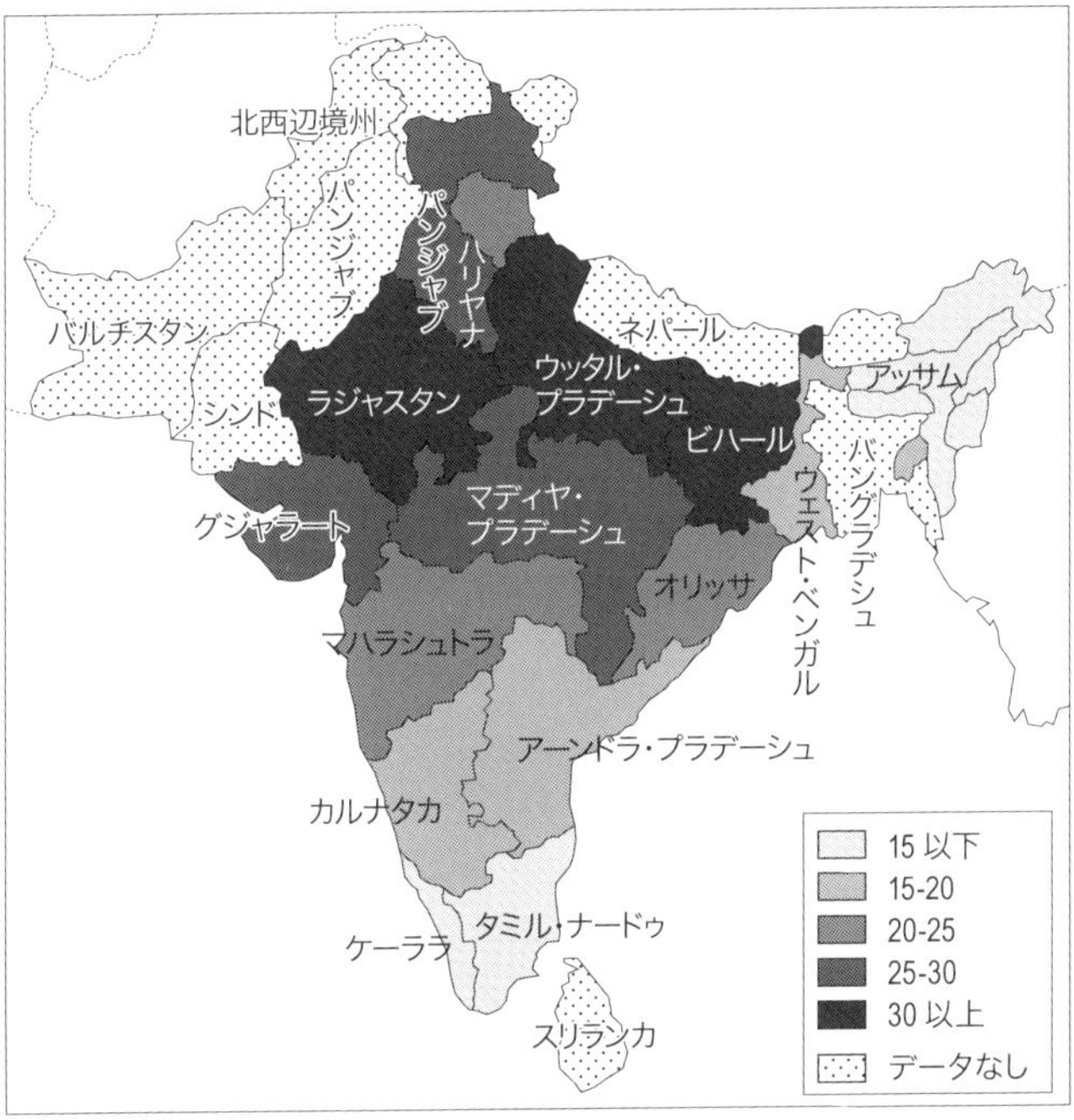

地図 5–1　インド：1961 年における世帯主 100 人あたりの既婚の息子の数

的な複合性を測定することで満足しなくてはならない。しかし、分析がこのような当初の大雑把な段階にあるとしても、世帯の平均サイズの検討だけで済ますわけにはいかない。というのも、世帯のサイズが大きくなるのには、明確に異なる二つの理由が考えられるからである。世帯は、他の夫婦や、単身の大人を余分に加えることで核家族の枠を越えることがある。これらの者は大抵の場合は親族だが、常にそうとは限らない。この場合は、実際に構造的複合性ということになる。しかし、世帯のサイズはまた、一組もしくは複数組の夫婦が作って、現に生き残っている子どもの数によって変化する。出生率の低下は、機械的に平均的サイズの縮小を生み出すことになるが、その縮小は構造の単純化には全く相当しない。逆に、乳幼児死亡率の低下は、生き残る子どもの数の増加をもたらし、それゆえ世帯の平均的サイズの上昇をもたらすことに

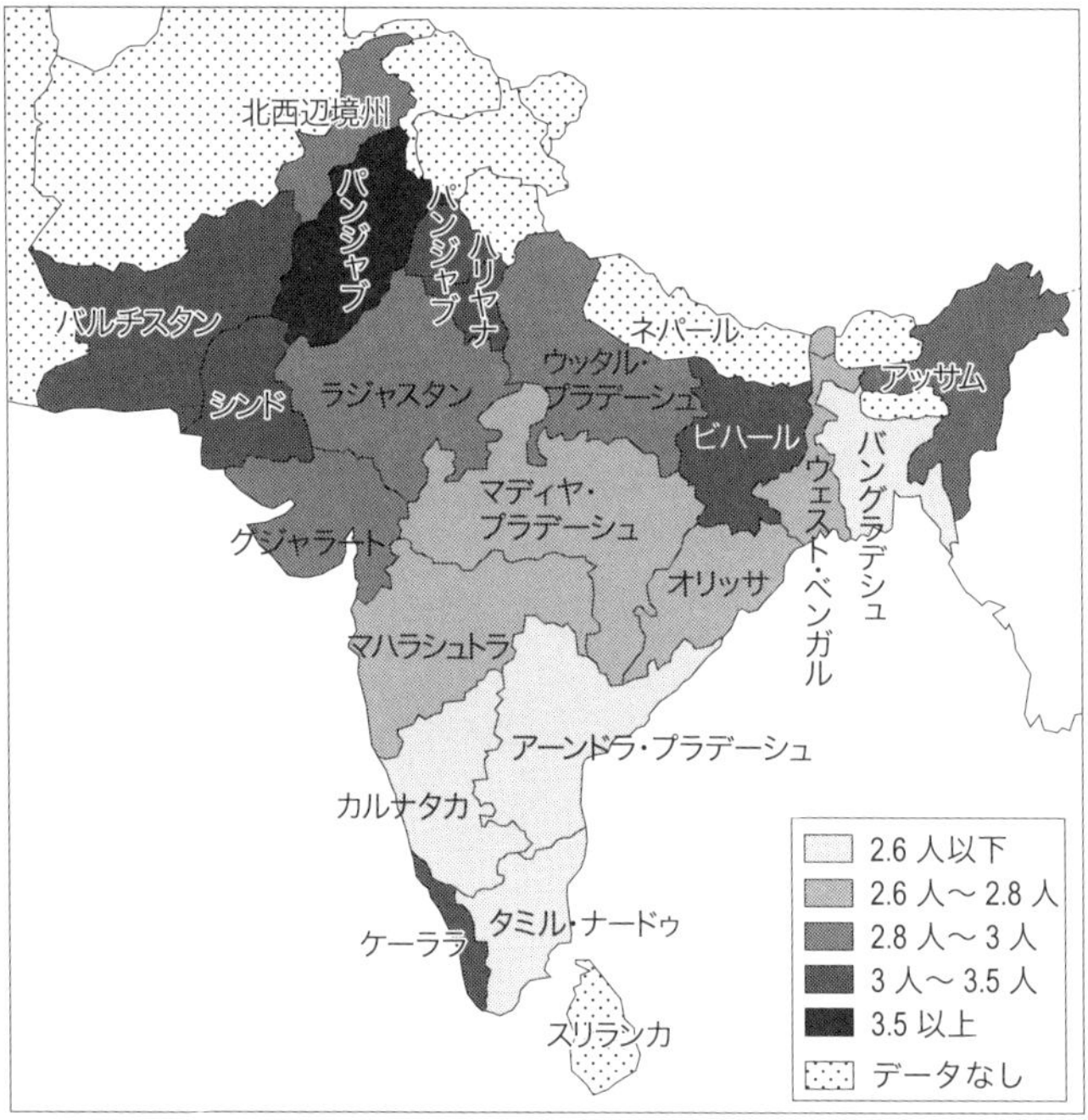

地図 5–2　インド亜大陸：1981 年における世帯あたりの 20 歳以上の者の数

もなるだろう。〔したがって、子供も含めた世帯あたりの成員の数を出しても、世帯の構造的複合性を測定することはできないのであるが、逆に〕世帯あたりの二十歳以上の個人の平均数を計算すれば、それだけで、完璧性に達するわけではないまでも、構造的複合性を正確に測定することができるのである。こうすることによって私は、一九八一年のインド、パキスタン、バングラデシュ、スリランカの人口調査について、世帯の平均サイズから出生率絡みの成分を消去した（**地図5―2**）[6]。

二つの方法によって得られた地図（既婚の息子の数、二十歳以上の者の数）を比較すると、きわめて近い結果が得られる。二つの地図は、微妙な差で分かれるものの、矛盾するわけではない。北西部を中心に分布する、どうやら複合的と思われる拡大世帯と、東部と南部に位置する、単純な、拡大のない世帯が対立しているのが分かる。

表 5–1　1981 年のインド亜大陸における複合家族のサイズの概算

		世帯の平均サイズ	世帯当たりの20歳以上の成人の数
		1981年	1981年
インド		5.59	2.80
北部	パンジャブ	6.27	3.23
	ハリヤナ	6.79	3.13
	ラジャスタン	5.90	2.82
	ウッタル・プラデーシュ	5.74	2.83
	ビハール	6.03	3.01
中央	グジャラート	5.81	2.90
	マハラシュトラ	5.41	2.77
	マディヤ・プラデーシュ	5.62	2.76
	オリッサ	5.30	2.68
南	アーンドラ・プラデーシュ	4.87	2.56
	カルナタカ	5.36	2.47
	タミル・ナードゥ	4.61	2.53
	ケーララ	5.70	3.00
東	ウェスト・ベンガル	5.71	2.83
	アッサム	*	*
パキスタン		6.63	3.55
	パンジャブ	6.30	3.85
	シンド	7.00	3.16
	バルチスタン	7.30	3.08
	北西辺境州	6.82	2.99
バングラデシュ		5.74	2.51
ネパール		5.81	2.89
スリランカ		5.18	2.71

*データなし。

インドの北部、特に北西部では、世帯当たりの成人の数は多い。パンジャブでは三・二三人、ハリヤナでは三・一三人、ラジャスタンでは二・八二人、最も広大で最も人口の多い〔人口は最大だが、面積は最大ではない〕ウッタル・プラデーシュでは二・八三人となっている。世帯当たり二十歳以上の成人の数は南部では少なく、タミル・ナードゥ、カルナタカ、アーンドラ・プラデーシュでは二・五人に近い。世帯当たり二十歳以上の者が三人のケーララは、その母系の伝統ゆえに類型を逸脱しており、人類学的分析の古典的フィールドであり、他の南部地域とは異なっている。モノグラフを分析すれば、インド全域に関して拡大家族の大部分が父方居住であることを検証すること、タミル・ナードゥではその傾向に加えるべき微妙な差異がどのようなものかを把握すること、さらにケーララとアッサムにおける母方居住反転を特定すること、こうしたことが可能になるであろう[7]。

統計指標によるとスリランカの数値は、二・七一という中間的な値であるが、これは〔複合性の低い〕タミル・ナードゥに比べて、スリランカへ来るとまた複合性が本当に上昇した、ということではない。この島の家族類型は、双処居住統合核家族であるが、どうやらこれが人口調査の際に世帯の曖昧な定義を誘発したらしいのである[8]。

まことに有意的なことであるが、パキスタン、ネパール、バングラデシュについて得られた値は、それらが隣接しているインド国内の州で観察されたものに近い。世帯の複合性は、インドのパンジャブよりもパキスタンのパンジャブのほうがより高く、ネパールではすぐ南に位置するウッタル・プラデーシュと同じ高さであり、バングラデシュではインドのウェスト・ベンガルと同様に低い。国境を越えた統計的・文化的連続性は明白である。そうでなかったら、驚くべきであっただろう。かつてのパンジャブ州が、インドのパンジャブとパキスタンのパンジャブに分割されたわけだが、ともに同じ言語を話すのであり、かつてのベンガルもヒンドゥー教の部分とイスラム教の部分に分割されたのであるから。ネパールでもっとも標高の低い部分は、強固にヒンドゥー化されて

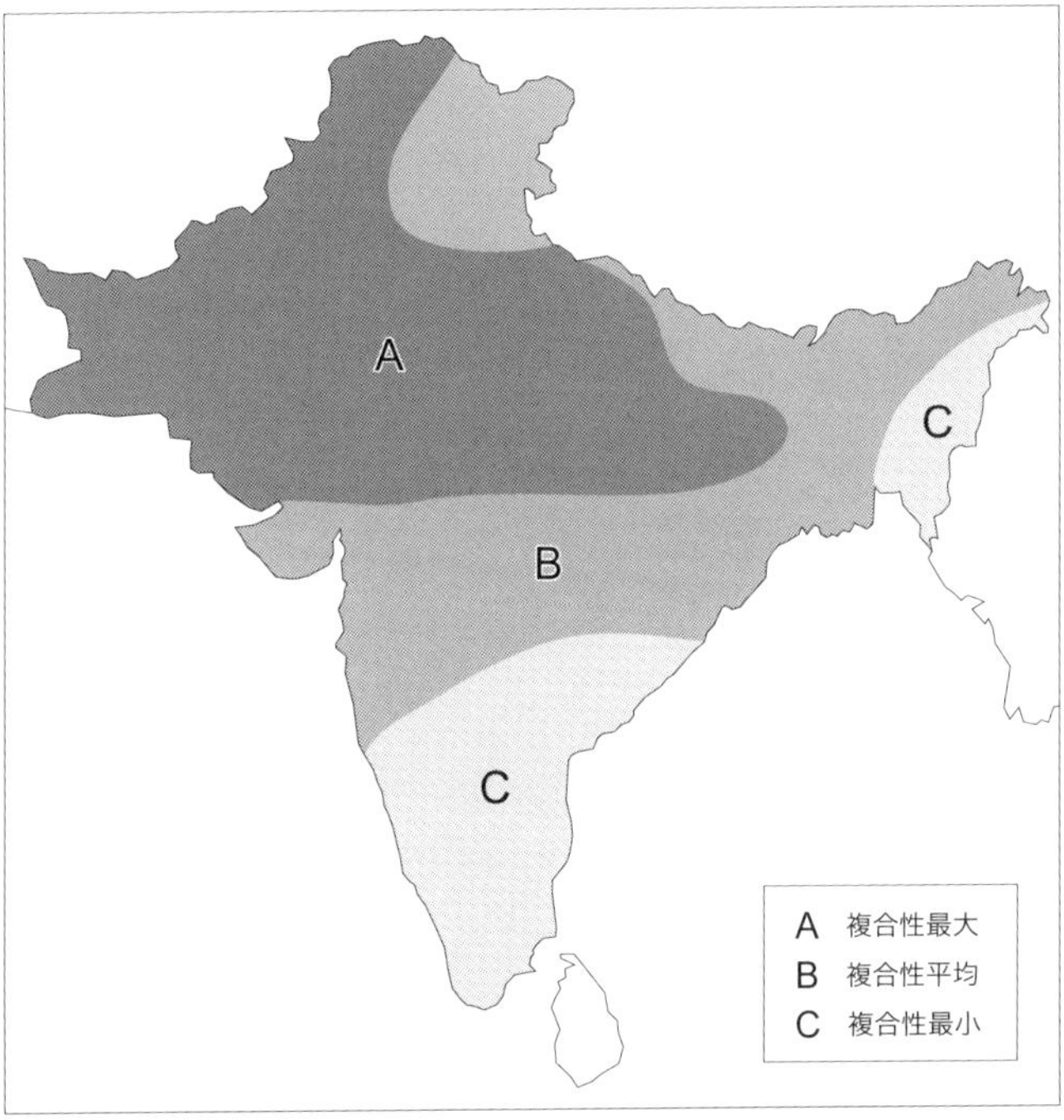

地図 5–3　インド亜大陸の世帯の複合性：総合

おり、パハリー系の方言が国境の両側で使われている。

　これらの統計的な指標と他のいくつかの指標を組み合わせることにより、世帯の複合性の理念型地図を作成することができる。[9] それが**地図5―3**であるが、ここで私は、亜大陸を三つの大きな地域に分けた。すなわち、北部と西部の複合性最大のA地帯、南部と東部の複合性最小のC地帯、そして最後に中間的空間を占めるB地帯である。私は、その数値の高さにもかかわらず、ケーララを北西部に集中する複合性地帯に含めなかった。この州の世帯の稠密性の根拠は現実の複合性にあるが、それは北部の複合性とは異なるのである。完璧主義よりもむしろ妥当性を尊重する同じ精神で、私はスリランカを単純地帯に分類した。出来上がった地図は、インドの歴史の中で革新と侵略の大部分が入って来た地点である北西部からの、複合性の伝播というまことにすっきりした現象を喚起している。地図5―3は認識された二つの構造的な差異と一致する。南部の家族の稠密性の低い地域は、交叉イトコ婚を優遇するドラヴィダ人の婚姻システムに対応する。東部のサイズの小さい世帯は、ダーヤバーガ[*1]の相続規則が支配的な地域に含まれる。この相続規則は、インドでより一般的なミタークシャラー[*1]の規則と対比的である。ミタークシャラーの規則は、生まれたときからどの子どもでも家族の財の共同所有者とみなすのであり、したがって見事に不分割所有形態を定義している。[10] ベンガルとビハール東部で相続権を律しているダーヤバーガ規則は、端的により個人主義的である。これによると、男性のみが死に至るまで己の財の所有者である。[11] とはいえ、いずれのケースにおいても、女子は相続から除外されている。

解体に先行する測定

この理念型地図が、解体しつつある構造に関するものでないことは、承知しておかねばならない。インドの世帯の平均的サイズは、一九七一年から一九八一年までの間に、五・五二人から五・五九人とわずかに増加した。これは乳児死亡率の低下によって引き起こされた錯覚ではない。世帯あたりの二十歳以上の者の平均数は、同じ期間に二・七人から二・八人に増加している。これは解体の正反対で、強化である。表5―2は、この二つの数値をインド連邦の各州について示している。

より核家族的な南部では、タミル・ナードゥ、カルナタカとアーンドラ・プラデーシュで、一九七一年から一九八一年までの間に世帯の複合性は顕著な増加が見られなかった。またしても唯一ケーララのみが、この期間に増加しており、他の南部とは異なっている。

それに対して北部、特に北西部では、一九七一年から一九八一年までの間、世帯当たりの大人の数は増加して

表 5–2　1971 年から 1981 年までのインドにおける世帯の複合性

		世帯の平均サイズ		世帯当たりの20歳以上の成人の数	
		1971	1981	1971	1981
インド		5.52	5.59	2.70	2.80
北部	パンジャブ	6.07	6.27	2.89	3.23
	ハリヤナ	6.54	6.79	2.83	3.13
	ラジャスタン	5.76	5.90	2.73	2.82
	ウッタル･プラデーシュ	5.59	5.74	2.80	2.83
	ビハール	5.76	6.03	2.84	3.01
中央	グジャラート	5.78	5.81	2.70	2.90
	マハラシュトラ	5.51	5.41	2.69	2.77
	マディヤ･プラデーシュ	5.43	5.62	2.63	2.76
	オリッサ	5.24	5.30	2.61	2.68
南	アーンドラ･プラデーシュ	4.89	4.87	2.51	2.56
	カルナタカ	5.63	5.36	2.71	2.47
	タミル･ナードゥ	4.70	4.61	2.53	2.53
	ケーララ	5.96	5.70	2.89	3.00
東	ウェスト･ベンガル	5.65	5.71	2.59	2.83
	アッサム	6.02	*	2.80	*

*データなし

いる。パンジャブでは二・八九人から三・二三人に、ハリヤナでは二・八三人から三・一三人に、ラジャスタンでは二・七三人から二・八二人になっている。ウッタル・プラデーシュでは、最初の数値は二・八〇人と高いが、上昇率は微弱で、二・八三人になるにすぎない。とはいえ、この州の最も西に位置する部分、ニューデリーに近い部分は、首都のすぐ東に位置するハリヤナと同様の変化を遂げていると考えることができる。

より長い期間にわたる世帯の複合性の上昇を、より詳細な記述を用いて立証している、ひじょうに独創的な論文がある。ウッタル・プラデーシュの西部のある共同体、カリンプールに関するものである[12]。ここでは何世代にもわたる人類学者たちが継続的に現地調査を実施しており（一九二五年、一九六八年、一九七五年および一九八四年）、それによって、上昇傾向を測定することが可能になっている。世帯の平均サイズは、一九二五年には四・六八人だったのが、一九八四年には六・二五人となった。これは大幅の増加で、一九八一年のウッタル・プラデーシュ全州の平均（五・七四人）を上回るが、ハリヤナで得られた値（六・七九）を少々下回る。少なくとも二組の夫婦を含む世帯（合同家族《ジョイント・ファミリー》）[2]の割合は、一九二五年に一五・五%で、一九六八年には三二・九%、一九七五年には三三・〇%、そして一九八四年には二七・八%であった。増加の大部分は一九二五年から一九六八年までの間に起こっており、一九七五年から一九八四年までの間にわずかな減少が観察される。とはいえこの減少が統計的に有意的かどうかは明確ではない。複数組の夫婦を含む「合同《ジョイント》」と呼ばれる世帯のカテゴリーの中では、親と子の間の縦の連合の割合は、つながりの全体に対して五六%から八七%と相対的に増加する。共同体家族の必然的な標識である兄弟間の横の連合は、すべての時点に姿を見せているものの、観察期間の初期においてはるかに多い。著者たちは、世帯の複合性の増加とその縦型化の増加傾向を、人口動態的・経済的制約によるものと解釈しているが、これは正しい。死亡率が低下し、人口圧力が高まったということで、こうした観察可能な構造の変動は説明できるのであって、合同家族《ジョイント・ファミリー》の理念という価値体系が修正されたという仮説を立てるには及ばない。

切れ目の明瞭さとうねうねとした曲折

インドには、世帯の複合性という点では、マハラシュトラ、マディヤ・プラデーシュ、オリッサ、ウェスト・ベンガルを含む、中間地帯が存在するわけだが、ここから無造作に、明確に区別される三つの家族類型が存在するという結論に至るようなことがあってはならない。これらの州が平均的な複合性を示すのは、統計上の効果にすぎないのではないか。この地域の中の、複合的な北西部に隣接する部分が高い稠密性を示し、南部に隣接する部分が低い稠密性を露呈するのであれば、州全体については平均的レベルが姿を現わすことになろうが、それが家族類型という点で何かに対応しているということはないのである。

これが実際に中間地帯的現象にすぎないということは、オリッサの例を見ると分かる。一九七八年に発表された陶工に関する優れたモノグラフで、二八の村に分布する九つのカーストを研究したものがある。これのお陰で、人類学的な面で二つの地帯の境界をなすこの州の家族の複合性と家族類型の詳細な地図を描くことが可能となる。(13)世帯の平均サイズは、一二の共同体においては四人から五人、一つの共同体で五人から六人、三つの共同体では六人から七人、九つの共同体では七人から八人、三つの共同体では八人から九人となっている。(14)これは二様態分布であって、二つの家族類型が存在することが露呈する。その一つは世帯の平均サイズ七・五人規模の複合的類型、もう一つは世帯の平均サイズ四・五人規模の単純類型である。このモノグラフのおかげで、これらのサイズの差異の根底にある構造を分析することができる。(15)七・五人規模という世帯の平均サイズには、複数組の夫婦を含む世帯が四〇%であるという比率が対応し、世帯の平均サイズが四・五人というケースでは、その比率が一七%であるということになる。

オリッサの地図上での二つの類型の分布は、単純にしてかつ有意的な地理的条件を浮び上がらせる。オリッサの家族的複合性は北部のそれと接しているが、ただしベンガル湾沿いの低地を介して接している。共同体家族が、陸路にせよ海路にせよ交通が単純な地帯を経由して伝播したことが感じとれる。共同体家族空間と核家族空間の切れ目は明瞭であるが、詳細に描き出すのは容易ではない。オリッサの場合は、うねうねと曲がりくねった境界線が姿を現わし、それはデカン高原全域へと連なって行く。しかし、人口調査の統計分析は、最終的には、ここには繊細なグラデーションがあるとする定義よりも、複合性と単純性の二項対立だとする考えをもたらすに至るのである。

これからわれわれが目にすることになるのは、親族用語としては、「北部のインド・アーリア」と「南部のドラヴィダ」という二つの親族システムの、そして婚姻モデルとしては、北部の外婚制、南部の内婚制という二つのモデルの二項対立の重要性である。しかし、人口調査の分析は、この対立の有効性を部分的に認めるにすぎない。最東端部に位置するベンガルは、言語的にはインド・アーリア語であるが、核家族地帯に落ち着く。宗教的な分類基準も関与的とは見えない。イスラム教のパキスタンは、複合性の強い地帯に属すが、同じイスラム教のバングラデシュは、相対的には単純性の地域なのである。

現地共同体における家族絡みのメカニズムを分析する人類学者たちによって著されたモノグラフは、単純性と複合性を尺度とした記述よりもっと先へ踏み込むことを可能にしてくれる。これらのモノグラフによって、第一章で定義された一五区分の類型体系をインド亜大陸に適用することが可能になる。人口調査の統計は、微妙な彩《あや》を捨象して、当該空間が単純的か複合的かとしか定義しないわけだが、フィールドワークによって記述された家族モデルは、それらの空間の中に見事に組み込まれることになるのである。

二つの主要類型

インド亜大陸用に作成した四九の住民集団からなるサンプル〔表5―3〕は、質的には驚くほどの多様性を見せる。インドというのは人類学者の楽園であって、世帯の稠密性に関しては、一時的同居を伴う核家族、直系家族、もしくは共同体家族といった家族システムがあり、同居の方向性からみると、父方居住、母方居住、もしくは双処居住のシステムがあるが、このサンプルは、この楽園をかなり的確に要約している。ヒマラヤ山系が占める縁辺

表 5–3　インド亜大陸の家族類型

5-3a

主たるサンプル	
アホム人	CP　父共
アンダマン人	NpxB　双近核
バダガ人	NctP　父同核
ビーラーラー人	NctP　父同核
ベンガル人	NctP　父同核
イスラム教徒ベンガル人	NctP　父同核
ブラフイ人	CP　父共
シンハラ人	NiB　双統核
コダワ人	CP　父共
ディマサ人	NctM　母同核
ガロ人	SM　母直
南グジャラート人	NctP　父同核
グルン人	SP　父直
ヒンド人	CP　父共
カンナダ人	NctP　父同核
イスラム教徒カシミール人	CP　父共
ヒンドゥー教徒カシミール人	CP　父共
カシ人	SM　母直
ラダキ人	SP　父直
レプチャ人	CP　父共
マハラート人	CP　父共
イスラム教徒マラヤーリ人	CM　母共
マラヤーラム語話者ナンブーディリ	SP　父直
マラヤーラム語話者ナーヤル	CM　母共
キリスト教徒マラヤーラム語話者	NctP　父同核
アンガミ・ナガ人	NctP　父同核
セマ・ナガ人	NctP　父同核
ニンバ人	SP　父直
オリヤー人	CP　父共
パハリー人 (パハーリア人、パルバティヤ人)	CP　父共
イスラム教徒パンジャブ人	CP　父共
シーク教徒	SP　父直
イスラム教徒シンド人	CP　父共
タミル人	NctP　父同核
イスラム教徒タミル人	SM　母直
テルグ人	NctP　父同核
中央チベット人	SP　父直
トダ人	NpxP　父近核

※本書 12 頁の略号一覧を参照。

5-3b

追加サンプル	
ビルジア人	CP　父共
ビール人	NctP　父同核
ゴンド人	NctP　父同核
ホー人	NctP　父同核
カーダル人	NctB　双同核
ルシャイ人	NctP　父同核
ムンダー人	CP　父共
パリヤン人	NctP　父同核
サンタル人	NctP　父同核
ヴェッダ人	NctM　母同核
ヤーナド人	NctP　父同核

表5–4　インド亜大陸におけるさまざまな家族類型の相対的比重

	件数		人口
父方居住共同体家族	14	29%	47%
父方居住直系家族	6	12%	3%
一時的父方同居を伴う核家族	19	39%	47%
母方居住共同体家族	2	4%	1.5%
母方居住直系家族	3	6%	0.10%
一時的母方同居を伴う核家族	2	4%	0.05%
双処居住共同体家族	0	0%	0%
双処居住直系家族	0	0%	0%
一時的双処同居を伴う核家族	3	6%	2%

部の父方居住直系家族類型、ケーララの母方居住共同体家族類型、スリランカの双処居住統合核家族類型は、最近まで一妻多夫婚の色合いを帯びていた。

この表を見ると、人類の想像力が考え得るあらゆる家族形態を自由に生み出した世界が、ついに姿を現わしたという気分になるかも知れない。しかしデータの定量的検討を行なうなら、もっと簡素な知覚へと連れ戻されることになる。というのも、インドでは父方居住の圧倒的優位が確認されるからである。四九の民族のうち三九が父方居住で、うち一九は一時的父方同居を伴う核家族（家族類型の全体のうち三九％）、一四は父方居住共同体家族（二九％）、六は父方居住直系家族（一二％）である。例えば一九七〇年頃の調査によって、当該住民集団のサイズを加味するなら、さらに単純な分布が得られる。なぜなら、直系家族は全体の三％に落ち、一時的父方同居を伴う核家族類型と父方居住共同体家族類型がそれぞれ人口の約四七％に達するからである。人口調査によって定義された二項対立は、はっきりと姿を見せている。二つの主要なモデルが、人類学的景観を支配しているわけである。モノグラフがあらわにして見せるのは、北西部を中心とした複合世帯地帯の中身は、ほとんど父方居住共同体家族類型ばかりであり、東部と南部の単純世帯地帯の中身は、一時的父方同居を伴う核家族類型であるということである。

人口面で相均衡しているこの二元性は、自らをインド連邦の代表と思いたがるインドの社会学者や人類学者によって、必ずしもつねに認められているわけではない。インド連邦は、言語によって分割され、カースト制度によって細分化されているが、家族構造の面では、合同家族《ジョイント・ファミリー》の理念が全国一様に優位的であって、統一されているというわけである。[16] しかしルイ・デュモンは一九五七年頃、現地調査の中で、この理念化された表象に疑問を投げかけていた。南インドの中心に位置するタミル・ナードゥのプラマライ・カッラルに関するモノグラフの中で、彼は一時的父方同居を伴う核家族のかなり古典的なシステムを記述している。新婚夫婦は、最初は夫の家族と一緒に住み、次いで第一子の出産後、自立的だが近接的な居を構える。[17] デュモンは、末子相続システムや第二子以下の権利について記していないが、明瞭だが偏執的ではない、平等主義的な遺産相続慣習に言及している。偏執的でないと言うのは、父親は生前に多少の財を譲渡することができ、父親の死後にその分が遺産の総体に返却されるには及ばないからである。[18]

同様にタミル・ナードゥに位置するコンクの農民社会に関するブレンダ・ベックのモノグラフも、デュモンの結論の本質的な部分を確証しているが、ただしいくつかの微妙な色合いを加えている。[19] ただ一つのカーストではなく、地域社会全体を研究するこのモノグラフは、核家族が住民集団の大部分に及んでいるが、儀礼上支配的な地位を占めるバラモン・カーストは、父方居住共同体家族モデルに賛同していると、指摘している。[20] このモノグラフは、一時的同居を伴う核家族は、共同体家族ほど完璧に父方居住の規範を実行していないということも示している。[21]「核家族」農民の間では、母方居住婚姻が六％も存続しているからである。これに対して、「共同体家族」のバラモンの間では、母方居住婚姻は〇％である。

共同体家族地帯にあたるインド北西部では、母方居住の率は端的に僅少である。パンジャブ平原の北に位置する丘陵地帯にあるカーングラ県のある共同体を扱った、ジョナサン・パリーの模範的モノグラフは、全四七二世帯に対して、妻の家族に居住する婿というのが二件あったことを、報告している。なお四七二世帯のうち、既婚の兄弟を連合させるのが五六世帯、父と既婚の息子一人を連合させるのが三六世帯、縦方向と横方向の拡大を組み合わせるのが四一世帯である。[22] このような文脈では、縦型母方居住の二つのケースは、拡大のうちの一・五％以上を構成することはできない。[*3] その結果、父方居住率が少なくとも九八・五％になるだろう。しかしヒマラヤに近く、一九六六年以来ヒマーチャル・プラデーシュ〔インド最北端、カシミールの南〕に併合されたカーングラ県は、北西部の父方居住の共同体家族地域の縁辺部に位置している。この地域の中心部では、母方居住率は一％以下に落ちるに違いない。カーングラにおける横方向の拡大の優位を見るなら、これは、完全に平等主義的な遺産相続規則によって補完された十全に発達した共同体家族システムであることが分かる。[23] 家族構造の中で、兄弟は対称的な位置を占めるのである。

インドでは社会的、儀式的階層が上昇するにつれて世帯が複合化の度合いを増すということ、これは北部と南部に共通する特徴である。南部では、農民カーストからバラモンへと移ると、一時的父方同居を伴う核家族から共同体家族に移行する。北部では、共同体家族が、下層カーストにおいては、中層もしくは上層カーストにおけるように十分に実現していないことが確認される。ウッタル・プラデーシュ東部のある村では、たとえば上層と中層カーストであるバラモン、ラージプート、バニアにおいては三六％が合同家族《ジョイント・ファミリー》世帯であるが、不可触民のあいだではそれは一六％にすぎないということが観察されている。[24]

一時的父方同居もしくは近接居住を伴う核家族を扱う場合、父方居住率が九〇％を超えると、複数の夫婦家族のひじょうに強固な現地集住を必ず伴うことになるために、システムの核家族性は相対化されるということを、承知しておく必要がある。こうした高い率は、同じ町内に凝集する親族集団を作り出す。南インドの一時的父方同居を伴う核家族システムは、もちろん、インド北西部および中央北部の父方居住共同体家族とは質的に異なるものと見なさなければならない。しかしこの二つは互いに類縁関係にあるシステムであって、包括的な歴史的説

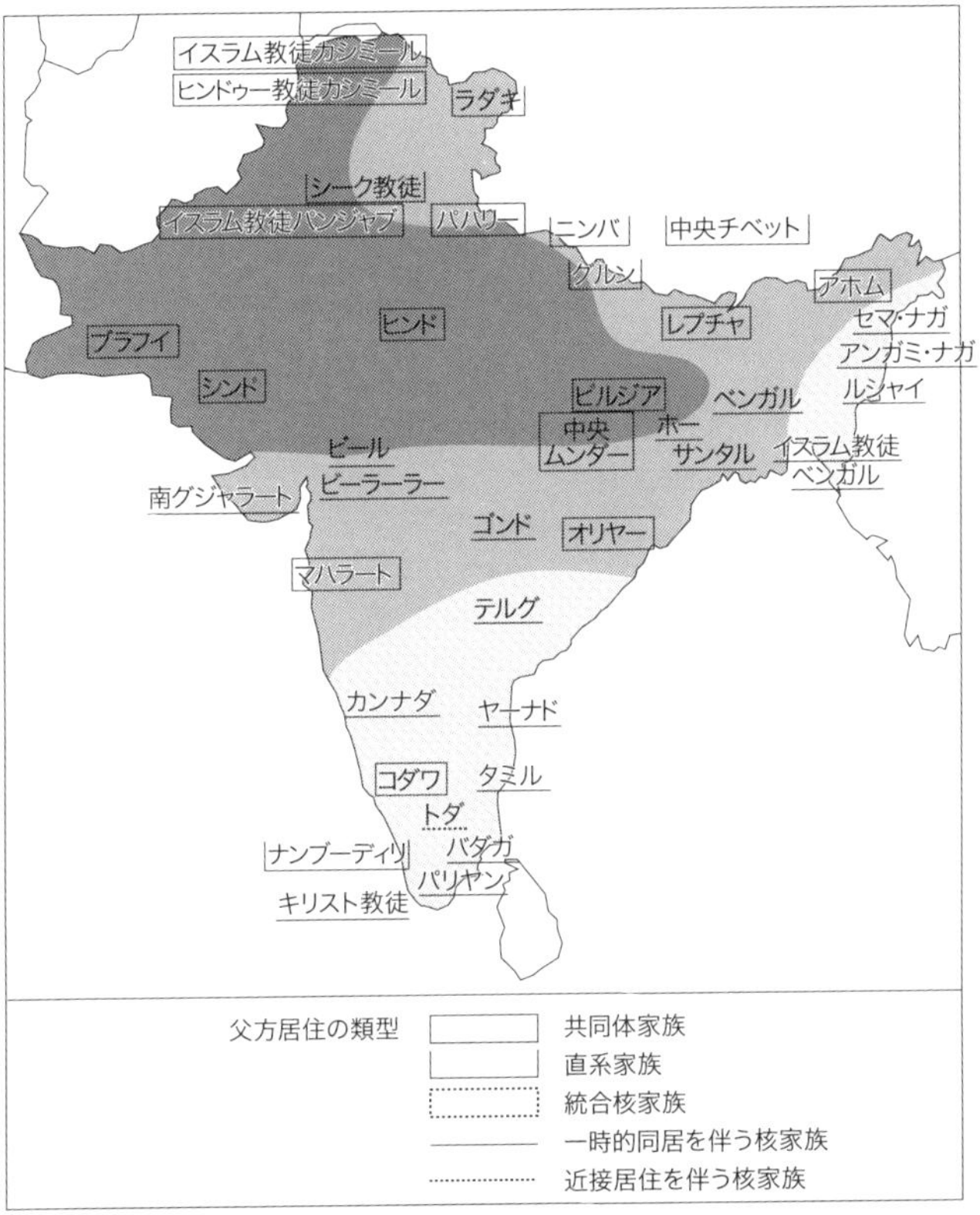

地図 5–4　インド亜大陸における父方居住システム

明の中に組み込まれて、初めて解明されるはずのものなのである。

イスラム教ベンガル〔バングラデシュ〕の一時的同居を伴う核家族システムは、共同体家族に近い限界的システムである。このケースにおいては、男性同士の親族関係によってつながる核家族を包含する閉鎖空間、**compound**〔囲い地〕の概念が、しばしば言及される[25]。私としては、イスラム教地域では証明済みのこの囲い地《コンパウンド》の概念は、ヒンドゥー教ベンガル人住民集団には適用されないと考えたいところであるが、データがないため、そうすることができない。不完全なデータに基づいて、イスラム教ベンガル人とヒンドゥー教ベンガル人を引き離してしまわないように、私としては、父方居住統合核家

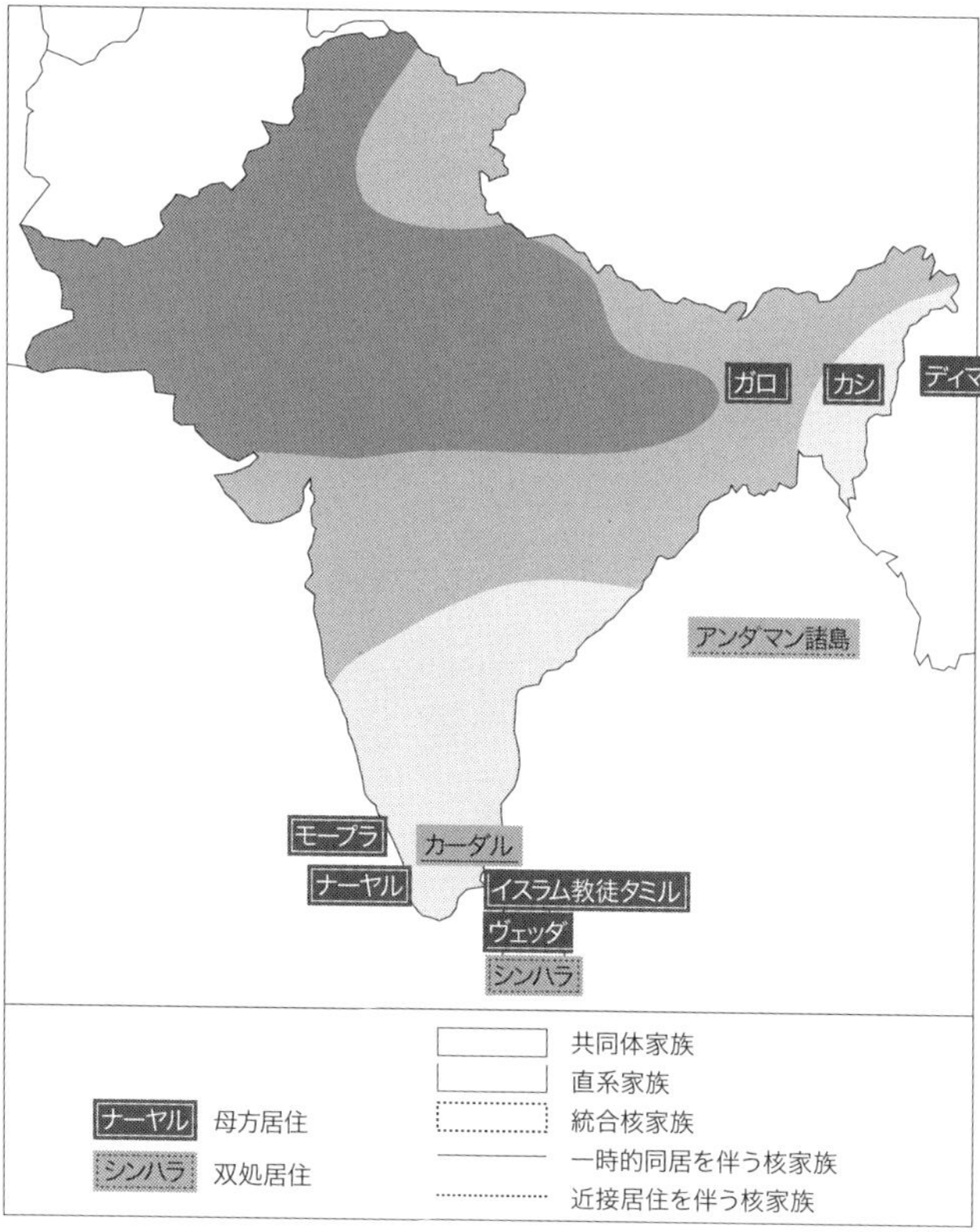

地図 5–5　インド亜大陸における母方居住と双処居住システム

族の概念を使用せずに、父方同居ならびに父方近接居住の核家族というカテゴリーの中に、この二つの集団を維持したものである。

母方居住率一〇%以上が観察されるのは、ヒンドゥー教化が不完全な部族のみであり、そこにおいては、家族システムの純粋な核家族性の問題が提起される。ビール人及びビーラーラー人は本来的に核家族的とみなすことができるが、それに加えて、インド的規範をはるかに超えた男性の地理的移動性を特徴とする。[26] ビルジア人（北部ムンダー人）の場合は、あらゆる次元で中間的類型ということになる。母方居住率は一五%だが、ひじょうに複合的な世帯が存在しないわけではなく、その四五%は三組以上の夫婦を連合させている。しかし、ビルジア人を分析したモノグラフの中には、兄か弟と姉か妹、および彼らの配偶者たちを連合させる双処居住共同体家族という、インドではひじょうに類型逸脱的な世帯を見出すことができることも事実である。(27) さらに南に居住する核家族のカーダル人を、私は双処居住に分類した。この社会的にマージナルな集団は、農業を営むことのない狩猟採集民なので、理論的な観点から重要である。

周縁地域の保守性

インド亜大陸における家族類型の地理的分布は、見事な環状分布を露呈するわけだが、その理論的な中心は北西部のどこかに位置づけられそうである。すなわち侵略と文化的伝播の波のうちの多くが到来した地点に他ならない。海にまで至るインダス川、そしてビハールまでのガンジス川、この二つが父方居住共同体家族の伝播の二つの軸であり、その空間は、北はヒマラヤの麓で終わり、南はグジャラートおよびマハラシュトラからマディヤ・プラデーシュ、オリッサ、ビハールを経てアッサムに至る、うねうねと曲がりくねった境界沿いで終わる。〔インドとパキスタンという二つの国の違いは宗教だけであるが〕父方居住共同体家族地帯は、宗教的なものにすぎない国境を顧慮することなく、イスラム教国パキスタンとヒンドゥー教北インドの大部分を結びつけている。

北部の父方居住共同体家族と直接接触する、パンジャブから中央チベットに至るヒマラヤ地域ないしヒマラヤ山麓地域全域に、父方居住直系家族の優位が見いだされるが、大抵の場合それは一妻多夫婚メカニズムを伴う。父方居住共同体空間の南側と東側には、一時的父方同居を伴う核家族類型が現われる。この家族類型は、以下のような民族・住民集団の特徴をなすとすることができる。すなわち、ドラヴィダ系諸地方やベンガルの稠密な農民的住民集団、未開だがヒンドゥー文明に組み込まれたと見なされる諸部族、すなわちバダガ人、カーダル人、パリヤン人、ホー人、サンタル人など、もしくはセマ・ナガ人、アンガミ・ナガ人、ルシャイ人のような、端的に周縁部的民族である。やはり一時的父方同居を伴う核家族類型を特徴とするケーララのキリスト教徒は、ケーララ州の全住民集団と同様にマラヤーラム語を話すが、彼らもこれらの周縁部的民族と同じカテゴリーに入る。一時的父方同居を伴う核家族と直接接触する地帯には、母方居住類型も見られる。北東部の、ベンガルに近いアッサムの丘陵地帯では、第一章において、長子相続と末子相続についての最初の議論の中で言及したガロ人、カシ人は母方居住直系家族であり、ディマサ人は一時的母方居住を伴う核家族である。(28)

最南西部のケーララでは、ヒンドゥー教徒の支配カーストであるナーヤル人とイスラム教徒モープラ人は、母方居住共同体家族である。スリランカでは、イスラム教徒タミル人の母方居住直系家族が見出される。母方居住としては、未開人のヴェッダ人にも触れることができよう。私はヴェッダ人を「一時的母方同居を伴う核家族」に分類するに至ったセリグマン夫妻の分類を尊重するが、彼らのケースには疑わしい点があることも認める。(29) 集団が消滅してしまったのだから、彼らが実は双処居住であったと言いたくても、確かめる術がない。*4

母方居住類型が、北東部と南部、アッサムとケーララあるいはスリランカに位置するということは、一目見ただけで、接触の前線を想起させるのであり、したがって父系原則の伝播に対する分離的な否定反応を想起させる。島嶼部では、周縁地域の保守性の原則と完全に合致する形で、本書の全般的解釈によって最も古いものとして定義されたシステム、すなわち核家族性と双処居住性を組み合わせたシステムが見出される。

スリランカでは、単に一時的同居を伴うだけではなく統合された双処居住核家族を見ることができる。(30) すでに述べたところだが、囲い地の概念はひじょうに重要だからである。アンダマン諸島では、双処居住核家族が研究されている。ただそのときの研究対象は狩猟採集民であったため、この家族類型が把握されたのは、移動する現地集団の中においてであった。何とか間に合ったわけである。〔スリランカとアンダマン諸島という〕島嶼において、双処居住核家族が、同時に、文化的なレベルが正反対の二つの住民集団の特徴をなしているということは意味深い。スリランカでは、農民は長い国家としての歴史を生き、世界の主要な宗教の一つ、仏教の信奉を体験して来た。アンダマン諸島では、これと類似した家族類型が、石器時代を生きる狩猟採集民の未開住民集団の特徴をなしている。この二つのケースにおいて、島嶼性というものが、父系原則と共同体家族の伝播から住民集団を保護して来たわけである。〔もっともアンダマン人は、急速に絶滅に近付いているので、保護したというのは〕部分的にすぎず、スリランカのケースにおいてのみ、と言うべきかも知れないが。

それゆえ中国と同様インドの場合にも、中心部は父方居住共同体家族で、そこから〔周縁部に向かって〕複合性の少ない形態へと環状に家族類型が分布していると注意喚起することができる。すなわち、南と東では一時的同居を伴う核家族、北では直系家族、そして、いくつかのマージナルな集団においては双方性の痕跡が残る、という具合に。その外側、島嶼では真の双方性を見出すことができる。時として端的に母系のこともある母方居住システムは、父系性と直接接触する一帯に見られる。とはいえ中国とインドの分布地図は正確に同じ様相を呈しているとは言えない。中国は、こう言ってよければ、それ自体が自らの中心であるのに対して、インドは、中心がより西方に位置する父系地帯の東の端となっているからである。インドの父方居住の極が北西地域であるのはこのためである。

中国を分析した際に、直系家族の局面は、核家族と共同体家族の中間的局面であることを、われわれは突き止めた。インドの共同体家族空間の周縁部、特に北部に、直系家族形態が存在するということは、このような直系家族局面がインドにも存在したかもしれないという可能性を示唆している。インドの歴史的データを検討する前に、ヒマラヤの直系家族と、南部のいくつかの直系家族の痕跡をより詳細に検討しておく必要がある。

ヒマラヤ地域とヒマラヤ山麓地域の直系家族

チベット・システムは一妻多夫婚で知られるが、人類学者がチベットのシステムに直系家族の概念を適用するためには、一妻多夫婚のエキゾチスムのさらに奥に、遺産の非分割相続の古典的仕組みを見ることを承諾する必要があった。複数の兄弟が一人の妻を共有するのは、チベットにおいては、自由主義的な遊戯的文化の結果として生じたわけではない、それは全く単に不平等と権威の原則の特異な適用なのである。チベットの一妻多夫婚の内実とは、ただ一人結婚する権利を持つ長子が、自分の妻への性的なアクセスを弟たちに許容する特権である。こうしたことの全体によって、家や土地の細分化を避けることが可能になる。これと同じ結果を達成するために、ヨーロッパのキリスト教直系家族は、長子相続に、時として弟たちへの独身と禁欲の宣告を加えていた。このようにチベットとヨーロッパの直系家族モデルの間には差異があるが、同じものとしての合致がそれで妨げられることはない。この二つのケースにおいて、多くの男性が僧侶と修道僧になることで、相当な割合の息子たちが農民の遺産相続から除外されることが可能になるのである。

カプラニアン、レヴィーンあるいはゴールドスタインのモノグラフの中には、ヒマラヤや、カシミールの近くのラダク山脈に沿って、中央チベットに至るまでの、中国と境を接する一帯に、それに付随する特徴を伴う父方居住直系家族の通例の発展サイクルが姿を現わしている。男性の相続人がいない場合の女子による遺産相続は、ラダク山地では相続の三分の一近く、ニンバ人と中央チベットではそれよりやや少ない率に達することがあり得る。[31]いずれの場合にも、不分割、非対称性および不平等の原則は自覚化され明示的である。

とはいえ地理的には、一妻多夫婚は、ヒマラヤ系直系家族の枠をはみ出して、重要な痕跡をあちこちに残している。インドのヒマラヤ山麓地帯の家族システムは、対称化され、平等主義的にして共同体家族的であっても、しばしば一妻多夫婚のメカニズムの痕跡を留めている。おそらく古代の直系家族形態の残存要素であろう。インド・ヨーロッパ系の言語と身体的外見を有する、ネパールとヒマーチャル・プラデーシュ〔インド最北端、ヒマラヤ山麓〕に住むパハリー語の諸集団において、家族は父方居住共同体家族類型に属する。しかしパハリー人の基本的価値観の中には、一妻多夫婚への理論的な敵意が見られる。とはいえ、長子の妻への弟たちの性的アクセスが妨げられることはない[32]。そうしたすべてが、北インドにはほとんど比肩するものがない性的自由の雰囲気の中で行なわれる。イラワティー・カルヴェは、『インドの親族組織』の中で、パハリー・グループであるカーシャ人は、端的に一妻多夫婚を実践していると記していた。

同じ布置は、シッキムのレプチャ人の許に見出される。レプチャ人は、チベット・ビルマ語を話し、モンゴロイドの外貌をした民族で、ゴーラが研究している。彼らの許では、共同体家族が支配的だが、一妻多夫婚および兄の妻に対する性的使用権の痕跡が残されている。ここでもまた風俗慣習の自由は明白であり、配偶者の選択にあたって両親は一切介入しないこと、男性の童貞喪失に女性の方が積極的な役割を果たすことが、強調されている[33]。兄弟が別居する際は、理論的には平等原則を尊重する財の分割の枠内で、家は長子のものとなる。実質的には直系家族にきわめて近いと言わざるを得ない[34]。特定の地域での一妻多夫婚を、過去の直系家族に結びつけるからと言って、早計な結論を導き出すことになってはならない。一妻多夫婚はつねに直系家族を前提とするわけではないのである。ケーララとスリランカのような、〔直系家族とは無関係で〕長子相続の痕跡しか見出されない地域に、一妻多夫婚が姿を見せているところからすると、婚姻モデルにはある程度の自律性があるというのは明らかである。

とはいえ、最北部と最南部に分布するという、一妻多夫婚のインド空間の中での周縁部的分布のありようからすると、これはかつて大陸全体に広がっていた昔の慣行であり、元々はおそらく直系家族につながっていたのだろうが、〔その後、直系家族からは独立した〕自律的な伝播が可能になったのだと推察される。ユーラシア規模ないし世界規模で見ても、一妻多夫婚は希少であり、そこからしても、これはインド全域に行き渡ったシステムであったかも知れないという仮説は、ますます強められるのである。一妻多夫婚は、インド亜大陸の両端に位置する集団の中に姿を見せ、それらの集団の身体的外貌は、インド・アーリア系であったり、モンゴロイド、もしくはドラヴィダ系であったりと、まさに無差別的であるということは、偶然の結果ではありえない。

チベット直系家族の周縁部には、事実上の直系家族というべきものの例も時には見られる。兄弟は平等であるとの主張と、父親が息子のうちのただ一人と連合する排他的な単線的世帯の現実化とを組み合わせたものである。チベット・ビルマ語系言語を話すネパールのグルン人のケースがそれである。その世帯構造は、アラン・マクファーレンによって分析されている。彼はここでは、祖国イングランドを研究する人類学者ではなく、むしろ大英帝国の人類学者として研究している。彼が測定したある共同体では、六八%が核家族、二九%が直系世帯、そしてわずか一%が合同世帯《ジョイント》、すなわち横方向に既婚の兄弟を連合させる世帯だった。[35] 一方、ピニェッドは、兄弟が村の中に分散すると記している。[36]

同様の方式は、パンジャブのシーク教徒に観察される。シーク教徒全体とまでは言えないとしても、少なくともその中心的農民集団の中では観察されるのである。リーフは、彼らの許では、平等主義的遺産相続規則が存在するにもかかわらず、世帯は排他的に単線的な発展、ということはつまり、直系家族的な発展をたどることを明らかにした。[37] シーク教徒のケースは、父方居住率が九九%に達する徹底的に父系の住民集団である。息子がいない場合には娘が相続することにはならず、兄弟の息子を探し出して跡取りにする。朝鮮と同じである。これとは別の、パンジャブのシーク教徒の共同体に関するハーシュマンのモノグラフによれば、以上の結果はやや相対化される。そこでは世帯の発展の中での縦型単線性の優位が絶対的ではないからである。しかしその代わりに、著者は一妻多夫婚の実質的な痕跡を見出している。[38]

南部における直系家族の痕跡

インド南部では、直系家族の不平等主義的な価値観が痕跡の形で残っている。長子相続の観念は存在するが、世帯の具体的な発展サイクルからは切断されている。まず交叉イトコ婚がある。これについては、のちにより詳細に検討するが、交叉イトコ婚の義務は、男女を問わず長子に課せられる。長子以外の者は、結婚の権利においてはより自由である。男性とその姉の娘との異世代婚もまた、長子相続の概念がずれた形で適用されたものと思われる。[39] より北部に近い、ドラヴィダ系のカルナタカは、家族構造の面ではタミル・ナードゥやアーンドラ・プラデーシュよりも一層境界的であるが、これについては、二篇のモノグラフが、遺産相続に対する長男の特典を喚起している。[40] もっともこれは、末子に第二の優先順位が与えられる風習と組み合わさっているが。二人の著者がこの地域の家族構造をひじょうに共同体的なものとして提示しているために、これらの特典が実際に何に対応しているのか、明確にするのは困難である。

ケーララでは、儀式上支配的なナンブーディリ・バラモン・カーストは、古典的な男性長子相続を行なっていたが、それによると、弟たちは、偶発的な性生活と、ナーヤル・カーストの女性との同居することのない婚姻を余儀なくされる。ナーヤル・カーストは、社会的には支配的だが儀式上は下位の、母方居住のカーストである。ナンブーディリとナーヤルの連合を一つの構造全体として定義するなら、ナンブーディリの男性長子相続は、現実の直系家族システムというよりも、直系家族の痕跡に相当するものであるということになる。しかし、ナーヤルそれ自体にあっては、長子相続制は潜在的で、その上、かなり古典的なことだが、軍事的な専門化に結合している。最も若い男性たちは、戦争に忙殺され、しばしば長い間不在ということもありえた。兄弟の中の最年長者は、母系大世帯の中で、**タラヴァード**という特別な権威的地位を持っており、**カラナヴァン**と呼ばれた。(41) このシステムは、マージナルではあるが、インドをよく理解するためには枢要なものであって、これについては後に再論する。

末子相続制の周縁性

末子相続制がインドで占める位置は、一時的父方同居を伴う核家族の重要性にもかかわらず、小さい。実例のある末子相続のケースは、インド文明に対してひじょうに周縁部的で、時として完全に外部的である。

われわれのサンプルの中にあるルシャイ人は、父方居住の末子相続を行なっているが、彼らは、主にミャンマーに住むチン人のうち、ミゾラムという極小のインドの州〔中央政府直轄地区〕に住む者にすぎない。やはりミャンマーに接する地域に住むナガ集団であるアンガミ人では、父方居住の末子相続制が支配的である。次の章で検討するように、ミャンマーで、さらには東南アジアのかなりの部分で、父方あるいは母方居住の末子相続制は一般に支配的である。(42) この二つの集団は、イスラム教徒の侵略の時代に丘陵地帯に避難した集団である、インド南部のバダガ人や、グジャラート語を話す中間地帯の部族であるビール人と同様に、フレイザーによって末子相続制の一覧の中にすでに挙げられている。(43) それと隣接するビーラーラー人も、末子相続の痕跡を顕している。(44) 同様にフレイザーに引用されているホー人と、ビハールとベンガルの間に住むサンタル人は、末子相続の痕跡を出現させている。(45)

ケーララのキリスト教徒は、男性末子に家を相続させるが、この末子相続の要素はどうも複数の大人世代の同居を引き起こしたように見えない。一八九三年の人口調査では、彼らの許では三世代世帯が稀であることが明らかになっている。[46]フレイザーはガロ人とカシ人という母方居住の集団を末子相続を行なう者として紹介したが、中根千枝はより周縁部的なカシ人しか、このカテゴリーに残していない。[47]その近隣に住むが、一時的母方居住のディマサ人はどうかと言うと、高齢の両親の世話をしないという事実によって注目に値する。[48]ケーララのカーダル人にせよ、シンハラ人にせよ、アンダマン諸島人にせよ、双処居住と分類されるいかなる集団も、末子相続制の痕跡を出現させていない。

歴史

最初の歴史的データ　共同体家族の前は直系家族

インド亜大陸における家族類型の地理的分布を見ると、伝播現象の存在はほとんど疑いの余地を残さない。双方および核家族類型が周縁部に存在しているのは、古い基底の痕跡である。システムの中心部では父方居住共同体モデルが、父系原則と共同体家族原則の出発点たる革新地帯を代表している。伝播の中心が北西へとずれたところに位置しているのは、インドにおいては外部からの影響が重要であることを示している。さていよいよ、変化が起こった年代の推定を試み、父方居住類型が、北西部では共同体家族、ヒマラヤでは直系家族、東部と南部では同居と近接居住を伴う核家族となる、その多様性を説明することにしよう。アッサムとケーララの母系システムもまた、可能な限り、年代を推定し、説明しなくてはならない。利用可能な確実な歴史的データは少ない。北インドでは、残存する最古の資料は共通紀元前三世紀以前に遡ることはない、ということを忘れてはならない。宗教的な儀式、法典と叙事詩は、もちろんそれ以前の時代に関する事実を含んでいる。しかしどんな事実なのか、そしていかなる年代のものなのか。インドの歴史の場合、データの大部分の時間的距離の遠さを過大に見積もる傾向が習慣となっているため、幻想が支配する。太古の昔というのは夢を見させるものだ。マルク・ブロックの間接的な弟子たる私は、口承というものは、急速に変化するという特徴をつねに持つことに、用心してかかる傾向があるようである。それに対して文献は、まず何よりもそれ自身の現在を語るのであり、過去を語るのは然る後にすぎない。そして過去を、現に書いている今の時点で見られた通りに語るのである。

『マヌ法典』がその最終的な形をとったのは、おそらく共通紀元二世紀あるいは三世紀に遡る。しかしもちろん部分的にはより古い時代にまで遡る内容を含んでいる[49]。第九章の一〇四条から二一九条は遺産相続にかかわっており、これによって、〇年頃、すなわち共通紀元の始まりの頃に、直系家族から共同体家族への移行があったと想定することができる。この遺産相続規則は、完全に明快というわけではない。それは平等主義的要素をすでに含むが、長子相続の概念が遍在している。長男をめぐる固定観念が、始めに宗教的なものとして姿を現わす。

第一〇六条　長男の誕生の時点において、その子が聖なる秘跡を受ける前であっても、すでに男は父親になるのであり、先祖に対する負債を返済する。ゆえに長男はすべてを持つべきである。

第一〇七条　その誕生によって男が負債を返済し、不死性を獲得するものたる息子は、義務の遂行のために生《な》されたのである。他の子たちは愛から生まれたものと、賢者はみなす。

以下、同居と分割の複数の可能性を検討する具体的な遺産相続規則が続く。長子がすべてを保持し、弟たちにとっていわば父のようなものとなる、そうした不分割家族が想定されている。次いで、兄弟の別居が喚起されるが、これは完全に正当なことと見なされている。「分離した生活は、それゆえ立派なことである」二つの型の財産分配が考察される。そのいずれも、長子の特権を断定する。

第一の可能性——

第一一二条　長子のために、すべての家具のうちで最良のものと、遺産の二〇分の一を予め取り分けておく必要がある。次男にはその半分、すなわち遺産の四〇分の一、末子にはその四分の一、すなわち八〇分の一となる。

第一一三条　長子と末子は、各々いま言われた取り分を取り、二人の間の者たちは、各々中間的な取り分、すなわち四〇分の一を受け取る。

第一一四条　長子は、その美質において弟たちに勝るなら、すべての財を合わせたもののうち最良のもの、その種のもののうちで優れたものすべて、十頭の牛もしくは他の家畜のうち最良のものを取る。

第一一五条　しかし、同様に巧みに義務を果たす弟たちには、十頭の動物のうち最良のものを予め取り分けることはしない。ただし長子には、敬意の証言として何かわずかなものを与えなければならない。

第一一六条　上記の仕方で予め取り分けることを行なったなら、残りは均等に分割されなければならない。しかし何も予め取り分けられない場合は、取り分の分配は以下のように行なわれる（…）。

以下に、別の分配システムが続く。二つの様式の共存というものは、移行の結果として起こり得る。いま喚起された、二つの様式のうちの最初のものは、平等主義的規範の勢力伸長に対応している。ただしそれは、それ以前の不平等主義的な規範の尊重の証言をいまだに与えなくてはならない。第二の様式は、留保付きながら、端的に不平等主義的であるが、とりわけはるかに単純である。これは、古い規範により近いものであるだろう。

第一一七条　長子と次子が徳と知において他の者に勝るなら、長子は二人分の取り分、次子は一・五人分の取り分を取る。弟たちはそれぞれ一人分の取り分を取る。以上が定められた法である。

次子が一・五人分を取るというのは特異であるにしても、長子が二人分の取り分を取るのは、直ちに古典的なメソポタミアの権利概念を想起させる。〈長子の取り分は二人分〉というのは、旧約聖書の中に見出される。『申命記』の最終的形成は、共通紀元前七世紀の終わりに遡る。しかしこの原則はずっと古い。共通紀元前十二世紀から十一世紀のアッシリアに姿を見せており、シュメールでは共通紀元前三千年紀の後半にはすでに出現していた。[50]〈長子の取り分は二人分〉というのが、中東から発して北インドにまで伝播したということは、全く考えられることである。

ここでは、『マヌ法典』には長子権の断定が含まれているのを認めるだけで十分である。とはいえ、法律というものは、たとえ完全に適用されたとしても、それだけでは、家庭集団の発展サイクルの正確な形態がどのようなものであったかを、述べる根拠にはならない。法律を知ることによって、可能事の範囲を限定することはできるが、だからと言って、優勢な類型を指示することまではできない。『マヌ法典』は、そこに含まれる平等主義的規則の非厳格な適用と組み合わさるなら、標準的直系家族システムの作動を可能にするだろう。しかしこの法典はまた、追加的な一時的父方同居を伴う直系家族とも両立しうるであろう。この法典はまた、過去の直系家族形態の痕跡を保存している共同体家族方式にも対応しうるだろう。そのようなシステムは、遺産相続規則は平等主義的でも、長子が重要な儀式上の職務を果たし、残存的な多少の物質的特権を有するという、中国南東沿岸部で観察されうるものに近い。

朝鮮やシーク教徒のような例外もあるが、一般的に父方居住直系家族は、男性の子孫がいない場合、女子を通して遺産相続を行なうことを認めるものであり、大抵は〈レベル1の父系制〉に相当する。ところで『マヌ法典』は、男に息子がいないケースを詳細に扱っている。すなわち、娘による相続が予想され、承認されるのである。

第一二七条　男の子を持たない者は、以下のような仕方で、自分の娘に自分の息子を育てる責務を託すことができ、次のように言う。「汝がこの世に生み出す男子は私の子どもとなり、私の名誉のために葬儀を執り行なうべし」と。

第一三二条　上記の意図をもって結婚した娘の息子は、母方の祖父のすべての財を取る（…）。

第一三五条　このように父から、息子を与える責務を課された娘が、男子をこの世に生み出すことなく死亡するなら、この娘の夫はためらうことなく彼女の財産をすべて己が所有に帰することができる。

夫たる婿が相続権を持つ。こうしたこと一切は、直系家族モデルを想起させる。『マヌ法典』の起草時代——不確定である——に規則が実際に適用されていたかどうか、大いに疑惑が残るものの、共通紀元開始時とどうやらそれに先立つ期間に、北西インドに直系家族（追加的な一時的同居を伴うか否かは不明だが）の局面が存在したことは、認めなければならない。ただその局面の長さは決定できないが。ヒマラヤ山系とその山麓からなる直系家族地帯は、かってははるかに広大な、インダス川流域とガンジス川平原の上流部三分の二を含む北部の大部分に広がっていた地帯の残滓にすぎないであろう。

インドの偉大な叙事詩『マハーバーラタ』に含まれる人類学的データは、『マヌ法典』と同じ年代確定の問題を提起する。叙事詩の最終的な形成を『マヌ法典』のそれより前に位置づける研究者もいるし、後に位置づける研究者もいる。たしかなことは、長子相続の原則は『マハーバーラタ』の中でもはっきりと断言されているという点である。

『インドにおける親族組織』の中で、イラワティー・カルヴェは『マハーバーラタ』を分析し、そこから、長子が強い特権を持つ柔軟な父系共同体家族という見方を引き出している。興味深い手法で、カルヴェは五人のパーンダバ兄弟の妻ドラウパディーの一妻多夫婚の中に、長子相続原則の影響を突き止めている。ドラウパディーは、出生順では三番目の兄弟のアルジュナに射止められるのだが、始めは最年長の兄と結婚しなければならないのである。[51]『マハーバーラタ』における長子相続と一妻多夫婚の共存は、ヒマラヤの山系と山麓の一妻多夫婚直系家族が、北インドでおそらく多数派的であった古代の家族形態の痕跡であることを、明瞭に示している。しかし、このように解釈すると、一つの問題が起こる。すでに述べたように、ケーララとスリランカでは、一妻多夫婚は直系家族とは無関係に存在しうるのである。

直系家族の登場の原因は、稠密性か、伝播か？

農業の導入と『マヌ法典』の起草の間に流れた時間の長さによっては、中国北部の場合と同様に、単なる農業の稠密化によって直系家族概念が自律的に出現したと想定することも可能になる。最初の印象では、この仮説は、農業の始まりから『マヌ法典』までに六千年以上もかかったインダス川流域については、より受け入れやすいという感じがする。中国での農耕民の出現から直系家族心性の最初の印《しるし》が現われるまでの間に、五五〇〇年かかったのと、ほぼ同じようなことになるだろう。しかし、インダス文明の崩壊は、人口密度の増加を、それも相当な比率で、鈍化させることにしかならなかった。

ガンジス平原の場合、時間的なずれは三千年弱でしかない。それでもコリン・マッケヴェディとリチャード・ジョーンズは、共通紀元前二〇〇年にガンジス川流域には二〇〇〇万の人口があったと見積もっている。[52] これならば十分に、土地の十全なる占拠と、不分割と長子相続の原則の出現を想定することができる。しかしこの解釈には、法典成立の年代や場所の特定、農業の開始や人口密度に関して不確実なデータが数多く組み込まれているので、この解釈が立証されたと考えるのは理性にもとるだろう。

直系家族概念が中東から伝播したと考えることも、不可能ではない。実を言えば、〈長子の取り分は二人分〉という概念は、『マヌ法典』とメソポタミアの多数の法典とに共通するところから、この仮説の中に少なくとも現実の一部分は姿を見せていると考えざるをえない。この仮説は、特に大胆なものというわけではない。文字については、伝播の過程は明白である。インドの音節文字は、セム語系のアルファベットから派生した。文字の伝播が、当のその文字によって表現されたいくつかの法的な概念の伝播を伴わないという方が、おかしい。最古の文明であるシュメールの長子相続制が、ひじょうに古い時期に地中海にまで広まったさまを、われわれはのちに研究するつもりである。

南部については解釈の問題は起きない。南部では直系家族局面は想定できないとするのが、穏当なところだからである。南部で観察できる長子相続制のいくつかの痕跡、例えば、内婚的慣行の中における長子の地位や、ケーララのナンブーディリ・バラモンの長子相続制といったものは、バラモン教および文字とともに北方から到来した概念の伝播の結果でしかありない。北方から到来したこれらの直系家族要素は、常民の家族生活に関わるものであるが、これに加えて、南部の君主たちの遺産相続規則もある。穏健な長子相続制は、北部の古いバラモン文献に含まれる戒律の一部をなしていた。この規則は絶対的ではない。長子相続という政治的概念は、『マヌ法典』では非常に明瞭である。王位は長男に帰するが、この規則は絶対的ではない。著しく無能な場合は、別の後継者を指名することが許容された。南部はこうした穏健な形の長子相続を行なっていたわけである。[53] もっともダウド・アリは、いくつかの有意的な例を示して、この点についてどれほど理論と実践がかけ離れていたかを示している。彼は、インドの中世初期を通して、兄から弟への横方向の遺産相続のケースが見られることを突き止めている。[54] もっとも、十分に遠い過去へと遡れば、これはどこでも見られた、と言い添えたいところであるが。

古代の直系家族と初期のカースト

私は先に、封建時代の中国に独特の階層序列的心性があったことを明らかにし、そのような心性が直系家族によって構造化された社会の大部分の中に姿を見せることを、示唆したものである。不平等原理は家族の中で作用するだけでは気が済まず、社会生活の全域で幅をきかすのである。そのため、身分と階級の多数の区別が生じることになる。インドの歴史の中にも、何かこれに匹敵するものを捉えることができるだろうか。

この古代インドの直系家族と最初のカースト制度との間には、関係があると考えられる。『マヌの法典』に概要が示されている四つの**ヴァルナ**〔四種姓〕への分割は、集団内の系統的な内婚制を前提としていなかった。**バラモン**〔司祭〕、**クシャトリヤ**〔戦士〕、**ヴァイシャ**〔地主と商人〕と**シュードラ**〔農民〕への分割は、強力な階層化を定義したが、これはおそらく長子相続を行なう社会の大部分で通用していた不平等と等級の概念を越えるものではなかった。せいぜいのところ、北西から来た、比較的色白のインド・アーリア人と、より古くからいた、浅黒い肌のドラヴィダあるいはムンダーの住民集団との接触が、外見上の身体的な相違によって、カースト制度を強化することになったと考えることができるにすぎない。このことは、サンスクリット語で「色」を意味する**ヴァルナ**という語が示唆している。

「カースト」が内婚制となるのは中世の終わりでしかなく、その時にはそれはもはや同じものではなくなる。**ジャーティ**[*5]は、バラモン理論の**ヴァルナ**よりもはるかに小規模で具体的な職業的・地域的な集団である[55]。**ジャーティ**の内婚が姿を現わすのは、ドラヴィダ系である南部の経済的・政治的な勢力伸長の後になってからにすぎない。その時、交叉イトコ婚と異世代婚を行なう家族レベルでの内婚制地帯に、文化的な発展の極が形成されたのである。とはいえ、地域的**ジャーティ**を**ヴァルナ**のシステムに統合したのは、まことに見事なバラモンの思いつきであった。

遊牧民の侵略と共同体家族への移行

北インドにおいて直系家族から共同体家族へと至った歴史的シークエンスは、中国について記述されたそれと大いに類似している可能性がある。中国の場合には、不平等主義的縦型形態が、兄弟の地位の対称化によって平等主義的縦型形態へと移行した原因は、既存の直系家族構造の上に、父系遊牧民集団の対称性が上塗りされたことであった。同じ説明を、侵略に関しては中国に引けをとらないインドに適用できるのである。侵略は同様にほとんどが北西からやって来た。

アーリア人は共通紀元前十七、十六世紀にインド北部に侵攻するが、この年代は不確実だとみなさなくてはならない。彼らにはいくつかの父系制要素があったと仮定することは、可能である。彼らは、のちに見るように、メソポタミアがすでに父系制となっていた時代に、イラン高原を横断したのであり、さらにはそこに滞在もした。彼らが、メソポタミアで取得した長子相続の観念と〈レベル1の父系制〉を担っていたと想像することすら可能である。彼らがもともと奉ずる宗教の神々の中では、男性神が圧倒的に優勢であった。しかし彼らがインドに定着してから何世紀も経った後に、インドで把握できるのは、直系家族だけなのである。どんな知的アクロバットを試みようと、直系家族から共同体家族ならびに〈レベル2の父系制〉への移行の張本人はアーリア人であるとするのに成功することはできないだろう[56]。

侵略の歴史の続きは、それでも困惑するほど多くの選択の余地を残している。北西方面からインドに到来した民族移動の無数の波の中で、直系家族を共同体家族に変貌させる力を持った父系にして対称化された遊牧民のクランを運んで来た波はどれであるのか、見分けなければならない。中国を論じた章では、共通紀元前三世紀頃と推定される匈奴の諸クランの対称性が、秦における家族システムの変動の要因と見なされていた。ところが、クランとしての組織化の帰結に他ならないフン（匈奴）の軍事的勢力伸長は、中国への進出のあと、西への動きによって表現されることになった。これは他の諸民族の前進を引き起こし、ついには北インドへと到達する。インドの偉大な歴史家ロミラ・ターパルの、侵略を主題とする文を引用して見よう。

「北西のギリシャ系諸王国の衰退は、中央アジアの遊牧諸部族によるバクトリアそのものへの攻撃と、同時期に起こった。これらの部族には、バクトリアの勢力の撃滅の張本人であるスキタイ人が含まれていた。これらの部族の西方への移動は、中国皇帝・始皇帝の行動をきっかけとして起こっている。始皇帝は、紀元前三世紀後半に、匈奴、烏孫、月氏（…）といった遊牧諸部族から中国の国境を守るために、万里の長城を建設したのである（…）」(57)

月氏はスキタイ人を蹴散らし、スキタイ人は共通紀元前八〇年にサカ人の名でインドに入り、王国を樹立する。クシャーナ・クランのもとに集結した月氏は、東進を再開し、サカ人を蹴散らし、最終的にはベナレスに至るまでのガンジス川流域に侵略する。彼らの王国は、中央アジアにも領地を保持していたが、おそらくは対称性という遊牧民の原則を組み入れたインド最初の政治的組織体である。クシャーナ・クランで最も有名なカニシカ王は、共通紀元七八年から一四四年までと位置づけられる年代に、君臨している(58)。古代インドの場合はつねにそうなのだが、大幅の時間的不確実性が残る。五世紀の終わりに、フン人が直々にインド北部に侵入する。しかし、このエフタル（白匈奴）とアッティラ王のフン人の間にはいかなる血縁関係もないとする、研究者もいる(59)。

　私はここでオッカムの剃刀[*6]の原則を適用することにする。すなわち、最も節約的な解釈、つまりモデルを複雑化せず、別の新たなデータを追加しない解釈を選択するわけである。私はスキタイ人のようなインド・ヨーロッパ語系の西方の遊牧民諸集団を、対称化された父系ではないとして提示したが、ここではこの性格規定を維持しておこう。それに対して、インドという舞台に到来する前に匈奴と接触していた月氏は、対称化された父系であった可能性があり、そうでなかったとしても、匈奴は対称化された父系制であった。このことによって、対称的特徴の出現を共通紀元前五〇年から共通紀元五〇〇年までの間のどこかに位置づけることが可能となるであろう。

　これらの年代は、『マヌ法典』に含まれるデータとほぼ両立する。『マヌ法典』は、共通紀元二、三世紀に遡ると考えられるが、不平等から平等へと移行する、変動しつつあるシステムを喚起している。

　もちろん、それ以降のすべての侵略はクラン的親族システムの圧力を強め、北インドの直系家族の対称化に貢

共通紀元前80年頃：スキタイ人の侵略

共通紀元前50年：月氏の進出
共通紀元50年：クシャーナ朝の開始
451年から467年：フン人の最初の襲来
495年：フン人の2回目の侵略

606年から647年：ハルシャ王〔ヴァルダナ朝〕、北部での最後の統一時代
711から712：アラブ人、シンドに至る
986年：ガズナ朝トルコ人の最初の攻撃
1001年：ガズナ朝マフムードによるシンドとパンジャブの占領
1202：ゴール朝ムハンマドが北部を占領。デリー・スルタン朝
1221年から1327年：モンゴル人の侵入
1398年ティムールの侵入
1526年バーブルによるムガル帝国の建国

献した。

この家族システム研究の枠内では、インドの民族的・政治的・宗教的歴史をそのすべての細部にわたって物語るなど、論外である。当然、図式化しなくてはならない。すなわち、三つの侵略の波が一定のリズムでインドを襲い、インドの父系化を推進した。フン人以降、新たに到来した者はすべて、イスラム教に改宗したか否かにかかわらず、ステップの遊牧民のクラン・システムを担っていた。

最初の長期にわたる一連の出来事は、共通紀元前後の月氏の侵略から、七一一年から七一二年のアラブ人のシンドへの到来まで続く。その後、五世紀にわたる休止が続く。その間、インド北部はイスラム教徒の支配を免れるが、小国分立の状態に戻ってしまう。インドの中世は、慣用により、共通紀元七世紀から十二世紀まで続いたとされている。

第二の進出は、十二世紀の終わりに始まる。北インド全体は、イスラムに改宗したトルコ人クランの支配下に置かれる。これが、デリー・スルタン朝の起源である。侵略を免れた南部は、当時、文化的に自立したインドの中心として立ち現われる。

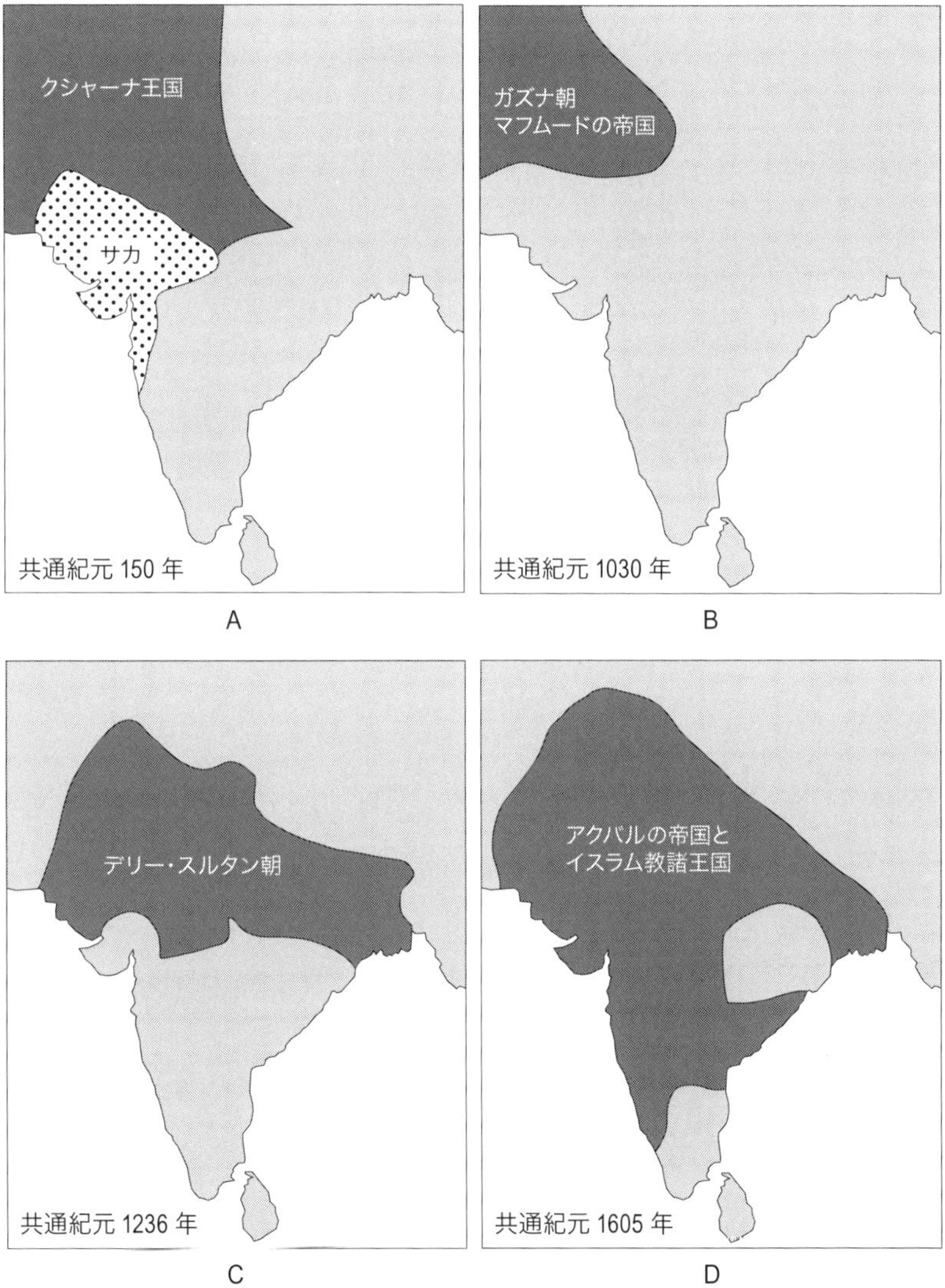

地図 5–6　諸帝国と父系制の漸進

第三局面の本質は、イスラム教徒政権による南部の縮小化の継続的なプロセスに他ならない。ヴィジャヤナガル朝の強大なヒンドゥー教国家は、十四世紀半ばから一五六五年まで続いた。しかし、十八世紀初頭には、ムガル帝国の支配から逃れたのは、デカン高原の最先端のみであった。

それゆえ月氏であろうとフン人であろうと、遊牧民のインド空間への最初期の到来は、対称化された父系原則の漸進の初期段階をなしたにすぎない。それ以降の侵略者の到着は、東と南の方角の先へ先へと進出し、それに伴って、いくつもの層が次から次へと繰り返し上に積まれるようにして、この概念の適用の爾後の局面が実現された。それゆえインドの各地域の空間的な位置は、それ自体が浸透の期間の長さを意味するのである。北西部は、最初に、そして最も長い間、浸透を被った。中央北部および北東部が浸透を被ったのは、イスラム教徒の侵入以降のことにすぎない。デカン高原の主要部分は、さらに後になって被っている。現在のタミル・ナードゥとさらにより明確にケーララを含む最南端部は、おおむね直接の占領は免れた。しかし、対称化された父系の概念の影響を免れたわけではない（図5―6を参照）。

インドの空間的分化の起源

要するに、インドにおける父系原則の伝播は、一五〇〇年以上にわたって続き、最後に東と南の直系家族局面を経験したことのない地域に達したのである。この単純な確認が、インドの家族システムの二元性について、可能な最初の説明をもたらすことになる。遊牧民の対称化された父系制は、パンジャブからビハールの間の北インドを直系家族から共同体家族へと移行させることができたとしても、それが到来した時にもともと一時的双処同居を伴う核家族によって占められていた地域には、このような変動をいささかももたらしえなかった。ベンガルとドラヴィダ地方では、遊牧民の柔軟な父系制が、依然として核家族に留まっていたシステムの上に接ぎ木された。そこで核家族システムは、複数の夫婦家族の一時的同居であれ近接居住であれ、強い父方居住の方向性を取るというだけに留まったのである。

インドが、共同体地帯と一時的同居を伴う核家族地帯という地域的分化を見せた原因について、二つ目の解釈は可能である。それは、インド北部における直系家族の貢献という仮説を立てないで解釈しようとする立場に他ならない。父系制の浸透の期間の長さは、家族集団の稠密性に直接の帰結をもたらした、と考えることは可能である。この長さは、北西部では最大になり、東南部では最小であった。この仮説によると、父系原則が、時とともにそれ自体で〔自生的に〕共同体的家族構造の出現を引き起こしたということになる。

私としては、共同体家族概念の出現の中で直系家族が役割を果たしたとする第一の仮説に対して明瞭な選好を抱いているが、データによってそれを全面的に検証することができないことは認める。この仮説にとって有利な最良の議論は、不条理による証明に依存したものとなる。北インドで、共同体家族の出現に直系家族が必要であったという着想を斥けるとなると、論理的な選択を取るか経験的選択を取るか、運を天に任せることになってしまうのである。われわれとしては、何らかの地帯に予め直系家族が存在していたことが、インド空間のその後の分化の中で枢要な役割を果さなかったと考えるか、さもなければ、直系家族が予め存在していたということ自体を否定するか、どちらかにする必要がある。そうなると、『マヌ法典』の長子相続からシーク教徒の世帯の単線的な構造やヒマラヤ山麓地帯の一妻多夫婚に至るまで、見出された手がかりはどれもこれも、過去に存在した直系家族局面を露呈させるものではいささかもない、と主張しなくてはならなくなるのだ。

それに対して、父系制の浸透の時間の長さは、それだけでは共同体世帯の出現を説明することはできないにしても、〈レベル3の父系制〉がインドの国土の大部分に最終的に到達したことをひじょうに見事に説明するのである。

近年のインドでの女性のステータス

女性のステータスについては、インド北西部が限界的ケースとして姿を現わす。この地では女性のステータスの低さは最大であり、例えば中国を思わせる除去や、中東を思わせる閉じ込めなど、いくつもの特徴的な形態を取る。幽閉、プルダー〔ヴェール着用〕、性別による選別的幼児殺害の実践は、家族の稠密性と同様に、インドの北西部において最大となる。パキスタンは、幽閉に関してはインドに引けを取らないが、幼児殺害は行なわない。イギリス人の人口調査は、北西インドでは登録上はいるはずの多くの女性がいないことを、きわめて早い時期から暴露していた。人口全体における女性の割合はあまりにも低く、それは女性乳児の死亡率の異常な高さへの警告に他ならなかった。それらの除去は、機能的に上昇婚（将来の妻は夫よりも低い社会階層に属していなくてはならない）に結びついていた。その結果、上層階層では娘を結婚させることが不可能であり、その他の階層では十分な持参金を集めることが困難であるという事態が、一定の比率の女性乳児を身体的に除去することを正当化していた。イギリス人たちの努力にもかかわらず、一九七一年に北部諸州の性比〔sex-ratio〕は、相変わらずこの実践の印を帯びていたのである。

一九七一年の数値を見ると、南下するにつれて女性の状況が改善されることが明らかになっている。性比も低下し、ついには真の均衡が現われる。タミル・ナードゥでは、文化はたしかに父系であるが、〈レベル3の父系制〉があると考えることはできない。世帯の分析の際に観察された母方居住の痕跡は、一〇％に達していないとはいえ、それでも日常生活の態度の大きな差異を意味するものである。[60] 軍事的もしくは概念的な浸透からさらに守られて来たケーララでは、父系原則は反転して、母系の家族組織を生み出しており、女性の数が男性の数を超えている。[61]

中国と同様にインドでは、出生率は近年、中国ほどではないまでも、低下しており、そのため、男性の跡取りを一人手に入れたいという欲求に取り憑かれた家族が、最近の超音波技術を用いて、選別的堕胎を実践するようになっている。それゆえ今日インドでは出生児の中の男性の比率が増加しているわけだが、それは、虐待や女子の選別的乳児殺害が伝統であった北部だけに限らない。クリストフ・ギルモトは、先に引いた中国のケースを検討した論文の中で、それが及んでいる地域は初期の北西の極から始まる伝播によって広がっている、と指摘している。[62] 彼は、県レベルで作成されている地図の上で、伝播の先端がデカン高原西部を通って南へと向かっているのを突き止めた、と私は思う。それはタミル・ナードゥにまで達しており、北西部のカルナタカとの州境に沿って、交通の要衝セーラム県に、特にくっきりした塊となって姿を現わしている。なにやら神秘な恒久性もしくは歴史的反復が支配している、などと考えるわけではないが、それにしても、この伝播の軸は、エリック・ポール・メイエが、遊牧民の移動や商人の活動や戦士の遠征に適しているとして引用しているデカン高原の「乾いた対角線」に合致している

表 5–5　1971 年の州ごとの性比〔sex-ratio〕
（女性100人あたりの男性数）

北部	ジャンムー	113
	パンジャブ	114
	ラジャスタン	109
	ウッタル・プラデーシュ	113
	ビハール	104
中間地帯	グジャラート	107
	マハラシュトラ	107
	マディヤ・プラデーシュ	106
	オリッサ	101
東部	アッサム	111
	ウェスト・ベンガル	112
南部	アーンドラ・プラデーシュ	102
	カルナタカ	104
	タミル・ナードゥ	102
	ケーララ	98

出典：D. Natarajan『性比の変化』p. 8。比較を容易にするため、男性 1000 人あたりの女性の数を示していた元の表の指標を逆転させて〔一般的な提示法で示して〕いる。インドの通常の提示法は一般的な性比の提示法とは逆である。

ことは、確認しなくてはならない(63)。この軸は、最終的にヴィジャヤナガル王国[*7]を樹立する非イスラム教クランの浸透の進路でもある。たしかなことは、中国と同様にインドでも、父系原則は後退するよりもどうやらむしろ前進しているようだ、ということなのである。南の文明の中枢たるタミル・ナードゥは、比較的女性尊重主義的で、性比は正常であったが、今後は選別的堕胎が及んで来ると思われる。

エロティシズムと父系制　中世における移行

インドの女性のステータスの低下とそれに随伴した性の抑圧は、長い歴史の結果でしかありえない。現在のインドは、性のことなど関心がないという様子で、性行為に対して好意的な考え方を隠すことのなかった自分自身の過去の文学的・考古学的遺跡のうちのいくつかを、もはや理解できなくなっている。紛れもない性の教科書としてあまりにも有名な『カーマ・スートラ』は、おそらく四世紀に遡る。キリスト教ヨーロッパからは猥褻と見なされた彫像が並ぶ寺院が建立されたのは、それよりずっと近年のことである。最も有名なカジュラーホー寺院群[*8]は九五〇年から一〇五〇年のものである。そこには、男女両性の神々（ならびにいくつかの動物）がありとあらゆる可能な、そして時には不可能な交接に耽っている様《さま》が見える。十一世紀には、このエロティシズムの神格化は、数多くの寺院に及んでいる(64)。性をモチーフとするこれらの彫刻がある地域は、ずいぶんと北の方に位置している。カジュラーホーは、マディヤ・プラデーシュに属しているが、ウッタル・プラデーシュに隣接するチャタルプル県にある。ラジャスタンのナーグダーに位置する十世紀の小さな寺院は、インスピレーションではカジュラーホーに負けていない。

インドの彫刻は、抑圧され隠されるのではなくむしろ称揚された男女の性を喚起するものであるが、ちょうどその頃ヨーロッパでは、ロマネスク様式の柱頭に、悪魔に貪り喰らわれる裸体の人間や、人間の原罪を象徴するために不器用に石の中から彫り出された裸のイヴの姿[*9]が彫り出されていたにすぎない。

こうした性行為の礼賛それ自体は、父系文化と完全に両立するものであるが、それよりも有意的なのは、このインド中世末期の彫刻の中に、愛し合う神々同士が至るところに姿を見せるという点である。裸の女が姿を見せていることではなく、こうしたカップルの系統的な表象、これこそが、両性間の関係に関する相対的により平等主義的な心性が潜んでいるのを露呈させてくれる。ヴィディヤ・プラカーシュは、カジュラーホーに関する研究の中で、読み、書き、あるいは武器を携えさえする女性たちを示す彫刻が、女性のステータスの高さを示唆していると、述べている。[(65)] とはいえ私がここで喚起するのは、父系原則を知りかつ実践している社会の中でも、女性のステータスは依然として高かった、ということ以上の何ものでもない。

たしかに私には、時代ごと地域ごとにインドの彫刻を詳細に検討するために必要な能力はない。しかし、〔これらの彫刻はあたかも観測器《ゾンデ》のようなものであって〕それらのゾンデによる観測は、徹底的な反女権主義への変動たる〈レベル3の父系制〉への移行があったのは、〔これらの彫刻群が制作された〕十一世紀よりあとのことであることを示唆しているのである。十二世紀の終わりに始まるイスラム教徒トルコ人による征服が、インドにおける清教徒化〔性的なものの喚起の抑圧〕と女性の地位の究極的な低下の決定的な要因の一つであったのは、確実である。しかし、その直前の世紀のインド彫刻の特徴は、性のヒステリー化とも言えるのであって、それもやはり、男女関係の不安定な状態、緊張の高まりを、ひいては北部インドの父系システムの自律的な徹底化の動きを露呈させてもいるのである。

というのも、父系原則との親和性をイスラムだけに帰着させようとするなら、それは誤りであろう。インドにおいては最終的にヒンドゥー教が仏教に勝利したわけだが、そのヒンドゥー教もやはり、父系制と固く結びついている。支配的なカーストたるバラモン・カーストは、父系集団が集まってできた総体に他ならない。純潔を強調する典礼、生まれによってすべてが決定されるという固定観念、こうしたものはいずれも、父系原則なしでは考えつくことのできないものである。もちろん、南部の内婚制がカースト制度の固定化に大きな役割を果たしたこともまた認めなければならないが。五世紀から十二世紀までの間に仏教を駆逐したバラモン教の勃興と、同じ期間に進行した父系原則の漸進を、同時にそして長い期間にわたって研究することができるということが必要になるだろう。

イスラム教徒による征服によって加速化した父系化の進展は、どうやら最後の段階にすぎず、それ以前に、中国で把握できたのと同様の父系性の内因的な強化があったのである。それとは別に、時期的にはほんの少し後になるが、インド南部では、イスラム教徒による直接の征服を待つまでもなく、父系原則の勃興が観察される。

レスリー・オアの見事な統計研究は、タミル地方の上層社会階層における女性のステータスの凋落を長期間にわたってたどることを可能にしてくれる。(66) タミル語の碑文は、七〇〇年から一七〇〇年までのきわめて長い期間をカヴァーしている。それらは大抵の場合、寺院への寄進に関わるものである。女性によって行なわれたものもあり、時代ごとの女性による寄進の比率の変遷によって、個人的財産を処分する女性の権限の変遷をたどることができるわけである。八つの地帯に関するサンプルに含まれる一五〇〇の碑文のうち、四一六が五七六人の女性の名を挙げている。サンプル中の女性の名義の数は、二段階にわたって減少していく。十一世紀までは、男女ほぼ同数の寄進者がいて、女性の四〇%はチョーラ朝の女王たちであった。最初の下落は一一〇〇年頃から始まり、より急激な二回目の下落は一三〇〇年から始まっている。研究対象たる八地帯のうち三つにおいて、この年代以降は、女性寄進者の名は全く記載されなくなる。十四世紀以降、女性は大抵の場合、いくつかの寺院に居住するようになるが、自由に自分の財産を処分できる女王やバラモン女性はいなくなるのである。早くも十二世紀には、碑文は女性寄進者の横に後見人の存在を記載するようになる。

レスリー・オアが記述しているとおり、一三〇〇年はタミル地方の政治的・文化的な転換点を表している。それは古代王朝との連続性[*10]を主張していたチョーラ朝の王とその直接の後継者たちの治世の終わりを画すのである。そこで、様々な流入民族の首領が、小軍事王国を建てて支配する時代が始まる。これら小王国は、十四世紀の中頃以降、ヴィジャヤナガル王国の権威の許に統合される。(67) この国はヒンドゥー教に忠実であったが、それでも父系原則の漸進を体現しているのである。北部のラージプート人の小さなヒンドゥー教国家やマラータ人の政治組織についても、同じことが言えるであろう。

母方居住システム　ケーララ、アッサム、スリランカ

父方居住システムに比べて、母方居住の発展サイクルは、地図上の周縁的な位置を占めているが、先に述べたように、それでも双処居住システムほど遠隔の周縁部に位置するわけではなく、父系制との接触地帯に分布している。このことはイスラム教徒モープラ人とケーララのヒンドゥー教徒ナーヤル人、ガロ人、カシ人、アッサムのディマサ人、さらにはスリランカのイスラム教徒タミル人にさえ当てはまる。タミル民族の多数派は父系制であるが、イスラム教徒タミル人[*11]という名は、このタミル民族そのものと、他方で大陸部のイスラム教との近接性を表現している。ケーララの母系共同体家族システムは、一九三〇年代の間に消滅してしまったが、広い意味で母方居住であった。広い意味で、というのは、配偶者同士の同居が行なわれないので、完全に厳密に言おうとするなら、中国のナ人のように、出生居住と呼ばざるを得なくなるからである。しかしここでは、子どもは母親の出身世帯で生まれていた。モープラ人の母系システムは、〔ケーララの〕ナーヤル人的な意味で母方居住であると

言うこともできたが、現在のケーララの北部の社会的ステータスの高いイスラム教徒は、夫が妻の家族の中に居住するのであるから、古典的な意味での母方居住であった。

ケーララでは、母系制は父系制と接触しているだけでなく相互作用の状態にあった。[68] イスラム教徒としては、少数派だが数はかなり多い集団が存在していたが、これは父系制的慣習に属していた。ヒンドゥー教徒の側では、相互作用はナ人におけるように体系化されていた。父方居住の直系家族的家族組織を持つナンブーディリ・バラモンが、ナーヤル人の女性に「妻問いの夫」(visiting husbands)を提供していた。自らのカースト内では婚姻が禁止されているナンブーディリ人の次子以下の息子たちは、典礼上は下位のカーストの女性と結婚する。しかし妻と同居することはせず、したがってしばしばナーヤル人の子どもたちの生物学的な父親となるのであった。しかし全員がそうなるとは限らない。婚姻というものの考え方がどちらかと言うと流動的なため、複数の「妻問いの夫」の存在が許容されており、その多くはナーヤル人の男性であっても構わないのである。これは一妻多夫婚の特殊な形態である。ただヒマラヤのケースのように、父方居住直系家族と連合しているわけではない。ナンブーディリ人男性とナーヤル人女性の間の婚姻は、宗教的・儀式的レベルで最も高いカーストと政治的・経済的に支配的なカーストを連合させる上昇婚の特殊な形態であった。ナーヤル人は戦士カーストを構成しており、その最高の地位は王室が独占していた。

ナンブーディリ人とナーヤル人の関係は高度に形式化されたものであったが、イラワティー・カルヴェは、ベンガルのあるカーストに関して、実際上これとたいへん類似したシステムを記述していた。ただし、理論上はあまり類似していないが。特徴的なことは、このシステムもまた、インドの父系制の直接の周縁部に位置していたという点である。

「ベンガルのある種のバラモンたちは、中世のある王によってこの地域に呼び集められた文人たちの子孫と考えられており、クーリーと自称していた。裕福だが、クーリーとしての出自がだれからも認められるわけではない家族に生まれた娘たちは、クーリーの家族の者と結婚する希望を抱いていた。結婚するクーリー青年は、莫大な金銭的報酬を要求することができた。息子しかいないクーリーの家族の中には、息子を何度か結婚するよう仕向け、それを紛れもない商売にする家族もあった。貧しいかややステータスが下の家族に生まれた女性は、時として、夫の家に住むことが決して許されないこともあった。彼女は両親の家に留まり、彼女の旦那さまは彼女の許を訪れ、その都度謝礼を要求するのであった（…）。こうした一切の結果として、子どもたちは母方のオジの家で育てられるという奇妙な習慣が生じた。認知され、父親の家で育てられることも多かったが、かなりしばしば母親の家族の中で暮らすのであった[69]」。

ナーヤル人と同様にここでも、上昇婚と母方居住の間の関係は明らかである。

ナーヤル人の母系は、理論的な従属と分離的反応とを同時に表現していた。父系モデルの闖入に直面した双方的集団は、女性の役割を再確認するという反動を行ない、そのため当初のシステムを越えたところまで行き着くのである。しかしそうした双方的集団は、象徴的次元では父系革新の優位を認めている。

ベンガルのすぐ北側のアッサムの諸民族も含め、われわれの作成した母方居住サンプルをなす六つのケース全体に問題系を拡大してみるなら、母系性と家族システムの密集性とのレベルの決定において、父系システムに対する近接性の度合いが何らかの役割を演じたに違いないことが、確認される。

〔ケーララの〕ナーヤル人とモープラ人は、ヒンドゥー教やイスラム教の父系システムとの公式な相互作用状態にあった。その母系反動はきわめて強力で、共同体的世帯や場合によっては夫婦の絆の消滅さえ生み出すほどであった。

〔アッサムの〕ガロ人とカシ人は、地理的にベンガルの諸住民集団の父系制に接している。しかし同じ社会・文化システムに属してはいない。彼らは、ある種第二レベルの接触、つまりは第二レベルの反動とも言うべきものを代表している。彼らの家族形態は、母方居住直系家族類型であるが、必要に応じて父方居住という例外の可能性を含む[70]。イスラム教徒タミル人もまた、母方居住直系家族システムを持っている。彼らは父系制のアラブ人商人との相互作用から生まれたのだが、双方的な島〔スリランカ〕に居住するために、父系制に呑み込まれることがなかったのである。とはいえ、ヤーマンによって測定された彼らの母方居住性は、ひじょうに高く、九〇％程度となっている[71]。

ディマサ人は、さらにもうすこし孤立しており、第三段階の父系原則への近接性を代表している[72]。実のところ、この民族を母方居住と分類するのは、三分の二規則に対する軽度の違反となる。彼らの間では、妻の村に移って居を構える若者の比率は六二％にすぎないからである[73]。しかしながら、すべての婚姻は、理論的には、妻の家族における一年間の一時的同居を含んでいる。家族システムは双方的で、より正確に言うなら双系である。父親の財は息子に行き、母親の財は娘に行く。相続するものが取るに足らない場合は、この考え方はいささか理論上だけのものとなる。もちろん、クラン・システムの萌芽が、それに内実を与えてはいるのだが[74]。しかしディマサ人は、父系システムよりさらにいくぶん遠方に位置しているため、単系概念の影響を受け、やや母方居住の方向に偏った双方的核家族システムという興味深いケースを提供しているうのである。

ケーララにおける母系制の年代特定

ケーララの母系システムは、確定できないほどはるか遠い過去から生じているわけではない。インドの歴史研究者は、その出現の正確な年代に関してだけは、あまりためらわずに断定している。十世紀と言う者もいるし、十三世紀とする者もいる。こうしたところから、インドの中世末期、十世紀から十三世紀の間に開花したと推定することができる。(75)

これらの年代は、父系原則との接触による母系制の出現に関するいくつかの解釈のうちのどれを選ぶか、選択の余地を残している。母系システムたるマルマッカターヤム制〔ケーララで優勢な相続制度〕を、全く単に、十一世紀のケーララのチェーラ朝〔紀元前後から存在したと言われる〕の歴代の国王とタミル系のチョーラ朝の歴代国王の間の戦争によって必要となった革新だと考える歴史研究者もいる。忘れてはならないが、ナーヤル人はもともと軍事カーストであった。チョーラ朝時代のタミル人はおそらく、すでに父系変動に遭遇していた。(76) 十二世紀の初めから始まった、石碑のタミル語の碑文における女性への言及の大幅な低下は、これが原因である。

しかし、「イスラム」仮説も考慮されなければならない。八世紀から十世紀までの間に定住し、現地で妻を見つけたアラブ商人は、父系原則を担っていた。現地の定住女性と結婚して子どもを作る移動性の男性によってもたらされたアラブの親族システムは、単系であり、これが母系概念の採用を促進した可能性がある。本書の中では、コモロ諸島からインドネシアに至るインド洋沿岸で、イスラム教が中東におけるように父系制と連合するのではなく、母系制と連合する例を、何度も見ることとなるだろう。

母系のイスラム教徒カーストとヒンドゥー教徒カーストがあるのだから、アラブ人とタミル人の父系制が、ケーララの母系反動に協力することになったと想像することも禁じられはしない。

残るはキリスト教徒の問題である。彼らはマラヤーラム語〔ケーララ州の主要言語。南ドラヴィダ語群に属す〕を話す住民集団のおおむね五分の一をなしている。十九世紀末のケーララのキリスト教徒は、先に見たように、父方居住傾斜を伴う核家族を実践していた(77)。

ケーララが周縁部的であるというのは、インドという大陸に対しての話である。この州は、デカン高原の先端部によってタミル・ナードゥから隔てられ、最高峰が海抜二七〇〇メートル近くに達する西ガーツ山脈という山岳障壁によって、カルナタカの南部から隔てられている。しかしそれはまた、かつてはローマと商業的接触を行なっていた沿岸地域でもある。多数のキリスト教徒とイスラム教徒の住民集団が存在するのは、この地がこのように世界に対して開かれているということで説明がつく。この地にはまた、十世紀からイスラエルの建国までの間、ユダヤ人共同体が存在した。実際は、一つの共同体ではなく、「白い」ユダヤ人と、相当混血がすすんだ「黒い」ユダヤ人の二つの共同体があったのである。

キリスト教徒の存在はより古く、おそらく共通紀元四世紀まで遡る(78)。この年代からすると、ケーララのキリスト教は、イスラム教より古いだけでなく、最終的に多数派宗教となったバラモン・ヒンドゥー教より古い宗教形態ということになる。キリスト教の人類学的意味は、エチオピアとローマの家族システムの検討の際に研究されることとなるが、今からすでに、この宗教は外婚制および核家族性とそもそも強い連合性を有するということは、頭に入れておかねばならない。ケーララでも他の場所と同様に、もともとの家族形態は双処居住核家族であったと仮定してみよう。ケーララでは、父系革新や母系革新のずっと以前から定着したキリスト教は、古い核家族システムにとって保護被膜の役割を果たしたと考えるのは、不可能ではない(79)。

ケーララでは家族システムは、母系制と父系制とは、最終的には同一の単系原則の二つの相対立する解釈にすぎないということを確認するような具合に、変遷し続けている。最近の研究では、ナーヤル人は、母系大世帯を廃止したのちに、単純な双方的核家族性を発達させはしなかったということが、明らかになっている。ナーヤル人においては、父系原則が、それに付随する男子優先を伴って、進展した。一七九のナーヤル人世帯からなるサンプルを検討した結果、たしかに核家族の優位（七九％）が現われるが、また既婚の兄弟の同居が七例（世帯の四％）あることが明らかになった。[80] ただし、既婚の姉妹の連合は一つもなかった。

二つの婚姻システム

発展サイクルでもそうだが、婚姻システムでもインドは二重になっている。北部では、共同体家族が四種類のイトコとの婚姻を禁止している。南部では、一時的同居を伴う核家族は、平行イトコ婚を禁止しているが、交叉イトコ婚や、時には専門用語で「異世代婚」と言われているオジと姪の間の結婚を奨励している。そのため外婚は、全体的にはインド・アーリア地域の特徴として現われ、内婚はドラヴィダ地域に特徴的なものとして現われる。しかし、境界地帯では例外が見られる。インド・ヨーロッパ語系のマハラシュトラでは、交叉イトコ婚の慣行が見られる。[81] インド・ヨーロッパ語系のパキスタン、バングラデシュといったイスラム諸国では、四種類のイトコとの「アラブ式」と呼ばれる婚姻形態の下で、アラブより選別性の低い内婚が行なわれている。ドラヴィダ語のケーララでは、内婚は問題外である。

インド南部では、一時的同居を伴う核家族の発展サイクルは、婚姻規則から切り離すことができない。兄（弟）と（姉）妹の子ども同士という、家系的にひじょうに近い者同士の婚姻が、要求されると言わないまでも、優遇される。記録された率は高く、タミル・ナードゥでは二四・四％、アーンドラ・プラデーシュでは二七・一％、

表 5–6　インド諸州およびパキスタンとバングラデシュにおける内婚制。1992-1993 年における、夫が妻の本イトコである率

（単位：%）

インド		すべてのイトコ	父方イトコ	母方イトコ	オジ
北部	ハリヤナ	0.7	0.4	0.3	
	ヒマーチャル・プラデーシュ	0.5	0.2	0.3	
	ジャンムー	6.9	3.4	3.5	0.4
	パンジャブ	0.9	0.4	0.5	
	ラジャスタン	1.0	0.5	0.5	
	ウッタル・プラデーシュ	7.1	3.9	3.2	
	ビハール	4.4	2.2	2.2	0.3
中間地帯	グジャラート	4.4	2.3	2.1	0.1
	マハラシュトラ	20.5	12.9	7.6	0.2
	マディヤ・プラデーシュ	4.0	2.0	2.0	
	オリッサ	4.9	2.8	2.1	0.2
	ウェスト・ベンガル	4.4	2.6	1.8	0.1
東部	アッサム	1.7	0.6	1.0	
	アルナーチャル・プラデーシュ	2.9	0.6	2.3	0.9
	マニプール	2.1	1.5	0.6	
	メガラヤ	2.3	1.9	0.4	0.3
	ミゾラム	0.5	0.1	0.4	
	ナーガランド	1.5	0.7	0.8	
	トリプラ	1.4	0.6	0.8	
南部	アーンドラ・プラデーシュ	25.0	14.5	10.5	4.2
	カルナタカ	27.1	10.6	16.5	0.6
	タミル・ナードゥ	24.4	13.6	10.8	7.4
	ケーララ	6.4	3.7	2.7	
パキスタン	パンジャブ	53.0	29.8	23.2	
	シンド	49.6	33.2	16.4	
	北西辺境州	38.3	22.1	16.2	
	バルチスタン	54.4	33.9	20.5	
バングラデシュ		10%から15%			

出典：『全国家族健康調査』インド、1992-1993、p. 87；『パキスタン人口・保健調査』1990-1991、p. 90、バングラデシュに関しては、R・V・ウィークス『イスラム教諸民族』p. 92。

表 5–7　教育レベルによるイトコ婚
（1992-1993 年頃、〔婚姻〕総数に対するパーセンテージ）

	マハラシュトラ	アーンドラ・プラデーシュ	カルナタカ	タミル・ナードゥ
文盲	24.6	26.3	30.0	27.7
初等教育	19.4	25.9	25.9	23.1
中学	16.9	22.4	27.8	24.4
中等教育＋α	10.4	17.3	15.3	14.4

カルナタカでは二五％、マハラシュトラでは二〇・五％となっている。男とその姉の娘との間の異世代婚は、南部システムの中枢たるタミル・ナードゥでは、婚姻の七・四％で、アーンドラ・プラデーシュでは四・六％だが、カルナタカでは〇・二％にすぎない。ケーララは、イトコ同士の婚姻はわずか六・四％にすぎないので、全般的な内婚への選好を免れている。

とはいえ、中国の場合と同様に、現地のモノグラフは、南インドでの唯一の絶対的な禁止は、父の兄弟の娘である父方平行イトコに関するものであるということを、明らかにしている。姉妹同士の子どもたちの間の婚姻は許容される。これはベックがコンクで研究した支配的農民カーストのケースである。(82)

ドラヴィダ地域では、世帯の複合性と同様に、内婚制は、当該家族の社会的地位に応じて異なる。先に見た通り、南部のバラモンは、中間・下層カーストよりも強固に、北部で支配的な共同体家族システムに賛同している。婚姻の分野では、彼らはまた、北部のモデルに対して、つまりこの場合は、外婚制に対して一定の愛着を見せる。ドラヴィダ地方では、社会的序列が下がるのに応じて内婚が増加し、教育レベルが低いほど内婚は増えるのである。

ここに提示された親族間の婚姻の比率は、一九九〇年代初頭に作成されたものである。ただし、安定的なものとみなしてはならない。この比率は過去にはより高かったが、将来はより低くなると予想される。近年の期間においては、減少は測定可能である。一九七三年以前と一九八三年から一九九二年までの間に行なわれた婚姻の数を比較すると、インド全域では頻度の二〇％近くの減少が、南インド全体については二五・六から二〇・六％の減少が記録されている[83]。

南インドの交叉イトコ婚は、父方と母方の親族の両方に配分されているが、大抵の場合、軽度の母系屈折を伴う。ただし、必ずというわけではない。母の兄弟の娘（ＭＢＤ）との結婚は、マハラシュトラでは全体の六三％、アーンドラ・プラデーシュでは五八％、タミル・ナードゥでは五六％だが、カルナタカでは三九％に過ぎない。父方の親族内での婚姻、つまり父の姉妹の娘（ＦＺＤ）との婚姻の数値が一貫して高いことは、システムの方向性は基本的に双方的であり、いささかも非対称的ではないということを、よく示している。

要するにこれらのデータは、母方交叉イトコ婚に集中した強力な非対称的メカニズムを想定する、全面交換というレヴィ＝ストロース的問題系にうまく組み込めない[84]〔訳註、序説＊16、第3章＊9を参照せよ〕。内婚制地域において、非対称システムの特徴たる父方交叉イトコの回避が実際に感知し得るのは、支配的なある種のカースト、とりわけ南部のドラヴィダ・システムと、父系変動の発祥の地たる北部のインド・アーリア・システムの間の接触地帯においてのみである。インドの親族システムに関する最初の重要な総論的著作の著者イラワティー・カルヴェは、北と南のシステムの相互作用地帯であるマハラシュトラについて、掘り下げて研究した[85]。この州で交叉イトコ婚が強い非対称性を出現させるのは、南部に近すぎない部分と、中央部のマラータ人やマラータ化された住民集団（クンビ人）という支配的なカーストの中においてだけである。この支配的カーストでは、実際に母方の交叉イトコとしか婚姻ができない[86]。

またカルヴェは、ラジャスタンから亜大陸の大部分に分散した征服者たるラージプート[＊12]諸クランが、時として事実上、このような母方交叉イトコとの非対称婚を実践していたと述べているが、ただしこの婚姻が明示的な選好に相当するというわけではない[87]。これらのデータは、インドにおいて、ＭＢＤ（母の兄弟の娘）を選好し、

FZD（父の姉妹の娘）を拒絶させる非対称性というものの下に隠れていたのは、何らかのシステムの存在ではなく、二つのシステム間の接触前線の存在にすぎないということを示唆している。北部から到来した父系制の前進が、もともとは双方的な交叉イトコ婚システムの上に父系外婚制を重ね合わせて、この婚姻システムに修正を施すわけである〔その結果、分離反動が起こり、父系的な父方交叉イトコ婚ではなく、母方交叉イトコ婚への選好が生じた〕。とはいえ、すべての伝播メカニズムが北から南へと向かうわけではなく、逆の動きも存在する場合がある。これは、地図作成やある種の変動の直接観察によってカルヴェが明らかにしていることである。例えば、マハラシュトラの北部のあるカーストは、インド北部の支配的モデルに合致する四種類のイトコとの結婚を禁じていた。カルヴェは、南から来る文化的圧力を受けたこの地の指導層が、どのようにして最後には母方交叉イトコ婚を受け入れるに至ったかを示している(88)。

家族生活の基本的なレベルに戻るなら、双方交叉イトコ婚というものは、兄（弟）と（姉）妹の子どもたちが結婚すべきだというのだから、全く単純に兄（弟）と（姉）妹の関係の重要性を露呈させているだけなのだ、という見方を受け入れることもできる。そうなると、異世代婚は象徴的なレベルではこれより強固だ、ということになる。なにしろ姉の娘と結婚するのだから。

このタイプの内婚は、男性による排他的な血縁関係からはずれる繋がりを最も重要なものと定義するのであるから、父系イデオロギーへの強力な緩和剤に他ならない。それはまた、世帯の核家族性に対する実質的な緩和をも含意する。すでに見た通り、この世帯の核家族性は、一時的父方同居と、最終的には父系親族の近接地における新居開始とを伴うのであるから、すでにきわめて相対的であるのだが。ひじょうに近い親族である交叉イトコ同士の婚姻は、若い世帯を双方的繋がりの稠密な網の目の中にすっぽりとはめ込むのである。南インドの家族システムは、父方居住規則や交叉イトコ婚モデルを伴う、高度に形式化されたものとして姿を現わす。しかし、その二つのレベル（柔軟な核家族と、より大規模な親族集団、そしてその中では兄弟姉妹間の繋がりが重要）を考えるなら、この家族システムは、本書の中心的な仮説である、起源的家族システムから完全にかけ離れてはいないようである。

父方と母方の婚姻が統計的に共存しているのは、南部の親族システムは北部のレベルに達しないまでも、それでも高レベルで父系であるだけに、印象的である。まるで婚姻は、家庭集団の発展サイクルとは無関係に双方的に作動しているというかのようである。もっとも、北部についても同様のことが言える。北部の外婚モデルも、四種類の本イトコとの婚姻を禁止しているのであるから、やはり双方的であるということになる。せいぜい、きわめて遠縁の父系のイトコに関する禁止がより重要であるという点を、留意することができるにすぎない。

先に見たように、グラネは共通紀元前二世紀の親族用語から、中国において交叉イトコ間の双方婚を実践していた古代の局面があったことを突き止めていた。南インドの場合、現在も、母親の兄弟の娘や父の姉妹の娘との婚姻の頻度の高さと合致する、このタイプの用語を観察することができる。ドラヴィダ人の親族用語は、母方のオジと義父、父方のオバと義母に対して同じ単語を使用しているのである。(89)

トラウトマンは、北のインド・アーリア・システムと南のドラヴィダ・システムの間の対比は、少なくともダルマ・シャーストラ[*13]の時代まで遡ることを示している。(90) 共通紀元八世紀の聖職者にして数学者のバウダーヤナ[*14]以来、道徳と宗教を司る者たちにとって、デカンの人々が、交叉イトコ婚の慣習によって、インド・ガンジス平野の人々と対立しているというのは、自明のことであった。トラウトマンは、インド・アーリア人の過去に厳格な外婚制以外のものを見ようと努めて来た歴史研究者たちを、とくに心を打つ説得力ある学識を行使して論駁した。そして、四種類のイトコとの婚姻を禁じる北の外婚制と南の交叉イトコ婚との古さを、しっかりと確定したのである。

とはいえ、交叉イトコ婚の古さが証明できたからと言って、現にいま南で観察することができる著しく高い〔交叉イトコ婚の〕率の古さが、そのまま証明できたということにはならない。南のイトコ婚率は、異世代婚を勘定に入れなくても、平均で二五％という高さになるのだが。はるかに遠い過去に関しては、測定のしようがないのである。トラウトマンが立証したのは許容であって、選好ではない。

その上、ケーララの内婚率の低さを意味のない例外と考えて済ますわけにはいかない。このドラヴィダ語の州では六四％のヒンドゥー教徒、二〇％のキリスト教徒、一六％のイスラム教徒が共存している。ここでは、交叉イトコ婚は、ヒンドゥー教住民集団の中で完全に認められており、時として奨励されるが、統計的には率が低い（一九九二・一九九三年では七・四％）。この州のキリスト教徒の間では、この婚姻の率は二％にすぎない。

本書の中で展開されたモデルの論理を極限まで突き詰めるなら、ケーララを異常と考えるべきではない。その婚姻システムに至るまであまり変形を被っていない、保守的な人類学的システムを代表するものと考えるべきである。ケーララは、父系化に対しては、おおむね母系の分離反動によって抵抗した。ここでは、女性のステータスは高いまま維持されて来た。ケーララの交叉イトコ婚率が比較的低いことは、単に南部の慣習の昔のレベルを代表しているのかも知れない。最も周縁部における率は、最も古代的《アルカイック》な率なのであるから。この考えを受け入れるなら、交叉イトコ婚は、ケーララ以外のドラヴィダ地域（アーンドラ・プラデーシュ、カルナタカ、タミル・ナードゥ）においては、父系化によって増幅されたのかも知れないと、考えることもできることになる。はるか昔に認められていた兄弟と姉妹の子ども同士の婚姻は、その後、父系性の緩和装置として用いられたのかも知れない。

スリランカのケースはこの仮説を裏付けている。スリランカの言語は、ドラヴィダ語系ではなく、インド・ヨーロッパ語系であるが、このような説明のつかない歴史的特異性がいくつかあるものの、この国では交叉イトコ婚は、インド南部と同様に適法である。しかしその率は低い。リーチはプル・エリヤ村で、三九件の婚姻のうち、交叉イトコ婚は二件しか、すなわち約五%しか発見していない[91]。ケーララのように、こうした交叉イトコ婚率の低さは、非父系で、実際にはほとんどが双方・双処居住のままである家族構造に連合している。

もしかしたらこれは、交叉イトコ婚の適正にしてバランスの取れたありようにひじょうに近いのかも知れない。まず始めに、交叉イトコ婚というのは、その全般的な形態においては双方的であることを認めよう。次に、許容と選好というシステムの二つのレベルを区別しよう。

定義に立ち戻ってみよう。交叉イトコ婚とは、兄弟同士もしくは姉妹同士の子どもたちの婚姻の、精神においては双方的な禁止、すなわち一つの外婚指示を含有するものである。さらに、それに兄（弟）と（姉）妹の子ども同士の婚姻に対する、これまた双方的な精神からする、内婚的可能性ないし選好を加えるわけである。こうして外婚指示はつねに存在するが、内婚の実施率の方は変動することになる。そうなると、交叉イトコ婚は、単に異なっているという以上の、相対立する二つのシステムへと行き着くことになるのだ。イトコ同士の婚姻の比率が低く、平行イトコとの婚姻の絶対的禁止と組み合わさっている場合には、それは全体としては穏健な外婚制である、ということになるだろう。交叉イトコ婚の率が高い場合には、それは外婚指示に打ち勝って、内婚制システムになっている、ということになる。交叉イトコ婚とは、外婚と内婚のいずれにも相当しうるというのが、真相なのである。インドのデータは、それだけでは最終的な結論を出すわけにはいかないまでも、穏健な外婚的変種が起源的なもので、内婚的変種は、父系化の帰結として遅れて発生したものであるかも知れないということを、示唆しているわけである。

このような解釈は、たしかに、選好ではなくむしろ許容であることを露呈させているとされていた古い用語法〔母方のオジと義父、父方のオバと義母を同じ単語で示すドラヴィダの親族用語〕の意味に疑問を投げかけるであろう。もともとは外婚制が支配的であったとするなら、交叉イトコ婚の禁止への違反は、おそらく意味をぎっしりと積み込まれた事柄であり、その結果、母方のオジと義父、父方のオバと義母を一緒くたにしてしまう用語法の出現を引き起こすことになったのであろう。ただしそれは、相当する婚姻〔交叉イトコ婚〕の統計的頻度が高いということを、意味するわけではない。

北部　ヒンドゥー教の外婚制とイスラム教の内婚制

北部の共同体家族は、外婚制と内婚制の二つの様態で存在している。ヒンドゥー教地域では、共同体家族は中国よりさらに徹底的に外婚制を行なっている。四種類の本イトコとの婚姻は断固として禁止されているのである。禁止は、時としてさらに先まで広がっていく。地域や集団によって、禁止の範囲の変動幅は大きい。インド北部の諸州（パンジャブ、ヒマーチャル・プラデーシュ、ハリヤナ、ラジャスタン、ウッタル・プラデーシュ、ビハール、ウェスト・ベンガル）で、イトコ婚の比率は〇・五％から七％までの間で変動している。北部のヒンドゥー教住民集団は、外婚制をきわめて尊重しているのであるから、外婚制への明らかな違反が見られるとすれば、それは大抵の場合、少数派イスラム教徒が居住していることで説明がつく。

一九九〇年代初頭の調査は、州ごとの少数派イスラム教徒の家族的内婚制を測定している。ジャンム・カシミールは、内婚率三六・一％であり、西方にパキスタンとイランを経てアラブ世界にまで広がる内婚制圏域に直接属していることになる。一九四八年の分離独立の際に、最も大量の住民集団の移動が行なわれたパンジャブとハリヤナという国境諸州では、率は非常に低く、時として調査で測定不可能である。しかし、さらにその先の東方へと行くと、ウッタル・プラデーシュから東では、少数派イスラム教徒の内婚率は、西から東へと進行したイスラム教の伝播のメカニズムの痕跡を残しているような変化を見せる。比率は、ウッタル・プラデーシュでは二七・

表5–8　インドの少数派イスラム教徒の内婚制

1992-1993年	父方イトコ	母方イトコ	合計
ジャンム・カシミール	19.2	16.9	36.1
パンジャブ	NM	2.8	NM
ハリヤナ	1.4	NM	NM
ヒマーチャル・プラデーシュ	0.9	NM	NM
ラジャスタン	4.8	6.5	11.3
ウッタル・プラデーシュ	14.6	13.3	27.9
ビハール	12.1	11.9	24.0
マディヤ・プラデーシュ	8.2	8.9	17.1
ウェスト・ベンガル	9.3	5.7	15.0
オリッサ	6.4	1.8	8.2
アッサム	1.6	2.1	3.7
グジャラート	16.4	16.1	32.5
マハラシュトラ	15.7	18.0	33.7
アーンドラ・プラデーシュ	15.2	9.6	24.8
カルナタカ	11.7	12.3	24.0
タミル・ナードゥ	14.5	8.4	22.9
ケーララ	4.6	3.2	7.8

＊ NM：測定なし。

九％なのが、ビハールでは二四％、ウェスト・ベンガルでは一五％に低下する。この最後の率は、少数派に関する率であるのに、隣りのバングラデシュの率にひじょうに近い。ベンガルのうち、今日バングラデシュとなった部分のイスラム化[*15]は、なるほど、十三世紀から十五世紀に遡る出来事にすぎない。

インド南部では、それ自体が内婚的であるヒンドゥー文化の文脈の中で、さらに高率のイスラム教徒の内婚が明瞭に姿を現わしている。ただし、ヒンドゥー文化が認めるのは、交叉イトコ婚だけであるが。とはいえイスラム教は、オジと姪との間の異世代婚を拒むことで、南部のドラヴィダ文化に対立している。すでに見たように、南部インドにおける孤立した外婚制地域たるケーララでは、母系で母方居住が多数派となっているイスラム教徒は、支配的なカーストであるヒンドゥー教徒のナーヤル人と同様に、イトコ婚率はかなり低い（七・八％）。イトコ婚率が低いのは、住民集団の全体も同様である。

北部のイスラム教徒が多数派を占める地域、つまりパキスタン――父方居住共同体家族――とバングラデシュ――一時的父方同居および近接居住を伴う核家族――では、あらゆる種類のイトコ同士の婚姻が認められ、選好すらされている。私は、近年の中東を扱う章の中で、兄弟同士の子どもの間の婚姻に対する理論上の選好を伴う、「アラブ式」婚姻モデルの問題を詳細に扱う予定である。とはいえ、今からすでに、内婚の理想の現実化の中には大きな差異があることを、ここで記しておくことはできる。実際の内婚率は、パキスタンでは五〇％に達し、バングラデシュでは一〇％から一五％までの間にすぎない。

パキスタンでは、バングラデシュでも同様だが、同じインド・ヨーロッパ語系の言語を話す集団が、内婚制と外婚制とで枝分かれして区分されているのが観察される。バングラデシュでは、イトコ婚の頻度はあまり高くない。そして、二つのベンガル〔ウェスト・ベンガルと東部ベンガル＝バングラデシュ〕の住民集団に共通する基底がいまでも存在するのが感じられる。それは〔前者では〕強い外婚となって、〔後者では〕いくつかのイトコ婚を許容する外婚となって、現われている。インドとパキスタンのそれぞれに属するパンジャブのケースで説明しなくてはならないのは、絶対的外婚制〔インド・パンジャブ〕と世界で最も高い水準にある内婚制〔パキスタン・パンジャブ〕の対比である。言語は同じだが、それにカヴァーされる人類学的基底はずっと昔から、それももしかしたらインダス文明まで遡る大昔から異なっていた、と想像すべきなのだろうか。それとも、差異は近年の宗教的な分極化から生じた、と仮定すべきなのだろうか。内婚制はイスラム教に改宗した住民集団のアイデンティティの証しとなり、外婚制はヒンドゥー教に忠実であり続けた者や、十六世紀に生まれた新宗教たるシーク教に改宗した人々のアイデンティティの証しとなったのだ、と。

インド周縁部の婚姻

インド・アーリアとドラヴィダというインド文明の二つの極の外縁部では、婚姻モデルについては多様性と混乱が君臨している。交叉イトコ婚はインドの最北端で存在している。それはニンバ人とヒマラヤ地域のグルン人に見られる。アッサム南部では、それはかつてガロ人やカシ人の特徴をなしていた。ただし、特別に調査が行なわれた小さなメガラヤ州では、最近の人口調査が記録した実際の交叉イトコ婚率はひじょうに低かったが。ガロ人とカシ人が、内婚制に敵対的な宗教であるキリスト教に改宗したということが、昔の人類学的データと最近の人口調査の間の矛盾を、おそらく説明できるであろう。ナガ人の中には交叉イトコ婚を行なっていた集団もあったが、そのナガ人もやはりキリスト教に改宗した。だから彼らについても、モノグラフと最近の人口調査の間に矛盾があるのである。

しかし、われわれのサンプルの中でも最も核家族で、双処居住――軽微な母方居住偏向を伴うが――に近い家族構造を持つディマサ人は、絶対的外婚制である。ところが、彼らは民族誌化された時点では、キリスト教に改宗していなかった[92]。アンダマン諸島の原住民は、ディマサ人と同様に、核家族、双処居住、四方外婚を組み合わせている。

表5―6の統計データを見ると、全インド亜大陸規模では、外婚制は、最も周縁部的な東部地域――アッサム、アルナーチャル・プラデーシュ、マニプール、メガラヤ、ミゾラム、ナーガランド、トリプラを含む――で優勢であることが明らかになっている。そこでわれわれとしては、穏健であれ徹底的であれ外婚制というものと、昔からの核家族システムとの間の連合という仮説に、まるで抗いようもなく連れ戻されるかのようなのである。

訳註

＊1 **ダーヤバーガ、ミタークシャラー**　ヒンドゥー法の二大基本典籍で、前者は十一世紀末、ベンガルでジームタバーハナによって著され、後者は十二世紀頃、南インドで著された。同時に両者とも、当該典籍をめぐる法学派をも意味する。

＊2 **合同家族《ジョイントファミリー》**　家族人類学の基本タームの一つで、複数の夫婦を含む家族ないし世帯のこと。トッドの用語で言えば「複合家族」に相当するが、これに続く節では、現地モノグラフの要約が続くために、その中で用いられている用語をそのまま用いているわけである。

＊3 **拡大のうちの一五％以上……**　この部分、既婚の兄弟の連合が五六世帯、父と既婚の息子一人の連合が三六世帯、縦方向と横方向の拡大の組み合わせ（つまり父と複数の既婚の兄弟の連合）が四一世帯とあり、その合計は一三三となる。夫（婿）が妻の家族に同居する（つまり母方居住の）ケースが二件で、これを加えれば、合計一三五。この合計数に対して、二は、ほぼ一・五％となる。したがってこの部分、世帯の総数四七二のうち「拡大世帯」は一三三で、残りは単純型であると考えざるを得ない。共同体家族地帯の割には、単純型がやや多すぎるという印象を抱くが、世帯の発展サイクルを考慮すると、それほど奇異ではないようである。

＊4 **集団が消滅……**　ヴェッダ人は、スリランカ中央高地の密林に住む狩猟採集民で、スリランカの先住民と考えられるが、混血が進み、純粋なヴェッダ人集団はほぼ消滅してしまった。

＊5 **ジャーティ**　ヴァルナと並んで、いわゆる「カースト制」を構成するカテゴリー。ヴァルナが、広範な社会的身分区分で、四種あるのみであるのに対して、ジャーティは、陶工、金銀細工師、汚物清掃人、洗濯人などの職業や地域や内婚ネットワークなどで分かれる集団ないし共同体で、インド全土に二〇〇〇から三〇〇〇存在すると言われる。また、四つのヴァルナに属さない集団として「不可触賤民」があるが、彼らもいずれかのジャーティに属する。なお、「カースト」は、ポルトガル語起源の外来語であるところから、近年は「ヴァルナ・ジャーティ」制という用語が導入されているようである。

＊6 **オッカムの剃刀**　オッカムとはオッカムのウイリアム（1285-1347）、いわゆる「唯名論」の代表的スコラ哲学者である。彼は「必要がないなら、多くのものを定立してはならない。少数の論理でよい場合は、多数の論理を定立してはならない」との指針を述べた。これは「ある事象を説明するのに、ある一つの仮定で十分である場合、それ以外の仮定は考慮に入れない」とする手続きであるから、思考節約の原則と呼ばれ、不必要なものを切

り落とすというところから、「剃刀」になぞらえられた。

＊7　**ヴィジャヤナガル王国**　ヴィジャヤナガル（勝利の都）は、南インド、カルナタカ州の村、ハンピの古名。十四世紀初頭から十七世紀中ごろまで、四つのヒンドゥー王朝がここを首都とした。なおこの王国がハンピに残した寺院群を含む都市遺跡は「ハンピの建造物群」として、世界文化遺産に登録されている。

＊8　**カジュラーホー寺院群**　カジュラーホーは、マディヤ・プラデーシュ州の村。ヒンドゥー教とジャイナ教の寺院群で有名。八五の寺院が建立されたと考えられているが、現存するのは二五。男女交合の場面を含む官能的なレリーフが多数見られる。

＊9　**裸のイヴ**　最も名高いのは、フランス、ブルゴーニュ地方のオータンのサン・ラザール大聖堂のまぐさ石に刻まれたエヴ（イヴ）のレリーフであろう。

＊10　**古代王朝との連続性**　チョーラ朝は、九世紀から十三世紀にかけて、南インドを支配したヒンドゥー王朝。首都は、タミル・ナードゥのタンジャーヴール。タミル語の古典文学に、一世紀から三世紀頃に存在したとされる同名の古代王朝について述べられており、その後継者を名乗ったものであろう。

＊11　**イスラム教徒タミル人**　タミル人は、インドのタミル・ナードゥ（タミル人の国）の主要民族であるが、その一部は紀元前よりスリランカに断続的に移住した（スリランカ・タミル）。それとは別に、十九世紀以降、イギリスによってプランテーション労働者として移住させられた「インド・タミル」と呼ばれる集団があり、最下層カーストをなす。また、スリランカの宗教としては、圧倒的多数派のシンハラ人が小乗仏教を奉じ、タミル人はヒンドゥーを奉じるが、その他にタミル・ムーア人と呼ばれるイスラム教徒がいる。これは七世紀から西海岸に定着して交易活動を行なって来たイスラム教徒の子孫とされる。ここで「イスラム教徒タミル人」とされているのは、このタミル・ムーア人のことである。原註（30）を参照のこと。

＊12　**ラージプート**　インドの正統的な戦士集団たるクシャトリアの子孫を自称する諸部族で、七世紀から十三世紀の群雄割拠時代に、北インド各地に国を建てた。特にラジャスタンは、ラージプーターナ（ラージプート族の土地）と呼ばれる。

＊13　**ダルマ・シャーストラ**　狭義では、紀元前二世紀から六世紀までの、サンスクリットの韻文で記された複数の法典で、『マヌ法典』を含む。

＊14　**バウダーヤナ**　紀元前八世紀の数学者、最初期の『シュルバ・スートラ』の著者。『シュルバ・スートラ』は、ヴェーダ時代の宗教儀式の祭壇の位置、形状、大きさなどの規定を述べた経典。主な文献が四つあり、その二は「バウ

ダーヤナ」と題され、ピタゴラスの定理の一般的な説明、2の平方根の求め方、円の正方形化（円積問題）などの等面積変換の方法などが述べられている。この文書の著者がバウダーヤナであり、彼はピタゴラス以前に、「ピタゴラスの定理」と呼ばれるものを確定した人物とされる。

＊15 **今日バングラデシュとなった部分のイスラム化** 周知の通り、インド独立（一九四七年）に際して、イスラム教徒はパキスタンとして分離独立をした。パキスタンは、現在のバングラデシュ（東パキスタン）を含んで、インド連邦の東と西に別れた二つの領土を持つ国として成立したが、この分離独立の際、インド国内のイスラム教徒はパキスタンへ、パキスタン国内のヒンドゥー教徒はインドへと大量に移住した。東西両パキスタンへ移住したイスラム教徒は、八五〇万人、インドに移住したヒンドゥー教徒は、八八〇万人とされるが、インド国内には、なお多数のイスラム教徒が残っているようである。ところが、一九七一年、東パキスタンは、バングラデシュとして独立することになり、今日に至っている。なお、バングラデシュは、独立以前のインドのベンガル州の東部に該当し、そのため現在のインドの州としては、ウェスト・ベンガルのみが存在する。

第6章

東南アジア

東南アジアは、ユーラシアの中心から最もはずれた外側の部分の一つである。ヴェトナム、ミャンマー、タイ、ラオス（タイ人の一カテゴリーが居住する）、カンボジア、マレーシアは、全体として、ユーラシア大陸の陸塊につなぎ止められた広大な半島を構成している。インドネシアやフィリピンを構成する島々は、海によってユーラシアという陸塊から切り離された最果ての周縁部である。とはいえ、農業や文字システム、さらには宗教的な影響といったものの起源を考えるとき、その家族システムの歴史を理解しようとするなら、これらの島々はユーラシアに附属していると考えなければならないことが、分かる。はるかに遠いフィリピン群島においても、スペインの植民者は、十六世紀にここに到来した時に、インドの音節文字から派生したタガログの文字システムを発見している。

それに対して、チモール島とモルッカ諸島から向こうには、家族システムにも農業実践にも、タロイモとパンノキに立脚する菜園耕作と森林管理の発明の自律的な極であるニューギニアの影が感じられる。きわめて大きく、比較的人口密度が高いこの島は、ユーラシアの父系革新とは無関係な独立の父系革新の場所——これについては本書第Ⅱ巻で見ることになろう——であった。それゆえ本章には、インドネシアの群島の最東端の島々の研究は含めないことにする。それらの島々はニューギニアとともに検討されることとなるだろう。

東南アジアには、農業は共通紀元前三〇〇〇年から、諸民族の移住と結び付いて、中国から段階的に到来する。(1)〇年ごろ、農業はこの地域全域に達した。トンキン・デルタは独特の位置を占めている。この地もまた、文明の本質的な要素を中国に負っていたからである。その地で生まれたヴェトナム民族とその国家が、中国の政治的後見から解放されたのは、共通紀元九三八年のことに過ぎない。ヴェトナム以外の東南アジアのすべての国では、農業の到来後、決定的な文化的影響はインドから到来した。ジョルジュ・セデスは、この地域全体を、「外側のインド」として記述した。その地では、商人、バラモン僧、芸術家、冒険者たちが、農業しか知らない現地社会に、文字、宗教、建築術、彫刻術、最初の国家概念といった、その後の文明を形作る諸要素を平和的にもたらしたのである[2]。近年の仮説は、農業革新の第二波がインド起源であることを示唆している。それは米の新品種の到来とともにもたらされた。東南アジアにおいては、高地ではまだとりわけ、中国で栽培種化されたジャポニカと呼ばれる米を栽培しているが、平野部ではインドで栽培されているインディカ米を栽培している[3]。

ヒンドゥー教の拡大は、共通紀元の最初の数世紀に始まり、四、五世紀以降、東南アジアの発展の中で非常に重要な要素となった。この地に定住したバラモン僧たちは、宗教とともにサンスクリット文字をもたらした。クメール・アルファベットの最初の痕跡は、六世紀に遡る。より遅く成立したビルマ〔ミャンマー〕文字とタイ文字もまた、インドの音節文字から派生している。インドの影響の出発点がどこか（どちらかと言えばベンガルか、あるいは南部か）をめぐる議論は決着を見ていない。しかしインドの文化的影響は、共通紀元の初めから、ヒンドゥー教国家の衰退の時代たる十三世紀まで、ほぼ千三百年にわたっているのであるから、唯一の起点を探すことは徒労であると思われる。この間に、インド文明の重心それ自体が、北部から南部へと移動しており、時間の経過とともに、タミル・ナードゥ州から到来した影響が増加したと想像することができるのである。

東南アジア全域において設置され、持続し、次いで崩壊した諸社会は――ヴェトナムとフィリピンを除いて――、まったく特殊な構造を持っていた。階層の上部のみがヒンドゥー化した「二元」社会だったのである。この地の貴族階級は、しばしばインドから到来したバラモン僧との不断の相互行動の中で暮らしていたが、社会の残りの部分は大幅に土着の文化に依存していた。クメール帝国、スマトラを中心とした海上国家シュリーヴィジャヤ、あるいはジャワのマタラム王国、これら諸国の二言語使用が、この二元性を証言している。これらの社会の脆弱性は、部分的には、その文化的二元性で説明がつく。カンボジアのアンコール、ジャワのボロブドゥール、ミャンマーのパガンといった遺跡群は、これらの社会システムの最終的な挫折を石やレンガに刻みこんでいる。これらの社会のヒンドゥー教というのは、大乗仏教とシバ神信仰をそれぞれ異なった配合で組み合わせた変種であったが、それも国家や寺院都市とともに崩壊した(4)。

というのも、十三世紀以降、この地域の全域で、ヒンドゥー教は小乗仏教とイスラム教によって次第に取って代わられることになったのである。セイロンから来た小乗仏教は、一般的に仏教の起源的な形態に近いとみなされている。しかしその東南アジアへの到来は遅かった。ミャンマーには十一世紀、タイには十三世紀、カンボジアには十四世紀になって浸透したに過ぎない。マレーシアとインドネシアでは、ヒンドゥー教信仰の消滅のおかげで浸透に成功したのは、イスラム教である。この群島へのイスラム教の勢力拡大は、十三世紀以降続く連続的な現象となった。もちろんヒンドゥー教は、至るところで新しい宗教システムの中に痕跡を残しているが、現実に生き延びたのは、バリ島においてだけである。それまでの数百年間のヒンドゥー・仏教信仰とは反対に、小乗仏教とイスラム教は、民衆階層への定着に成功した。それゆえ宗教的変動は、社会革命の要素を含意したのである。

インドの影響が極めて少ないという点で、フィリピンは例外的なケースとなっている。この地では、インドの影響を受けたいかなる国家も日の目を見ていない。最終的には群島の南部はイスラム教に占拠され、北部はスペイン・カトリック教に占拠された。そこで奇妙なことに、十六世紀以降、キリスト教とイスラム教は、アンダルシア地方からすると世界の向こう側の果てで、*1対峙することになったわけである。

東南アジアの人口動態の歴史は、きわめて特異である。農業の導入は、中国、インド、ヨーロッパでは人口密度の傾向的増加をもたらしたが、この地では、少なくとも十九世紀以前にはそんなことにはならなかった。その歴史のいついかなる時代においても、地域の人口の適正水準の充足は——またしてもトンキンは例外であるが——いわば未完成のままであった。粗放農業、特に焼畑での粗放農業は、本来的に人口密度の低さに結びつくものだが、丘陵地帯ではこれが生き残った。各地に点在する集約農業の地域と、粗放様式で開発される空間との共存は、東南アジアでは古くからの現象である。例えばアンコールは、クメールで唯一の都市化された地域であったが、絶頂期のクメール帝国の人口のかなりの部分を集中しており、依然として人口が過疎のままの圏域の中に、ただ一つぽつんと存在する発展地域をなしていた。[5] 東南アジアでは、歴史の始めからつい最近まで一貫して、土地は副次的な価値にすぎなかった。主権者たちは人々を引きつけようと努めた。奴隷として捕獲しようと努めた、と言う方がより正確だろう。この地域の一九〇〇年以前の人口動態の歴史についての総括的著作の中で、ノーマン・オーエンは、決して完全に移動耕作を放棄しないように見える、つねに移動しているいくつもの住民集団を喚起している。[6] いついかなる時代をとっても、東アジアの北部と南部の密度の対照は、呆れるほどである。一八〇〇年頃、中国はおおよそ三億三〇〇〇万人、日本は三〇〇〇万人の人口を数えたが、東南アジア全体はわずか人口二八〇〇万人にすぎなかった。[7] 人口の稠密化が本当に始まるのは、十九世紀になってからである。しかし人口増加は、ひとたび開始するや、中国や日本をはるかに上回る速度で進行する。二〇〇五年に、中国は人口一三億一二〇〇万人に達する、すなわち一八〇〇年に対して四倍の増加、日本は人口一億三〇〇〇万人、四・二倍の増加である。ミャンマー、タイ、ラオス、カンボジア、ヴェトナム、インドネシア、ブルネイ、シンガポール、フィリピンからなる総体は、人口五億五七〇〇万人、すなわち二〇倍の増加である。

それゆえ、東南アジアの諸社会を安定的なシステムと考えることは難しい。その家族システムや親族システムを研究する際には、きわめて最近の進化や変動である可能性に留意しておかなければならない。まさにそれらのシステムが民族誌化された当の時期、主に一九〇〇年から二〇〇〇年までの間に起こった進化かもしれないのである。警告として役立つかもしれないきわめて古典的な例を一つ。スマトラ島のレジャン人は、一九三〇年代初頭まで父方居住家族システムを持っていた。ところがそれ以降、母方居住様式に移った。これはインドネシアの支配的なシステムへの同調を示すものである。[8] 家族類型の記述として私が提唱するものは、この流動性を考慮に入れたものとなるだろう。ここでもまた私は、まず地理的、次に歴史的という二段階に分けて、論述を進めるつもりである。まずは、記述された時点におけるシステムの地理的分布の分析を行ない、然るのちに、解釈を補完するために、利用可能なきわめて断片的な歴史的データを導入して行くことになろう。

サンプルの定義と評価

私はインドについて行なったのと同様に、東南アジアの場合においても、当初のユーラシア・サンプルに追加を施した。当初の三六民族に、二一民族を含む追加サンプルを加えたのである。そこで全体は五七集団となる。最初のサンプルを用いれば、ユーラシア大陸レベルで、父方居住類型と母方居住類型の分布を明瞭に把握することはできたが、母方居住類型と双処居住類型の相対的な空間的配置の分析はできなかった。母方居住か双処居住かは、東南アジアというこの周縁部地域にとっては枢要な区別なのである。〔当初のサンプルでは〕特にセレベス〔スラウェシ〕島とボルネオ〔カリマンタン〕島という二つの大きな島の民族が、あまり示されていなかった。この二つの島は、二つ合わさって、中央インドネシアとフィリピンをつなぐ中間地帯、言わば母方居住と双処居住の接触前線のようなものを形成している。また追加のサンプルを用いるなら、核家族システムの検討の中で、新婚夫婦の「一時的同居」と「近接居住」の間の二次的な区別が利用できるようになる。というのも、一時的同居と近接居住の区別は、母方居住と双処居住の間の対比としばしば合致するのである。ただし、いつもというわけではないが。私はこのサンプルの改良の機会に、鍵となるいくつかの地域に居住する有意的な民族をいくつか追加した。大抵の場合は本体からの逸脱形態である、ミャンマーのカヤー人、ヴェトナムのムノン・ノン人、スマトラ沖の

表 6–1　東南アジア：類型による家族システム

主要サンプル	
アチェ人	*NctM** 母同核
アグタ人	NpxB 双近核
バジャウ人(サマル・ラウト)	NpxB 双近核
バリ人	NiP 父統核
バタク人	NctP 父同核
ミャンマー人	*NctM* 母同核
チャム人	*NctM* 母同核
チン人	NctP 父同核
イバン人	SB 双直
イフガオ人	SB 双直
イゴロット人	NpxP 父近核
ジャワ人	*NctM* 母同核
ジャライ人	*NctM* 母同核
カチン人	NctP 父同核
カレン人	*NctM* 母同核
クメール人	NctM 母同核
ラオ人	*NctM* 母同核
ラワ人	NctP 父同核
マギンダナオ人	NiB 双統核
マレー人	*NctM* 母同核
マラナオ人	NiB 双統核
マルマ(アラカン)人	NctP 父同核
ミナンカバウ人	CM 母共
ムノン・ガル人	NiM 母統核
モン人	*NctM* 母同核
レジャン人	NctM 母同核
ラデ人	NiM 母統核
セマン人	NpxP 父近核
シャン人	NctP 父同核
スバヌン人	NctB 双同核
スンダ人	*NctM* 母同核
タガログ人	NctB 双同核
タウスグ人	SBcta 追双同直
タイ人	*NctM* 母同核
北ヴェトナム人	CP 父共
南ヴェトナム人	NctP 父同核

追加サンプル	
ブギス人	NpxM 母近核
ドゥスン人	NpxB 双近核
カリンガ人	NpxB 双近核
カヤー人	NpxB 双近核
カヤン人	SB 双直
クニャー人	(N, S, C ?)B 双(核､直､共?)
陸ダヤク人	SB 双直
マドゥラ人	NctM 母同核
マカッサル人	NpxM 母近核
マロー人	SB(?) 双直(?)
メンタウェイ諸島人	NpxP 父近核
ミナハサ人	NpxB 双近核
ムノン・ノン人	NiP 父統核
ニアス島人	CP 父共
オト・ダヌム人	SB ou NpxB 双直ないし双近核
パラワン人	NpxM 母近核
プナン人	NpxB 双近核
ササク人	NpxP 父近核
スンバワ島人	NctM 母同核
テンガラ人	CB 双共
トラジャ人	NiM 母統核

※本書 12 頁の略号一覧を参照。

＊〔この表において NctM のみがイタリックであるが、クメール人、レジャン人の場合と、追加サンプルにおいては、イタリックになっていない。要するにこのイタリックの意味は不明である〕

ニアス島人とメンタウェイ諸島人、さらにはバリ島の直ぐ東の島々のササク人やスンバワ島人である。全体として、追加されたサンプルの質が主要サンプルよりも低いことは、認めざるを得ない。とりわけ私は、モノグラフそれ自体よりも、モノグラフの内容を要約する一覧表を使用した。もっともボルネオのケースでは、一覧表それ自体が生のデータの不十分さを認めている。[9] しかし、チャールズ・マクドナルドによる、非常に正確なパラワン人の研究のように、例外もある。[10]

類型分布

この二つのサンプルを併せた家族類型の総計の八二%は、核家族のさまざまな変種が占めている。ここは、ユーラシアの最果てであり、このような結果は、核家族とは周縁部的・古代的《アルカイック》であるとする全般的仮説と完全に一致する。しかし、このような核家族の優位性とその数が確認されれば、今度はさらに分析を進め、核家族の異なる変種の間の相対的な古さを鑑定することが可能となる。東南アジアにおいては、核家族は決して「純粋」ではないからである。新たに形成された夫婦家族は、出身家族のどちらかと数年間同居することも、何らかの親族家族の近接地に住むことも、または複数の夫婦を含む囲い地に統合されることもあり得る。核家族の集住のさまざまなタイプ(一時的な同居、近接居住、統合)は、システムの方向性が父方居住か、母方居住か、単に双処居住かを定義するのである。

データによっては脆弱性や不確実性を承知しておかなければならない。類型体系の定義を扱った第一章で述べたように、一時的同居を伴う核家族、統合核家族、近接居住を伴う核家族の間の区別は、つねに明白とは限らない。時として、同じ一つの観察対象について、異なる研究者が異なるレベルの近接居住や統合を見て取ることもある。私も、チャム人とジャライ人の一時的母方同居を伴う核家族への分類、ラデ人とムノン・ガル人の母方居住統合核家族への分類が、現実の実質的な差異を反映しているかどうかは、疑わしいと思う。そこで時には、同質化するよりも、むしろ慎重さへの示唆として、この不確定性を表の中にそのまま残すことを選ぶこともあった。同様に、ボルネオのクニャー人集団の中には、核家族的、直系家族的、共同体家族的世帯形態が見られるのであるから、クニャー人は分類不可能ということになるが、私はこの集団も、使用可能な例としてではなく、疑問を表示し慎重さを促す示唆として、表の中に残したのである。

現地調査を行なった人類学者が著したモノグラフだけが、利用可能なデータであるというわけではない。国勢調査の中には、世帯主との親族関係を示す目録を含むものもあり（ミャンマー、マレーシア、インドネシア、フィリピン）、その場合には、既婚の息子、既婚の娘、婿、義理の娘を区別して数えることが可能になる。このようなデータを用いれば、結婚した子供たちの中の息子と娘のそれぞれの比率を計算し、父方居住率や母方居住率を推算することが可能となる。娘婿と息子の嫁のそれぞれの比率を計算すれば、もう一つの手法でこの結果に近い結果を出すことができる。既婚の息子や既婚の娘の比率によって明らかになる母方居住（私が**内因性**と形容する測定結果）は、娘婿と息子の嫁の比率によって示される母方居住（**外因性**の測定結果）とは異なる場合がある。実はこちらの方が、信頼性が高いのである。調査によって登録された娘婿は、大抵の場合、現にいる。登録された既婚の息子は、実際にはいないことがある。人口調査によって到達しうるのは、共同体家族であろうと、直系家族であろうと、また一時的同居を伴う核家族であろうと、世帯の構成の中に姿を現わす限りでの母方居住性あるいは父方居住性に過ぎない。それは、近接居住による母方居住性（または父方居住性）については何も教えてくれない。世帯の構造化の中での方向性と近接居住による結びつきの方向性との間に緊密な関係があると仮定することしかできないのである。

私が使用しようとしている、一九七一年のインドネシアの国勢調査、一九八〇年のマレーシアの国勢調査、一九八三年のミャンマーの国勢調査、一九八三年のフィリピンの国勢調査は、いずれもこのようなデータを提供してくれるものである。インドネシアの場合は、地域レベルにまで下りていくことができるが、これによって、母方居住の分布、時としては本物の母系制（八〇%を超える母方居住率）の分布が、ひじょうに明瞭になる。もちろん、国勢調査というものは、全国レベルで使用される場合、場合によっては地域レベルで使用されるときでも、ミャンマー人、マレー人、ジャワ人、フィリピンの中心的集団タガログ人といった、人口が百万人を超える「大」住民集団にしか達することができない。しかしそれでも、国勢調査のこのような尺度によって、アチェ人、バタク人、バリ人、ミナンカバウ人、スンバワ島人、ブギス人、マカッサル人、トラジャ人、ミナハサ人についてのモノグラフによって提示される母方居住のレベルを「点検する」ことは可能なのである。ボルネオの場合、データは残念ながら、人口の多さに引きずられて、大部分の場合マレー人である沿岸住民に関するものとなってしまう。

父方居住の二つの集合体

地図6―1は、北部の、主に中国、副次的にインドと接触する大陸部には、一様に父方居住のベルト地帯が広がっていることを、明らかにしてみせる。それは、北ヴェトナムの共同体家族と、シャン人、カチン人、チン人、ラワ人、およびマルマ（あるいはアラカン）人の一時的父方同居を伴う核家族類型を含んでいる。ムノン・ノン人の父方居住統合核家族と南ヴェトナムの父方同居を伴う核家族は、この集合体と地理的に連続している。

中国もしくはインドの父系システムと接する連続的ベルト地帯から切り離されたマレー半島と島嶼部では、父

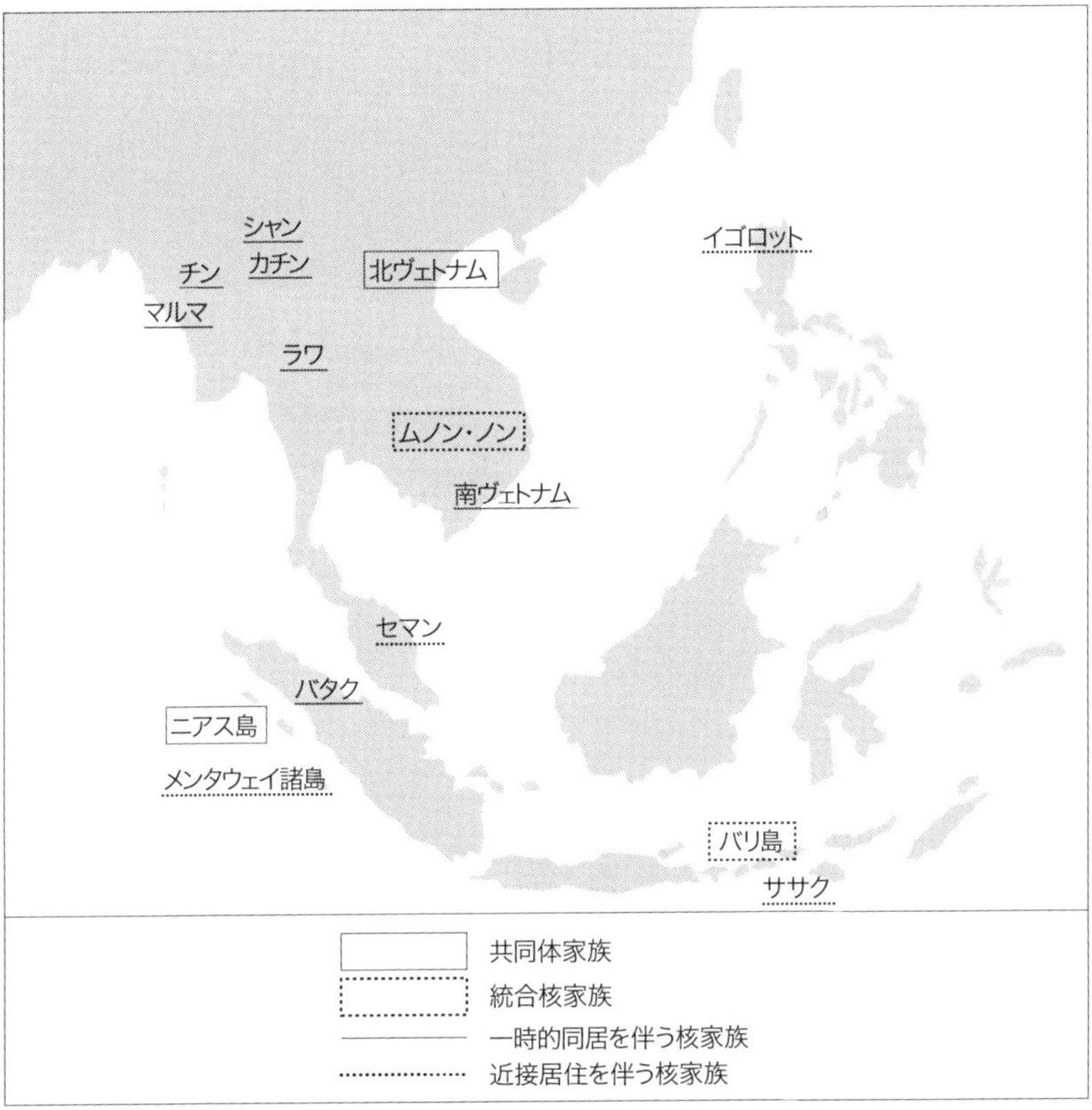

地図 6–1　東南アジアの父方居住の家族システム

方居住は例外的であるが、それにも二つの形態がある。その一つは、不確実なデータを根拠とするものであるが、もう一つの方には、しっかりとした意味がある。まず意味のない父方居住から始めよう[11]。ルソン島のイゴロット人の統合核家族は、第二次世界大戦後に民族誌化されたもので、方法論上の問題を提起するものではない。その父方居住性は薄弱で、しっかりと確立した規範というよりも、むしろ双処居住性に対する逸脱にすぎない。マレー半島内陸部のセマン人は、ラドクリフ＝ブラウン以下何人かの幻想であった父方居住ホルドの概念が、情報の統計的処理よりも流行していた時代に記述され分類された、ネグリト系[*2]狩猟採集民集団であった。彼らの場合、近接性の概念とは、単に現地バンドへの統合を記述したというだけのものにすぎない。父方居住のホルドを喚起する著者たちは、必ずこのホルドの構成の流動性を喚起するが、こうした流動性は強力な父方居住の規範の存在を排除するものであることを、必ずしもつねに理解していないようである。選ばなければならないのだ。流動性か明らかな父方居住か、どちらかなのであって、同時に両方というわけにはいかない。[12]それゆえマレーシアのセマン人のケースでは、父方居住性が確かに明瞭だったということはありえないのである。

それに対して、ジャワの東に位置する島々に居住するバリ人とササク人、スマトラの西に位置する島々に居住するメンタウェイ諸島人とニアス島人、北スマトラ内陸部のバタク人集団からなる総体の中には、本物の父方居住規範が感じられる。[13]父方居住率は、測定することができる限りでは、高くなっており、周囲の母方居住性とつき合わせるなら、とりわけ高くなっている。一九七一年のインドネシアの国勢調査を地域レベルで取り上げてみると、民族誌データを確認する有意的な数字をいくつか算出することができるのである。

その年のバリ島の父方居住率は、農村部で八四%、都市部で八〇%であった。バリ島では、複数の核家族の囲い地内での父系の連合は、紛れもない一つのシステムに相当している。バリの貴族においては、ほとんど直系家族と言える男性長子相続の要素が観察される。庶民のあいだでは、同様に形式化された男性末子相続が支配的である。これは、否定的な分離反動を想起させる。地理的にも歴史的にも近いササク人のシステムでは、貴族階級はバリ人モデルを再現しているようだが、民衆層は核家族類型を持っている。

北スマトラ州は、主としてバタク人が占めているが、他の民族も居住する。ここでは同じ年〔一九七一年〕において、父方居住率は農村部では六四%、都市部で五七%に達した。ところが、スマトラ島全体では、母方居住率の平均が農村部では五六%、都市部では五九%であった。バタク人には、一時的同居を伴う核家族と結合した男性末子相続の規則もまた見出される。モノグラフによっては、父方居住統合核家族類型を思わせるような大きな家屋の存在を指摘するものもある。

ニアス島人のシステムは、父方居住であるだけでなく、紛れもない共同体家族で、それは家屋に体現されており、強力な規範を想定させる。ただし、このような微細な地理的レベルについて、国勢調査からとられた数字は持ちあわせないため、このモデルを確認するすべはないのだが。

父方居住の規範の強さに疑問を呈することのできるような、ある程度の不確定性を見せるのは、メンタウェイ諸島人の家族制度だけである。最初の子は、非公式な同棲から生まれ、母親のクランに属することになる。次の子どもたちは、正式な結婚から生まれ、父親のクランに属すのである。

この例外を除けば、スマトラ島からバリ島までの領域を取り囲んで散在する父方居住の諸家族システムは、一つの規範によってその運行が条件付けられている。事例の数は少ないけれども、スマトラ島からバリ島までの母方同居地域の周縁部に、バリ人、バタク人、ニアス島人の父方居住類型が分布していることは、一つの論理を、何らかの意味のある何ごとかを、想起させるのである。

母方居住と一時的同居を伴う核家族との間のつながり

東南アジアにおいては、母方居住は、統計的には支配的で、地理的には、大陸とインドネシアにまたがる中央部的な位置を占めている（地図6―2）。

父方居住のヴェトナム人とシャン人を除けば、母方居住は、東南アジアのすべての重要な民族の特徴をなしている。それらは、その名を冠した文字システムを持ち、その名を冠した国家を建設したことがあるか、あるいは、

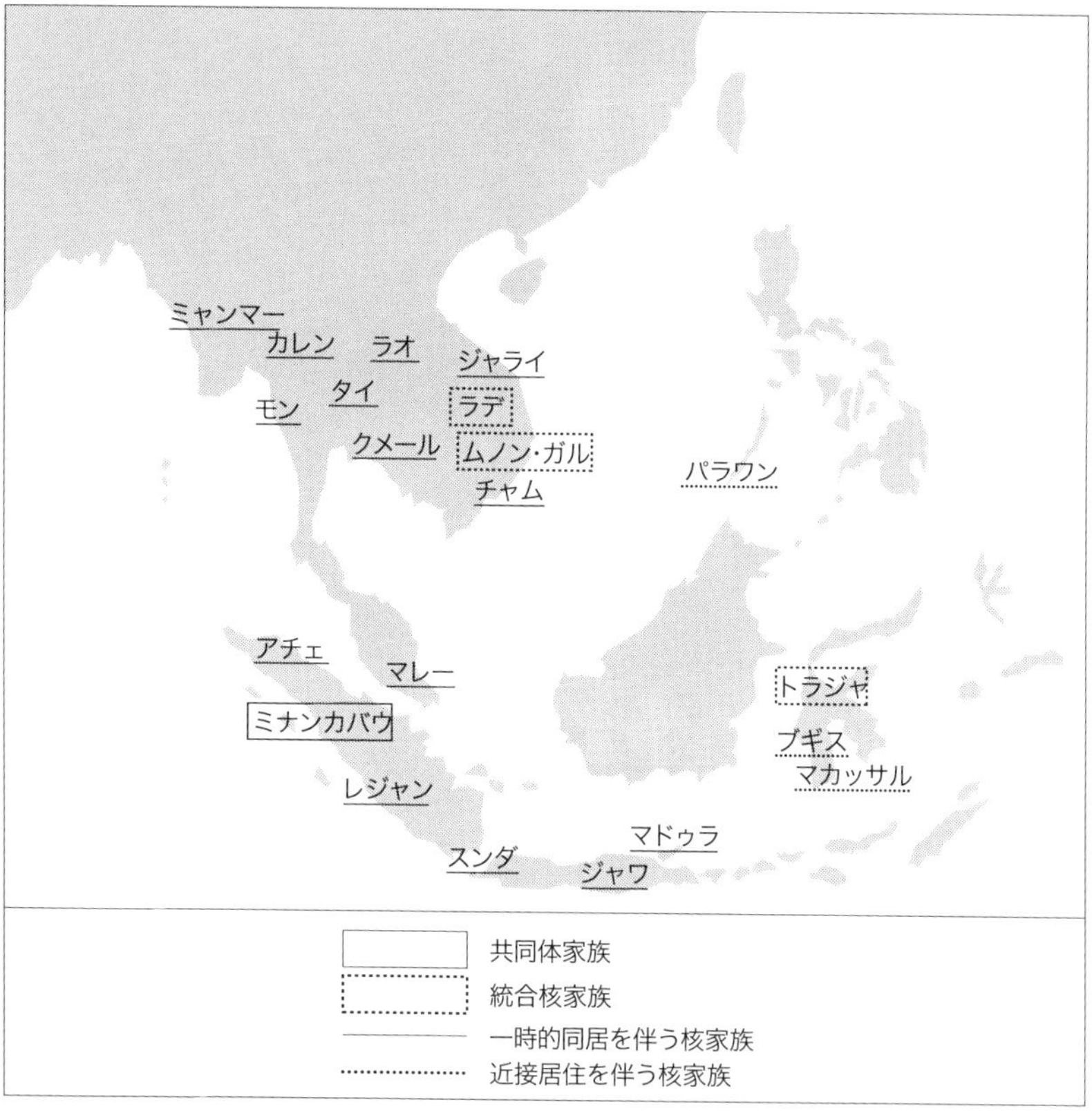

地図 6–2　東南アジアの母方居住の家族システム

表 6–2　東南アジアの家族類型の稠密性と方向性

家　　族	父方居住	母方居住	双処居住
共同体家族	2	1	1
直系家族			6
統合核家族	2	3	2
一時的同居を伴う核家族	7	15	2
近接居住を伴う核家族	4	3	8

巨大世界宗教の一つに賛同したことによって、古典的にかつ目に見える形でこの地域の歴史に参加した、ミャンマー人、タイ人、ラオ人、クメール人、モン人、チャム人、マレー人、ジャワ人、アチェ人、ミナンカバウ人、スンダ人、マドゥラ人といった諸民族である。この他にも、遅れて全般的歴史の中に参入してきた母方居住の住民集団がある。十七世紀にイスラム化されたブギス人、十九世紀の初めにイスラム化されたマカッサル人、あるいは、最終的に一九三〇年から一九七〇年までの間にキリスト教化されたトラジャ人がそれである。ごく最近まで、巨大世界宗教システムの外に留まっていたカレン人、ジャライ人、ラデ人、ムノン・ガル人、パラワン人は、この母方居住集合体に遅れて統合された部分をなしている。先に述べたように、インドネシアのレジャン人は、一九三〇年から一九五〇年までの間に父方居住から母方居住に移行した。

サンプルを全体としてじっくり眺めると、母方居住と一時的同居を伴う核家族との間の結びつきの強さは明白である〔表6―2参照〕。母方居住類型の六八%が、一時的同居を伴う核家族に対応している。一時的同居を伴う核家族類型の六二%が、母方居住である。一時的同居を伴う核家族は、父方居住類型の中にも姿を見せているが、事例数の四七%〔父方居住類型事例総数一五のうち七〕で、多数派にはなっていない。一時的同居を伴う核家族は、双処居住類型の中では一〇%で、少数派である。

一時的母方同居と国家を持つ民族の間の一致は、とりわけ強い。〔それに対して〕母方居住の民族の中で、歴史に参入したのが遅い集団では、一時的同居がないことが特徴となっている。トラジャ人、ムノン・ガル人とラデ人の統合核家族、あるいはマカッサル人とブギス人の近接居住を伴う核家族がそのケースである。ミナンカバウ人の場合は非常に特殊である。彼らの家族システムは、高度に形式化された母系制と結び付いた本物の共同体システムであるが、これはそれ自体、かなり洗練された歴史的な構成物なのである。この点については、後に詳細に研究するつもりである。

モノグラフはいずれも、いささかの曖昧さもなしに、この母方居住性を喚起しており、母方居住は常に明示的な規範として言明されているとしている。しかし、測定されたレベルはきわめて多様である。

母方居住性の測定　事実と規範

まずインドネシア地域から始めよう。これについての一九七一年の国勢調査は、地域ごとに取り扱うなら、網羅的な定量的アプローチを可能にする。

当時、農村部はインドネシアの人口の八五％を占めていたが、その全体の母方居住率は六五％であるから、インドネシア全域は全体的に母方居住だということになる。マードックは、母方居住システムを定義する境界値を慣例として六六％に定めるとしたが、六五％というのは、六六％に一％足りないだけであり、マードックの理論的な定義の正しさを検証していることになる。多数派がイスラム教徒であるこの国の国全体のレベルでは、既存の世帯への若い夫婦の集住は、三分の二のケースが妻の家族の側で行なわれている。しかし大きな地域差が存在する。スマトラとジャワという大きな島では、ヒンドゥー教国家である最初のいくつかの国家[*3]が発展し、その後、最も強力なイスラム教スルタン国のいくつかが発展したが、この二つの大きな島は全体的に母方居住である。ジャワ島で低い母方居住率（四九％）を見せるのはジョグジャカルタ特別区だけであるから、ジャワ島は、農村部の母方居住率七〇％で、明瞭に母方居住ということになる。隣接するバリ島と小スンダ列島（西ヌサ・テンガラ島と東ヌサ・テンガラ島）[(14)]には例外的に父方居住が存在するが、これは措いておこう。北スマトラのバタク地方の父方居住を考慮に入れないとしても、やはりスマトラのケースは、ジャワ島ほど明確ではない。インドネシア最大の島[*4]ではあっても、ジャワほど開発されておらず、人口もはるかに少ないスマトラ島には、居住率からして、

表 6–3　インドネシアにおける母方居住率

地　域	母方居住率(%)*		民　族
	都市部	農村部	
西スマトラ	91	87	ミナンカバウ人
ジャンビ(スマトラ島)	85	70	
アチェ(スマトラ島)	77	56	アチェ人
南ボルネオ	72	73	
西ジャワ	70	60	
東ジャワ	70	61	
南セレベス〔スラウェシ〕	70	61	マカッサル人、ブギス人、トラジャ人
中部ジャワ	66	57	
中部ボルネオ	65	68	
インドネシア〔全域〕	**65**	**57**	
中部セレベス〔スラウェシ〕	62	54	
東ボルネオ	61	70	
リオウ〔スマトラ島〕	59	56	
西ボルネオ	57	30	
ランプン(スマトラ島)	56	56	
ブンクル(スマトラ島)	54	68	
北セレベス〔スラウェシ〕	52	35	ミナハサ人
東南セレベス〔スラウェシ〕	50	60	
ジョグジャカルタ	49	45	
南スマトラ	47	49	
南東諸島(東)	38	43	
北スマトラ	36	43	バタク人
南東諸島(西)	29	28	
バリ	16	20	

＊娘婿と息子の嫁の総数に対する娘婿の数の比率。

母方居住ではなくむしろ双処居住を喚起する州がいくつか見出される。南スマトラ州〔四七%〕、ブンクル州〔五四%〕、ランプン州〔五六%〕、リオウ州〔五九%〕である。逆に、インドネシアの平均よりもはるかに高い母方居住率を見せ、明瞭な母系制を喚起する、西スマトラ〔九一%〕、ジャンビ〔八五%〕やアチェ〔七七%〕のような州もある。

ボルネオ〔カリマンタン〕島のインドネシア領部分では、母方居住は相変わらず支配的であるが、それが強力なのは南部〔中部と南部の州〕のみである。先に述べたように〔三四〇頁参照〕、ここでは指標は、マレー系の沿岸部住民の行動を反映しており、サンプルが記述している内陸部の先住民集団の行動は反映されない。セレベス〔スラウェシ〕島では、サンプルの諸民族は人口統計上多数派であり、国勢調査の統計によって把握されているのは、まさに彼らなのである。ところが明瞭に母方居住なのは、南西部のみである。奇妙な手か花の形をしているこの島では、北と南に位置する東部の複数の半島は、明瞭に双処居住である。

農村の母方居住の地理的分布を見ると、全体として、インドネシアでは母方居住は、イスラム教と、より一般的には権力・交換ネットワークの近接性とに対してプラスの結び付きを持つことが露呈する。イスラム教への改宗の強度のレベルは、列島全体では変動する。ところが、母方居住が強いアチェ人とミナンカバウ人は、特にイスラム教への帰依が強いのである。ボルネオ〔カリマンタン〕とセレベス〔スラウェシ〕の母方居住が強い地域は、ジャワに近く、イスラム化の最終局面において、商業的・文化的権力の中継地であった。とはいえ、単純化してはならない。東ジャワは、母方居住の力が強いが、イスラム化はどちらかと言えば不完全な地域であった。それに、ヒンドゥー教と、後に見るように、父方居住の避難地帯であるバリ島により近い。同様にリオウ州〔スマトラ中部・マレー半島の対岸〕は、とりたてて母方居住とは見えない。しかしながら、商売と結びついたイスラム教のインドネシアへの最初の伝播は、ちょうどマレー半島とスマトラを隔てる海峡〔マラッカ海峡〕の向こう側のまさに正面に位置するマラッカから始まったのだ。したがって、最も強い母方居住の分布がイスラム教を想起させるとしても〔単純にこの二つを結びつけてはならないのであって〕、この分布は、十九、二十世紀に遡る近年の宗教的意思表示の結果に他ならないのである。

インドネシア全体については、モノグラフの母方居住の記述と国勢調査が提供するデータとの照応は、きわめて良好である。ジャワについては、複数の上質なモノグラフが、一時的母方同居を伴う核家族を記述し、国勢調査から派生した総合的アプローチの結果を確証している。[15]人類学の古典的なケースの一つとなっている母系制が見られる西スマトラのミナンカバウ地方は、母方居住率九一％を示している。[16]ある人類学者がある共同体における強力な母方居住システムを記述したアチェ州は、母方居住率七七％を示している。[17]複合世帯の内部でこのような母方居住率が測定されるわけだが、現地の研究を行なったモノグラフも、近接居住の形でこれに等しい母方居住率を喚起しており、どうやらこの二つは対応しているのである。結婚した娘は、出身家族を出ても近接地に留まり、こうした彼女らの集住が親族区画の出現をもたらすのであるが、その区画は、時には母方居住統合核家族をすら喚起する構造を持っている。

母方居住空間の大陸部分を検討するべく、インドネシアを離れるとなると、データの一貫性は乱れてしまう。ミャンマーとマレーシアのケースでは、国勢調査と現地研究のモノグラフとの間にいくつもの大きな不一致が現われ、マレーシアとカンボジアにおいては、モノグラフの間にさえも不一致が現われる。この地帯で主張される母方居住規範は脆弱なのである。

タイのみは、いかなる問題も突きつけない。この国については国勢調査による母方居住の分析はないが、数多くの現地のモノグラフは、明白な母方居住モデルの存在を確証しており、これはまたタイ人の分枝であるラオ人のモデルでもある。[18]国勢調査は、国の中央部がより核家族的で、北部と北西部はより複合世帯が多いことを示しており、これはより強い母方居住を想起させる。[19]

ミャンマーとともに真の問題が始まる。スパイロは、高地ミャンマーのイェイグイ村に関する優れたモノグラフの中で、一時的母方同居を伴う核家族システムを記述した。[20]ところが、一九八三年の国勢調査は、この結果と矛盾するように見える。残念ながら私は、本来のミャンマー人の人口状況と人口上は少数派の連邦構成地方国家〔少数民族州〕の人口状況とを区別する地域ごとの分冊を見る機会がなかった。いずれにせよ、これらの地方国家は管理も調査もきちんとなされていない。しかし、全国規模の母方居住率は、結婚した息子と娘の数から内因的に測定すると、四七％になり、娘婿と息子の嫁の数を数える外因的なやり方で測定すると、四四％になるが、いずれにせよこの率では、モデルを母方居住と定義するには十分でない。その時点でミャンマー人は、国の総人口の六九％を占めていた。一方で、チン人、カチン人、シャン人、マルマ人の父方居住と、モン人とカレン人の母方居住は、ほぼ同程度で相殺し合っていたはずである。したがって、本来のミャンマー人の母方居住率は実際は四五％に近いと思われるが、これはほぼ完璧な双処居住モデルを想起させる。

マレー人のケースとなると、モノグラフと国勢調査の不一致だけの話ではなく、モノグラフ間の不一致も問題になる。マサールとカールステンが、それぞれ、一時的母方同居を伴う核家族システムを的確に記述している。さらにカールステンは、囲い地（compound）内への統合という微妙な差異を追加する。[21]しかしダウンズは、クランタン州〔半島部最北端の東側〕のある共同体のケースを提示するが、そこは母方居住率が四〇％にすぎず、つまり実は六〇％が父方居住ということになる。[22]フシン・アリは、双処居住モデルを喚起している。[23]それぞれ個別の共同体に関しては、こうした結果はいずれも真実と思われる。ところが一九八〇年のマレーシアの国勢調査は、われわれの困惑を増幅する結果にしかならなかった。他にも躊躇《ためらい》の要素はあるのだが、それらを紹介する前に、次のことには留意しておこう。すなわち、それにしてもこの国勢調査は、世帯主との親族関係を用いるわれわれの方法の有効性については、安心してよいと教えてくれる、ということである。この国勢調査は、少数派たるインド人の、そしてとりわけ少数派たる中国人の強力な父方居住を確証する。ただし、二つの測定タイプの間の不一致は明らかになるのであるが。インド人に関しては、「内因性」父方居住率が六三％であるが、「外因性」父方居住率は八二％である。中国人に関しては、それぞれ八二％と九二％である。〔マレーシアにおけるインド人と中国人は、たいていは官僚か商人であるが〕都市部の率は、官僚と商人からなるこれら二つの共同体のケースではより高くなり、これらの結果を確証することになる。

マレー人については、内因性母方居住率（六九％）と外因性母方居住率（わずか五二％）の間に明瞭な不一致が現われる。結婚しても世帯に同居している息子と娘を考察するなら、明瞭な母方居住モデルが観察される。娘婿と息子の嫁の数を数えるなら、完璧な双処居住モデルが観察されることになる。それゆえ、結婚した子供は両親と同居するが、その配偶者は同居していない、と考えなくてはならない。マレー人の離婚率は極端に高く、そこから婚姻の不安定性が推定されたが、そのような事態の原因はこれであるかも知れない。娘婿や息子の嫁の存在による外因性測定を優先させた場合、一九八〇頃のマレー人の婚姻は双処居住であるとする定義に行き着く。しかし、世帯主の子どもたちを通した内因性測定を選好するなら、男性配偶者が不在であるために、前章で検討した、インドのナーヤル人やクーリー人のケースに戻ることになる。夫は同居せず、子どもは母親の家族の中で生活するというものである。この場合は、子どもの母方居住という定義が得られることになる。

カンボジアに関しては、〔国勢調査資料はなく〕モノグラフしか手に入らないが、モノグラフも不一致を露呈させる。定性的研究は大部分、古典的な一時的同居システムと結びついた母方居住規範を喚起している。[24] とはいえ、母方居住の数量的評価を行なうものとしては、二つのモノグラフしか見出せなかった。家族サイクルのさまざまな起こり得る局面の継起について極めて正確な〔メイ・〕エビハラのモノグラフは、実質的に母方居住率三分の二と

表 6–4　東南アジアの国勢調査による母方居住率

	内因性母方居住率（既婚の娘の率）*	外因性母方居住率（娘婿の率）**
ミャンマー　1983年	47%	44%
マレーシア　1980年：		
マレー人	69%	52%
インド人	37%	18%
中国人	18%	8%
インドネシア　1971年	66%	66%
フィリピン　1983年	52%	45%

＊既婚の娘の数を既婚の娘と既婚の息子の総数で割り、100を掛けたもの。
＊＊娘婿の数を娘婿と息子の嫁の総数で割り、100 を掛けたもの。

いう測定に行き着くことになるが、それに劣らず詳細なマルテルのモノグラフは、ほぼ完璧な双処居住を明らかにするのである[25]。

私は、ミャンマー、マレーシア、カンボジアに関するこれらの不一致が、時間的なずれによって説明できるとは思わない。それでも、近年の人口上の変遷の速さを考慮するなら、この点は問題として検討しておかなければならない。スパイロがミャンマーで現地研究を行なったのは、一九六〇―六一年の間であったが、この時期と一九八三年の国勢調査の間に母方居住の実践が低下したと想像することはできないと、頭から決めつけることはできない。とはいえ、このような変化が起こったなら、農村部の率と都市部の率の間にいくつかの有意的な差異が現われたはずであるが、そうはなっていない。都市部と農村部の母方居住レベルが同等であるということは、習俗システムの見事な安定性を喚起するものである。マレーシアの国勢調査によって明らかになった都市部と農村部の間の差異の不在も、同じように解釈することが可能である。もっとも、マレー人のクランタンのある共同体についてのダウンズの研究は、一九五八年に遡るものだが、わずか四〇％という母方居住率をすでに出現させている。つまり、父方居住屈折を伴う双処居住システムということになる。カンボジアについては、矛盾する二つの結果は、同じ時期に出されたものである。母方居住を結果として提示するエビハラの研究は、一九五九―六〇年に遡り、双処居住と結論するマルテルの研究は一九六一―六二年に遡るのであるから。

ミャンマー、タイ、マレーシア、カンボジアからなる、母方居住地帯の総体をよくよく見てみるなら、一般的に掲げられている原則に対する例外が多数に上るところから、この地帯は、「強い母方居住」のインドネシア全域に対して、「実行可能な〔faisable〕母方居住」地帯と特徴付けることができる。

しかしながら、大陸には、母方居住率が大幅に七〇%を超え、それゆえ母系制へと向かう強い母方居住のベルト地帯が存在することを忘れてはならない。それは、サイズが小さいかきわめて小さい集団に関するモノグラフによって明らかにされたものである。このベルト地帯は、西から東へ、カレン人から北部タイ人と北東部タイ人（ラオ人）へ、さらにその先では、チャム人、ラデ人、ジャライ人、ムノン・ガル人へと延びている。[26] クンシュタッターは、カレン人の母方居住率を八五%と測定している。北部タイ人についてさまざまなモノグラフによって計算された率は、七三%から七五%である。[27] 特徴的なことには、この強い母方居住のベルト地帯は、すぐ北に位置する父方居住地帯の縁に沿って続いているように見えるのである。

標榜されている母方居住規範と実行されている双処居住実践の間に、時として矛盾が存在することに気付いたからと言って、当該民族を母方居住の欄から双処居住の欄に移すことになってはならない。規範は現に存在しているのであるから、矛盾には意味があるはずなのだ。規範が実際に行なわれていないとしても、ミャンマー人、マレー人、クメール人は、母方居住規範の下にあると見なされるべきである。これらの民族を、双処居住で母方居住規範を持たない民族と混同するとしたら、それは馬鹿げている。これらの民族の地理的分布を、これから検討することにしよう。

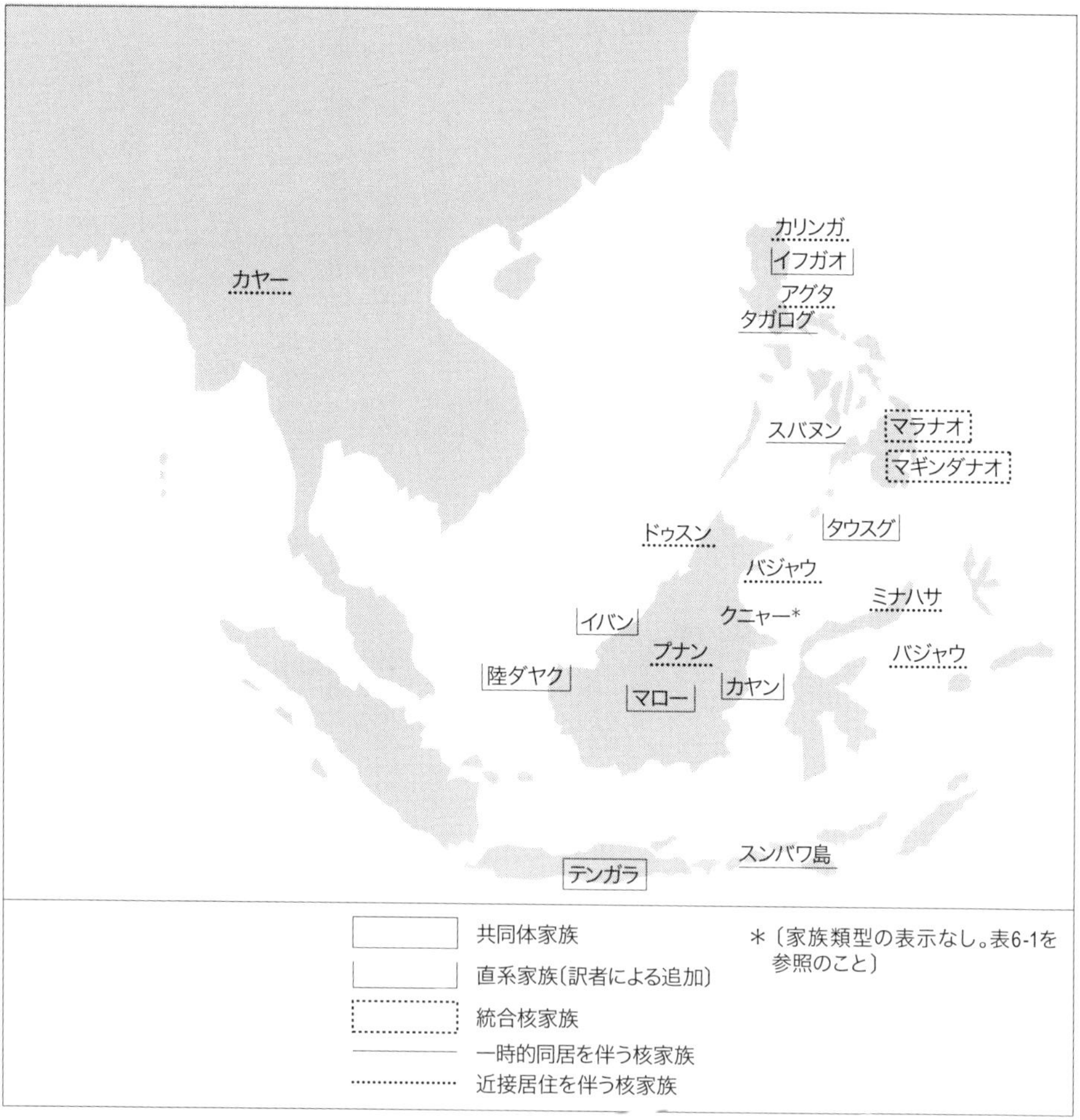

地図 6–3　東南アジアにおける双処居住家族システム

双処居住性および、近接居住を伴う単純核家族性

ミャンマーのカヤー人は、母方居住規則を標榜しながら実践していないミャンマーのいくつかの集団に、双処居住という点で近いが、このカヤー人と、山の上に避難した集団である東ジャワのテンガラ人を除いて、双処居住を特徴とする諸民族は、ボルネオとフィリピンという明確に規定された空間の中に分布している（**地図6─3**）。これはユーラシアという総体の最も周縁部的地帯の一つであり、ここには農耕は到来しはしたが、多くの場合粗放農業に留まり、狩猟採集民が存続している。先にタガログ語の碑文に関して述べたところだが、文字は、スペイン人の到来までは、この地域を征服することはなく、軽くかすめただけであった。イスラム教であれキリスト教であれ、普遍主義的大宗教がこの地に到達したのは、十六世紀以降のことにすぎなかった。文字と普遍化的宗教システムが不在であった帰結として、この地には統一化的国家の出現が観察されることはなかったのである。

一九八三年のフィリピンの国勢調査は、拡大を示す世帯について、ほぼ完璧な双処居住性を測定することを可能にする。既婚の息子・娘の数を突き合わせると五二%の内因性母方居住、娘婿と息子の嫁の数字を比較する（**表6─4**の註記を参照）なら、四五%の外因性母方居住となる。全国レベルの結果は、とりわけ、統一の主体たるタガログ人集団、もしくはタガログ語を獲得した集団の行動様式を反映しているが、それでも以上の数字は、群島全体にわたる行動様式を組み込んでいる。地域的実践を定義しているわけである。

数値化されたデータを含むモノグラフは、時には軽微な父方居住屈折を伴うものの、同じ双処居住というイメージを送り返して来る。それは、古代的《アルカイック》核家族類型として本書序説で引用した、狩猟採集民のアグタ人に関するモノグラフのケースである。この民族は父方居住率五八%の現地集団を持つ(28)。海の流浪民バジャウ人の父方居住率

は、五五％であるが、この数字は複数の核家族を含む船上集団の流動的集住を測定したものである。(29) マレーシアのサラワク州に住んでいる、ボルネオのイバン人集団は、複数の直系家族が長大な共同家屋に集合して居住しており、この地域の核家族規範から逸脱しているが、それでも父方居住率は四九％で、ほぼ完璧な双処居住性を示している。(30)

この双処居住の地理的空間の中では、二つの類型が優越し、一九の事例のうちそれぞれ八事例と六事例に該当している。一つは、本書で提示されたモデルに完全に合致する結果を示す近接居住を伴う核家族、もう一つは、非定型的な直系家族である。後者がモデルの観点から「正常」〔規範にかなったもの〕でないと言うことができるとすれば、それは双処居住のゆえに他ならない。

「双処近接居住を伴う」家族とはいかなるものか。それは、男と女のどちらから始まっても構わない無差別的な親族のつながりによって集団の中に組み入れられた、純粋な核家族である。もっぱら世帯だけに関心を向けるなら、いかなる拡大も姿を現わすことなく、把握できるのは、両親と子どもを結び付けるだけの夫婦的形態という最も単純な家族形態のみである。それは、イングランドの絶対核家族あるいはパリ盆地の平等主義核家族に似ている。もちろんこの核家族は、『ロビンソン・クルーソー』の夫婦版よろしく、社会的空虚の中に存在するのではない。協力と相互扶助の集団の中に組み込まれているのであり、その集団なしには、生き延びることはできない。私は、分析と現実の二つのレベルが存在することを強調した。複数の夫婦を連合させる稠密な家族形態は、特に共同体的家族形態は、一段上のレベルを知覚することを副次的なこととしてしまうが、このレベルは相変わらず存在している。しかし、国家的組織編成を持たない狩猟採集民なり焼畑農耕民の核家族の場合には、複数の家族を包含する集団を知覚することは不可欠である。これらの住民集団は、現代的な社会の枠組の中へ統合されたのが近年になってからであるため、流動的だがなくてはならないこうした現地親族集団の重要な痕跡が存続することとなったわけである。

モノグラフによる現在のフィリピンの家族の記述には、大幅に都市化された住民集団に関するものであっても、昔の社会におけるレベルの二元性がいまなお造作もなく姿を現わす。住民集団が夫婦の独立性を優先することが浮き彫りになるだけでなく、より広大な双方的親族集団内への核家族の組み込みも明らかになるのである。兄弟姉妹の横の連帯は、各々の婚姻後も継続する。[31] 世帯は独立しても、農地の不分割が頻繁に維持されることが妨げられることはない。[32] 農村部的であろうと都市化されていようと、この住民集団の中には、ヘルムによって観察されたディネ人諸集団、あるいはパーソンによって分析されたラップ人諸集団の組織編成原則が見出されるのである。それは、本書序説で記述したところであるが、世帯の核家族性、絆の双方性、そして柔軟性である。[33]

非定型的な双処居住の直系家族的形態

私はボルネオの四つの住民集団を双処居住直系家族のカテゴリーに分類した。ただし、手許にある詳細な記述としては、唯一、フリーマンによるイバン人の記述があるだけなのだが。[34] 一九四九年から一九五一年の間に、フリーマンはイバン人の許で、拡大局面においては、長大な共同体的家屋の中に収まる単一のアパルトマンに三世代を連合させるような規則的発展サイクルを観察した。アパルトマンは分割不可能であった。既婚の二人の兄弟姉妹の同居は非常にまれで、そういう場合には必然的に迅速な分割に至ることになった。双処居住というものが含意する通りに、両親と同居する既婚の子どもは、息子でも娘でも構わなかったが、大抵は長子であった。フリーマンは、この住民集団の中には、世代の単線的な継承のきわめて明解な概念があると記していた。相続権は理論上は平等主義的であったが、実際には、家を出ざるを得ない子供たちは、いかなる請求権も放棄していた。こうしたイバン人は、焼き畑農耕民であったが、米という生活資源に加えて、漁労、狩猟、採集の産物を獲得していた。このような背景を考えると、土地の実際の所有権は、長大な家屋に住む集団の所有権以外ではあり得ず、各世帯が持つのは使用権であるということになる。もちろん直系的世帯は、双方的な親族の絆によって互いにつながっていた。

陸ダヤク人、マロー人、プナン人も同様に双処居住直系家族に属すと分類されるが、これらの民族に関するデータはより不確実である。(35) しかし、実を言えば、ボルネオだろうとより北に位置する島だろうと、この地帯のあれこれの民族を、あれこれの欄の中に入れるということは、たいていの場合は、現地ではそれほど食い違っているとは見えないカテゴリーの中のどれか一つをえいやっと選んでしまうということになりかねない。類型決定の不確実さの最良の例は、あまり民俗誌化されていないボルネオ島ではなく、ホロ島〔フィリピン諸島南部〕によって代表させることができる。この島に居住するタウスグ人は、イスラム化の時期は遅かったものの、効果的にイスラム化され、中央政府に対して反抗的な民族であり、複数の研究者によって記述されているが、それらの記述はしばしば互いに矛盾しているのである。

しかし、タウスグ人は、モノグラフによっては長子相続の規則を喚起するものもあるのであるから、直系家族のカテゴリーの中に登場させることもできよう。(36) とはいえ、既婚の兄弟姉妹を連合させる家族の存在を示すモノグラフもいくつかある。この住民集団が私の全般的分類では、追加的な一時的同居を伴う直系家族として現われるのは、そのためである。(37) しかし、タウスグ・システムを双処居住共同体家族と分類したとしても、馬鹿げているということにはならなかったであろう。類型体系の定義にあてられた第一章で述べたように、双方的親族集団に組み入れられた家族という、最も深部に眠る歴史的・人類学的基底に達したときには、つねに住民集団の分類は難しい。下位のレベルを見詰めると、核家族が見える。上のレベルを見詰めると、共同体家族を捉えたという印象を抱くことになる。すでに述べたところだが、双処居住というのは、平等性というものがきちんと定義されていないということを随伴するのであるから、非常に強い規則でないなら、長子相続規則が存在することもありうるのだ。[38] 以上の指摘はまた、ミンダナオという巨大な島の二つの民族、マラナオ人とマギンダナオ人にも当てはまるであろう。彼らには長子相続の痕跡を見つけることができなかったため、私はこれを統合核家族のカテゴリーに分類した。ちなみに、完全にイスラム化されているのは、マギンダナオ人のみである。

逆に私は、イゴロット人のように、おそらく直系家族のカテゴリーの中に入れることもできた集団を、核家族と分類した。キーシングではなく、むしろエガンの説を採ったわけである。[39] しかしいかに躊躇《ためら》ったか、その痕跡に他ならないが、自分の課題を単純化するためにデータを単純化したのだという印象を抱くことのないよう、私はキーシングの説にあった父方居住性の方は残すことにしたのである。それは、エガンの中には姿を見せておらず、それゆえ、存在するとしても微弱なものでしかあり得ない。このことそれ自体が、いかに躊躇《ためら》ったかの痕跡に他ならない。二人の著者の間の不一致は、おそらく現場では、貴族的家系の者は父方居住長子相続を伴い、それ以外の者は双処居住核家族であるという、住民集団の中にある対立に起因するのである。

現実に密着しようとすると、類型体系のカテゴリーが、これだと思うとあれへと替わってしまうわけだが、だからと言って、絶望すべきだということにはならない。不確実性は、この地帯の家族システムの流動性を反映するがゆえに、何らかの意味があるのだ。双処居住は、新たに形成された夫婦が親族のうちどちらかの側を選ぶかという選択を前提とするのである。

それでも、東南アジアについて拡大したわれわれのサンプル中に六件の双処居住直系家族が存在しているのは意外なことであり、この事実は、家族形態の単純性と無規定性とを周縁部という地理的状況に結合させる解釈モデルでは説明できない、ということを認めざるを得ないということに変わりはない。ボルネオ島やルソン島は、まさに最も周縁部的ユーラシア空間である。世帯の核家族的形態が優勢であることは間違いないが、それでも長子相続規則が存在することは認めなければならないのである。ただし、この長子相続規則は父方居住原則に結合していない。私は本章後半の歴史的部分で、この地帯の特異性を説明する二つの仮説を提案するつもりである。いずれも伝播という別の要素を組み込んだ仮説となるであろう。

単線性と末子相続との原則

東南アジアの父方居住地帯と母方居住地帯では、家族の発展サイクルの中で末子が特別な位置を占めており、一時的同居はそれによって補完されている。この地では、末子相続というものは、直系家族、つまり縦の時間的連続性を根拠とするわけではなく、既婚の子どもを次々に放出して空間の横への征服へと向かわせる一時的母方同居を伴う核家族を根拠としているのである。つまり〈サイクルα〉なのである。とはいえ、諸状況を網羅してみると、住民集団または住民集団の一部に、長子相続の痕跡が現われて来る。

父方居住の地帯から始めよう。末子相続はチン人[40]、マルマ人[41]、カチン人[42]、ラワ人[43]と南部ヴェトナム人[44]の中に見出される。とはいえ、北部ヴェトナムの共同体家族にも、直系家族のかすかな気配が見られることは、すでに指摘したところである。一時的同居を伴う核家族のミャンマーのシャン人もまた、長子相続が部分的に姿を見せる点で際立っているが、それは北部ヴェトナムのタイ人起源の複数の少数民族集団でも検出することができる[45]。というのもこの辺りは、中国のすぐ近くなのである。中国は、長子相続局面を経験したことがあり、そのいくつかの痕跡が周縁部に残っている。しかしすでに見たように、中国南部では、長子相続と末子相続が共存している。

スマトラとジャワの母方居住を囲んでいる父方居住の少数民族集団には、末子相続が着実に姿を現わしている。

末子相続は、バタク人[46]やニアス島人[47]の許で、またバリ人家族の統合核家族空間の中に見出される。とはいえバリでは、すでに述べた通り、末子が特別な位置を占めるのは、民衆の中においてであって、貴族の間では、特別な位置を占めるのは長子である。[48]

東南アジアの中心部を支配している母方同居を伴う諸システムを検討する場合は、まさに末子について論じなければならない。ミャンマー人[49]、マレー人[50]、タイ人[51]、カンボジア人[52]〔クメール人〕、ジャライ人[53]、スンダ人[54]に関するモノグラフの中では、最も若年の娘の役割について言及されている。ヒルドレッド・ギアツは、ジャワにおける母方居住の優勢を完璧に記述したが、奇妙なことにその文脈の中で、最も若年の息子に対する選好という現象に言及している。[55]ラデ人のケースでは、オートクローク・ハウは、末娘の位置ではなく、むしろ長女が家を出ることを喚起している。[56]

東南アジアにおいて末子の位置というものは、文化的に目立った要素であり、もちろんこの地域は、末子相続の一覧表作成にあたるフレイザーの注意を惹いた。しかし、地帯全域が関連するわけではない。ボルネオとフィリピンでは、家族構造の中で末子の特別な地位が言及されているケースを見出そうとしたら、苦労することだろう。説明は簡単である。末子原則は、つねに家族生活の父方ないし母方居住の方向性と組み合わさっているのである。末子相続は、一時的同居を伴う核家族システムにおける場合でも、〔父系か母系かの〕単系性の原則と不可分なのである。男子による継承は、末息子を特別なものとして指名することにつながる。女子による継承は、一番若い娘の指名につながる。しかし男子であれ女子であれ子ども一般が継承するのだという場合は、男子であれ女子であれ、一番末の子どもに特別の役割があるという考え方の出現につながることはない。ただし実際には、大抵の場合、こうした男女両性の末の子どもが、家と年老いた両親を引き取ることになるのであり、このメカニズムからは統計的な末子相続が生み出されることがあり得る。

もっとも、一時的同居そのものも、一九のうち二ケース[*5]しかない、つまり事例のうちの一〇％しかない以上、双処居住地域でもあまり出現しているとは言えない。すでに見たところだが、ボルネオとフィリピンの特徴をなしているのは、一時的同居ではなく、むしろ近接居住である。ただし、対立は誇張されてはならないが。

こうして、東南アジアの家族システムの地理的な記述を終えるに当たって、われわれが目にするのは、ボルネオとフィリピンという極限的周縁部において、一時的同居と末子相続が姿を消すということである。この地は、文字の使用と国家の出現によって定義するのが慣例である歴史というものに、最も遅く参入した地域に他ならない。そうなるとこの事実に照らして、一時的同居と末子相続を組み合わせる完全な〈サイクルα〉とは、かなり進んだ歴史の段階に属すものであり、フレイザーが示唆したように「自然」なものではない、という予感を抱くことになる。

歴 史

世帯集団の発展サイクルの空間内分布の検討はなされたので、いまや東南アジアの家族形態の時間内での変遷の解釈を試みることができる。いわゆる歴史的データが乏しく不確実であるため、何ごとかを証明するのだ、と称することはできない。ヒンドゥー教諸王国であれ、イスラム教の浸透であれ、われわれは不完全な歴史、インドのそれよりもさらに不正確な歴史を用いることになる。しかしそれでも、観察された事実と両立する時間的シークエンスを提唱することはできる。疑いがある場合には、私はまたしても、最も単純な解決を最も真実に近い解決と考えるという、オッカムの剃刀〔訳註第5章＊6を参照〕の原則を適用するであろう。

起源的基底

フィリピン、ボルネオ島北部、セレベス〔スラウェシ〕における、核家族システムと双処居住家族システムは、極限的な周縁部に位置することと、末子相続原則も含めて、明解な組織編成原則を持たないことから、われわれとしては、これらは最も太古のシステム、つまりわれわれのモデルによれば、人類の起源的な類型と考えられるものにきわめて近いシステムの残存であるとみなすことになる。この地帯では、残存的狩猟採集民集団が担う人類学的類型と、焼き畑農業もしくは定住的・集約的な農業を実践している住民集団が担う人類学的類型の違いがあまり感知されない。民族カテゴリーから出発しようとすると、共通紀元前二〇〇〇年ごろ台湾から農業をもたらしたオーストロネシア系諸住民集団と、アグタ人のような**ネグリト系**諸集団を、家族という点で対比するのは容易ではない。もっとも、アグタ人は、今日ではオーストロネシア語を話すのだが。ボルネオ、フィリピンのルソン島北部、あるいはタウスグ人が占めるホロ島で観察される非定型的な直系家族形態は、当面は措いておこう。

この極限的周縁部では、家族構造と親族用語の間に素晴らしい照応を観察することができる。フィリピン諸島やボルネオ島、そして実を言えば東南アジアの残りのかなりの部分で見出されるのは、双方的ないし未分化的親族概念、すなわち男性の系統と女性の系統を区別することのない考え方を露呈する用語体系の絶対的な優位性である。このような用語体系としては、兄弟とイトコを区別する**エスキモー**型の用語体系と、それらを区別しない**ハワイ**型の用語体系のどちらかしかない。ユーラシアの最西端で行なわれるヨーロッパ的分類は、大抵はエスキモー型である。

新婚夫婦に男性の家族の方か女性の家族の方のどちらに居を構えるかを自由に選ばせる一方、夫の親族と妻の親族の間にいかなる呼称の差も設けない人類学的システムは、同質的とみなすことができる。それに対して、東南アジアの母方居住部分では、親族用語体系は未分化的であり、家族システム〔は母方志向であり、そ〕の方向性とは軽い矛盾状態にあるように見えるかもしれない。ミナンカバウ人は、母系であるが、それでもハワイ型〔未分化的親族〕の用語体系を持っているのである。(57)

フィリピン諸島とボルネオ島で観察された、家族システムの双処居住性と親族用語体系の未分化性の間の良好な照応関係は、これまでにあまり進化しておらず、そのすべての諸要素が古代的《アルカイック》で、いまだに調和を保っている、そうしたシステムを喚起するのである。

北方から到来した父方居住

マルマ人、チン人、カチン人、シャン人、ラワ人、南北のヴェトナム人、ムノン・ノン人、そして中国南部やヴェトナム北部に居住するその他の少数民族を含む、父方居住のベルト地帯の解釈は、さしたる困難を呈さない。この地帯は、中国圏と接触している。ただしチン人とマルマ人のケースでは、おそらくインド圏との接触の方が強いだろう。そこでこの地帯は単に、主に北方から、そして副次的には北西から到来した父系原則の前進前線を具現していると考えることができる。歴史資料がこの解釈に何かを付け加えることができるとすれば、それは侵入の年代である。早くも共通紀元前一一一年には中華帝国に征服されたトンキンは、おそらく早期に父系化・共同体家族化された。中国の父方居住共同体家族は、われわれの推定によれば、共通紀元前二世紀から共通紀元八世紀までの間に、明確になったことを想起しよう。ヴェトナム文化はこの家族モデルの開花の間に形成された。

それゆえトンキンでこのモデルが支配的であったとしても、驚くことではない。

ヴェトナム人が、いくつかの軋轢を経ながら、中国の後見から解放されるのは、共通紀元十世紀以降のことに過ぎない。ヴェトナム人の南下〈南進《ナム・ティエン》〉は、一〇二五年頃に始まり、終わったのは十七世紀末にすぎない。これは基本的に、チャム文明を犠牲にして遂行された。とはいえ、メコン・デルタをカンボジアから奪ったのは、十八世紀のことである。この南方への前進は、父系原則の漸進と解釈することができる。ただし、その間に父系原則の緩和を伴ったが。南ヴェトナム人というのは、昔からの現地住民集団と北から来た植民との混交であるが、彼らの家族システムは、父方居住であるにすぎない。その発展サイクルは、依然として核家族的なものに留まっており、多数の例外を許容している。父系原理は、メコン・デルタではトンキンにおけるよりはるかに薄弱である。

ヴェトナムより西のタイとミャンマーでは、父系原則の漸進はこれほど系統的には行なわれず、時には停止することさえあった。中国人が、ミャンマーのすぐ北側に当たる雲南に到来したのは、トンキンへの到来と同時期であったが、彼らはこれによって父系原則をカチン人に直接伝えることができたと思われる。現在の中国南部からやって来たタイ人諸集団は、十世紀からミャンマーとタイに浸透を開始したが、本格的な侵入は、十三世紀に、当時中国とその周縁部を飲み込んだモンゴル人による征服の影響で、行なわれたに過ぎない。一二四八年、タイ人はモン人とクメール人の領土を奪って、スコータイ王国を樹立した。一三五〇年には、アユタヤ王国を樹立する。

ミャンマーでは、一二八〇年代のモンゴル人の侵攻が、南へのタイ人の移住の加速を引き起こした。この移住は、さまざまなシャン人国家の創設に行き着くことになる。束の間の国家もあれば、もう少し長続きした国家もある。イギリスによる征服に至るまでの、ミャンマー人、シャン人、モン人、マルマ人の間の衝突の込み入った歴史をたどることは、ここでは必要ないだろう。重要なことは、北からやってきた民族集団の侵入と、父系原則の漸進もしくは挫折とのつながりを把握することである。北からやって来たタイ人は、中国との接触で獲得した父系原則の運び手であったと思われる。父系原則をカチン人のようなチベット・ビルマ語系集団に伝えたのは、北東ミャンマーの一部を支配している、タイ語の少数派であるシャン人であったと考えられる[58]。ただし、彼らが中国人から父系原則を獲得したのは、それよりもずっと早かったわけではないが。北部ミャンマーに存続する諸家族システムの最近の状態を見ると、それは、世帯の核家族的発展サイクルや多数の例外を容認する父方居住と組み合わさった、柔軟な父系制以外のものではあり得なかったということが、分かる。しかし、シャン人には長子相続の痕跡が見られる。それはヴェトナム北部のタイ人少数民族の長子相続を思い出させるものであるが、その地に長子相続制が存在するということは、父系制は当初、東南アジアの北部縁辺部において、末子相続ではなく、むしろ長子相続と結合していたことを示唆しているのである。

タイ人による征服は、現在のタイの領土の上に父系原則の勝利をもたらすことにはならなかった。むしろ反対である。侵略者の政治的支配は、確かに全面的な形態をとった。しかしタイ人は、征服された空間を占めていたモン人やクメール人の諸集団を言語的には同化したが、タイ人の父系原則は生き残ることにならなかった。家族という点では、タイ人の方が征服した住民集団に同化されたのである。タイにおいて父系制は、王族と縁辺部で生き残ったに過ぎない。タイ人住民諸集団は、地域による微妙な差異はあるが、強い母方居住システムを実践している。

母方居住、局面1　インドの刻印としての否定反動

ミャンマー、タイ、カンボジア、マレーシア、スマトラ、ジャワ、そしてヴェトナム南部のいくつかの少数民族集団の大部分を含む、広大な地帯における母方居住の起源を理解しようとするときには、まず第一に、問題を最も一般的な論理的形態で提起しなければならない。すなわち、言語にせよ宗教にせよ、文化的にきわめて多様な空間の上に、「一時的母方同居と末子相続とを伴う核家族」という共通規範が、適用の度合には差こそあれ、ともかくも優勢であるということをいかに説明するのか、という問題である。この地帯の民族は、チベット・ビルマ語、オーストロ・アジア語、オーストロネシア語という、起源を異にする言語を話す。これらの言語は、時としてきわめて古い、それぞれ別々の歴史に由来する。小乗仏教とイスラム教という、最小の歴史的な関係しか持たない二大宗教が、この地帯の基本的部分を分け合っている。そのうちイスラム教は、十三世紀から十五世紀に遡るにすぎないのであるから、近年に定着したものである。家族構造の歴史としては中間的なこのレベルにおいて、一様な文化成層が見られることを、どのように説明したらよいのだろうか。

この問いに対しては、一つの単純な答えしか存在しない。家族という点でこのように定義された地帯に、ある時点において対応したのは、ただ一つの明確に定義された歴史的空間、すなわち、共通紀元の始まりから小乗仏教およびイスラム教の導入までの間、この地帯で活動を続けたヒンドゥー文明の空間であった。一時的母方同居を伴う核家族の空間は、ジョルジュ・セデスが「外側のインド」と呼ぶもの、つまり、ヒンドゥー教の影響下で、東南アジアのうち、文字、宗教、国家、石の建築物の時代に平和的に参入したこの部分と一致しているのである。空間的な一致は、ほとんど疑いの余地を残さない。しかし、一つの逆説に立ち至る。文明化の要因たるインドは、

この地域に影響力を行使したときに、レベルはさまざまに異なるにせよ、すでに父系化されていた、という逆説である。

単純父方居住共同体家族は、共通紀元一〇〇年以降、北インドで発展したが、その前には直系家族局面があった、ということはすでに見たところである。共通紀元一一〇〇年以降、父系原則の徹底化があったことを、私は記した。インド亜大陸の北から南へと進むインド文明の漸進は、父系原則の漸進を引き起こした。その原則は、ヒンドゥー教の重要な宗教的・道徳的文書に書き込まれている。インド南部については、共通紀元三五〇年頃に、文字とともに父系原則が導入されたこと、共通紀元一一〇〇年頃にそれが徹底化したことを、私は指摘している。東南アジアに対するインドの文化的影響は、共通紀元の初めから始まったが、特に五世紀から増大した。

インドの文化的影響は、初期にはベンガル湾の北部沿岸地方から到来し、その後、タミル・ナードゥ州のようなより南に位置する地域から及ぼされた。しかし、すべての時代にわたって、インドの影響は、程度の差はあれ、父系の側面を含んでいたはずである。男性長子相続を強調する『マヌ法典』は、東南アジアに到来している。

いずれにせよ、父系原則が、バラモン僧、商人、冒険者たちによって運ばれて、東南アジアに達したことは確信することができる。しかし、それには軍事力の支援がなかった。父系原則は、インドから押し付けられたのではなく、言うならば、提案された威信ある文化システムの一要素として到来したのである。この過程はインド自身にとってほとんど無意識的なものであった。なにしろインド自身が、これの記憶を保持していないのであるから。

入手可能な歴史資料は、父系原則は王族や貴族階級によって適用されたが、住民の大部分はこれを適用しなかったことを、示唆している。〈外側のインド〉の諸社会の二重性、すなわち、ヒンドゥー化された貴族階級と昔からの風習を忠実に守り続ける住民集団という二重性、そしてとりわけその二言語性をつねに念頭に置いておかなければならない。今日まで存続している石に刻まれた碑文は、この地域の君主国の大部分は父系の相続規則を適用したことを示している。繁殖力旺盛な王家の血統と貴族階級との間に存在するつながりは、この父系制が指導階級の総体の特徴であったことを、含意している。このモデルは、クメールの王室とタイの王室を中心にして二十世紀まで生き残った。そのおかげで、どのようにして君主制が貴族階級を、まさに文字通り生み出すのか、その様態を観察することができるのである。十九世紀末、植民地化の際に姿を見せた通りのカンボジアは、まさに典型的な例であった。ノロドム王は当時、一一人の妻と数百人の妾を持っていた。彼は七〇人以上の「嫡出」子を作った。彼の兄弟も、同じような家族生活を送っていた。拡張的複婚は、おびただしい数の王子と王女を生み出し、さらにその子どもたちと、孫や曾孫たちが、貴族階級の正式な成員となるが、とはいえ世代が下るごとにランクが一段ずつ下がっていくのである。系統が遠くなって、ある段階に来ると、子孫はもはや貴族の称号を失い、一般住民集団に溶け込むのであった[59]。エア・メン゠トリが書いているように、「広い意味では、王室だけで王国の特権階級の総体を形成することができるのである[60]」。とはいえ、父系性は内婚制からする挑戦によって、弱体化した。内婚は兄弟姉妹間の婚姻にまで行きつくことがあり、男側の親族と女側の親族との区別を、実際上、廃棄してしまうのであった。

しかし、七世紀から十三世紀のヒンドゥー化された過去に戻ろう。

何人かの研究者は、データを誤って解釈し、カンボジアの母系制を喚起した。しかしながら「古代カンボジアにおける王位継承規則」と題する、ケデスの今ではすでに古い論文は、この主題に関していかなる疑問の余地も残していない[61]。一九五一年に出版されたこの論文は、ポレ゠マスペロ夫人によって提唱された母系理論に対する決定的な反論を提出していた。私はその結論の一部を引用し、近年の文献を案内する書誌を註において示すことにする[62]。この論争を引き継いだ近年の文献、と言いたいところであるが、むしろ論争を堂々巡りさせているのである。

「必要なのは、先入観なしに、そして検証不可能な仮説を最小限に抑えて、なぜ王位継承は、既知の事例の三分の二においては、父から息子へと行なわれ、残りの三分の一では母系の親子関係を前提とする手続きに従って行なわれているのかを説明しようと試みることである。以下の二つの説明のうちのいずれかを、選ばなければならないように思われる。

——ポレ＝マスペロ夫人が主張するように、王位継承は、土着の慣習に従って、女系で行なわれていた。ただし、その土着の慣習は、（甥が必ず独身の母方のオジの跡を継ぐ）聖職者家族におけるほど厳格に遵守されたわけではない。しかし、君主は多くの場合、男系の継承を押し付け、息子を相続人にして継承者として受け入れさせることができた。

——あるいは、王位継承は、インドの慣習に従って、男系で行なわれていたが、君主の中には、前の国王の男性相続人がいない場合に〔王位を継承したか〕、あるいは（暴力によると否とに拘らず）〔何らかの形で権力を握ったとき〕己の権力奪取を正当化するために、前の国王との女系での親族のきずなを喚起することによって、あるいは前の国王の一族の姫を娶ることによって、土着の慣習を利用した者もいた[63]」。

しかしながら、ケデスとポレ＝マスペロは、それ以外の点では根本的に対立していたにも拘らず、現地の慣習は母系制であるという点では、見解が一致していた。この二人の研究者はいずれも、もともとは未分化の現地システムという可能性を直視していたとは見えない。当時、歴史関係の教養の中では、母系幻想があまりにも強力であったのだ。しかし、話がこの段階に至った以上、社会構造の上層部分から始めて、単純な解釈を提案することができる。

インドから到来した父系原則は王国と貴族階級に及んだが、そのとき父系原則は、まだ第一レベルにしか達していなかった。つまり、女性による継承が時宜を得ているのなら、それを拒みはしないというものであった。すでに見た通り、出現したばかりの頃、父系原則は過激化していなかった。もっぱら継承という観念に支配されており、男性間対称性や女性の劣等性の観念にはそれほど支配されていなかったのである。

人口動態上の確率からすると、父系直系家族は、夫婦のうち約二〇％が、成人に達するまで生き残る息子がいないという事態を生み出す。もちろんこの比率は、王侯の家族では大量の一夫多妻制によって修正される。とはいえ、このような状況において最も明白で最も頻繁に行なわれる解決策とは、女系による継承である。したがって、女性による継承が一定の割合であるとしても、それは母系規範を想定するものではないのであり、〈レベル1の父系制〉システムを定義するには、一定の割合の女性による継承が、男性による継承に追加される必要があるのである。

社会構造の中層・下層になると、文化の輸入は、おそらく全く別の結果、分離的な否定反動という効果をもたらした。すなわち、もともとは未分化なシステムが母方居住に屈折したのである。母方居住の末子相続は、父方居住の長子相続の反転と考えることさえできる。外国からの影響の否定と社会的な分化は、ここでは同じ方向で作用したのである。

このメカニズムは、中国のナ人やケーララ州のナーヤル人について分析したメカニズムと類似したものであるが、長期的にはこの地帯全域を、明確な母系制に構造化し直すのではなく、時として薄弱な場合もある母方居住への方向付へと導くことになった。

周知の通り、親族用語は、東南アジアには未分化の起源的システムが存在したことを証言している。カンボジアだけでなく、明確に母系制であるミナンカバウ人やチャム人も含めて、母方居住地帯全域で、起源的システムは未分化的であった。クメール人は、ジャワ人とまったく同様に、エスキモー型の用語体系を持っている。ミャンマー人、タイ人、マレー人は、ハワイ型の用語体系を持っている(64)。人類学者たちは、この地域の親族システムの気風を、その母方居住屈折にもかかわらず、未分化として記述し続けている。そして、ミャンマーとカンボジアでは、この母方居住屈折は統計的に薄弱であり、不確実であるか、場合によっては幻想にすぎないということを、確認することができた。

歴史データが貧弱なのであるから、東南アジアの歴史の中で、ヒンドゥー教時代に、社会全体の分離反動を引き起こすだけの力を持った父系的貴族制局面が存在したという確証を得たいのなら、地図的分析に向かわなければならなくなる。スマトラ島とジャワ島の周辺に、父方居住の側面を含む家族システムが点在する小さな連鎖が存在することは、確認されている。その父系的側面は、バタク人やメンタウェイ諸島人では中程度か薄弱であり、ニアス島人とバリ人では強力である。これらの父方居住類型は、スマトラ・ジャワ集合の周縁部に位置するわけだが、このスマトラ・ジャワ集合は、歴史の中でヒンドゥー文明定着の二つの主要な極の一つをなした。もう一つはクメール帝国である。十世紀の強力なシュリーヴィジャヤ海上国家は、現在の南スマトラ州のパレンバンの近くに中心を有していた。ジャワでは十世紀末頃に、ヒンドゥー教の大国、マタラムが島の東部に存在した。ヒンドゥー教に由来する政治的・社会的構築体の歴史は、七世紀から十四世紀まで、およそ七百年にわたって続いたのである。

スマトラ島とジャワ島の周縁部で観察できる父方居住の環状地帯が、古代ヒンドゥー教の父系制の痕跡を代表しているということは、示唆することはさして困難でなく、証明することもさして困難ではない。バリ島はインドネシアのヒンドゥー教のこの上ない避難島で、かつてあったが、今でも依然としてあり続けている。バリ島の宗教は、今でもヒンドゥー教型のものとして記述することができる。ただし、現在のインドの宗教とは多くの差異を呈してはいるが。バリ島の家族のきわめて見事な父系的構築は、〈外側のインド〉の上流階級の「ヒンドゥー」文化が父系であったことを示している。バリ島の貴族階級もまた、ある程度の長子相続実践を特徴としているのである。

しかし、アニミズム信者で遅くまで首狩り族であり、イスラム化に抵抗して、最終的にはプロテスタントに改宗したバタク人においてさえも、古くにインドの影響があったことは明らかである。クラン・システムの上にインドの官職名が乗っかっているのだ。トバ湖の近くの神聖な山で生まれた神話的英雄である、シ・ラジャ・バタクの息子たちは、最初の二つの父系集団、**マルガ**を創設した。その後、各バタク地区は、支配的なクランである**マルガ・ラジャ**によって支配されている[65]。同様に、最近まで首狩り族であったニアス島人についても、イスラム化が及ぶことはなかったということだけは断言できる。

このように考察が中間段階に至ったところで、次のような歴史的シークエンスを想像することができる。

1　東南アジアは、もともと、未分化の親族システムと、近接居住ないし一時的同居を伴う家族システムを特徴としていた。いまでもフィリピンで観察されるシステムのような型のものである。

2　ヒンドゥーの父系原則の到来は、貴族階級における父系・父方居住の構造の出現による、二元的家族文化の台頭を現出した。ニアス島人には強い共同体主義が見られるものの、私としては、バリ島で観察することができるものに近い、統合核家族と直系家族の間で揺れ動く、それほど明確ではない形態を想像したいところだ。これは貴族や王族の家系の動き方にぴったりと適応しているのである。

3　大陸とインドネシア諸島の民衆階級の中では、支配者の父系制は、母方居住反動を生み出した。それはたいていの場合、きわめて不完全なもので、末子相続の、一時的同居を伴う核家族システムの形成をもたらしたにすぎない。

4　ヒンドゥー教貴族社会の崩壊によって、父系の上部構造は消滅することとなり、あとには民衆の母方居住原則が存続するばかりとなった。ただしそれは、カンボジアやミャンマーでは、その出現を引き起こした父系システムからする負の刺激がひとたび消滅してしまうと、弱体化することとなった。

ここまで来ると残るは、母方居住が強い地域が存在する理由、そして時には、明確に母系的なシステムが存在する理由を、理解することが課題となる。このモデルでは、それは説明できない。

母方居住、局面2　中国とイスラム教

二十世紀になっても、北のタイ人、ラオ人、スマトラ北端のアチェ人、東のジャワ人は七〇％以上の母方居住率を見せており、またミナンカバウ人（母方居住率九〇％）、カレン人（一〇〇％）、ラデ人、チャム人は母系制であるが、これらのことは、五世紀から十三世紀の間に起こった〔ヒンドゥー文化に対する〕分離反動では説明できない。その分離反動の中心となる時期は、今からおよそ千年前〔という、ひじょうに遠い昔〕である。これらの組織原則は、あまりにも明白で、いわばあまりにも現存的であるため、遠い昔の否定的文化受容の残響として解釈するわけにはいかないのである。とはいえ、はるかに近い過去における再活性化の要因を特定することは、難しくない。家族システムの母方居住ないし母系の反動を生み出すことができるほどの父系圧力を、東南アジアに及ぼした文明は、インドだけではなかった。インドよりずっと後のものであるが、二つの圧力を特定することができる。北方から来た中国の圧力と西から到来したイスラム教の圧力である。

というのも、強力な母方居住地帯や明確な母系地帯は、中国から来たか、より活発なイスラム教からもたらさ

れた父系制との接触の下に出現したものと思われるのである。

私は先に、インドネシアの最も明瞭に母方居住である地帯は、十九世紀から二十世紀にかけてイスラム教の勢力伸張を経験したと、記した。ジャワ島東部だけは、母方居住率の高さは、むしろイスラム化が不完全であったことに対応するが、島のこの部分はバリ島に近い。バリ島のきわめて活発な父系原則は、長い時の経過の中で、対立効果によって、東ジャワの母方居住原則を刺戟して促進したと考えられる。イスラム教と母方居住の間の結合には、実際の例外がいくつも見出されるが、それはフィリピン群島南部の、イスラム化が最も遅れた地域においてである。ホロ島のタウスグ人は、完全に双処居住であるが、非常に活発なイスラム教徒である。ただしそのイスラム化は近年のことである。

大陸では、カレン人からタイ人、さらにラオ人、ラデ人へと延びる強い母方居住のベルト地帯が、今度は北部の父方居住のベルト地帯を縁取っている。それは至るところで、シャン人と主にヴェトナム人という、中国によって父系化された民族と接している。

チャム人[*6]の場合は、二つの型の接触の重なり合いが見られる。というのも、この民族は長い間ヴェトナム人と抗争を続け、その一部はイスラム教に改宗したからである。とはいえ、イスラム教徒としての側面を、根本的と考えてはならない。歴史的データは、チャム人の母系制は、彼らのイスラム教への改宗よりはるかに古いことを示している。ヒンドゥー教時代の国王の家系をたどると、七世紀半ばから八世紀にかけて、本物の母系制——隣のクメールの君主制の幻想された母系制とは対照的に——が出現したことが分かる。その母系制は、ケーララ州のナーヤル人の母系共同体世帯である**タラヴァード**におけるように、権力がオジからその母系の甥へと継承されるというシステムに表れている[(66)]。文明の要素の大部分がインドから到来したチャム国は、当時すでに、中国の影響を受けたアジアと接触していた。この国は、二千年紀の初めに始まったばかりのヴェトナムの勃興によって領士を侵蝕されるという事態にはまだなっていなかったが、北から到来し、当時ヴェトナム民族を変質させつつあった強力な父系システムには、直面していた。チャムの母系制は、ケーララ州のナーヤル人や中国のナ人のそれと同じように、父系制との接触前線現象として解釈することができるのである。

イスラム教が、東南アジアにおいて、どのように母系制を刺戟・促進したか、その様態について多少躊躇いがあることは、認めなければならない。イスラム文明の核心部たるアラブ圏の特徴たる父系制が要因であったのだろうか。それとも、インドから到来したイスラム化した商人の許ですでに母系制が定着しており、それが直接に伝播したと考えるべきなのであろうか？　これらのイスラム化した商人たちは、インドネシアの島々の沿岸にいくつものスルタン国が創設されるのに貢献したのであるが。

イスラム教に特有のものとして結びつく父系制によって、母方居住が活性化したことが考えられる。インドネシアのイスラム教スルタン国における権力の継承は、父系型のものであった。時には、そこでの権力の形態は、ヒンドゥー化された諸国家の時代に遡るモデルを、再発見したのだという印象を受けることもある。十五、十六世紀に、ボルネオ島の周りの大河の河口に建てられたスルタン国を取り上げている、ベルナール・ステラートを引用することにしよう。

「スルタンは多くの妻や妾を持っていたが、継承は嫡出の長子に帰着していた。スルタンの家族はきわめて拡大した家族であり、その家族一門だけで、スルタン国の貴族階級を構成していた。公職は（…）スルタンの家族の成員であろうとなかろうと、重要な人物に振り当てられ、世襲ではなかった。その一方で、称号はスルタンの封臣たるさまざまに異なる民族共同体の長に付与されていた」[67]。

以上のような記述は、長子相続は別として、十八世紀のタイの王政におそらくかなり当てはまるであろう。タイ王国は、己が取って代ったあの威光輝くクメール王政の伝統の多くを意識的に踏襲したのである。インドネシア圏のスルタン国の大部分は、ヒンドゥー化時代に遡る父系の位階・称号システムを存続させ、おそらくは再活性化した。このように紹介するなら、父系のイスラムが、昔の構造を再活化し、返す刀で母系原則という敵対的な民衆の原則を刺戟・促進したという仮説を補強することになる。

とはいえ、イスラムの及ぼした作用がこれほど単純なものであったかどうかについては、疑いがある。すでにインド・イスラムが組み込んでいた母系原則の直接の伝播もまた考えられるのである。前章においてわれわれは、十世紀から十三世紀までの間、インド半島の南部、ケーララ州と特にスリランカに存在した母系のイスラム共同体を検討した。それゆえ、インドネシアに自分の宗教を持ち込んだイスラム商人の間で、すでにイスラム化された母系のインド人の比率は相当なものであったと想像することができる。それゆえ、十三世紀以降、イスラム教と結びついた母系概念が直接到来したということを喚起することができるのである。ここでは、イスラム教と、父系と母系を問わず単系性との間に、議論の余地なき結合が存在すると結論するだけに留めておこう。

ミナンカバウ人の例は、母系制は、そして母系制と父系制との相互作用は、どれほど伝播の歴史的な問題として取り組まれなければならないかということを示している。

ミナンカバウ人の例　構造主義への反証

スマトラのミナンカバウ人は、人類学の手引きの中に、しばしばケーララ州のナーヤル人と並んで、母系制の典型的な例として登場する。彼らの長大な家屋、**ルマー・ガダン**は、ナーヤル人の**タラヴァード**に対応する。彼らにあっては、巨大な共同体家族が、女性リネージを中心として構成されている。とはいえ、男性の地位は、この二つのシステムにおいて同じではない。ただしいくつもの共通点もあり、男性の地位に不安定性が付き物である点も、共通点の一つである。ナーヤル・システムでは、男性は家族の外で婚姻し、兵士として専門化するため、頻繁に住居を移転することになるが、それでも男性は兄弟として出身家族内に維持された。また、年長者世代の長男が権威ある地位を占めていた。ミナンカバウ・システムは、男性をより全面的に移動的にする。彼らは出身家族で形式的な権威ある立場を占めるものとも、妻の家族の中に大勢で居住するものとも、想定されていない。それに、ミナンカバウ文化は、気質においてナーヤル文化よりはるかに民主的である。ケーララ州では、ナーヤル人カーストの上に、父系のナンブーディリ・バラモンのカーストが存在し、彼らはナーヤル人の女性との同居を伴わない婚姻によって、儀礼的には劣った立場にあるが政治的には支配的なナーヤル・カーストの、生物学的再生産の一部を保証していた。このような上位のカーストは、西スマトラ州にはもはや見出せない。

とはいえ、ミナンカバウ人の母系的特徴は、支配的であった父系原則への反動なのである。ただ、その父系原則は、歴史的に近年に至って淘汰されてしまった。

十九世紀初頭、ミナンカバウ人の政治的組織編成は、まだ父系の貴族階級を含むインド的伝統の連続性の中に組み込まれていた。しかし、一八〇三年から一八三七年まで、**パドリ戦争**[*7]というイスラム革命が起り、その結果、支配層たる貴族階級と父系原則が根絶されてしまった[68]。現実に生き残ったのは、そして人類学の手引きの中に残っているのは、母系システムである。それは、〔分離反動という形で〕それ自身の出現を可能にした当の支配的な父系上部構造を、厄介払いしてしまったことになる。ミナンカバウ人の歴史の中には、時代が下ってから定着したイスラム教が、母系原則の側に有利に働いたという現象が見られるわけである。

インドネシアのイスラム化の詳細な歴史は、まだこれから書かれるべきものである。しかしそれは、父系原則と母系原則の歴史を伴うものとなるはずであろう。その歴史の中で母系原則は、いつも通りの歴史とは逆向きに、父系原則によって産み出され、しかも父系原則を消滅させることができた征服的要素として、姿を現わすのである。もう少し南のレジャン人の国で、母方居住の方向性が父方居住の組織編成に取って替わったのは、すでに見たところである。

家族と人口密度

私は本章の始めで、この地域の人口動態のテイクオフが遅れて起こったことを強調した。この地域の人口密度は、十九世紀初頭までは一貫して低かった。累積メカニズムが始動せず、紛れもない非生起〔何ごとも起きない状態〕があったわけだが、それは家族システムの歴史とつながりがあるのかどうか、考えてみなければならない。中国、日本、北インドの場合、父方居住直系家族と人口密度の増加との間に機能的関係があるかどうか、私は先に自問したものである。全面的に耕作が行き届いた〈満員の世界〉の実現が、長子相続という着想が浮上するための好適な枠組みをなしていると、示唆したことがあった。新たに開拓すべき土地の欠如は、やがて、長男を両親の農地に押し止め、農業実践を集約化することに立ち至る。そうなると今度は、父方居住直系家族が、その効率性によって農村の人口密度の追加的増加を促すことになった。とはいえ、いかなる厳密な因果関係も確証されてはおらず、私はまた人口稠密化とは無関係な直系家族観念の伝播の可能性も喚起したものである。

簡略なアプローチをしただけでは、東南アジアはこのモデルを反証的に確証しているという結論に導かれるだろう。なにしろこの地には、粗放農業および稠密性の低さと、双処居住ないし末子相続を伴う母方居住の核家族類型との対応という、逆の対応が見出されるからである。しかし、この一致から何らかの因果関係を導き出すことができるだろうか。この地域の農業経験の期間は、日本と同じほどであり、場合によっては日本よりも長い。それだけの期間があれば、理論的には、直系家族が出現するだけの空間の十分な充填ができたはずである。なぜ、こうした最小限の〈満員の世界〉は達成されなかったのだろうか。父系制貴族階級と、それに対する否定として母方居住規範によって形成された住民諸集団とを組み合わせた、〈外側のインド〉の各地社会の二元的社会構造と、何らかの関連があるのではないかという予感がする。母方居住それ自体が、直系家族という着想の発展を妨げたと考えるべきであろうか。たしかに、母方居住でも直系家族というのがあるにはある。しかしそのいずれのケースでも、農村人口の密度の高さは検出されていない。ギリシャの島々では、海上活動が重要であり、スリランカのイスラム教徒タミル人においては、通商が有力な変数である。アッサム州のガロ人は、民族誌化された時点で、土地の私的所有というものを知らなかった。それゆえ、母方居住と稠密化の間に否定的な関連があるということは、あり得る。しかし、なぜ、どのように、なのか？　ここから、家族システムの歴史は、研究の新たな分野を開くことになるのかもしれない。

周縁部の長子相続制の問題

東南アジアの家族形態の歴史に関するこの検討の終りに当たって、重要な問題が一つ解決されていないことを認めなければならない。それは、ボルネオ〔カリマンタン〕、セレベス〔スラウェシ〕、ルソン島北部、ホロ島、すなわち理論的には双処居住核家族形態のみがもっぱら存在すると期待されるはずの、最も外側の空間に、双処居住直系家族形態が存在しているという問題、それが存在しないとしても、少なくとも長子相続規則が存在しているという問題である。双処居住核家族形態は、この地域に多くの事例があるが、地域全体がこれで占められているわけではない。これらの類型が不安定で不完全であることを口実にして問題を回避するとしたら、不誠実であろう。

まず一つ目の説明は、当該地域の中で近年において、ヒエラルキーと長子相続の概念を含むような、強力な文化的伝播普及の動きがあったことを明らかにしようとするものであろう。リーバーが監修した概論によると、以下のようなことになる。

「少なくともセレベス〔スラウェシ〕とボルネオで（しかし、フィリピン諸島を追加することもできるだろう）は、一覧表は、支配的な貴族階級の持つ硬直した社会階層概念の介入であると思われるものによって、絶え間なく変更を蒙る。そうした貴族階級は、超自然的な要素を正統性の根拠とし、さまざまな型の儀礼上の貴重品（水牛の角、壺《かめ》や瓶、銅製品、織物）を独占的に所持していた。また、そうした傾向は、国土の中に沿岸のイスラム・スルタン国の朝貢領地が生まれたことによって助長された。これらの外部から持ち込まれた要素は、もともとは十二世紀以降、インドネシア中に広がっていったヒンドゥー教ジャワのハイカルチャーの伝播普及に遡るもののようである。それは、マレー人、ジャワ人、ブギス人の商人や冒険者の移住と、沿岸の河口沿いのイスラムの諸侯国・スルタン国の建国とによってもたらされた(69)」。

直系家族および長子相続が、社会の厳格な階層序列的概念と結合するというのは、古典的・標準的なことである。それゆえ、双方的双処居住地帯に長子相続や単線的継承の概念が存在するとしたら、それは、双方的双処居住地帯の現地諸社会の内的論理とは全く無関係に、近年になってから伝播普及したのだと、想像することもできるだろう。この仮説は、最も単純な、最も起源的基底に近い諸社会の上に、社会生活についての階層化された考え方が、近年において直接的に上張りされたということを示唆するものである。これと類似の現象は、ユーラシアの向こう側、アイルランドやブルターニュで見出されるだろう。しかし、この解釈が満足すべきものとなるのは、本章の研究対象たる地帯に関するデータに限った場合にすぎない。言語的には近親関係にある他の民族の中には、長子相続の観念を担うものもあるが、そうした民族は、より遠方の北や東で見出すことができる。インドネシア諸島とフィリピン諸島の住民集団は、大部分はオーストロネシア諸語を話す。ところが、象徴的長子相続は、必ずというわけではないがしばしば、この地帯の外側に居住するオーストロネシア人諸集団に典型的なものである。この語族は、台湾からイースター島とニュージーランドへと移住し、現在ポリネシアと呼ばれる海域に居住するに至ったが、この移住の過程の最初から最後まで、象徴的長子相続は、彼らの特徴をなしていた。

私は中国を扱った章の末尾で、こうした長子相続制の痕跡が、家族形態の多様性とは無関係に、台湾のすべての先住民の中に存在することを指摘した。本書第Ⅱ巻で研究されるポリネシアに関する総括的研究は、いかなるものであれ、オーストロネシア系住民集団が到達した島には、長子相続原則がしばしば存在すること――どこにも必ず存在するわけではないが――を認めるはずである。このテーマについての最良の研究者の一人、ベルウッドを引用しよう。

「ポリネシアでは、族長の地位は家系に大きく依存していた。理論的には、部族の長は、部族の祖先まで遡って、長子の血統を引く子孫でなければならなかった。重要性に劣る長たちは、部族の祖先の長子以外の息子の子孫であることもあり得たが、その場合でも、先祖以降の血統の中で多数の場合に長子であること（時としては女子も含む）が必要であった(70)」。

ポリネシアの諸社会もまた、双方的親族システムを有する。二つの重要な未分化的用語体系の一つが、人類学的伝統によって「ハワイ型」と形容されているのは偶然ではない。

それゆえ、フィリピンとボルネオの双方的長子相続を説明するのに、南西起源の階層序列概念が近年に移植されたというのとは別の型の伝播を想像することができる。また、太平洋を横断して広がった長子相続原則というのも喚起することができる。それは、父系の観念との結合が微弱であるか、もしくは全く結合していないもので、共通紀元前二〇〇〇年ごろ台湾を発ってポリネシアの島々の全域に到達した諸民族の移住によって運ばれたものである。とはいえ、スマトラ、ジャワ、マレー半島、さらにはフィリピンのオーストロネシア系諸住民集団の多数派は、「長子相続制」の特徴を帯びていないことを、留意しておこう。

私はこの段階で、二つの仮説のいずれが正しいか裁断することはできない。双処居住直系家族は、人間の社会の歴史の中で作用するメカニズムの複雑さ、そして複数性の可能性という観念を念頭に突きつける一つの問題であり続ける。とはいえ、この未解決の問題が、統合もしくは一時的同居を伴う双処居住核家族を最も古い形態であるとする一般的仮説の、見直しに至るはずであるというほどの規模のものとは私には思えない。私はもちろん第Ⅱ巻でこの問題に立ち戻るつもりである。第Ⅱ巻は、中でも大洋システムの全体、そしてまた住民集団が一部はオーストロネシア系であるマダガスカルを扱うことになる。

周縁部の外婚制

東南アジアでは、イトコ婚率が高いことは稀である。しかしそれでも、この地には三つのモデルを区別することができる。それは選好によってではなく、許容の度合によって定義される。すなわち、四方外婚、四方内婚、交叉イトコ婚であり、後者は多くの場合、非対称的要素を示す。それらをこの順番で研究していこう。

データの検討に入る前に、この地帯の特徴の一つは、事実上の矛盾と不確実性の状況がしばしば現われることであることに注意しよう。さまざまに異なる情報源が、タイ人、ジャワ人、ミャンマー人に関して異なった結果をもたらす。現場の研究者たちが問題を作り出していると非難することはできない。スパイロは、彼の研究対象たる村のミャンマー人は、実際にはイトコと結婚することはないが、この近親結婚が合法なのか不法なのか、彼ら同士で意見が一致してさえいないことを指摘している。[71] 不確実性は、この場合、示唆的である。禁止は無自覚的で、禁止が存在するために、表現され、形式化されるには及ばない。このように断言したからといって、われわれに無関係な遠い異国のことだと思ってはならない。というのも、状況は今日、例えばフランスでも同じなのである。フランスでも、大部分の人は、教会法が禁じていることを民法が認可しているということを知らない。それでも彼らは、それについて考えることすらせずに、平気でイトコ婚を排除するのである。これとは反対に、ミンダナオ島のスバヌン人には、逆の状況が見られる。イトコ婚は告発されるが、実践されるのである。[72]

多くの場合、東南アジアでは、不一致は、〈またイトコ〉〔第二段階のイトコ〕への選好が存在するが、それが本イトコとの婚姻の禁止と組み合わさっているということで、説明がつく。このような矛盾は、不安定な状況を喚起する。歴史的な時の経過の中で何度も変化が起こったことが、考えられるのである。

四種類のイトコとの婚姻を禁じる四方外婚は、東南アジアにおいては、ヒンドゥー教であれ、イスラム教であれ、キリスト教であれ、歴史的・宗教的な動きに統合された時期が遅い周縁部民族に典型的である。島嶼部では、狩猟採集民のアグタ人、イフガオ人、イゴロット人、カリンガ人、ドゥスン人、パラワン人、トラジャ人が、このカテゴリーに属する。フィリピンの諸集団で最後にイスラム化されたマラナオ人も、やはり四種類のイトコに対して外婚である。その点は、大陸における農耕民カレン人や狩猟採集民セマン人も同様である。

母方居住のタイ人、イスラム化されていない母系のチャム人、父方居住のヴェトナム人は、四方外婚を特徴とする諸民族の全体の中で「歴史を有する文明」を代表している。

この地帯で頻繁な四方内婚は、相次いで起こった二つの歴史的現象と結びつけることができる。その現象が、外婚規範の崩壊をもたらすことになったのである。

最初の弱体化は、ヒンドゥー教時代に遡る。それはまず、過去において、未分化的社会空間の内側にある父系制の極を体現していた上流階級に及んだ。十九、二十世紀における、ミャンマー、タイ、クメールの諸君主国の婚姻慣行は、近親相姦に対する甚大な無関心を証言している。[73] 国王家族の系譜の中には、異母兄弟と異母姉妹、時には兄弟姉妹間の婚姻すら見出される。ファン・デン・ベルヘとメッシャーは、王室の近親相姦が、実際上は父系制と一夫多妻制という二つの構造的特徴と結びついていることを示した。[74] 純粋な血を継ぐ王位継承者には、数十もしくは数百の異母兄弟姉妹がいるわけである。

このような慣行は、ローウィが血の誇りと呼ぶものの結果として生まれた。上流階級の内婚は、東南アジアにおいては、貴族階級がインド文化の獲得によって、住民集団の大部分から分離していた二元的社会の特徴であった。内婚は上の方から降りて来た模範であって、それが時には長い期間にわたって、そして特に民主化という最近の局面において、一般住民の中で近親結婚にのしかかっていた禁止を弱めることになり、やがてイトコ間の婚姻、さらには異母兄弟姉妹間の婚姻を許容することに立ち至ったのである。

インドとの接触から出現した大文明の一つの後継者たる、二十世紀半ばのカンボジアのケースは典型的である。エア・メン＝トリは、王の家族は、民衆に課せられる禁止を尊重する義務はないと指摘している。「こうして、シャムにおけるように、王や王子が、オバ、本イトコ、異（父）母姉妹と結婚するのがしばしば見られるのである」。[75]

しかしガブリエル・マルテルのロヴェァ村の研究は、一般庶民もまた以下のように考えていることを、明らかにしている。すなわち「母が同じで父が異なる子ども同士の結婚は可能である。逆はすることができない。すなわち、父が同じで母が異なる二人の子どもは結婚することができない」[76]。当該地域のさまざまな場所で、社会階級によって外婚の弱体化の度合はどのように異なるかを推算しようとするつもりはない。とはいえ、クメール、タイ、ミャンマーという古い王国の支配地域は、この現象に関連するということは認められよう。バリ島では、重要な四方内婚が測定されている[77]。

外婚規範の第二の衰退要因は、より近年のもので、ある意味ではより古典的なものである。すでに見たように、イスラム教は、理論上ではないまでも実践上、イトコ婚を奨励するわけだが、その際、父方平行イトコとの婚姻が選好されるが、どんなイトコとの婚姻でも構わない。インドネシアやフィリピン南部では、イスラム教の伝播普及は、イトコ婚の伝播普及を伴ったのであり、イトコ婚の頻度が、しばしばイスラム教の定着の古さと深さのこの上ない指標となっている。

マレー半島のかなり代表的な三つの村に関する研究は、一九七五年に、一四・五%という本イトコ同士の婚姻率を示している[78]。それよりはるかに最近の研究が、イスラム化されているが、マレー・システムの中では周縁部のある漁村を対象としてなされたが、それによると、〈またイトコ〉同士の婚姻は優遇されるが、本イトコ婚は禁止されている、ということである[79]。

イスラム化が不規則なジャワに関するデータは、とりわけ多様である。ジャワの農村的な東部でジェイが測定した親族間の婚姻率は、三・六%にしか達しない[80]。クンチャラニングラットは、ジャワ人が選好婚の概念を持たないことを指摘している。彼は、〈またイトコ〉との婚姻に関する奇妙なタブーを示しているが、父方もしくは母方の平行本イトコ同士の婚姻の可能性も示している。また、交叉イトコ婚は、地域によっては許容されたり優遇されたりすると、示唆している[81]。もしそんなことがあり得るとしたらさらに困惑させられることになるのだが、ヒルドレッド・ギアツは、イトコ婚は頻繁に行なわれるが、イスラム教で最も典型的な父方平行イトコとの婚姻は除かれる、と述べているのである(82)。

イトコ婚は、イスラム教のおかげで、最後にはマカッサル人とタウスグ人にまで及ぶことになる。海の遊牧民バジャウ人、西ミンダナオのスバヌン人、西ボルネオのイバン人においては、内婚は、イスラム教の限界を越えて進出している。とはいえ地理的にそれほど遠くまで進出したわけではない。ボルネオやフィリピン南部では、イスラム教スルタン国によって長子相続が伝播した可能性のあった——すでに力説したところであるが——より古代的《アルカイック》な諸民族への「高尚文化」の伝播が感じられる。

東南アジアにおいて、内婚は、明らかに歴史的獲得物であり、ヒンドゥー教化、次いでイスラム化の産物である。ここにおいて、婚姻禁忌に関するデータは、不完全であるにもかかわらず、最終的な結論を可能にしてくれる。家族という点で最も古代的《アルカイック》な住民集団は、四種類のイトコとの婚姻を禁止している。したがって、外婚は、地域的には起源的システムということになる。もっとも、この本源的な外婚のフィールドを拡大して、すぐ北の台湾ではあらゆる先住民集団が、四種類の本イトコとの婚姻を禁止していることを指摘することもできよう。双処居住核家族、未分化的親族、そして外婚は、最も周縁的な東南アジアの起源的基底をなしているわけである。

交叉イトコ婚は、大陸部では、父系システムと母系システム間の相互作用地帯、すなわちミャンマーとヴェトナム南部の間できわめてよく目につく。また、スマトラでも住民集団によっては、交叉イトコ婚が見出される。このように定義された空間は、四方外婚制が占める地帯よりは、ユーラシア大陸に対する周縁性は少ないものとなる。それは、南中国と北インドの交叉イトコ婚地域と連続しており、中間的である。

マードックの民族誌地図を見ると、交叉婚は、父方居住のマルマ人、いずれも母系のラデ人とスマトラのミナンカバウ人において、対称的である。非対称の母方交叉婚は、チン人、カチン人、ラワ人、スマトラのバタク人のような、父系・父方居住の民族の特徴であろう。しかしそれはまた、ムノン・ガル人、ヴェトナム南部のジャライ人のような母系の集団にも見出される。つまり、これらの民族では、母方交叉婚が父系制を穏健化するものとして現われるわけではない。

とはいえ、頻繁に見られる特徴は率の低さであり、これを見ると、選好ではなく、むしろ許容であると考えるべきであろう。ドゥルヌは、ジャライ人では、母方交叉イトコとの婚姻率は八％、父方交叉イトコとの婚姻率は三％という率を検出している。[83] ベルノは、マルマ人では父方交叉イトコとの婚姻率を六％、母方交叉イトコとの婚姻率を一％と測定しているが、[84] これは一般的なケースとは逆の非対称であり、さらに民族学地図が提唱する結果と食い違っている。カチン人の非対称婚は、リーチによると、本イトコに関わるものでさえなく、より遠い親族なのだが、それでも親族の一般的分類によれば交叉イトコと定義される、そうした親族に関わるものなのである。[85]

交叉イトコ婚には頻繁に非対称性が見られるが、それは東南アジアにおいては、これを行なう家族システムが単系であるということに、必ず関連を持っているはずである。しかし、このような少ない数字から、交換システムの存在を演繹することはできない。民族の数と隣接性に鑑みるなら、四方外婚地域とは区別される一つの人類学的な地帯があることは確かである。しかし、交叉イトコ婚は、東南アジアでは、内婚制という形態ではなく、むしろ外婚制という形で姿を現わすのである。この形態は、すでにケーララ州やスリランカで目にしたものだが、おそらくこの方が起源的である。この交叉イトコ婚は、たとえ非対称であったとしても、穏健な外婚制の側に落ち着くのである。

訳註

＊1 **アンダルシア地方からすると……** 周知の通り、スペインという国は、イベリア半島の大部分を制圧したイスラム勢力を徐々に駆逐する長いレコンキスタ（再征服）の結果、成立したが、このイスラム・アラブ人をスペイン人は、「モロ」（Moro）と呼んだ。英語の「ムーア人」Moor、フランス語の Maure に相当する。したがって、イベリア半島中世史は、キリスト教徒（cristiano）とモロの戦いの歴史となるが、アンダルシアは、イベリア半島で最後までイスラム勢力が残った地域である。一方、フィリピン諸島南部のミンダナオ島等に居住するイスラム教徒は、スペイン人により、この「モロ」の名称で呼ばれ、度重なる弾圧を受け、その勢力範囲は縮小した。しかし、今日なお独立を標榜して、政府と武装闘争を行なう勢力も存続している。あたかも、イベリア半島における、キリスト教徒と「モロ」の戦いが、ユーラシアの対蹠地点で再現されているような具合である。もちろん「モロ」という名称は、その名で呼ばれる住民集団の民族的・文化的性格とは、無関係である。

＊2 **ネグリト系** 原文には、un groupe Pygmée *négrito*（ネグリト系ピグミー集団）とあるが、ネグリトとは、アフリカのピグミー人と、東南アジアからニューギニアに居住する矮小民族の総称であり、特に後者を指すとされ、セマン人はその筆頭であるから、ピグミーという呼称をここに混入するのは誤りと判断して、削除した。

＊3 **ヒンドゥー教国家である最初のいくつかの国家** シュリーヴィジャヤ王国、クディリ王国、シンガサリ王国、マジャパヒト王国。このうち七世紀頃に最盛期を迎えるシュリーヴィジャヤ王国は、スマトラのパレンバンを首都として、マラッカ海峡の両岸を支配した。残りの三王国は、いずれもジャワ島を中心としたヒンドゥー教国家である。

＊4 **インドネシア最大の島** 面積においてインドネシア最大の島は、カリマンタン島（ボルネオ島）であるが、この島は全域がインドネシア領ではなく、北部がマレーシアとブルネイ・ダルサラーム領であるため、スマトラ島をインドネシア最大の島と扱ったのであろう。とはいえ、カリマンタン島のインドネシア領部分の面積は、スマトラ島の総面積を上回る。

＊5 **一九のうち** 地図6—3には、双処居住の民族として二一の民族が載っているが、三五五頁に見るように、カヤー人とテンガラ人を除いた、ボルネオとフィリピンの一九ということであろう。ただし、スンバワ島は、ボルネオの一部とは言えないが。

＊6 **チャム人** ヴェトナム中部に二世紀から栄えたチャンパ王国の子孫。十五世紀に王国がヴェトナムに滅ぼされると、その一部が陸路・海路で脱出。現在はヴェトナム中部・南部に数万人いる。

＊7 **パドリ戦争** 一八二一年から一八三七年にスマトラ島のミナンカバウ地方で起こった内戦。イスラム教によ

る風習の純化を掲げるパドリ派と、伝統的な慣習（アダット）を守ろうとするアダット派の抗争だが、オランダが介入し、最終的にオランダによる植民地支配体制の強化を招来することとなった。なお、パドリ派が撲滅しようとした慣習には、母系制も含まれたが、その企てが敗北したわけである。

(59) Embree J. F., « Thailand. A loosely structured social system », p. 188-189.
(60) *Histoire de la population khmère*, p. 114.
(61) Coedès G., « Les règles de la succession royale dans l'ancien Cambodge ».
(62) Simonet M., « Droit et famille au Cambodge, par-delà le discours normatif officiel ». このテクストは、ひじょうにイデオロギー的であるが、とはいえ素晴らしい書誌と議論の見事な要約を含んでいる。
(63) Coedès G., 前掲書, p. 129.
(64) Murdock G. P., « Ethnographie atlas »〔民族誌地図〕.
(65) Lebar F. M. 他 , *Ethnic Groups of Insular Southeast Asia*, tome 1, p. 20.
(66) Schweyer A.-V., *Le Viêtnam ancien*, p. 93-96.
(67) Sellato B., « Note préliminaire sur les sociétés "à maison"... », p. 29.
(68) Lebar F. M. 他 , *Ethnic Groups of Insular Southeast Asia*, tome 1, p. 26.
(69) 同上、tome 1, p. 125。
(70) Bellwood P., *Les Polynésiens, archéologie et histoire...*, p. 32.
(71) Spiro M. E., *Kinship and Marriage in Burma*, p. 158-159.
(72) Frake C. O., « The Eastern Subanun of Mindanao », p. 55.
(73) Huth A. H., *The Marriage of Near Kin*, p. 74; Van den Berghe P. L. & Mesher G. M., « Royal incest and inclusive fitness », p. 308.
(74) 私は、優れたデータ分析のためにファン・デン・ベルヘとメッシャーの論文を使用している。しかし私は〈inclusive fitness〉〔包括適応度〕に関する彼の社会生物学的議論は、まったく理解できないことを認めなければならない。
(75) *Histoire de la population khmère*, p. 185.
(76) Martel G., *Lovea...*, p. 216.
(77) Geertz H. & Geertz C., *Kinship in Bali*, p. 102.
(78) Husin Ali S., *Malay Peasant Society...*, p. 46.
(79) Carsten J., « Analogues or opposites: household and community in Pulau Langkawi, Malaysia ».
(80) Jay R. R., *Javanese Villagers. Social Relations in Rural Modjokuto*, p. 131.
(81) Koentjaraningrat R. M., « The Javanese of South central Java ».
(82) Geertz H., *The Javanese Family*, p. 59.
(83) Dournes J., *Coordonnées: structures Jorai familiales et sociales*, p. 176.
(84) Bernot L., *Les paysans arakanais du Pakistan oriental*, p. 698-699.
(85) Leach E. R., *Political Systems of Highland Burma*, p. 74.

(30) Freeman J.D, « The family system of the Iban of Borneo », p. 26.
(31) Takahashi A., *Land and Peasants in Central Luzon*; Stoodley B. H., « Some aspects of Tagalog family structure ».
(32) 同上、p. 110.
(33) Helm J., « Bilaterality in the socio-territorial organization of the Arctic Drainage Dene »; Pehrson R. N., « The Lappish herding leader: a structural analysis ».
(34) Freeman J.D, « The family system of the Iban of Borneo ».
(35) Sellato B., « Note préliminaire sur les sociétés "à maison" à Bornéo ». 私はこの素晴らしい総論に依拠しており、その序説を簡略化した。
(36) Weekes R. W. 他 , *Muslim Peoples: a World Ethnographic Survey.*
(37) Kiefer T. M., *The Tausug. Violence and Law in a Philippine Moslem Society*, p. 48-49.
(38) 本書、103-104 頁。
(39) Eggan F., « The Sagada Igorots of Northern Luzon »; Keesing, F. M., « Some notes on Bontok social organization, Northern Philippines ».
(40) Lehman F. K., *The Structure of Chin Society*, p. 122.
(41) Bernot L., *Les paysans arakanais du Pakistan oriental*, p. 683-695.
(42) Leach E. R., *Political Systems of Highland Burma. A Study of Kachin Social Structure*, p. 109. リーチは、構造主義的精神のゆえに、次のような重要な無理解を犯している。「不整合は父方居住規則と末子相続規則の結合から生じる」p. 167。〈不整合〉という概念は、構造主義の世界の中でしか意味を持たない。しかし、互いに独立した特性の伝播は、必ず一貫性を生み出すというわけではない。
(43) Kunstadter P., « Cultural ideals, socioeconomic change and household composition », p. 314.
(44) Bryant J., « Northern Vietnamese households », p. 172.
(45) Lebar F. M., Hickey G. C. & Musgrave J. K., *Ethnic Groups of Mainland Southeast Asia.*
(46) Vergouwen J. C., *The Social Organization and Customary Law of the Toba-Batak of Northern Sumatra*, p. 284.
(47) Lebar F. M. 他 ., *Ethnic Groups of Insular Southeast Asia.*
(48) Geertz H. & Geertz C., *Kinship in Bali*, p. 54.
(49) Spiro M. E., *Kinship and Marriage in Burma*, p. 81.
(50) Massard J., « Ordre de naissance et mobilité des personnes en Malaisie », p. 43-45; Husin Ali S., *Malay Peasant Society and Leadership*, p. 46.
(51) Kaufman H. K., *Bangkhuad. A Community Study in Thailand, Kingshill*, p. 54; Pongsapich A., « Changing family pattern in Thailand », p. 340.
(52) Martel G., *Lovea, village des environs d'Angkor*, p. 221.
(53) Dournes J., *Coordonnées...*, p. 236-237.
(54) Lebar F. M. 他 , *Ethnic Groups of Insular Southeast Asia.*
(55) Geertz H., *The Javanese Family*, p. 35-36.
(56) Hauteclocque-Howe A. (de), *Les Rhadès...*, p. 223.
(57) 世界民族誌サンプル。
(58) シャン人とカチン人との間の文化的相互行動の稠密度と複雑性に関しては、Leach E. R., *Political Systems of Highland Burma* を参照。

の論考について、Lebar F. M. 他、*Ethnic Groups of Insular Southeast Asia*; Macdonald C. 他、*De la hutte au palais*.

(10) Macdonald C., *Une société simple. Parenté et résidence chez les Palawan (Philippines)*.

(11) セマン人については、Lebar F. M., Hickey G. C. & Musgrave J. K., *Ethnic Groups of Mainland Southeast Asia* を参照。イゴロット人については、Keesing F. M., « Some notes on Bontok social organization, Northern Philippines » を参照。

(12) Service E. R., *The Hunters*, p. 107; Schebesta P., *Les Pygmées*, p. 124.

(13) メンタウェイ諸島人、ニアス島人とササク人については、Lebar F. M. 他、*Ethnic Groups of Insular Southeast Asia* を参照。バリ人については、Geertz H. & Geertz C., *Kinship in Bali* を参照。バタク人については、Vergouwen J. C., *The Social Organization and Customary Law of the Toba-Batak of Northern Sumatra*, ならびに Lebar F. M. 他、前掲書を参照。

(14) 〈ヌサ・テンガラ〉は「南東の島」を意味する。

(15) Geertz H., *The Javanese Family*; Jay R. R., *Javanese Villagers. Social Relations in Rural Modjokuto*; Koentjaraningrat R. M., « The Javanese of South central Java ».

(16) Bachtiar H. W., « Negeri Taram: a Minangkabau village »; Cuisinier J., « Islam et matriarcat à Minangkabau ».

(17) Siegel J. T., *The Rope of God*.

(18) Kunstadter P., « Cultural ideals, socioeconomic change, and household composition: Karen, Lua', Hmong, and Thai in Northwestern Thailand »; Potter S. H., *Family Life in a Northern Thai Village*; Embree J. F., « Thailand. A loosely structured social system »; Evers H. D. 他, *Loosely Structured Social Systems: Thailand in Comparative Perspective*.

(19) 1985 年国勢調査、表 30。

(20) Spiro M. E., *Kinship and Marriage in Burma*, p. 106. Nash J. & M., « Marriage, family and population growth in Upper Burma » も参照。

(21) Massard J., « Ordre de naissance et mobilité des personnes en Malaisie »; Carsten J., « Analogues or opposites: household and community in Pulau Langkawi, Malaysia ».

(22) Downs R., « A Kelantanese village of Malaya », p. 142.

(23) Husin Mi S., *Malay Peasant Society and Leadership*, p. 46.

(24) Murdock G. P. 他, *Social Structure in Southeast Asia*; Delvert J., *Le paysan cambodgien*, p. 182; Martin M. A., *Les Khmers Daeum*, p. 133.

(25) Ebihara M., « Residence patterns in a Khmer peasant village », p. 57; Martel G., *Lovea, village des environs d'Angkor*, p. 205-206.

(26) Kunstadter P., « Cultural ideals, socioeconomic change and household composition: Karen, Lua', Hmong, and Thai in Northwestern Thailand », p. 311-313; De Hauteclocque-Howe A., *Les Rhadès: une société de droit maternel*; Dournes J., *Coordonnées: structures Jorai familiales et sociales*; Condominas G., « The Mnong Gar of Central Vietnam ». チャム人については、Lebar F. M., Hickey G. C. & Musgrave J. K., *Ethnic Groups of Mainland Southeast Asia* を参照。

(27) Kingshill K., *Ku Daeng. The Red Tomb. A Village Study in Northern Thailand*, p. 47; Potter S. H., *Family Life in a Northern Thai Village*, p. 62.

(28) Headland T. N., « Kinship and social behavior among Agta negrito huntergatherers », p. 265.

(29) Nimmo H., « Social organization of the Tawi-Tawi Badjaw », p. 427.

集団の間の関係となってしまうだろう」(p. 195)。

　インドの北のネパールのグルン人の許に、フランスの人類学ベルナール・ピニェードは非対称交叉イトコ婚を見出したが、アラン・マクファーレンは、ここにおいては、イギリスではなくインドについての人類学者としての役割を果たし、対称交叉イトコ婚を見出している。Pignède B., *Les Gurungs. Une population himalayenne du Népal* (1966), p. 228; Macfarlane A., *Resources and Population. A Study of the Gurungs of Nepal* (1976), p. 19. マクファーレンは、若くして亡くなったピニェードのモノグラフを英訳している。
(85) Karve I., *Kinship Organization in India*, p. 174-191.
(86) 316 頁の表 5-6 を参照。以下の点に注意せよ。すなわち､健康〔『全国家族健康調書』インド〕調査は、妻の視点から関係を定義しているが、父方交叉イトコとの結婚とは、夫にとっては母方の交叉イトコとの結婚ということになる。
(87) Karve I., *Kinship Organization in India*, p. 165-171.
(88) 同書、p. 18.
(89) トラウトマンが、タミル・ナードゥ南端の農民カーストに関して、*Dravidian Kinship* の中で示した例を参照。p. 34。
(90) Trautmann T. R., *Dravidian Kinship*, chap. 5: « Cross cousin mariage in ancient Indo-aryan literature ».
(91) Leach E., *Pul Eliya: A Village in Ceylon*, p. 88.
(92) Danda D. G., *Among the Dimasa of Assam*, p. 54.

第 6 章　東南アジア

(1) Bellwood P., *First Farmers. The Origins of Agricultural Societies,* p. 112-113, p. 123, p. 134-139.
(2) Coedès G., *Les États hindouisés d'Indochine et d'Indonésie.*
(3) Laurent Sagart, 個人的な通信による。インディカ米とジャポニカ米の区別は、2000 年前から中国人に知られているが、米についての遺伝子学者の最新の研究は、この伝統的な区別が遺伝的な根拠を持っていることを示している。この二つの品種は、アジアに現生人が到来する前に枝分かれしたらしいオリザ・ルフィポゴンの野生品種から派生して、一方はヒマラヤの南、もう一方はその東で、別々に栽培されてきたようである。いまでは、最近の導入を別にすると、ジャポニカ米は、中国、朝鮮、日本で栽培されているようである。この米は東南アジアでも栽培されるが、陸稲として畑で、つまり高地で栽培される。河川の流域の低地では、水田でインディカ米が栽培されている。Londo J. P. 他 ., « Phylogeography of Asian wild rice, Oryza rufipogon, reveals multiple independent domestications of cultivated rice, Oryza sativa » を参照。
(4) シバ神信仰は、とりわけ君主や国家と結びついていた。
(5) Dagens B., *Les Khmers*, pp. 45-48。
(6) Owen N. G., *Population and Society in Southeast Asia before 1900.*
(7) Attané I. & Barbieri M., « La démographie de l'Asie de l'Est et du Sud-Est... », p. 21.
(8) Lebar F. M. 他 , *Ethnic Groups of Insular Southeast Asia*, p. 31-34. 私は地域全般の表〔表 6-1〕の中で、レジャン人を母方居住のこの近年の形態に分類した。この形態の方が、より資料の裏付けがなされているのである。
(9) とりわけ、フィリピンに関する C・マクドナルドの論考、ボルネオに関するセラート

(69) Karve I., *Kinship Organization in India*, p. 116.
(70) Nakane C.〔中根千枝〕, *Garo and Khasi. A Comparative Study in Matrilineal Systems*, p. 55-58.
(71) Yalman N., *Under the Bo Tree: Studies in Caste, Kinship and Marriage...*, p. 298. 中根は二つの民族に関するモノグラフの中で、ガロ人とカシ人の母方居住率を示していない。
(72) ガロ人とカシ人はベンガル人の集団と直接接触しながら生活している。ディマサ人はもう少し遠方に位置している。
(73) Danda D. G., *Among the Dimasa of Assam*, p. 56.
(74) 同書、p. 42, p. 57.
(75) Menon A. S., *Cultural Heritage of Kerala: An Introduction*, p. 200-201. Sreenivas Iyengar, *A History of the Tamils*, p. 512 も参照。
(76) Menon 前掲書、p. 200-201.
(77) 本書、285 頁。
(78) Thapar R., *A History of India*, p. 172, p. 198.
(79) 私はここでは極めて一般的なレベルにとどめておく。ケーララのキリスト教徒の歴史は四世紀以降ひじょうに複雑だった。彼らはもともとはシリア系キリスト教の信徒であったが、その後ポルトガルのカトリックの影響を受け、ついでオランダとイギリスのプロテスタンティズムの影響を受けた。
(80) Sudha S. 他 , « Is son preference emerging among the Nayars of Kerala in South India ? », p. 278.
(81) Karve I, *Kinship Organization in India*, p. 182-183.
(82) Beck B. E. F., *Peasant Society...*, p. 221.
(83) アーンドラ・プラデーシュ、カルナタカ、タミル・ナードゥ、ケーララ。Krishnamoorthy S. & Audinarayana N., « Trends in consanguinity in South India », p. 193 参照。この論文は、方法論的にひじょうに有益である。内婚は一般的に低い婚姻年齢に対応しているために、調査の中で特定の時点での女性の年齢別の率を比較しても、内婚の傾向があるとの結論を出すことはできないことを、示しているからである。この調査では、一つの群について、内婚が行なわれる時点がより早いため、若い女性の率が比較的高くなっている。南インドの場合には、減少傾向を隠匿することが、全体的効果となっている。婚姻が行なわれた時期に関して率を比較する必要があるのである。
(84) 全面交換という概念は、母の兄弟の娘である、母方交叉イトコとの婚姻の概念から引き出されたものだが、この概念が成功を収めたことは、確認された例が極めて少数派的であることを考慮すると、私には不可思議である。この概念は、フランスの人類学者たちに対して持続的な催眠効果を揮ったように思われる。その効果は、いささかル・プレイの用語法が揮った効果を思わせないでもない。ルイ・デュモンは、彼のモノグラフの中で、非対称性の概念の欠陥を取り繕うために、妙ちきりんな知的曲芸を余儀なくされた。「母方での関係が不可能なことが明らかになった場合には、一般的にその拡大よりは反転を選ぶことになる。もっともこのことは、それに先行して何があったかによって理解される。理想は、二つの個別的家族の間の何らかの方向へと方向付けられた関係であるから、これら二つの家族の間の関係を維持するためには、方向性の方を犠牲にすることになるのである。もし方向性を維持しようとしたら、その関係は、より拡大した

Old Testament, p. 456-472 を参照。
(44) Haekel J., « Some aspects of the social life of the Bhilala in Central India », p. 195.
(45) Bouez S., *Réciprocité et hiérarchie chez les Ho et les Santal de l'Inde*, p. 94.
(46) Krishnan P., « Family and household structure among the nineteenth century Christians of Kerala, India », p. 223, ならびに、世帯の構造に関しては p. 220 を参照：単純家族世帯(simple family households) が 76.7%で、複式家族世帯(multiple family households) が 0. 6%。
(47) 本書、85 頁参照。
(48) Danda D. G., *Among the Dimasa of Assam*, p. 35.
(49) Loiseleur Deslongchamps A., *Les lois de Manou.* 今後、私はこの翻訳を使用するが、「序説」で著者が主張している年代は採用していない。著者は、テクストの古さを過大評価し、共通紀元前 8 世紀もあり得ると考える、私はバシャムが *La civilisation de l'Inde ancienne* で提案した時代を採用する。共通紀元前 4、5 世紀のダルマ・スートラについての彼の紹介、およびダルマ・シャーストラの形成に関しては p. 76 を参照。『マヌ法典』（マーナヴァ派による法《ダルマ》の教え）は、ダルマ・シャーストラを集めた文献の中で最も有名なものである。
(50) 本書 690-694 頁を参照。
(51) Karve I., *Kinship Organization in India*, p. 63.
(52) *Atlas of World Population History*, p. 182.
(53) Trautmann T. R., *Dravidian Kinship*, p. 357-363.
(54) Ali D., *Courtly Culture and Political Life in Early Medieval India*, p. 54-55.
(55) Basham A. L., *La civilisation de l'Inde ancienne*, p. 132.
(56) 私はインド・ヨーロッパ人に関するデュメジル学派の結論を利用可能とはまったく認めない。彼らに対する批判に関しては、Colin Renfrew が *L'énigme indo-européenne. Archéologie et langage*, p. 295-308 の中で、デュメジル学派を扱った明晰な章を参照のこと。
(57) Thapar R., *A History of India*, p. 95-96.
(58) Basham A. L., *La civilisation de l'Inde...*, p. 51-53.
(59) 同書、p. 57.
(60) Beck B. E. F., *Peasant Society...*, p. 235.
(61) 比較という枠組みの中での、南インドのこれらの特徴に関しては、Todd E., *L'enfance du monde: structures familiales et développement*, p. 111-118〔E・トッド『世界の多様性』397-402 頁〕参照。
(62) Guilmoto C. Z., « A spatial and statistical examination of child sex ratio in China and India ».
(63) Meyer E. P., *Une histoire de l'Inde*, p. 50.
(64) Alain Daniélou, *L'érotisme divinisé*, とりわけ撮影された寺院のリストに関しては p. 181-183 を参照。
(65) Prakash V., *Khajuraho*, p. 91, p. 132.
(66) Orr L. C., « Women in the temple, the palace and the family: the construction of women's identities in pre-colonial Tamilnadu ».
(67) 同上、p. 231.
(68) D'Souza V., « Kinship organization and marriage customs... », p. 141-142.

婚姻の際の夫婦の実際上の動きによって、位置づけている。すなわち、夫婦が、研究対象たる共同体、プル・エリヤに属しているのか、それとも外部からやって来たのか、ということで区別して、位置づけているのである。母方居住（専門用語では「妻方居住」）率は、指数によって33から40%となる。ヤーマンが1971年の著作の中で提供した、より海岸に近い共同体についてのデータも、やはり村との関係における夫婦の動きに関するものであるが、これによると、母方居住率は28%に低下し、父方居住の面がさらに強調されるようである。しかし、1980年代初頭の西部の州での調査は、45%の母方居住率を示している。とりわけ、農村部における1981年の国勢調査の分析は、53%の母方居住率を示しているが、この概念はここでは世帯の構造にしか適用できない。これらのさまざまな点に関しては、Leach E. R., « Pul Eliya: a village in Ceylon », p. 81-85; Yalman N., « Under the bo tree », p. 126（ヤーマンのデータは、中農の「上流カースト」しか対象としておらず、20%の下層カーストに属す共同体を排除している。おそらくこれが、父方居住の側面が強調されている理由であろう）.; Caldwell B., « Marriage patterns and demographic change in Sri Lanka: a long-term perspective », p. 425を参照せよ。ここに示されているアンケート調査は、そもそも父方ないし母方居住の複合的家族形態の観察しか可能にしない国勢調査よりもきめ細かい結果を出しているが、それによって新処居住と分類された婚姻を、私は計算から除外する。« Sri Lanka 1981: census of population and housing. Population tables based on ten percent sample », p. 31-32も参照。全国に関するこれらの数字には、15.5%の父方居住ヒンドゥー教徒タミル人住民や、6.6%の母方居住「タミル・ムーア人」すなわちイスラム教徒タミル人が含まれている。

(31) Kaplanian P., *Les Ladakhi du Cachemire*, p. 157; Levine N., *The Dynamics of Polyandry, Kinship, Domesticity and Population on the Tibetan Border*, p. 129; Goldstein M. C., « Adjudication and partition in the Tibetan stem-family », p. 207.

(32) Berreman G. D., *Hindus of the Himalayas*, p. 171-173. 強固な共同体家族性に関しては、p. 147参照。

(33) Gorer G., *Himalayan Village. An Account of the Lepchas of Sikkim*, p. 150-171.

(34) 同書、p. 105-160.

(35) Macfarlane A., *Resources and Population. A Study of the Gurungs of Nepal*, p. 17.

(36) Pignède B., *Les Gurungs. Une population himalayenne du Népal*, p. 268.

(37) Leaf M. J., *Information and Behavior in a Sikh Village*, p. 72, p. 186.

(38) Hershman P., *Punjabi Kinship and Marriage*, p. 176. 表 p. 61. カルヴェによると、マジュンダールは、ジャート人の中農カーストの貧困層の中に、一妻多夫婚を発見した（ジャート人はシーク教徒、ヒンドゥー教徒、もしくはイスラム教徒の場合もある）。

(39) Dumont, *Une sous-caste de l'Inde du Sud*, p. 189, ならびにBeck, *Peasant society in Konku*, p. 238.

(40) Gurumurthy K. G., *Kallapura: A South Indian Village*, p. 71; Ishwaran K., *Shivapur : A South Indian Village*, p. 64.

(41) Trautmann T. R., *Dravidian Kinship*, p. 211; Schneider & Gough, *Matrilineal Kinship*, p. 385-404による。

(42) Lehman F. K., *The Structure of Chin Society*, p. 80; Hutton J. H., *The Angami Nagas*, p. 135.

(43) アッサムとインドそのものについてのデータに関しては、Frazer J. G., *Folklore in the*

(16) これがおそらく、人口調査から引き出された結果と現地レベルでのモノグラフによる観察の間に見られるいくつかの不一致の理由である。南部の、それゆえ理論的には核家族地帯に位置するカルナタカの二つの共同体に関するイシュワランとグルムルティのモノグラフは、共同体的モデル（合同家族《ジョイント・ファミリー》）を喚起している。これはおそらく、南部におけるインドの共同体家族傾向の過大評価の典型的な例である。それでも、父方居住性で並存している核家族の集合体の中に、バラモンの理念に合致する共同体家族がいくつか見えるということはつねにあり得ることである。同じ問題がアッサムのアホム人に関するバルアのモノグラフにも生じる。人口調査によると中間地帯に位置するはずのアホム人は、モノグラフのレベルでは、世帯の平均サイズが 8.1 人、世帯の 31％が複数の夫婦を含み、うち 13.5％が複数の既婚の兄弟を含むという、高度に発展した共同体的システムの姿を露呈させている。しかしながら著者自身が、みずからの調査の結果と、1961 年に農村部で 5.8 人という県の世帯の平均サイズのあいだの矛盾を記している。

(17) Dumont L., *Une sous-caste de l'Inde du Sud*, p. 198.

(18) 同書、p. 203-204.

(19) Beck B. E. F., *Peasant Society in Konku.*

(20) 同書、p. 209-211.

(21) 同書、p. 235.

(22) Parry J., *Caste and Kinship in Kangra,* 表 p. 172, p. 173.

(23) 同書、p. 166-167.

(24) Singh Y., « Chanukera: cultural change in Eastern Uttar Pradesh », p. 254-255.

(25) 核家族性と一時的同居に関しては Cain M. T., « The household life-cycle and economic mobility in rural Bangladesh » を、とりわけ発展サイクルと〈コンパウンド〉の概念に関しては Amin S., « Family structure and change in rural Bangladesh », p. 205-208 を参照。

(26) Morris Carstairs G., « Bhil villages of Western Udaipur: a study of resistance to social change », p. 69-70; Haekel J., « Some aspects of the social life of the Bhilala in Central India », ありうる「妻方居住」に関しては p. 199、兄弟の離散に関しては p. 200 参照。

(27) Dasgupta S., *Birjia: Society and Culture*, 諸表 p. 85-89.

(28) 母方居住システムに関しては、本書 309-312 頁参照。

(29) Seligmann C. G. & Seligmann B. Z., *The Veddas.* この著作は 1911 年の刊行。当時、人類学は定量的ではなかった。彼は、男は自分の時間の大部分を妻の家族の方で過ごす（p. 66）として、男とその義理の父との関係の重要性を強調している。彼はまた、両親の近くに住む既婚の息子を見出すことは稀であると記している（p. 63）。しかし、結婚に関するデータは、二人の著者の統計学的良識に疑問を抱かせる。彼は、15 件の交叉イトコ婚のうち、9 件は母の兄弟の娘（MBD）、5 件は父の姉妹の娘（FZD）、一件は二重イトコとの婚姻である集団の例をあげたあとで（p. 65）、選好される婚姻相手は父の姉妹の娘（FZD）であると主張（p. 98-99）している——二重イトコに関しては、本書、650 頁参照。

(30) スリランカの双処居住は議論の的となった。リーチのモノグラフのような現地モノグラフは、父方居住の相対的な優位性を示している。しかし、特にタミル地方において、大陸で観測しうるものと比較にならないほどの地位が母方居住婚に与えられるのである。リーチは、1968 年に出版されたモノグラフで、母方居住を、世帯の構造ではなく、国に直に接触しており、長い間中国空間に統合されていたため、ひじょうに興味深い伝播地帯であるだけに、これは残念なことである。

(67) Lee Sangkuk & Park Hyunjoon, « Marriage, social status, and family succession in medieval Korea (thrteenth-fifteenth centuries) », p. 128.

(68) 同書、p. 132。

(69) Kim Kuen-tae, « Differing patterns of marriage between a city and villages in 18th century Korea: the case of Taegu Area », p. 78-79.

(70) 同書、p. 81。

(71) Kim Doo-Sub, 前掲書、p. 985-986。

(72) Li Ogg, *La Corée des origines à nos jours*, p. 185.

(73) Choi Jai-Seuk, « Comparative study on the traditional families in Korea, Japan and China », p. 208.

第5章　インド亜大陸

(1) Bellwood P., *First Farmers*, p. 86-87.

(2) Daniel G., *The First Civilizations*, p. 81.

(3) Renfrew C., *L'énigme indo-européenne*, p. 235.

(4) Basham A. L., *La civilisation de l'Inde ancienne*, p. 39.

(5) ビルジア人、ビール人、ゴンド人、ホー人、カーダル人、ルシャイ人、ムンダー人、パリヤン人、サンタル人、ヴェッダ人、ヤーナド人。

(6) 結果は完璧にはほど遠い。考察されている人口には、20歳以上の未婚の子どもが含まれているからである。こうした子どもの存在は、世帯にとって真の複合性要素を表すものではない。これらの子どもは、単にあとで結婚して世帯を出ていくかもしれないのである。それゆえ平均婚姻年齢は、出生率と全く同様に、世帯の平均サイズに機械的な効果を及ぼすことがある。それはそれとして、世帯における独身の成人の子どもの存在は、20歳未満の子どもの存在とは全く同じものではないのである。

(7) 1981年には、政治的不安定のために、アッサムの調査は行なわれなかった。

(8) ヤーマンとリーチのアプローチの比較に関しては、本書92-93頁を参照。

(9) インドそのものについては、1961年における世帯主の数に対する既婚の息子の数を示す地図、1971年と1981年における世帯当たり20歳以上の成人の数を示す地図、そして1971年の世帯あたりの既婚者数を記述する地図を使用した。これらは互いにひじょうに似通っている。四つの州に分かれたパキスタン、および一つに区分されたバングラデシュに関しては、1981年における世帯あたりの20歳以上の者の数で代用した。ネパールに関しても同様だが、人類学的な視点からすると境界的なこの地帯では、境い目をきめ細かく見るために、県レベルにまで立ち入った。

(10) これは男が一生涯で稼いだ資産には適用されない。

(11) Karve I., *Kinship Organization in India*, p. 342-357.

(12) Wadley S. S. & Derr B. W., « Karimpur families over sixty years ».

(13) Behura N. K., *Peasant Potters of Orissa*.

(14) 同書の表、p. 39-40.

(15) 同書、p. 48.

出て自分の世帯を構える、という典型的なシークエンス・タイプ（通常パターン）が観察される。

（45）データと問題提起の紹介に関しては、Befu H.〔別府春海〕, « Origin of large households and duolocal residence in central Japan ». を参照のこと。

（46）Glacken C. J., *The Great Loochoo*, p. 90.

（47）Ogawa T., *Okinawa*, p. 16.

（48）Hayami A.〔速水融〕, *Population, Family and Society in Pre-modern Japan*, p. 292.

（49）Sugiura K., & Befu H.〔杉浦健一、別府春海〕, « Kinship organization of the Saru Ainu », p. 287 et p. 290-296〔参考：「沙流アイヌの親族組織」『季刊民族學研究』日本文化人類学会　16（3-4）1952 年〕.

（50）同書、p. 288、p. 291。

（51）Hammel E. A., « A glimpse into the demography of the Ainu », p. 35.

（52）同書。

（53）同書、p. 36。

（54）Hammel E. A., 前掲書、p. 29。アイヌ人とその人口調査に関しては、また Watanabe H.〔渡辺仁〕, *The Ainu Ecosystem. Environment and Group Structure.* も参照のこと。

（55）Fujiki N.〔藤木典夫〕他 , « Genetic study on Japanese isolates », p. 9.

（56）Imaizumi Y., « Parental consanguinity in two generations in Japan », p. 237. 近親結婚の頻度は、1900 年以前生まれの世代で特に高くはなっていない。

（57）Murdock G. P., « Ethnographic atlas »; Fujiki N., « The legacy of the IBP: presidential address ».

（58）Imaizumi Y., « Parental consanguinity in two generations in Japan », p. 236. 本イトコ間の婚姻率は、芦川（北海道）で 2.7%、多賀城（東北沿岸部）3.3%、身延（盆地、中部日本）6.1%、岡崎（沿岸平野、中部日本南部）2.9%、川西（沿岸平野、南西日本）3.6%、福江（極西端の島）5.25%である。

（59）Fujiki N.〔藤木典夫〕前掲書、p. 3-4。

（60）同書、p. 10。

（61）W・H・マックロー「平安時代の日本の結婚制度」p. 136。

（62）荻野文隆の着想。

（63）Neel J. V., Yanase T., Schull W. J., « Consanguinity studies in Japan », p. 488.

（64）今では記号*は 24 個しかない。

＊表音記号は「字母」と称す。子音字母 14 個、母音字母 10 個。創製当時に存在した、子音字母（ㅿ [z]、ㆁ [ŋ]、ㆆ [ʔ]）、母音字母（ㆍ [ʌ]）は、その後用いられなくなっている。

（65）Kim Doo-Sub, « Le déficit de filles en Corée du Sud: évolution, niveaux et variations régionales », Population, 2004（6）, vol. 59, p. 983-997.

（66）1985 年の国勢調査において 3 世代家族は 11%である。これに対して、韓国の他のあらゆる地方では、ソウルを除いて、15 ～ 20%である。この島の特殊性を示す人類学研究については、Shungjoung P., « Strategies for survival: variability of family structure in Toksu village on Cheju island, Korea from 1804 to 1809 » を見よ。特に北朝鮮についてのデータが不十分なため、地方的多様性の系統的な研究が不可能となっている。朝鮮半島は、中

＊Compound　本書第1章「近接居住ないし囲い地内集住の核家族」90頁以降を参照。
(21) メカニズムの記述に関しては、Nakane C.〔中根千枝〕, *Kinship and Economic Organization...*, p. 11-16. 別居と末子の特別な立場の地域分布に関しては、Nagashima N. & Tomoeda H.〔長島信弘、友枝啓泰〕、前掲書、p. 180 と p. 181 の地図を参照のこと。
(22) Nagashima N. & Tomoeda H.〔長島信弘、友枝啓泰〕、前掲書、p. 190 の表を参照のこと。
(23) Hanley S. B. & Yamamura K., *Economic and Demographic Change in Preindusrial Japan*, 1600-1868, p. 52-54〔前掲書〕.
(24) 1886年における世帯。Hayami A. & Ochiai E.〔速水融・落合恵美子〕« Family patterns and demographic factors in preindustrial Japan ». 1980年度国勢調査, : *Atlas of 1980 Population Census of Japan*（地図 11 から 18）.
(25) Hérail F., *Histoire du Japon*, p. 36-38.
(26) 同書、p. 44-49。
(27) 第33代推古天皇、第35代皇極天皇、次いで斉明の名で第37代天皇に重祚。第41代持統天皇、第43代元明天皇、第44代元正天皇、第46代孝謙天皇、次いで称徳の名で第48代天皇に重祚。
(28) 女帝に関しては、また Souyri P.-F., *Nouvelle histoire du Japon*, p. 145-149. を見よ。日本と韓国〔朝鮮半島南部〕における双方モデルの存在と、朝鮮半島北部と中国における、権力の移行のためのより父系的なモデルの存在に関して、興味深い考察がなされている。
(29) Mass J. P., « Patterns of provincial inheritance in late Heian Japan », p. 69-70.
(30) McCullough W. H., « Japanese marriage institutions in the Heian period ».
(31) Mauclaire S., « La construction du rôle du père à l'apogée de l'aristocratie de la cour de Heian », p. 43.
(32) Mass J. P., « Patterns of provincial inheritance in late Heian Japan ».
(33) Tonomura H.〔殿村ひとみ〕, « Woman and inheritance in Japan's early warrior society », p. 592.
(34) この点に関しては、Todd E., *L'invention de l'Europe*〔『新ヨーロッパ大全』〕, p. 127 を参照せよ。
(35) Kinoshita F.〔木下太志〕, « Household... », p. 240: ならびに Nakane C.〔中根千枝〕, *Kinship and Economic Organization*, p. 64-65.
(36) Suenari M.〔末成道夫〕& Daigaku S. J., « First child inheritance in Japan », p. 123.
(37) Tonomura H.〔殿村ひとみ〕, 前掲書、p. 611-615。
(38) Smith R. J., « Japanese kinship terminology: the history of a nomenclature ».
(39) これら全ての点と日本中世に関しては、Pierre Souyri, *Le monde à l'envers. La dynamique de la société médiévale*, p. 125-132. 農業の転換について。この本は歴史現象の空間内での配置に注意を向けた点で特筆すべきである。
(40) これらの評価に関しては、Souyri P.-F., 前掲書、p. 26-35 を参照のこと。
(41) Hérail F., *Histoire du Japon...*, p. 112 に征服前線の地図。
(42) 本書、196頁。
(43) 木下太志、前掲書、p. 253。
(44) Cornell L. L., « Hajnal and the household in Asia », p. 159-160 のグラフ。「ヨコウチ村の住民台帳の最も古い時代には、兄が結婚し世帯主になるが、弟が結婚すると、兄は家を相続（68ケース）は考慮しなかった。

(11) Suenari M.〔末成道夫〕& Daigaku S. J., « First child inheritance in Japan » (1972); Nagashima N. & Tomoeda H.〔長島信弘、友枝啓泰〕, *Regional Differences in Japanese Rural Culture*, 1984,〔英語著作〕p. 179 と p. 192. の地図。

(12) *Japanese Rural Society*, p. 36〔『日本の農村社会』、前掲書〕.

(13) *Kinship and Economic Organization...*, p. 66. 中根は、この点については、1947年のフルシマの研究に依拠している。

(14) Cornelle L. L., « Hajnal and the household in Asia: a comparativist history of the family in preindustrial Japan, 1600-1870 ».

(15) Hayami A. & Okada A.〔速水融、岡田あおい〕« Population and households dynamics: a mountainous district in Northern Japan in the Shûmon Aratame Chô of Aizu, 1750-1850 »,〔英語論文〕前掲書、p. 212; Kinoshita F.〔木下太志〕, « Household size, household structure and developmental cycle of a Japanese village: eighteenth to nineteeth centuries »,〔英語論文〕p. 250; Takagi M.〔高木正朗〕, « Landholdings and the family life-cycle in traditional Japan »,〔英語論文〕p. 71. 私はS・B・ハンレーが提出した結果を用いないつもりである。それらの結果は、本州南西部（フジト村）にこのような複雑な構造が見られることを喚起するかもしれないが、それらの構造はその類型に属する唯一のケースである。概念は定義されていない（« grand family » が、1775年には1%、1863年には18%とされている）。Hanley S. B., « Family and fertility in four Tokugawa villages », 1985. ハンレーは、以前のある研究では、フジト村を徳川時代の最後の世紀において日本全体で支配的だった核家族の具体例とみなしていた。これもまた多大の信頼を抱かせるものではない。例外的な手続きだが、私はこれらのデータを却下することを選んだ。ハンレーは、データはいく通りもの読み方ができると示唆しているが、つまりは夫婦家族の同居の概念に曖昧さが含まれるということである。Hanley S. B. & Yamamura K., *Economic and Demographic Change in Preindustrial Japan, 1600-1868*, 1977, p. 279〔S・B・ハンレー、K・ヤマムラ『前工業化期日本の経済と人口』速水融・穐本洋哉訳、ミネルヴァ書房、1980年〕。

(16) 木下によると、複式世帯（直系家族または横の連合による）は、上層で58.6%、中間層で27.9%、下層で21.4%である。« Household size, household structure and developmental cycle of a Japanese village: eighteenth to nineteenth century » (1760-1799), p. 248。速水と岡田によれば複式世帯は、上層で52.7%、中間層で37.2%、下層で30.2%である。うち「ジョイント」（横の連合）は、それぞれ9.6%、2.2%、1.6%である。« Population and households dynamics: a mountainous district in Northern Japan... », p. 212.

(17) 例えば〈東北〉において。斎藤修の概論的論文 « Marriage, family labour and the stem family household: traditional Japan in a comparative perspective », p. 37 中に引用されている一モノグラフから引いたケース。

(18) Tsuya N. O. & Kurosu S.〔津谷典子、黒須里美〕, « Economic and household factors of first marriage in early modern Japan: evidence from two northeastern village, 1716-1870 » 表3、この表は、周囲の村との婚姻の対称性についての仮説を組み込んでいる。

(19) Fukutake T., *Japanese Rural Society*,〔福武直『日本の農村社会』〕, p. 47.

(20) これらの論文の中では、*compoud*〔囲いをめぐらせた住宅群〕* という例の英語のタームに出会う。

(112) 民族誌地図のコード化によれば、T となる。唯一、親族システムの単線性の側の平行イトコである « orthocousin »〔正統イトコ〕のみが禁止の対象となる。
(113) Feng H.Y〔馮漢驥〕., *The Chinese Kinship System*, p. 43-44.
(114) Granet M., *La civilization chinoise*, p. 180; Feng H.Y, 前掲書、p. 45.
(115) Barry L., *La parenté*, p. 89-94.
(116) Murdock G. P., « Ethnographic Atlas: a Summary ».
(117) Humphrey C., *Karl Marx Collective: Economy, Society and Religion in a Siberian Collective Farm*, p. 54.
(118) 四方外婚。私はイトコの可能な四つの型を喚起するためにこの便利な用語を用いる。この用語は、〈双方〉という用語とは論理的に連続していない。四つの側というのは、両親のそれぞれに理論上姉妹と兄弟が存在することで、母方と父方とがさらに下位区分されることによって、生ずる。
(119) Bogoras W. J., *The Chukchee*, p. 576; Nelson E. W., *The Eskimo about Bering Strait*, p. 291. またマードックの地図も参照のこと。
(120) Jochelson W., *The Yukagir...*, p. 79-86. またマードックの地図も参照のこと。

第4章　日本

(1) Hérail F., *Histoire du Japon*, p. 32.
(2) 同書、p. 29。
(3) 愛知県ならびに沖縄県。Y.Tanaka〔田中良之〕, « Reconstructing final Jomon post-marital residential patterns in Western Japan ». この研究は、縄文時代の母方居住モデルの存在についての春成の思弁に反駁している。春成の解釈は、純粋な推論よりも検証不能の仮説を数多く含んでおり、当初は母方居住であったとする、かくも頻繁な幻想を再生産することしかしていない。この点に関しては、本書第8章の「ヨーロッパ民族誌学に見られる母系制と父系制の幻想について」(504頁以降)を参照のこと。Harunari H〔春成秀樹〕., « Rules of residence in the Jomon period based on an analysis of tooth extraction ».
(4) Embree J. F., *Suye Mura: A Japanese Village* (1939年、九州)〔ジョン・F・エンブリー『日本の村——須恵村』植村元覚訳、日本経済評論社、1978年〕; Norbeck E., *Takashima: A Japanese Fishing Community* (1954年、瀬戸内海の島); Beardsley R. K., Hall J. W. & Ward R. E., *Village Japan* (1959年、本州西部); Dore R. P., *Shinohata: A Portrait of a Japanese Village* (1978年、関東、東京の北); Smith R. J., *Kurusu: The Price of Progress in a Japanese Village* (1978年、四国北東).
(5) *Kinship and Economic Organization in Rural Japan*〔中根千枝の英語著作〕.
(6) *Japanese Rural Society*〔福武直『日本の農村社会』東京大学出版会、1953年〕.
(7) Kurosu S. & Ochiai E., « Adoption as an heirship strategy under demographic constraints: a case from nineteenth-century Japan », p. 267〔黒須里美、落合恵美子、英語論文〕.
(8) 同書、p. 262。
(9) Hayami A.〔速水融〕, *Population and Family in Early-Modern Central Japan*,〔英語著作〕p. 226. 速水教授は日本にルイ・アンリの歴史人口学とピーター・ラスレットの家族構造分析を導入した。
(10) 私は喚起された相続様式をすべて考慮に入れたわけではない。とりわけ寡婦によるやや異なる変異体のようである。
(90) Johnson W., *The Tang Code*, vol. 2, p. 129-130.
(91) 同書、p. 137。
(92) 同書、第 157 条、ステータスによる解説、p. 130-131。
(93) Feng H. F〔馮漢驥〕., *The Chinese Kinship System*, p. 21.
(94) Maspero H., *La Chine antique*, p. 318-319.
(95) Gernet J., *Le monde chinois*, p. 141, p. 155.
(96) 総合化的形態としての官僚制度は、フランスでも中国でも突き止めることができる。唐帝国は、中国の官僚制度を成熟に至らしめたが、同時に位階序列的にして同時に平等主義的なその諸原則が総合化的様相を呈するのは、偶然ではないと私には思われる。官僚制国家は、その臣民を等価なものと考えなければならないが、具体的組織としての限りで国家機構を構造化する位階序列的な原則を必要とする。フランス中央集権国家の場合、パリ盆地の平等主義核家族と南フランスの直系家族との無意識の協働を感じることができる。前者は、国土と市民についての同質的なイデオロギー的ヴィジョンを産出するが、後者は、位階序列原則を受け入れ、国家機構を機能させる力を有する具体的な官僚=公務員群を産出するわけである。『移民の運命』第 9 章 305 頁を参照。
(97) Johnson W., *The Tang Code*, 第 328 条、兄あるいは姉に加えられた殴打について , p. 364-365.
(98) 同書、第 158 条、(内縁の妻ではなく) 正妻の長男を遺産相続人に選ぶことについて。
(99) 例えば、Venema B. & Bekket J., « A permissive zone for prostitution in the Middle Atlas of Morocco », p. 54-57.
(100) Van Gulik R., *La vie sexuelle dans la Chine ancienne*, p. 274〔R・ファン・ヒューリック『古代中国の性生活』松平いを子訳、せりか書房、1988 年〕.
(101) 自然な規準は、女子 100 に対して男子 103 〜 106 である。
(102) Attané I., « Les défis de la Chine: moins de filles, plus de personnes âgées », *Population et société*, no 416, octobre 2005, p. 1-4.
(103) Guilmoto C. Z., « A spiritual and statistical examination of child sex ratio in China and India », p. 161.
(104) この点に関しては、本書第 1 章 85-88 頁を参照のこと。
(105) Lévi-Strauss C., *Les scructures élémesntaires de la parenté*, p. 529〔C・レヴィ=ストロース『親族の基本構造』前掲書〕.
(106) Li Mark L., « Patrilateral cross-cousin marriage among the Magpie Miao: preferential or prescriptive ? », p. 55.
(107) mother's brother's daughter〈母親の兄弟の娘〉、本書 53-54 頁および序説原註 29、30、31、32 を参照のこと。
(108) 湖北については、Qin Zhaoxing, « Rethinking cousin marriage in rural China »; 台湾については、Ballin B., « Cousin marriage in China »; また念のため、次のものも見よ。Hsu F. L. K., « Observations on cross-cousin marriage in China ».
(109) Father's sister's daughter.
(110) Father's brother's daughter.
(111) Mother's sister's daughter.

の人類学的特異性と歴史における彼らの役割については、次のものも見よ。Krader L., *Pastoralism Nomadism in Eurasia: as Evolution and as History.* シャヴァンヌはすでに匈奴における左翼と右翼の概念の重要性に気付いていた。それによって、等級や階級の体系的な下位区分が可能になるのである。次のものを見よ。Chavannes E., *Les mémoires historiques de Se-Ma Ts'ien*, p. LXIV, LXV.

(76) 本書 747-748 頁を参照のこと。

(77) Renfrew C., *L'énigme indo-européenne*, p. 236.

(78) ペルシャの父系制については、本書 785-786 頁を参照のこと。

(79) Renfrew C., 前掲書, p. 242.

(80) 1982 年中国国勢調査。

(81) Belanger D., « Regional differences in household composition and family formation patterns in Vietnam », p. 178.

(82) ロシアの家族の詳細な分析に関しては、本書 404-406 頁を参照せよ。

(83) Gulick J., *Social Structure and Culture Change in a Lebanese Village*, p. 110.

(84) Granet M., *La civilisation chinoise*, p. 444.

(85) 1929-1931 年。Buck J. L., *Land Utilization in China*, p. 367.

(86) Granet M., *La civilisation chinoise*, p. 127.

(87) Lee J. Y. & Campbell C. D., *Fate and Fortune in Rural China: Social Organization and Population Behavior in Liaoning 1774-1873*, p. 110.

(88) Futing Li. T., « Were past Chinese familles complex ? Household structures during the Tang Dynasty, 618-907 AD ». この論文と彼が用いた資料はすばらしいが、筆者は世帯の発展サイクルの概念を使いこなせていないようで、核家族的世帯が 47%というのは多いと考えているが、実はそれはきわめて少ないのである。また、ラスレットの分類方式*による複式世帯、すなわち 2 組の夫婦を含む世帯が 23%というのは、少ないのである。これは、もっとも大きな共同体類型ではないが、共同体的父方居住の発展サイクルは姿を見せている。

＊ラスレットの分類方式　本書序説頁末原註［2］を参照。ただし、カテゴリー 5 の下位区分は、そこには示されていない。

(89) 8.7%という率は、ラスレットの分類のカテゴリー 5c（複式家族世帯：すべてのユニットが同一レベル）と 5d〈兄弟共同体〉(frérèches)*を露呈させるものである。これらの類型があることは、共同体家族モデルの存在の不可欠な目印である。Futing Li T., 前掲書, p. 341. おそらくカテゴリー 5e（複式家族世帯：その他）の 2.7%の一部を加えなければならないだろう。

＊〈兄弟共同体〉(frérèche)　ラスレットの Household and Family in Past Time, p. 31. には、彼の世帯の類型体系の一覧表が見えるが、それは本書 21 頁（序論）に紹介されている五つのカテゴリーに〈6 不確定〉(Indeterminate) を加えたものであるが、1 から 5 までの各カテゴリーは、(a) (b) ……と下位区分されている。〈5. 複式家族世帯〉は、(e) まで五つの下位区分を有し、5-(c) は Units all on one level であり、5-(d) が frérèches である。Frérèche とは、父親の死後も兄弟の同居が継続する形態を意味するが、血縁関係のない友人を同居させ、さらに遺産相続にも参加させるという形態もあるようである。本書 554 頁を参照。ただし、そこで触れられているのは、

occidentales, chap. 7, 8〔エマニュエル・トッド『第三惑星——家族構造とイデオロギー・システム』第3章、『新ヨーロッパ大全』第9章、第10章、『移民の運命——同化か隔離か』第7章、第8章〕.

(60) 長子権については、Granet M., *La féodalité chinoise*, p. 196、封建時代における私生活に関しては同著者の *La civilisation chinoise*. の第4章を見よ。

(61) 本書、第9章を参照のこと。

(62) Gernet J., *Le monde chinois*, p. 56.

(63) Gernet J., *Le monde chinois*, p. 56.

(64) Baker H. D. R., *Chinese Family and Kinship*, p. 154. 私はベイカーが提示した諸情報から最近の中国のリネージ*組織の強さについての地図を採用した。その地図は、Todd E., L'enfance du monde: structures familiales et développement, p. 129〔エマニュエル・トッド『世界の多様性』413頁〕に見える。

＊リネージ（lignage）　血統、家系などと訳される。『世界の多様性』422頁の訳註で、荻野文隆氏が引用している中根千枝による定義を、ここに引かせて戴くなら、以下の通り。「一定の祖先を頂点として、それから派生した父系（母系）の血縁につながる成員によって構成される範囲をリネージ（lineage）、クラン（clan）と呼ぶ。リネージとは、その構成員がお互いの血縁関係をたどることのできる範囲に使われ、クランは、必ずしも相互の関係が設定できなくとも、同一祖先から派生したという認識をもっている人々の範疇をさす。したがってリネージの方が、クランと比べて遡及する世代深度が浅いのが常である」(『社会人類学——アジア諸社会の考察』東京大学出版会、1987年、78-79頁)。

(65) この状況は、ヨーロッパでは頻繁に見られるが、日本におけるこの状況の記述は、以下のものに見られる。Nakane C., *Kinship and Economic Organization in Rural Japan*, chap. 1: « Basic structure of household and kinship ».

(66) 本書、表2-2、121頁。

(67) Lebedynsky I., *Les nomades*, p. 19.

(68) Guilaine J. & Zammit J., *Le sentier de la guerre: visages de la violence préhistorique*, p. 175. J・ギレーヌ、J・ザミット『戦争への道——有史以前の暴力の姿』p. 175。土地の再生は、水田のケースでは問題を生じないが、古代中国の「中央部」はキビを耕作していた。

(69) 本書、第9章、534頁、ならびに第10章、606頁。

(70) 農業のケースにおけるのと同様に、馬の馴致の年代推定は、発見があるたびに変わっている。この要素は現在は不安定とみなされるべきである。

(71) Lebedynsky I., *Les Scythes*, p. 151.

(72) Lebedynsky I., *Les Sarmates*, p. 33-34. ポリアイノスが執筆したのは、とはいえ明らかにずっと後の、二世紀のことだった。

(73) 父系の民族が、未分化の文化を母系ととらえる反転知覚については、本書466-471頁を参照のこと。

(74) ギリシャ人の母系ファンタスムとその近代における系譜については、本書504-512頁を参照のこと。

(75) Lebedynsky I., *Les nomades*, p. 29. 遊牧民族の歴史、動向、撹拌、広域に及ぶ一時的な政治組織の構築については、次のものを見よ。Grousset R., *L'empire des steppes*. 遊牧民じょうに重要な成果を挙げたが、それ以上に、ロシアから来た三人のユダヤ人人類学者〔上記三名〕とドイツ生まれのアメリカ人ユダヤ人人類学者〔ボアズ〕がベーリング海峡にて象徴的な出会いを果たしたことは、ユダヤ民族の知的運命についての瞑想の見事な対象でありえるだろう。ボアスは1942年、ニューヨークで心臓発作により、レヴィ=ストロースの腕に抱かれて亡くなった。

＊ジーザップ　同探検隊の主催者、アメリカ博物館の館長、モリス・K・ジーザップの名から、このように命名された。

(38) それは、エンゲルスを通して、モーガンによって自己形成をしたシュテルンベルグの大きなテーマの一つである。

(39) Bogoras W. J., *The Chukchee*, p. 543.

(40) 同書、p. 537.

(41) 同書、p. 550.

(42) 同書、p. 571, 579, 586-587.

(43) Moore R. D., « Social life of the Eskimo of St Lawrence Island », p. 367. Nelson E. W., *The Eskimo about Bering Strait*, 1899（とはいえアラスカ西部の共同体を扱っている。彼らは文化的にシベリアのエスキモーに近い), p. 291.

(44) Bogoras, 前掲書, p. 542.

(45) Jochelson W., *The Yukaghir and the Yukaghirized Tunguns*, p. 92.

(46) とりわけアタイヤル人をめぐって矛盾がある。アタイヤル人について、馬淵は長子相続の要素を喚起し、ペコロラは末子相続の要素を喚起している。プユマ人については、馬淵のデータはいずれも規則の不在を示唆しているが、レーバーの研究では、何らかの形態の長子相続制をとるとされている。Lebar F. M. 他、*Ethnic Groups of Insular Southeast Asia*, p. 115-148; 馬淵東一, « The aboriginal peoples of Formosa »; Pecoraro F., *Présentation de la culture taroko*（*Atayal*）.

(47) 本書359-362、451、543-548頁。

(48) 馬淵東一 « The aboriginal peoples of Formosa ».

(49) Cai Hua, *Une société sans père ni mari: les Na de Chine*.

(50) 同書、p. 100。

(51) 同書、p. 106。

(52) 同書、第7章、« La Parenté de la famille du *zhifu* ».

(53) 同書、p. 69。

(54) Gernet J., *Le monde chinois*, p. 51. しかし母系の甥による継承がそれとなく示唆されているが、これは、資料検討からではなく、むしろヨーロッパの古い人類学の母系制ファンタスムから派生したものと、私は思う。このファンタスムについては、本書、504-512頁を参照のこと。

(55) 本書第4章236-237頁、ならびに第12章761-772頁。

(56) Chang Kwang Chih, *Shang Civilization*, p. 171.

(57) Gernet J., *Le monde chinois*, p. 56.

(58) Chen, Mengjia, *Yin Xu Buci*, p. 368-371.

(59) Todd E., *La troisième planète. Structure familiales et systèmes idéologiques*, chap. 3; *L'invention de l'Europe*, chap. 9, 10; *Le destin des immigrés. Assimilation et ségrégation dans les sociétés*

prescriptive ? », p. 57.

(26) Pecoraro F., *Présentation de la culture Taroko (Atayal)*. また、90%の父方居住率に関しては馬淵の前掲書、p. 129 も参照のこと。

(27) Lebar F. M., Hickey G. C. & Musgrave J. K., 前掲書 .

(28) Vreeland H. H., *Mongol Community and Kinship Structure*, p. 52, 78. ユーラシアのステップのシステムの概観については、次のものを見よ。Krader L., *Peoples of Central Asia*. 末子相続については、特に p. 145. ヨーロッパ・ロシア縁辺部のカザフ人については、次のものを見よ。Hudson A. E., *Kazak Social Structure*.

(29) Krader L., *Peoples of Central Asia*, p. 142. また、同じ筆者の以下のものも見よ。« Principles and structure in the organization of the Asiatic steppe-pastoralists ».

(30) Even M.-D., Pop R., *Histoire secrète des Mongols*, 例えば p. 58.

(31) Lowie R., *Traité de sociologie primitive*,〔ロバート・ローウィ『原始社会』、前出〕p. 161-163。

(32) Morgan D., *The Mongols*, p. 112.

(33) Lowie R., *Traité de sociologie primitive*,〔前掲書〕p. 171; Krader, *Peoples of Central Asia*, p. 143; Jochelson W., *The Yakut*, p. 132, 134.

(34) Vreeland H. H., *Mongol Community and Kinship Structure*, p. 153.

(35) Shternberg L. I., *The Social Organization of the Gilyak*, 父方居住制に関しては p. 12、一夫多妻制に関しては p. 61 を参照。シュテルンベルクの研究は、20 世紀初めに遡るが、親族用語と集団の婚姻についてのその研究法は、いささか古風である。つまりモーガン流の思弁をめぐらせている。また次のものも参照。Majewicz F. & Pilsudski B., *The Collected Works of Bronislaw Pilsudski*, vol. 1, *The Aborigins of Sakhalin*〔ブロニスワフ・ピウスツキ『樺太アイヌの状態』上田将訳、京華日報社『世界』No. 26, 27, 1906 年〕.

ギリヤーク人が冬に張る巨大な獣皮テントの中には、いくつかの要素を組み合わせた中間的形態が見出される。すなわち、息子たちは同居する（共同体家族）。しかし炉はそれぞれ別で、彼らには立ち去る自由があり、末子への優遇がある（一時的同居を伴う核家族）。しかし時には、長子を支配的な立場につかせる一妻多夫制を伴う（直系家族的形態）。

(36) この地帯の諸民族の居住位置は、この上なく周縁部的であるが、それによって、晩期的な構造機能主義の見事な顕現が妨げられることはなかった。ティム・インゴールドは、トナカイ飼育者の双方性（飼育者集団の大半は父系である）を、彼らがトナカイを乳用というよりはむしろ食肉用に飼育しているという事実に結びつけている。食肉用の牧畜に従う者は、双方的親族システムを採用し、乳用の牧畜に従う者は父系制を採用する、と彼は言う。Ingold T., *Hunters, Pastoralists and Ranchers*, p. 176-200.

(37) ワルドゥマール・ヨケルソン（1855-1937）はユカギール人とヤクート人を、ワルドゥマール・ボゴラス（1865-1936）はチュクチ人、コリヤーク人、ユピク・エスキモーを、レヴ・シュテルンベルグ（1861-1927）はサハリン島のギリヤーク人を民族誌化した。専門的人類学者となった彼らは、アメリカ人類学の父であるフランツ・ボア（1858-1942）の監修で、アメリカ自然史博物館が組織編成した〈ジーザップ* 北太平洋探検隊〉(1897-1902) に参加した。探検隊の目的は、ベーリング海峡の両側、シベリアとアラスカ、そしてアメリカ合衆国の北西沿岸に生活する住民を研究することだった。この探検はひ

(5) 黒タイ人、白タイ人、赤タイ人、トー人、ヌン人。F. M., Hicky G. C. & Musgrave J. K., *Ethnic Groups of Mainland Southeast Asia*, p. 220-237.

(6) 二つの素晴らしいモノグラフがあるが、その中心には直系家族の概念がある。Goldstein M. C., « Adjudication and partition in the Tibetan stem family »（1978）, Levin N., *The Dynamics of Polyandry, Kinship, Domesticity and Population on the Tibetan Border*（1988）, とりわけ p. 140, « The utility of the stem family concept ».

(7) Stubel H., *The Mewu Fantzu. A Tibetan Tribe of Kansu*, p. 50-53.

(8) Lebar F. M., Hickey G. C. & Musgrave J. K., *Ethnic Groups of Mainland Southeast Asia.*

(9) Yan R., « Marriage, family and social progress of China's minority nationalities », p. 86.

(10) Grenot-Wang F., *Chine du Sud: la mosaïque des minoritiés*, p. 150.

(11) 次のものに拠る。Cai Hua, *Une société sans père ni mari: les Na de Chine.*

(12) Lebar F. M., Hickey G. C. & Musgrave J. K., *Ethnic Groups of Mainland Southeast Asia.*

(13) Mabuchi T., « The aboriginal peoples of Formosa »,〔馬淵東一の英語論文〕p. 137. 父方居住のルカイ人 1 に対して、理論上は双方居住のパイワン人 6 の割合である。ただし、息子がいないケースでは、娘が相続する。

(14) 本書第 6 章、359-362、および 382-384 頁、東南アジアの双方居住直系家族的形態。

(15) Wolf A. P., « The origins and explanation of variation in the Chinese kinship system », p. 2.

(16) 同書、p. 5-7（彼の用語としては、母方居住ではなく、妻方居住が用いられる。これは、一般に中国についての議論の中では、同様である）。

(17) 台湾については特に次のものを見よ。Pasternak B., « On the causes and demographic consequences of uxorilocal marriage in China », いくつかの特徴的な率については p. 315-317.

(18) Buck J. L., *Land Utilization in China*, p. 367. 私は『世界の幼少期』〔『世界の多様性』〕p. 411-415 の中で中国南部の特異性についての簡単な分析を提示した。

(19) 1982 年『中国国勢調査』、表 70、p. 476-479。

(20)『中国統計年報』1986 年、p. 83。

(21) Fei H. S., *Peasant Life in China: A Field Study of Country Life in the Yangtze Valley*, 1939〔費孝通『支那の農民生活』仙波泰雄・塩谷安夫訳、生活社、1939 年〕.

(22) Ruey Yih-Fu, « The Magpie Miao of Southern Szechuan »（男子がいない場合は、母方居住が容認される）; Hsu F. L. K., *Under the Ancestors' Shadow: Chinese Culture and Personality*; スーがあげている資料はやや矛盾している。というのは、彼は母方居住婚が三分の一以上としている（p. 99）が、都市の一部において、嫁として嫁ぐ者 41 に対して婿として入るもの 2 という、家族構造についての表を提示しているのである（p. 112）。それは要するに、母方居住率 4.7%となるわけで、中国北部の規範である 1%以下という率を、それだけでもかなり上回っている。

(23) Li S., Feldman M. W. & Li N., « A comparative study of determinants of uxorilocal marriage in two countries of China », p. 131; また、次のものを見よ。Li S., Feldman M. W. & Li N., « Acceptance of two types of uxorilocal marriage in contemporary rural China: the case of Lueyang ».

(24) Lebar F. M., Hickey G. C., Musgrave J. K., *Ethnic Groups of Mainland Sautherneast Asia.*

(25) Li M. L., « Patrilateral cross-cousin marriage among the Magpie Miao: preferential or

母方居住率を特定しているが、私としては、それはアイマク人に帰するべきと考える。著者は、双処居住は、民族的というよりはむしろ地域的特徴であり、タジク人他の同州の他の集団にも振り当てることができるであろうと、述べているのであるが。この現象は頻繁に見られるもので、空間的次元の重要性、家族に関する行動様式の隣接性による伝播を明らかに示すものである。民族としては異なるものと分類されている集団が、特定の地域において共通の特徴を出現させるということはあるものである。同じ現象は、セルビア人やクロアチア人、ボスニアのムスリムに関して、モセリィが指摘しているところだ。バルチスタンを双処居住であるとすると、私は、不確かな指標に基づいて、自分の証明をいたずらに複雑にしてしまうことになる。イラン側のバルチスタンのイランシャールの、山奥の山に囲まれた地域では、1976年の国勢調査の際に、母方居住率が44%であり、オマーンのソハール・バルーチュ人の許でフリードリッヒ・バルトが観察した母方居住率は、57%であった（Barth F., *Sohar. Culture and Society in an Omani Town*)。しかしピアソンは、パキスタンのバルーチュ人を父方居住と紹介しており、母方居住のケースの希少性を指摘している（Pehrson R. N., *The Social Organization of the Marri Baluch*)。ブノワ・ド・ジャンティサールは、国境の向こう側の、すぐ近くに住むアフガニスタンのバルーチュ人を、同様に提示している（前掲書、p. 250)。それは、アフガニスタンのゴール州やボスニアについて喚起された地域的同質性の論理的補完要素に他ならない。いくつもの地域に分散した「民族集団」は、家族という面では異種混交的になるのである。

(7) 本書、527-539、545-546頁。

(8) Sagart L. Todd E., « Une hypothèse sur l'origine du système familial communautaire »〔L・サガール＋エマニュエル・トッド「新人類学史序説——共同体家族システムの起源」前出〕.

第3章　中国とその周縁部——中央アジアおよび北アジア

(1) Bellwood P., « Examining the farming/language dispersal hypothesis in the East Asian context ».

(2) 1994年に婿養子の原則を受け入れた拡大家族の割合は、それでも17%だったが、このパーセンテージは実際には都市化・工業化した社会にとってはむしろ低い数字である。ちなみに、イラン都市部の父方居住率は、1976年では11.3%だった。李氏朝鮮時代（1392-1910年）末期の率は、都市部では1.5%だったようである。次のものを見よ。Moon-Sik Hong & Yong-Chan Byun, « Intergenerational relations in South Korea », p. 176-177.

(3) 朝鮮の家族を特徴づけるイトコ婚の全面的な禁止は、兄（弟）の息子が、相続させたいが息子を持たない（兄）弟の娘と結婚することに反対する。

(4) Bryant J., « Northern Vietnamese households », p. 171. ブライアントは、既婚の弟息子たちは、一時的同居の段階の後に家を出て、自立した世帯を構えることができると、示唆している。このような方式からすれば、ヴェトナム北部の家族は追加的な一時的同居を伴う父方居住直系家族類型ということになる。この情報は統計に基づいていないので、私はヴェトナムの家族を、214民族の基本サンプル内では、父方居住共同体家族として記述するに留めた。しかし、父方居住共同体家族と一時的同居との間の限界的地域に関して、ブライアントがもたらした微妙な差異はひじょうに興味深い。

1992年〕.
(50) Todd E., « Manoir amasé et ménage ».
(51) Lenclud G., « Des feux introuvables: l'organisation familiale dans un village de la Corse traditionnelle ».
(52) Albera D., « La frontière comme outil: une exploitation de l'organisation domestique sur les deux versants des Alpes occidetales ».
(53) Valla F., *L'homme et l'habitat*.
(54) Le Penven E., « La famille étendue en Basse-Bretagne, Plounévez-Quintin au XIXe siècle »; Gaillard-Bans P., « Maison longue et famille étendue en Bretagne »; Ségalen M., « Diversité des systèmes d'héritage en Finistère: le cas contrasté du pays bigouden et du pays léonard ».
(55) Egerbladh I., « From complex to simple family households: peasant households in northern coastal Sweden 1700-1900 » ならびに Moring B., « The Finnish stem family in historical perspective: strategies for social and economic survival of the land-holding group »; Hayami A. Okada A., « Population and household dynamics: a mountanious district in northern Japan in the Shûmon Aratame Chô of Aizu, 1750-1850 », *History of Family*, vol. 10, no 3, 2005〔速水融・岡田あおい、英語論文〕; Kinoshita F., « Household size, household structure and developmental cycle of a Japanese village: eighteenth centuries »〔木下太志、英語論文〕; Takagi N., « Landholdings and the family life cycle in traditional Japan »〔高木正朗、英語論文〕.
(56) Bretell G. B., « Emigration and household structure... ».

第2章　概観——ユーラシアにおける双処居住、父方居住、母方居住

(1) 一夫多妻婚＝妻が複数。一妻多夫婚＝夫が複数。複婚＝男性配偶者もしくは女性配偶者が複数。
(2) Trevithick A., « On a panhuman preference for monandry », *Journal of Comparative Family Studies,* vol. XXVIII, no 3, automne 1997, p. 154-181.
(3) Freeman J. D., « The family system of the Iban of Borneo »: 一般的に、長い家屋の中にある不可分の家族住居を、長子が保持する。三つ以上の世代の世帯が、総数の57%を占め、双処居住は絶対的である。すなわち、婚姻の49%が夫の家族側に居住し、51%が妻の家族の側に居住する。単線的相続の観念は、きわめて顕在的である。バスクの絶対長子相続制直系家族は、この家族類型の双処居住変種としてまさに教科書的ケースである。例えば Zink A., *L'héritier de la maison. Géographie coutumière du sud-ouest de la France sous l'Ancien Régime*, p. 108. を見よ。
(4) 双処居住は、ゴレンヤ・ヴァスについてのゴシオーのモノグラフの中には見られるが、ウィナーのツェロヴニカについてのモノグラフの中では姿を消している。ここでは、古典的な男性長子相続規則が支配的のようである。おそらくこの地域は、父方居住の直系家族地帯と末子相続制の外見をした一時的双処同居を伴う核家族地帯という二つの部分に分けられるべきなのだろう。次のものを見よ。Winner I., *A Slovenian Village: Zerovnica*; Gossiaux J. F., *Le groupe domestique dans la Yougoslavie rurale.*
(5) 本書123、652頁。
(6) Benoist de Gentissart (de) A., *La composition des ménages nomades d'Afghanistan d'après les données du recensement de 1979*, p. 71-75. ここで著者はゴール州全体について40%という

るが、これが同じケンブリッジのトリニティ・カレッジで実現したというのは、皮肉である。人間科学にとって、発見の伝承は、時として発見そのものと同様に困難なことである。

Lowie R., *Histoire de l'ethnologie classique*, p. 94-95. を見よ。ローウィの『原始社会学論』〔『原始社会』前出〕の書誌には、同じ年に刊行された『旧約のフォークロア』が含まれていない。言及されているのは、『トーテミズムと外婚制』(1910)、『金枝篇』(1911)、『サイキス・タスク』(1912) だけで、つまりいずれも古びることのなかった、フレイザーの作品である。ボンテとイザールの秀作『民族学・人類学事典』は、逆に『旧約のフォークロア』は依然として大幅に利用可能と記している (p. 298)。私自身について言えば、「フレイザーによる末子相続制」を発見したのは、先に引いた、中央アメリカの家族構造についてのロビショーの注目すべき論文 « Residence rules and ultimogeniture in Tlaxcala and Mesoamerica » の中である。

(35) Frazer J. G., *Folklore in the Old Testament,* p. 342–371〔ジェームズ・フレイザー『旧約聖書のフォークロア』江河徹他訳、太陽社、新版、1995年〕.

(36) 同上、第2章。

(37) Bril J., *Le meurtre du fils,* 特に p. 47–55 の人類学的証言。

(38) Todd E., *La troisième planète. Structures familiales et systèmes idéologiques*, p. 32–35. p. 193–214〔エマニュエル・トッド『世界の多様性』荻野文隆訳、藤原書店、2008年、65-67、255-280頁〕.

(39) Jochelson W., T*he Yukaghir and the Yukaghirized Tungus,* p. 107.

(40) Yaman N., *Under the Bo Tree: Studies in Caste, Kinship and Marriage in the Interior of Ceylon,* 前掲書、p. 114–122; Stoodley B. H., « Some aspects of Tagalog family structure »; Go S. P., « The Filipino family in the eighties ».

(41) Dumont L., *Une sous-caste de l'Inde du Sud.* アンデス・アメリカについては、Christinat J. L., 前掲書。

(42) Spiro M. E., *Kinship and Marriage in Burma*; Nash J. & M., « Marriage family and population growth in Upper Burma »; Pongsapich A., « Changing family pattern in Thailand ».

(43) Tschopik H., *The Aymara of Chucuito, Peru,* p. 160. しかし、compound の概念と、夫婦家族の居住に関する相対的な自立性が言及されている。

(44) Nutini H. G., *San Bernardino Contla. Marriage and Family structure in a Tlaxcalan Municipio,* 特に第10章。

(45) 同上。この数値は、著者が提供している詳細な家族構成に基づいて、私が婚姻数から算出したものである。p. 197–199.

(46) Yalman N., *Under the Bo Tree*; Leach E. R., *Pul Eliya: a Village in Ceylon.* Robinson M. S., « Some observations on the Kandyan Sinhalese kinship system » の中では、二つのレベルは等しい重要性を持っている。

(47) Blackman M. B., « Haida: traditional culture », p. 243.

(48) Suttles W., *Northwest Coast. Handbook of North American Indians*; Kennedy, Bouchard, « Northern Coast Salish » を見よ。

(49) Laslette P., Wall R., 他、*Household and Family in Past Time,* 序説、p. 36–39〔ピーター・ラスレット『ヨーロッパの伝統的家族と世帯』酒田利夫・奥田伸子訳、リブロポート、

(29) Fauve-Chamoux A., « The stem-family and the"preciput" ».

(30) Zink A., *L'héritier de la maison. Géographie coutumière du sud-ouest de la France sous l'Ancien Régime*, 地図 p. 359.

(31) Nagashima N. Tomoeda H., *Régional Differences in Japanese Rural Culture,* 地図 p. 192〔長嶋信弘・友枝啓泰共編の英語論集、1984〕.

(32) 東南アジアについては、次のものを見よ。Murdock G. P., 他、*Social Structure in Southeast Asia,* とくに Koentjaraningrat R. M., « The Javanese of South Central Java », p. 102; Belanger D., « Regional differences in household composition and family formation patterns in Vietnam », p. 179; Spiro M. E., *Kinship and Mariage in Burma*, p. 106; Pongsapich A., « Changing family pattern in Thailand », p. 336-342; Massard J., « Ordre de naissance et mobilité des personnes en Malaisie », p. 43; Martel G., *Lovea, village des environs d'Angkor*, カンボジアについては p. 91, 202; 南インドについては、次のものを見よ。Dumont L., *Une sous-caste de l'Inde du Sud*, p. 198. アンデス山地アメリカについては、Christina J. L., *Des parrains pour la vie. Parenté rituelle dans une communauté des Andes péruviennes*, p. 20-21; 中央アメリカについては、Robichaux D. L., « Résidence rules and ultimogeniture in Tlaxcala and Mesoamerica », p. 155-160.

(33) ヨーロッパの例については、本書 9 章、10 章を見よ。

(34) 末子相続に至るサイクルが、古くかつ一般的であるということは、重要な発見であり、ローウィはフレイザーについてやや軽蔑的な判断を下しているが、フレイザーは確実にその判断には相当しない。ローウィは、フレイザーを計画も方法もない、ただの博識者としか見ていなかった。彼の最もよく知られた著作、『金枝篇』が最も重要な著作ではないというのは、確実である。実際『金枝篇』は、人間社会の力学に関する省察ではなく、神話をめぐる夢想へと人を導くものである。しかし『旧約のフォークロア』では、ヤコブの婚姻が喚起する家族形態から出発して、末子相続制や外婚規則、交叉イトコ婚、アラブ風と言われる婚姻（兄弟同士の子どもたちの結婚を選好するが、あらゆる型のイトコ間の結婚も認可する）等々の、家族構造の全世界的目録を企てている。このような広範な調査の結果、彼の出した結論は、末子相続制の古さや四方内婚の近年性については、正しい結論にきわめて近いものであった。彼の結論がすべて正しいわけではなく、まだ何も完成に至っていないが、1919 年に完成したこの目録は、大きな前進であった。

フレイザーは、理論面では慎ましい態度に終始したが、その業績の中で、理論に合致しない民族をすべて無視するような、ご都合主義の、作為的なサンプルを提示することはしていない。彼の学識は、アフリカ、アジア、アメリカ、オセアニアについて、さらに遺産相続規則に関しては中世ヨーロッパについて、1919 年頃に知られていたことを、差別なく累積する、方法論的に誠実なものであった。レヴィ゠ストロースや構造主義人類学者の大多数の学識は、これとは別のタイプのものである。もちろん現実には対応しているが、彼らの学識は、網羅性を顧慮することなく、問題設定に対応しないものは、念入りに措いておかれてしまうのである。とくにアラブ風婚姻がそうだった。ここでわれわれにかかわることについて言うなら、自然なサイクル、ないし〈サイクル α〉は、家族システムの歴史を把握しようと努める者にとっては全く基本的なものであるが、これの特定は、フレイザーの功績と考えなければならない。思想の歴史の観点からすると、フレイザーの発見は、ラスレットによるイングランド核家族の発掘を補完するものであアメリカ合衆国とドイツを切り離すのに、多少の困難を感じるかも知れない。最大の人類学者は、フランツ・ボアズ（1858-1942）のようにドイツ生まれか、ロバート・ローウィ（1883-1957）のようにウィーン生まれか、クローバー（1876-1960）のようにアメリカ合衆国生まれだが、ドイツ語使用を続けた家族に育ったか、だった。クラーク・ウィッスラー（1870-1947）やルース・ベネディクト（1889-1948）は、純粋にアメリカ人の構成分子を代表している。その後、ラルフ・リントン（1893-1953）やジョージ・ピーター・マードック（1897-1986）、マーガレット・ミード（1901-1978）が、ある意味で人類学のアメリカ的自国化を代表する。

キルヒホフ（1900-1972）は、ドイツ生まれで、メキシコで亡くなったが、派手な知的経歴を持つ人物で、エッフェルという偽名でトロツキストの第四インタナショナルのドイツ支部のリーダーをしており、トロツキーが、メキシコでの保護権の獲得を容易にするために、日和見的な態度をとったことを非難している。彼がこの組織を脱退するのは、1934 年になってからだが、それは私が利用している論文の発表の二年後のことである。ちなみにこの論文は、イデオロギーとは全く関係がない。なおトロツキーは、1940 年に暗殺された。

(19) Kirchhoff P., « Kinship organization: a study of terminology ».

(20) Murdock G. P., *De la structure sociale* . p. 51-52〔マードック『社会構造』前出〕. ならびに *Rank and Potlatch among the Haida*. フィールド・ワークとしては、印象は薄い。総合への興味とフィールドへの情熱が、一人の人類学者の中に組み合わさっていることは稀である。レヴィ=ストロースは、ナンビクワラ人やボロロ人の分析者として不朽の思い出を残しはしなかった。ラドクリフ=ブラウンは、オーストラリアについて、とんでもない事実誤認をいくつか仕出かした。逆に、E・R・リーチやM・フォーティスやE・E・エヴァンス=プリチャードのような、最も具体的なフィールドの人類学者たちは、総合の面では大したものを残していない。未開人や農民の共同体の中に何カ月も何年も潜り込みながら、厳密な観察と分析の精力と明晰さを保ち続けるには、相当な精神力が必要である。しかしそのようにして著された多数のモノグラフを突き合わせるというのは、別の職分であり、物質的にはより安楽でも、情動の面ではより禁欲的である。

(21) Murdock G. P., *De la structure sociale*, p. 50〔前出〕.

(22) Rhoner R. P., & Rhoner E. C., *the Kwakiutl, Indians of British Columbia* ; Suttles W., « Affinal ties, subsistence, and prestige among the Coast Salish », また概観としては、Suttles W., *Northwest Coast, Handbook of North American Indians*, vol. 7.

(23) Métraux A., *Les Indiens de l'Amérique du Sud*, p. 43-45.

(24) Eggan F., « The Cheyenne and Arapaho kinship system ».

(25) Hautecloque-Howe（de）A., *Les Rhadés: une société de drot maternel*; Mabuchi T., « The aboriginal peoples of Formosa »〔馬淵東一、英語論文〕.

(26) Nakane C., *Garo and Khasi. A Comparative Study in Matrilineal Systems* (1967)〔中根千枝、英語著作〕ならびに *Kinship and Economic Oragnization in Rural Japan* (1967)〔中根、前出〕.

(27) Vernier B., « Filiation, règles de résidence et pouvoir domestique dans les îles de la mer Égée ».

(28) Barrera-Gonzalez A., « Domestic succession, property transmission, and family systems... » ならびに Reher D. S., *Perspectives on the Family in Spain*.

第１章　類型体系を求めて

(1) アメリカの大人類学者の中で最も博識で最もヨーロッパ的な者の一人であったロバート・ローウィは、その『古典民族学の歴史』の中でル・プレイに言及していない。それに対して、『模倣の法則』の中である種の伝播過程の不合理的要素を解明したとして、ガブリエル・ド・タルドを研究し、機能主義的ないし構造主義的人類学の発展に一般的な影響を与えたとして、エミール・デュルケムを研究している。アメリカ版は、*The History of Ethnological Theory*, 1937.

(2) 例えば以下のものを見よ。Nakane C., *Kinship and Economic Organization in Rural Japan*〔中根千枝、英語著作〕; Cjoi Jai-Seuk, « Comparative study of the traditional families in Korea, Japan and China »; Levine N., T*he Dynamics of polyandry, Kinship, Domesticity and Population on the Tibetan Border*; Hurault, J., *La structure sociale des Bamiléké de l'Ouest Cameroun*; Thibon C., *Histoire démographique du Burundi*.

(3) Laslette P., *The world We have Los*t（1971 年版）, p. 190-191〔ピーター・ラスレット『われら失いし世界——近代イギリス社会史』川北稔訳、三嶺書房、1986 年〕.

(4) Berkner L. K., « The stem family and the developmental cycle of the peasant household ».

(5) Hajnal J., « Two kinds of pre-industrial household formation systems ».

(6) Laslette P., « Family and household as work group and kin group ».

(7) Wall R., « Introduction » in Wall R. 他、*Family Forms in historic Europe*（ウォールは、ラスレットの助手の一人だった）; Burguière A., « Pour une typologie des formes d'organisation domestique de l'Europe moderne（XVIe-XIXe siècles）»; Alberra D., *L'organisation domestique dans l'espace alpin*.

(8) Le Penven E., « La famille bretonne: une forme originale », mai 2002（タイプ原稿）.

(9) Burguière A., « Pour une typologie.... », p. 653.

(10) Viret J.-L., *Valeurs et pouvoir: la reproduction familiale et sociale en Île-de-France*.

(11) Moriceau J.-M., « Autour d'un recencement de la fin du XVIIe siècle: l'état des âmes de Bobigny en 1672 », p. 11.

(12) Lagors A., « Regards sur un état des âmes dans l'Armagnac au XVIIIe siècle », p. 10.

(13) 父系でないが、形式的には平等主義的な共同体形態もまた、共産党への投票に有利に働く。本書 452-453 頁。

(14) *L'Organisation de la famille*, p. 12-15. ル・プレイはここにおいて、1853 年の彼の旅行を喚起している。*Ouvriers européens* の第二巻には、以下のような、ロシアに関するモノグラフをいくつか見出すことができる。「バシキール人、ウラル山脈のアジア側山麓の半遊牧の羊飼い」「オレンブルクの黒土ステップの農民と車大工」「ウラルの製鉄工場の鍛冶工と炭焼き人」「ウラルの金洗鉱場の大工と穀物商人」。ル・プレイの最初のロシア旅行については、次のものを見よ。Savoye A., « Frédéric Le Play à la découverte de la société russe: l'expédition en Russie méridionale（1837）».

(15) 本書「序説」26、40 頁。

(16) *L'Organisation de la famille*, p. 16-17.

(17) 同上、p. 22.

(18) パウル・キルヒホフは、アメリカ人類学の圏域に入ったのち、1943 年に、ウィッスラーの影響の下、〈メソアメリカ〉の概念を案出した。人類学の領域では、この時代に

ルド『模倣の法則』池田祥英・村澤真保呂訳、河出書房新社、2007年〕.; Devereu G., *Ethnopsychanalyse complémentariste,* p. 212.

(15) Darwin C., *L'origine des espèces*, p. 479-480〔チャールズ・ダーウィン『種の起源』堀伸夫・堀大才訳、朝倉書店、2009年。『種の起源』上下、渡辺政隆訳、光文社、2009年〕. 第11章、第12章は、種の地理的分布を扱っている。

(16) アルフレッド・ラドクリフ=ブラウン（1881-1955）は、イギリス人で、機能主義の大御所。その父方居住の移動集団の理論は、1931年に唱えられたが、その後の世代からは、退けられている。1950年にはA・P・エルキンに疑義を呈され、次いでL・R・ハイアットによって、叩き潰された。以下のものを見よ。Elkin A. P., *Les Aborigènes australies,* Gallimard, Paris, 1967; Hiatt L. R., « The lost Horde », *Oceania*, vol. XXXVII, n° 2, décembre 1966, p. 81-92 ならびに、« Ownership and use of land among the Australian aborigines », in Lee R. B., De Vore I. *Man the Hunter,* 前掲書, p. 99-102. 奇妙なことに、当のラドクリフ=ブラウンによるアンダマンの現地集団の分析は、双処的性格を明らかに示していた。このアンダマンの現地集団は、原始性という点では、オーストラリア・アボリジニの現地集団に引けを取らないのであるが。以下のものを見よ。Radcliffe-Brown A. R., *The Andaman Islanders*, p. 29（同書内では、「双処居住」の代りに「選択居住」ambilocalが用いられている）。

(17) Learch E., *Lévi-Strauss*, p. 10-11.

(18) Lowie R., *Traité de sociologie primitive*〔ロバート・ローウィ『原始社会』（河村只雄訳、第一出版社、1939年）と思われる〕, p. 68-72, ならびに付録 p. 411-427.

(19) Murdock G. P., *De la structure sociale*, p. 22〔前出〕.

(20) Helm J., « Bilaterality in the socio-territorial organization of the Arctic Drainage Dene ».

(21) 同書、p. 364-365。

(22) 同書、p. 367。

(23) 同書、p. 369。集団A、B、C2、D3。

(24) Pehrson R. N., « The Lappish herding leader: a structural analysis » p. 1078.

(25) Radcliffe-Brown, *The Andaman Islanders*, p. 35. 上述の、オーストラリア人に関するラドクリフ=ブラウンの誤りを参照せよ。

(26) 起源的な豊饒社会（the original affluent society）のテーマ系は、1966年にシカゴで開催されたシンポジウム「狩猟者としての人間」の際に出現したようである。Lee R. B., De Vore I. 他著、*Man the Hunter*, 前掲書, p. 85-89. また次のものも見よ。Sahlins M. D., *Âge d'abondance, âge de pierre.*

(27) 農業が世界のさまざまな地域に到来した時期についての著者たちの間の意見の対立は、実際に驚くほどの数に上る。

(28) Bellwood P., First Farmers, p. 142-145.

(29) Father's brother's daughter.

(30) Mother's sister's daughter.

(31) Mother's brother's dauhter.

(32) Father's sister's daughter.

原　註

序説　人類の分裂から統一へ、もしくは核家族の謎

(1) Laslett P., *Family Life and Illicit Love in Earlier Generation*, chap. « Clayworth and Cogenhoe », p. 60, p. 96-97. サンプルについてはメイン・サンプルと予備サンプルの二つを一つにまとめて扱うことにする。原註に引用された著作はすべて、p. 601-670（下巻）の参考文献表に掲載されている。

(2) Headlad T. N., « Kinship and social behavior among Agta negrito hunter-gatherers », p. 265.

(3) Stuart D. E., *Band Structure and Ecological Variability: the Ona and Yaghan of Tierra des Fuego*, ならびに例えば « Kinship and social organization in Tierra des Fuego: evolutionary consequences », p. 273-274.

(4) Steward J. H., *Basin-Plateau Aboriginal Sociopolitical Groups*（1938）, p. 239-240. 人類学の歴史の中でのスチュワードの位置については、次のものを見よ。Shapiro J., « Kinship », in Azevero（d'）W. L., *Great Basin. Handbook of North American Indians.*

(5) Lévi-Strauss C., « La famille », p. 94-95.

(6) サガールは、以下の論文において、地図の解釈への言語学の寄与を詳細に論述している。Sagart L. Todd, E. « Une hypothèse sur l'origine du système familial communautaire », p. 154-161〔L・サガール＋エマニュエル・トッド「新人類学史序説――共同体家族システムの起源」拙編『世界像革命――家族人類学の挑戦』藤原書店、2001 年、177-209 頁〕.

(7) 周縁地域の保守性原則の言語学における定式化と受容については、次のものを見よ。Gilliéron J., *Etudes de géographie linguistique d'après l'Atlas linguistique de la France*（1912）; Dauzat A., *La géographie linguistique*（1922）〔アルベール・ドーザ『フランス言語地理学』松原秀治・横山紀伊子訳、大学書林、1958 年〕; Bloomfield L., *Langage*（1933）; Chambers J. K. Trudgill P., *Dialectology*（1998）; Sagart L., « The higher phylogeny of Austronesian and the position of Tai-Kadai »（2004）.

(8) Guiraud P., *Patois et dialectes français*, p. 83-85.

(9) Wissler C., *Man and Culture*, p. 148-155.

(10) 人類学における「伝播主義の消滅」については、特に Encyclopaedia Universalis の « Diffusionnisme » の項目を見よ。これは Roger Baside が執筆したものだが、かなり明快を欠く。しかし、たとえ部分的にでも、構造主義による〔伝播主義の〕退行とレヴィ＝ストロースを疑問に付さずには、明快に書きようもなかっただろう。

(11) Lévi-Strauss C., *Les structures élémentaires de la parenté,* p. 176-177〔クロード・レヴィ＝ストロース『親族の基本構造』福井和美訳、青弓社、2000 年、291 頁〕. また次のものも見よ。Davidson D. S., « The basis of social organization in Australia », p. 543 ならびに p. 535 の地図。

(12) Lévi-Strauss, *Les structures élémentaires de la parenté,* p. 404〔『親族の基本構造』前出〕.

(13) フランス語訳、*De la structure sociale*〔ジョージ・ピーター・マードック『社会構造』内藤莞爾訳、新泉社、2001 年〕。

(14) Tarde（de）G. *Les lois de l'imitation*, 第二版序文、p. 49〔ジャン＝ガブリエル・ド・タ

著者紹介

エマニュエル・トッド（Emmanuel Todd）

1951年生。歴史人口学者・家族人類学者。元フランス国立人口統計学研究所（INED）所属。作家のポール・ニザンを祖父に持つ。ケンブリッジ大学にて、家族制度研究の第一人者P・ラスレットの指導で1976年に博士論文Seven Peasant communities in pre-industrial Europe（工業化以前のヨーロッパの七つの農民共同体）を提出。同年、『最後の転落――ソ連崩壊のシナリオ』（新版の邦訳2013）で、弱冠25歳にして旧ソ連の崩壊を予言。1983年の『第三惑星』と翌年の『世界の幼少期』（この二作は99年に合本して『世界の多様性――家族構造と近代性』として再刊〔邦訳2008〕）で世界の家族システムの分類と分布に基づく独自の理論を提唱、『新ヨーロッパ大全』（1990、邦訳1992、93）で、理論と方法を整備、近現代500年の西ヨーロッパの歴史を描き出した。続く『移民の運命――同化か隔離か』（1994、邦訳1999）では、移民国家アメリカ合衆国の歴史が描き出され、これで欧米先進国の近現代史が一通り出揃う。「9・11同時多発テロ」から1年後、2002年9月に出版された『帝国以後――アメリカ・システムの崩壊』（邦訳2003）ではアメリカの弱体化を指摘し、28カ国以上で翻訳され、世界的ベストセラーとなった。

その他の著書として、『経済幻想』（1998、邦訳1999）、『文明の接近――「イスラームvs西洋」の虚構』（クルバージュとの共著、2007、邦訳2008）、『デモクラシー以後――協調的「保護主義」の提唱』（2008、邦訳2009）、『アラブ革命はなぜ起きたか――デモグラフィーとデモクラシー』（2011、邦訳2011）、『自由貿易は、民主主義を滅ぼす』（石崎晴己編、2011）、『不均衡という病――フランスの変容1980-2010』（ル・ブラーズとの共著、2013、邦訳2014）、『トッド 自身を語る』（石崎晴己編訳、2015）、『シャルリとは誰か？――人種差別と没落する西欧』（2016、文藝春秋）、『我々はどこから来て、今どこにいるのか？』（2017、邦訳2022、文藝春秋）など（出版社名が明示されていないものは、いずれも藤原書店）。

監訳者紹介

石崎晴己（いしざき・はるみ）

1940年生まれ。青山学院大学名誉教授。1969年早稲田大学大学院博士課程単位取得退学。専攻フランス文学・思想。

訳書に、サルトル関係として、サルトル『戦中日記——奇妙な戦争』（共訳、人文書院、1985）『敗走と捕虜のサルトル』（2018）、ボスケッティ『知識人の覇権』（新評論、1987）、レヴィ『サルトルの世紀』（共訳、2005）、コーエン=ソラル『サルトル』（白水社、2006）『サルトル伝』（2015）、他にブルデュー『構造と実践』（1991）『ホモ・アカデミクス』（共訳、1997）、トッド『新ヨーロッパ大全Ⅰ Ⅱ』（Ⅱ共訳、1992-1993）『移民の運命』（共訳、1999）『帝国以後』（2003）『文明の接近』（クルバージュとの共著、2008）『デモクラシー以後』（2009）『アラブ革命はなぜ起きたか』（2011）『最後の転落』（2013）『不均衡という病』（ル・ブラーズとの共著、2014）など多数。編著書に、『世界像革命』（2001）『サルトル　21世紀の思想家』（共編、思潮社、2007）『21世紀の知識人』（共編、2009）『トッド 自身を語る』（2015）『ある少年H』（吉田書店、2019）『エマニュエル・トッドの冒険』（2022）（出版社名が明示されていないものは、いずれも藤原書店）など。

訳者紹介

片桐友紀子（かたぎり・ゆきこ）

1984年生まれ。青山学院大学フランス文学科卒業、同大学院修士前期課程修了。

中野 茂（なかの・しげる）

1966年生まれ。パリ第8大学博士課程修了（文学博士）、早稲田大学博士後期課程満期退学。早稲田大学高等学院教諭、早稲田大学非常勤講師。フランス文学・フランス語教育。

東松秀雄（とうまつ・ひでお）

1952年生まれ。青山学院大学博士課程単位取得。フランス文学。

北垣 潔（きたがき・きよし）

1965年生まれ。早稲田大学大学院満期退学・青山学院大学他非常勤講師。18世紀フランス文学。

家族《かぞく》システムの起源《きげん》 Ⅰ ユーラシア　上

2016年7月10日　初版第1刷発行 ©
2023年2月28日　初版第4刷発行

監訳者　石 崎 晴 己
発行者　藤 原 良 雄
発行所　株式会社 藤 原 書 店

〒162–0041　東京都新宿区早稲田鶴巻町523
電　話　03（5272）0301
FAX　03（5272）0450
振　替　00160 - 4 - 17013
info@fujiwara-shoten.co.jp

印刷・製本　中央精版印刷

落丁本・乱丁本はお取替えいたします　Printed in Japan
定価はカバーに表示してあります　ISBN978–4–86578–072–7

衝撃的ヨーロッパ観革命

新ヨーロッパ大全 I・II

E・トッド
石崎晴己・東松秀雄訳

宗教改革以来の近代ヨーロッパ五百年史を家族制度・宗教・民族などの〈人類学的基底〉から捉え直し、欧州の多様性を初めて実証的に呈示。欧州統合の問題性を明快に示す野心作。

A5上製
I 三六〇頁 三八〇〇円(一九九二年一一月刊) I◇978-4-938661-59-5
II 四五六頁 **四七〇〇円**(一九九三年六月刊) II◇978-4-938661-75-5

L'INVENTION DE L'EUROPE Emmanuel TODD

グローバリズム経済批判

経済幻想

E・トッド
平野泰朗訳

「家族制度が社会制度に決定的影響を与える」という人類学的視点から、グローバリゼーションを根源的に批判。アメリカ主導のアングロサクソン流グローバル・スタンダードと拮抗しうる国民国家のあり方を提唱し、世界経済論を刷新する野心作。

四六上製 三九二頁 三二〇〇円(一九九九年一〇月刊) ◇978-4-89434-149-4

L'ILLUSION ÉCONOMIQUE Emmanuel TODD

全世界の大ベストセラー

帝国以後
(アメリカ・システムの崩壊)

E・トッド
石崎晴己訳

アメリカがもはや「帝国」でないことを独自の手法で実証し、イラク攻撃後の世界秩序を展望する超話題作。世界がアメリカなしでやっていけるようになり、アメリカが世界なしではやっていけなくなった「今」を活写。

四六上製 三〇四頁 二五〇〇円(二〇〇三年四月刊) ◇978-4-89434-332-0

APRÈS L'EMPIRE Emmanuel TODD

「核武装」か? 「米の保護領」か?

「帝国以後」と日本の選択

E・トッド
池澤夏樹/伊勢崎賢治/榊原英資/佐伯啓思/西部邁/養老孟司ほか

世界の守護者どころか破壊者となった米国からの自立を強く促す『帝国以後』。「反米」とは似て非なる、このアメリカ論を日本はいかに受け止めるか? 北朝鮮問題、核問題が騒がれる今日、これらの根源たる日本の対米従属の問題に真正面から向き合う!

四六上製 三四四頁 二八〇〇円(二〇〇六年一二月刊) ◇978-4-89434-552-2

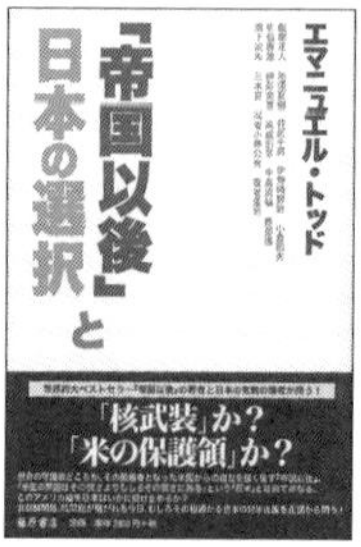

「文明の衝突は生じない。」

文明の接近

〔「イスラームvs西洋」の虚構〕

E・トッド、Y・クルバージュ
石崎晴己訳

「米国は世界を必要としているが、世界は米国を必要としていない」と喝破し、現在のイラク情勢を予見した世界的大ベストセラー『帝国以後』の続編。欧米のイスラーム脅威論の虚構を暴き、独自の人口学的手法により、イスラーム圏の現実と多様性に迫った画期的分析！

四六上製　三〇四頁　二八〇〇円
（二〇〇八年二月刊）
◇978-4-89434-610-9

LE RENDEZ-VOUS DES CIVILISATIONS
Emmanuel TODD, Youssef COURBAGE

トッドの主著、革命的著作！

世界の多様性

〔家族構造と近代性〕

E・トッド
荻野文隆訳

弱冠三二歳で世に問うた衝撃の書。コミュニズム、ナチズム、リベラリズム、イスラム原理主義……すべては家族構造から説明し得る。「家族構造」と「社会の上部構造（政治・経済・文化）」の連関を鮮やかに示し、全く新しい世界像と歴史観を提示！

A5上製　五六〇頁　四六〇〇円
（二〇〇八年九月刊）
◇978-4-89434-648-2

LA DIVERSITÉ DU MONDE
Emmanuel TODD

日本の将来への指針

デモクラシー以後

〔協調的「保護主義」の提唱〕

E・トッド
石崎晴己訳＝解説

トックヴィルが見誤った民主主義の動因は識字化にあったが、今日、高等教育の普及がむしろ階層化を生み、「自由貿易」という支配層のドグマが、各国内の格差と内需縮小をもたらしている。ケインズの名論文「国家的自給」（一九三三年）も収録！

四六上製　三七六頁　三二〇〇円
（二〇〇九年六月刊）
◇978-4-89434-688-8

APRÈS LA DÉMOCRATIE
Emmanuel TODD

移民問題を読み解く鍵を提示

移民の運命

〔同化か隔離か〕

E・トッド
石崎晴己・東松秀雄訳

家族構造からみた人類学的分析で、国ごとに異なる移民政策、国民ごとに異なる移民に対する根深い感情の深層を抉る。フランスの普遍主義的平等主義とアングロサクソンやドイツの差異主義を比較、「開かれた同化主義」を提唱し「多文化主義」の陥穽を暴く。

A5上製　六一六頁　五八〇〇円
（一九九九年一一月刊）
◇978-4-89434-154-8

LE DESTIN DES IMMIGRÉS
Emmanuel TODD

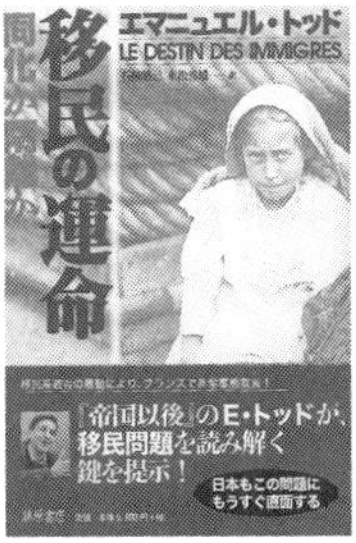

自由貿易推進は、是か非か

自由貿易は、民主主義を滅ぼす

E・トッド
石崎晴己編

「自由貿易こそ経済危機の原因だと各国指導者は認めようとしない」「ドルは雲散霧消する」「中国が一党独裁のまま大国化すれば民主主義は不要になる」――米ソ二大国の崩壊と衰退を予言したトッドは、大国化する中国と世界経済危機の行方をどう見るか？

四六上製　三〇四頁　二八〇〇円
（二〇一〇年一二月刊）
◇978-4-89434-774-8

アラブ革命も予言していたトッド

アラブ革命はなぜ起きたか

（デモグラフィーとデモクラシー）

E・トッド
石崎晴己訳＝解説

米国衰退を予言したトッドは欧米の通念に抗し、識字率・出生率・内婚率などの人口動態から、アラブ革命の根底にあった近代化・民主化の動きを捉えていた。【特別附録】家族型の分布図

四六上製　一九二頁　二〇〇〇円
（二〇一一年九月刊）
◇978-4-89434-820-2

ALLAH N'Y EST POUR RIEN!
Emmanuel TODD

自由貿易はデフレを招く

自由貿易という幻想

（リストとケインズから「保護貿易」を再考する）

E・トッド

自由貿易による世界規模の需要縮小こそ、世界経済危機＝デフレ不況の真の原因だ。「自由貿易」と「保護貿易」についての誤った通念を改めることこそ、経済危機からの脱却の第一歩である。

F・リスト／D・トッド／J-L・グレオ／J・サピール／松川周二／中野剛志／西部邁／関曠野／太田昌国／関良基／山下惣一

四六上製　二七二頁　二八〇〇円
（二〇一一年一一月刊）
◇978-4-89434-828-8

預言者トッドの出世作！

最後の転落

（ソ連崩壊のシナリオ）

E・トッド
石崎晴己監訳
石崎晴己・中野茂訳

一九七六年弱冠二五歳にしてソ連の崩壊を、乳児死亡率の異常な増加に着目し、歴史人口学の手法を駆使して預言した書。本書は、ソ連崩壊一年前に新しく序文を附し、刊行された新版の完訳である。〝なぜ、ソ連は崩壊したのか〟という分析シナリオが明確に示されている名著の日本語訳決定版！

四六上製　四九六頁　三二〇〇円
（二〇一三年一月刊）
◇978-4-89434-894-3

LA CHUTE FINALE
Emmanuel TODD

グローバルに収斂するのではなく多様な分岐へ

不均衡という病
（フランスの変容1980–2010）

E・トッド
H・ル・ブラーズ
石崎晴己訳

アメリカの金融破綻を預言した名著『帝国以後』を著したトッドが、最新の技術で作成されたカラー地図による分析で、未来の世界のありようを予見する！　フランスで大ベストセラーの最新作。

カラー地図一二七点

四六上製　四四〇頁　三六〇〇円
（二〇一四年三月刊）
◇978-4-89434-962-9

LE MYSTÈRE FRANÇAIS
Hervé LE BRAS et Emmanuel TODD

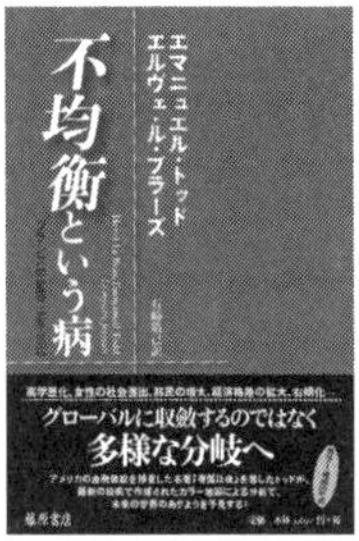

今、世界で最も注目されている人物

トッド自身を語る

E・トッド
石崎晴己編訳

国・地域ごとの家族システムの違いや人口動態に着目し、数々の歴史的変化を予言してきた歴史人口学者が、その学問的背景や、日本とのかかわりを語る。今世界で最も注目される人物を理解するための最良の一冊。

四六変上製　二二四頁　二二〇〇円
（二〇一五年一一月刊）
◇978-4-86578-048-2

トッド日本紹介の第一人者による最高の手引き

エマニュエル・トッドの冒険

石崎晴己

家族人類学・歴史人口学の研究成果から、ソ連崩壊、アメリカ衰退、アラブの春、移民問題など、現代世界について数々の予言をしてきたE・トッド。その主要著作の邦訳を手がけてきたトッド日本紹介の第一人者が、彼の波乱に満ちた挑戦と冒険の全貌を読み解く。最新作『われわれは今どこにいるのか？』の詳細な要約・紹介も収録！

カラー口絵一六頁

A5並製　六一六頁　四四〇〇円
（二〇二二年一一月刊）
◇978-4-86578-364-3

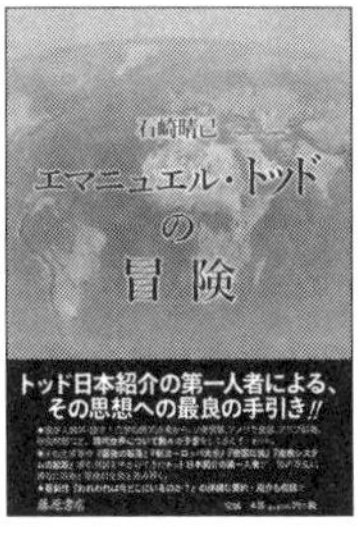

脱デフレと民主主義のために！

崩壊した「中国システム」とEUシステム
（主権・民主主義・健全な経済政策）

荻野文隆編
F・アスリノ　E・トッド
田村秀男／藤井聡／安藤裕／中野剛志／柴山桂太／浜崎洋介／小沢一郎／山本太郎／大塚耕平／菅直人／海江田万里／及川健二／E・ユソン／C・ドローム／D・ケイラ／V・ブルソー

ユーロ体制下で経済活性と民主主義を喪失するフランスと、長期デフレ下で苦しみつつ拡大する中国システムに巻き込まれる日本。東西の知が結集。

四六上製　四〇八頁　三六〇〇円
（二〇一九年一一月刊）
◇978-4-86578-235-6

斯界の権威が最重要文献を精選

歴史人口学と家族史

速水融編

歴史観、世界観に画期的な転換をもたらしつつある歴史人口学と家族史に多大に寄与しながら未邦訳の最重要文献を精選。**速水融／ローゼンタール／斎藤修／コール／リヴィ＝バッチ／ヴァン・デ・ワラ／シャーリン／アンリ／リグリィ／スコフィールド／ウィルソン／ハメル／ラスレット／ヘイナル**

Ａ５上製　五五二頁　**八八〇〇円**
（二〇〇三年一一月刊）
◇978-4-89434-360-3

新型ウイルス被害予想の唯一の手がかり

日本を襲ったスペイン・インフルエンザ
（人類とウイルスの第一次世界戦争）

速水　融

世界で第一次大戦の四倍、日本で関東大震災の五倍の死者をもたらしながら、忘却された史上最悪の〝新型インフルエンザ〟。再び脅威が迫る今、歴史人口学の泰斗が、各種資料を駆使し、その詳細を初めて明かす！

四六上製　四八〇頁　**四二〇〇円**
（二〇〇六年二月刊）
◇978-4-89434-502-7

人口と家族から見た「日本」

歴史人口学研究
（新しい近世日本像）

速水　融

「近世―近代日本」の歴史に新たな光を当てた、碩学の集大成。
同時代の史料として世界的にも稀な、〝人類の文化遺産〟たる宗門改帳・人別改帳を中心とする、ミクロ史料・マクロ史料を縦横に駆使し、日本の多様性と日本近代化の基層を鮮やかに描き出す。

Ａ５上製　六〇六頁　**八八〇〇円**
（二〇〇九年一〇月刊）
◇978-4-89434-707-6

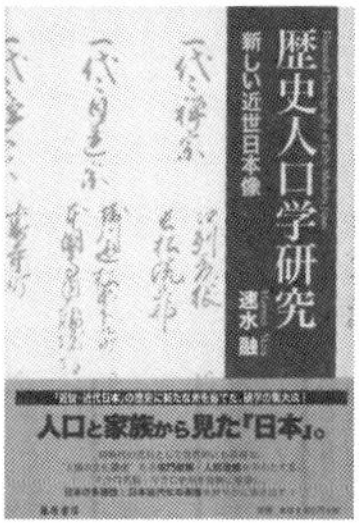

「江戸論」の決定版

歴史のなかの江戸時代

速水融編

「江戸時代＝封建社会」という従来の江戸時代像を塗り替えた三〇年前の画期的座談集に、新たに磯田道史氏らとの座談を大幅に増補した決定版。「本書は、江戸時代を見つめ直すことにより、日本の経験や、日本社会が持っていたものは何だったのかを今一度問うてみようとする試みである。」（速水融氏）

四六上製　四三二頁　**三六〇〇円**
（二〇一一年三月刊）
◇978-4-89434-790-8